# INTRODUÇÃO À CONTABILIDADE

## Com abordagem para não contadores

### 2ª edição

Dados Internacionais de Catalogação na Publicação (CIP)
(Câmara Brasileira do Livro, SP, Brasil)

Padoveze, Clóvis Luís
  Introdução à contabilidade : com abordagem para não contadores : texto e exercícios / Clóvis Luís Padoveze. -- 2 ed. -- São Paulo : Cengage Learning, 2024.

  1. reimpr. da 2. ed. de 2015.
  Conteúdo: De acordo com as novas práticas contábeis brasileiras do CPC. -- Comitê de Pronunciamentos Contábeis decorrentes dos padrões internacionais de contabilidade do IFRSS.

  Bibliografia.
  ISBN 978-85-221-2395-7

  1. Contabilidade 2. Contabilidade - Problemas, exercícios etc. I. Título.

15-05440                                             CDD-657

Índice para catálogo sistemático:
1. Contabilidade 657

# Clóvis Luís Padoveze

## INTRODUÇÃO À CONTABILIDADE

### Com abordagem para não contadores

2ª edição

De acordo com as novas práticas contábeis
brasileiras do
CPC – Comitê de Pronunciamentos Contábeis
decorrentes dos padrões internacionais
de contabilidade do IFRSS

Texto e Exercícios

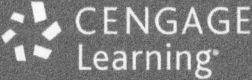

Austrália • Brasil • Japão • Coreia • México • Cingapura • Espanha • Reino Unido • Estados Unidos

**Introdução à contabilidade com abordagem para não contadores**
**2ª edição**

**Clóvis Luís Padoveze**

Gerente editorial: Noelma Brocanelli

Editora de desenvolvimento: Gisela Carnicelli

Supervisora de produção gráfica: Fabiana Alencar Albuquerque

Editora de aquisições: Guacira Simonelli

Especialista de direitos autorais: Jenis Oh

Revisão: Norma Gusukuma e Rosângela Ramos da Silva

Projeto gráfico e diagramação: PC Editorial Ltda.

Capa: Sérgio Bergocce

Imagem de capa: Stokkete/Shutterstock

© 2016 Cengage Learning, Inc.

Todos os direitos reservados. Nenhuma parte deste livro poderá ser reproduzida, sejam quais forem os meios empregados, sem a permissão, por escrito, da Editora. Aos infratores aplicam-se as sanções previstas nos artigos 102, 104, 106 e 107 da Lei nº 9.610, de 19 de fevereiro de 1998.

Esta editora empenhou-se em contatar os responsáveis pelos direitos autorais de todas as imagens e de outros materiais utilizados neste livro. Se porventura for constatada a omissão involuntária na identificação de alguns deles, dispomo-nos a efetuar, futuramente, os possíveis acertos.

A Editora não se responsabiliza pelo funcionamento dos sites contidos neste livro que possam estar suspensos.

Para informações sobre nossos produtos, entre em contato pelo telefone **+55 11 3665-9900**.

Para permissão de uso de material desta obra, envie seu pedido para **direitosautorais@cengage.com**.

ISBN-13: 978-85-221-2395-7
ISBN-10: 85-221-2395-0

**Cengage**
WeWork
Rua Cerro Corá, 2175 – Alto da Lapa
São Paulo – SP – CEP 05061-450
Tel.: +55 11 3665-9900

Para suas soluções de curso e aprendizado, visite
www.cengage.com.br

Impresso no Brasil.
*Printed in Brazil.*
1. reimpr. – 2024

*Este trabalho é dedicado à minha querida
esposa Cida, que não mede sacrifícios para os meus
trabalhos serem desenvolvidos,
e aos meus filhos Amilcar, Ariane e Amanda.*

# Agradecimentos

Queremos registrar nossos sinceros agradecimentos à Profª Miltes Angelita Machuca Martins pelas ideias gerais tanto acerca do conteúdo como da revisão da metodologia adotada. Também agradecemos imensamente à Professora Vânia Cristiane Sula de Oliveira e ao Professor Paulo Roberto Galvão pelas diversas sugestões de conteúdo. Nossos agradecimentos ao Dr. Cyro Galvão do Amaral por contribuir com informações sobre a constituição das sociedades empresariais, bem como ao Sr. Anastácio Banov por revisar o capítulo sobre tributos. Aos demais professores consultados, queremos também agradecer pela inestimável e desprendida colaboração. Registramos um agradecimento especial à Sra. Erika Baptistella da Silva pela valiosa ajuda na formatação e na qualidade deste trabalho.

Esperamos que esta obra seja de utilidade para professores, alunos, profissionais e demais pessoas interessadas no entendimento e na utilização da contabilidade empresarial, ficaremos à disposição para receber críticas e sugestões.

## Professores consultados
### Sugestões de conteúdo

Miltes Angelita Machuca Martins – Universidade Metodista de Piracicaba – SP
Vânia Cristiane Sula de Oliveira – Centro Universitário Salesiano – Americana – SP
Paulo Roberto Galvão – Faculdade Policamp – Campinas – SP

### Demais professores

Adilson Luís Pedron – Instituto Superior de Ciências Aplicadas – Limeira – SP
Amarildo Bertassi – Faculdades de Americana (FAM) – SP
André de Cillo – Centro Universitário Salesiano – Americana – SP
Antônio Marcos do Amaral – Faculdade São Geraldo – Cariacica – ES
Geraldo Romanini – Universidade Metodista de Piracicaba – SP
Gideon Carvalho de Benedicto – PUC – Campinas – SP
Hurgor Kitzberger – Faculdade Comunitária de Santa Bárbara d'Oeste – Santa Bárbara d'Oeste – SP
Jair Antonio de Souza – Universidade Metodista de Piracicaba – SP
José Carlos Pantaroto – Centro Universitário Salesiano – Americana – SP

# Sumário

Prefácio à segunda edição    xi

## Parte I – ESTRUTURA CONCEITUAL

### Capítulo 1 – Primeiros conceitos e contabilidade pessoal    3

1.1 Contabilidade, contador e conta    3
1.2 Método contábil de registro nas contas: partidas dobradas    9
1.3 Contabilidade pessoal    12
1.4 Demonstrações contábeis para a pessoa física    16
Anexo: Fac-símile da declaração de imposto de renda – Pessoa física    21
Questões e exercícios    26

### Capítulo 2 – A importância da contabilidade nas organizações    29

2.1 Entidades empresariais como investimento    29
2.2 Contabilidade: linguagem dos negócios    32
2.3 O que torna a contabilidade importante para as organizações    32
2.4 O sistema empresa    34
2.5 O aspecto tridimensional da gestão empresarial    37
2.6 Controle empresarial e processo de gestão    38
2.7 A contabilidade no processo de gestão    40
2.8 Contabilidade financeira e contabilidade gerencial    41
2.9 Contabilidade, informação e tomada de decisão    43
2.10 Usuários da informação contábil e seus interesses    45
2.11 A contabilidade na estrutura hierárquica    47
Apêndice: Breve história da contabilidade    48
Questões e exercícios    51

## Capítulo 3 – Estruturando as demonstrações financeiras básicas  53

3.1 Patrimônio e controle  53
3.2 Patrimônio líquido  55
3.3 Equação de equilíbrio patrimonial e balanço patrimonial  58
3.4 Formação de um patrimônio empresarial e capital social  59
3.5 Ativo e passivo: origens e aplicações de recursos  64
3.6 Eventos econômicos e alterações patrimoniais  67
3.7 Estruturação das demonstrações contábeis (financeiras) básicas  69
3.8 Balanço patrimonial  70
3.9 Apuração do lucro ou prejuízo: a quantificação do ganho ou perda  84
3.10 Demonstração de resultados: a evidenciação de como se ganhou ou perdeu  85
3.11 Equação de trabalho  89
3.12 Demonstração de resultados  95
3.13 Distribuição de lucros  97
3.14 Introdução ao conceito de reservas  98
3.15 Demonstração dos lucros ou prejuízos acumulados  100
Apêndice 1: Princípios fundamentais de contabilidade  100
Apêndice 2: Tipos de sociedades  108
Questões e exercícios  114

## Capítulo 4 – Modelos e sistemas de controles contábeis  119

4.1 Registro e apuração do saldo dos elementos patrimoniais  120
4.2 Livros contábeis  134
4.3 Classificação das contas  137
4.4 Relatórios de trabalho  141
4.5 Relatórios para usuários externos: demonstrações contábeis básicas  143
Apêndice 1: Departamentalização e centros de custos  144
Apêndice 2: Exemplo de plano de contas  148
Questões e exercícios  155

# Parte II – CONTABILIDADE FINANCEIRA

## Capítulo 5 – Estrutura das demonstrações financeiras publicadas  165

5.1 Entidades e legislação regulamentadoras no Brasil  166
5.2 Balanço patrimonial e demonstração de resultados  168
5.3 Conceitos fundamentais e estrutura do balanço patrimonial  169
5.4 Apresentação legal das demonstrações contábeis básicas  174
5.5 Relatórios contábeis e principais eventos econômicos  183
5.6 Balanço patrimonial e demonstração de resultados de um período  185
5.7 Demonstração das mutações do patrimônio líquido  187
5.8 Demonstração do fluxo de caixa – método indireto  187
5.9 Demonstração do fluxo de caixa – método direto  189
5.10 Resultados *versus* fluxo de caixa, regime de competência *versus* regime de caixa  191
5.11 Visão interativa das demonstrações contábeis básicas  194
5.12 Demonstração do Valor Adicionado (DVA)  196
5.13 Demonstração dos resultados abrangentes  199
5.14 Notas explicativas  199
5.15 Relatório da administração  210
5.16 Parecer de auditoria  218
Apêndice 1: Demonstrações contábeis consolidadas  225
Questões e exercícios  229

## Capítulo 6 – Conhecendo os principais elementos patrimoniais e sua dinâmica  237

6.1 Caixa e bancos  237
6.2 Aplicações financeiras  237
6.3 Contas a receber de clientes  241
6.4 Provisão para créditos duvidosos ou incobráveis  249
6.5 Títulos descontados  252
6.6 Estoques e custo das mercadorias vendidas  256
6.7 Despesas do exercício seguinte  271
6.8 Investimentos  274

6.9 Imobilizado e depreciação    285
6.10 Intangível e amortização    301
6.11 Contas a pagar a fornecedores    306
6.12 Salários e encargos sociais a pagar    312
6.13 Contas a pagar    319
6.14 Empréstimos e financiamentos    319
6.15 Provisões    325
6.16 Reservas    331
6.17 Ações em tesouraria    338
6.18 Ajustes de avaliação patrimonial    339
Questões e exercícios    342

## Capítulo 7 – Introdução à contabilidade tributária    361

7.1 Classificação dos tributos para fins contábeis e gerenciais    361
7.2 Tributos sobre compra e venda de mercadorias    363
7.3 Tributos sobre o lucro    373
7.4 Sistema Simples    380
Questões e exercícios    383

## Capítulo 8 – Introdução à contabilidade de custos    387

8.1 Fundamentos da contabilidade de custos    389
8.2 Apuração dos custos unitários e contabilização    400
Questões e exercícios    413

## Referências bibliográficas    419

# Prefácio à segunda edição

É com grande satisfação que temos a oportunidade de fazer uma revisão de nosso trabalho. Essa revisão é absolutamente necessária em função das grandes alterações recentes provocadas na contabilidade brasileira por meio das leis 11.638/07 e 11.941/09, que alteraram a Lei 6.406/76. Essa nova legislação determinou a adoção dos padrões internacionais de contabilidade do IFRS por todas as empresas brasileiras, e a Lei 12.973/15 trouxe as adaptações da legislação tributária às novas normas contábeis.

As novas práticas contábeis trouxeram inúmeros e avançados conceitos de avaliação dos elementos patrimoniais, por meio dos Pronunciamentos Técnicos do CPC – Comitê de Pronunciamentos Contábeis, impactando diretamente todas as demonstrações contábeis obrigatórias.

Dessa maneira, houve a necessidade de uma revisão completa do nosso trabalho, adaptando-o com as novas denominações, introduzindo novos conceitos e procedimentos de contabilização e eliminando estruturas e conceitos que deixaram de ser aplicáveis.

Além da revisão geral de todos os capítulos, as principais alterações foram as seguintes:

a) introdução ao conceito de reservas no Capítulo 3 para dar mais abrangência à estrutura das demonstrações contábeis básicas;
b) revisão do Apêndice 2 do Capítulo 3 sobre tipos de sociedades;
c) inclusão de dois novos apêndices no Capítulo 4, objetivando deixar mais clara a necessidade do conceito de departamentalização ou centros de custos na contabilidade e apresentando um exemplo geral de plano de contas;
d) no Capítulo 5, introduzimos o tópico para ilustrar as entidades e legislação regulamentadoras no Brasil e o conceito de empresas de grande, pequeno e médio porte;
e) introduzimos os novos conceitos de avaliação, como o valor justo e a provisão para desvalorização de ativos (*impairment*), também no Capítulo 5;
f) complementamos a apresentação do conjunto completo das demonstrações contábeis com uma introdução à estrutura da Demonstração de Outros Resultados Abrangentes;
g) refizemos por completo o item Investimentos em Coligadas e Controladas, uma vez que as novas alterações foram muito significativas;
h) apresentamos os novos conceitos de depreciação, como vida útil, valor residual e valor depreciável, também originados da adoção das novas práticas contábeis;

i) introduzimos no item Imobilizado os fundamentos de contabilização dos ativos biológicos;

j) a criação do grupo Intangível mereceu nossa maior atenção e procuramos deixar bem fundamentados os conceitos e contabilização, uma vez que o ativo diferido foi suprimido das novas práticas contábeis;

k) introduzimos as novas contas do patrimônio líquido: a reserva de incentivos fiscais, a conta de ações em tesouraria e a nova conta Ajuste de Avaliação Patrimonial;

l) na parte tributária, refizemos por completo a contabilização do sistema Simples.

Esperamos que essas alterações sejam realmente úteis aos docentes, discentes e profissionais da área que utilizam nosso trabalho.

CLÓVIS LUÍS PADOVEZE
cpadoveze@yahoo.com.br

## Aspectos metodológicos

Em razão da ênfase para não contadores e executivos, a metodologia contábil das partidas dobradas (débitos e créditos), tradicional para o ensino nos cursos de Ciências Contábeis, bem como a apresentação dos livros contábeis foram tratadas separadamente no Capítulo 4, de modo que fiquem como uma opção para os professores as utilizarem em outros cursos.

Da mesma forma, no Capítulo 6, no qual apresentamos os procedimentos de contabilização dos principais eventos e contas contábeis, todos os tópicos são expostos inicialmente dentro de um modelo de controle denominado *modelo financeiro*, ficando o modelo contábil como opcional, a ser apresentado posteriormente. Dessa maneira, na condução dos exercícios, o professor poderá escolher o modelo financeiro ou o modelo contábil. Ainda nesse capítulo, visando simplificar a explanação do assunto, os exemplos de contabilização foram elaborados basicamente desconsiderando-se os tributos sobre mercadorias.

A contabilização dos principais tributos, em razão de sua complexidade e especificidade, foi tratada separadamente no Capítulo 7, com o intuito de dar uma opção metodológica aos docentes, em função do curso em que está inserida a disciplina ou da disponibilidade de tempo para a aplicação do tema.

**Este livro possui material complementar para professores que adotam a obra.**

# PARTE I
Estrutura conceitual

# 1
## capítulo

## Primeiros conceitos e contabilidade pessoal

Mesmo que eventualmente não seja tão visível, a contabilidade está presente na vida das pessoas a todo instante. O motivo disso é que elas vivem em torno de suas propriedades, preocupam-se continuamente com a sua capacidade de consumir e de adquirir novos bens e serviços, buscam a todo momento aumentar a sua renda, procuram construir uma poupança para assegurar um futuro mais tranquilo etc.

Todas essas atividades têm, como elemento comum, o dinheiro, pois tudo é medido tendo-se por base a moeda do país, o real. A contabilidade das empresas, assim como a das pessoas, também ocupa-se das mesmas coisas, ou seja, de identificar suas propriedades e direitos, saber seus gastos, apurar as receitas e controlar as coisas a receber e a pagar. Portanto, é possível associar, com muita precisão, a contabilidade das empresas e a contabilidade das pessoas.

### 1.1 Contabilidade, contador e conta

A palavra "conta" é uma das palavras que se aplicam à diversidade de utilizações apropriadas; nas ciências contábeis, podemos considerá-la uma palavra-chave. Dela podem-se extrair praticamente os primeiros e fundamentais conceitos para entender essa ciência.

O profissional de contabilidade é denominado *contador*. De acordo com a semântica, contador é aquele que conta a quantidade de algo, sendo que a função de contar vem dos primórdios da história da contabilidade, quando os primeiros responsáveis tinham, como tarefa básica, contar as coisas (elementos patrimoniais) de propriedade deles, para conhecer a extensão de seu patrimônio. Dessa função primordial é que se fundamentou o conceito de inventário, ou seja, contar o que existe de determinado elemento patrimonial. O conceito de inventário é utilizado até hoje, principalmente para contar os estoques das empresas.

O processo de contagem dos elementos patrimoniais, aparentemente simples, envolve, contudo, uma tecnologia específica: identificar tanto o que deve ser contado como a medida apropriada para quantificar adequadamente a contagem, determinar o método mais apropriado para a contagem, identificar a natureza, os relacionamentos e os atributos do elemento patrimonial, classificar em categorias o que está sendo contado, verificar a utilização futura da informação para o destino adequado desses elementos etc. e, modernamente, atribuir mensuração monetária a cada um dos elementos-objetos da contagem. Verificam-se, nessas características gerais do processo de contagem, a importância e a extensão do conhecimento necessárias ao profissional contador.

Depois de efetuada a contagem, o método básico para reter a informação obtida é registrar em algum meio que permita utilizá-la futuramente; nomes, datas, números, letras, mídia, modelos são necessários para tanto, sendo o modelo contábil o registro em *contas*. Assim, depois de conseguir o dado obtido pela contagem, deve-se registrá-lo em um meio (memória, papel, livro, computador). O registro em contas caracteriza-se também por ser um processo de *acumulação* de dados, gerando informações aglutinadas ou sumariadas. Portanto, todo registro contábil tem como base dados passados para utilização futura. Nenhum dado contábil é apenas registro do passado; ele também permite sua utilização em algum futuro na tomada de decisão.

A conta deve preservar ao máximo todas as características do processo de contagem, transformando-se, assim, em um resumo científico da atividade básica do contador. Essas duas funções, a contagem e o registro da contagem (contador e conta), são os elementos fundamentais das ciências contábeis.

Esse processo básico está representado pela Figura 1.1. Convém, contudo, ressaltar que essa é uma representação básica e inicial, uma vez que a utilização das contas e dos meios de registros, em termos modernos e no sistema de informação contábil, é feita por um método científico com características e fundamentos mais avançados, denominado método das partidas dobradas, que veremos mais adiante.

O responsável pela gestão contábil da empresa é nomeado *contador, contador geral* ou, mais recentemente, *controller*. O setor que operacionaliza esse controle se chama Setor de Contabilidade ou Setor de Controladoria. É interessante notar que a palavra *controller*, a qual sugere controladoria, é na realidade derivada também da palavra "conta", conforme vemos em Horngren (1985, p. 9).

> O título de *controller* aplica-se a diversos cargos na área de contabilidade, cujo nível e cujas responsabilidades variam de uma empresa para outra. Neste livro, tal termo *controller* (às vezes escrito com *p*, *comptroller*, derivado do francês *compte*, que quer dizer conta) significa o principal executivo da área de contabilidade administrativa. Já vimos que o *controller* moderno não faz

controle algum em termos de autoridade de linha, exceto em seu próprio departamento. No entanto, o conceito moderno de controladoria sustenta que, em um sentido especial, o *controller* realmente controla: faz relatórios e interpreta dados pertinentes, exerce uma força, uma influência ou projeta uma atitude que impele a administração rumo a decisões lógicas e compatíveis com os objetivos.

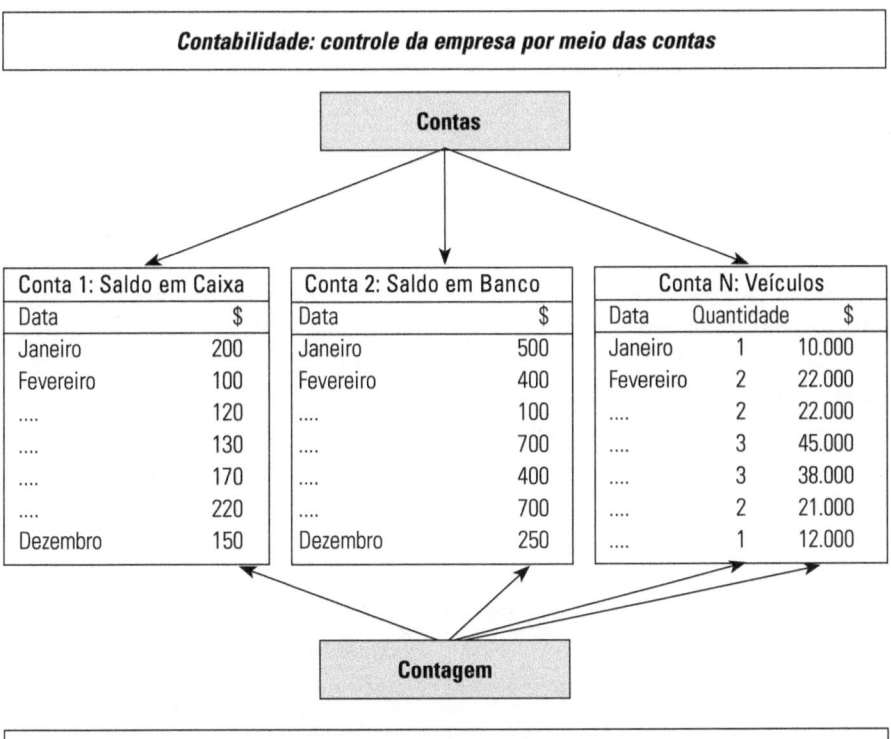

**Figura 1.1** Empresa, contabilidade, contagem e contas contábeis.

## *Accountability*

O conceito de contabilidade como sistema de controle econômico da empresa, tanto por parte do contador quanto por parte dos demais gestores internos, pode ser abrangido pelo conceito de *accountability*, termo derivado do inglês *account*, que significa conta. Em linhas gerais, *accountability* corresponde à responsabilidade do gestor de *prestar contas* pelos seus atos, bem como à obrigação de relatar os resultados obtidos (Catelli, 1999, p. 208). Mais genericamente, podemos definir *accountability* como a responsabilidade individual ou departamental de desempenhar uma certa função que pode ser delegada ou imposta por lei, regulamentos ou acordos (Siegel e Shim, 1995, p. 4).

Dessa maneira, cabe ao contador uma responsabilidade genérica pela prestação de contas de toda a movimentação e situação econômico-financeira da empresa, a qual é obtida pelo sistema de informação contábil. Esta é uma função de grande responsabilidade que exige conhecimentos profundos de economia, finanças e gestão; e o sistema de informação contábil deve estar preparado para subsidiar esse processo dentro de uma abordagem gerencial, sempre em perspectiva de futuro.

## Exemplo da utilização das contas no controle de uma entidade

É possível verificar, por meio da contagem e das contas, como pode ser o controle de uma entidade, considerando um exemplo de empreendimento do setor pecuário. Vamos supor um empreendimento em fase inicial, no qual já haja gado bovino e suíno na fazenda. Um trabalho inicial seria a contagem do gado, quando se constata que existem 200 cabeças de gado bovino e 100 cabeças de suínos. A representação primária na conta contábil indicaria as quantidades obtidas na contagem.

| Conta 1: Gado | |
|---|---|
| Data | Quantidade |
| *Mês 1* | |
| Gado bovino | 200 |
| Gado suíno | 100 |
| Total | 300 |

Como o sistema contábil traduz tudo em moeda corrente do país, a conta contábil tem de incorporar a mensuração monetária desses bens. Nesse momento, vê-se que não convém o controle em uma conta só de bens de natureza física e econômica tão distintos; os preços da carne de boi e da carne de porco são normalmente diferentes. Assim, faz-se necessário desdobrar o controle no mínimo em duas contas. Nesse processo, vê-se também que, mesmo dentro do mesmo tipo de gado, podem existir outras categorias que mereçam uma contabilidade em separado. Apresentamos essas duas contas com as possibilidades:

| Conta 1: Gado Bovino | | | | Conta 2: Gado Suíno | | | |
|---|---|---|---|---|---|---|---|
| Data | Quantidade | | $ | Data | Quantidade | | $ |
| *Mês 1* | | | | *Mês 1* | | | |
| Gado de corte | 50 | | 45.000 | Porcos | 30 | | 5.400 |
| Gado leiteiro | 30 | | 36.000 | Leitoas | 30 | | 3.600 |
| Gado até 1 ano | 60 | | 21.000 | Leitões até 1 ano | 40 | | 2.800 |
| Gado até 2 anos | 60 | | 30.000 | | | | |
| Total | 200 | | 132.000 | Total | 100 | | 11.800 |

Possivelmente, para um melhor controle, essas duas contas teriam de ser desdobradas novamente, para cada categoria de animais. Continuando nosso exemplo, vamos supor que, além desses bens, a fazenda tenha terras e quatro galpões para tratamento e engorda dos animais, bem como para guarda de insumos e utensílios. Seriam abertas mais duas contas pelo menos:

| Conta 3: Terras | | | | Conta 4: Edifícios | | | |
|---|---|---|---|---|---|---|---|
| Data | Quantidade | | $ | Data | Quantidade | | $ |
| *Mês 1* | | | | *Mês 1* | | | |
| Alqueires de terra | 20 | | 100.000 | Galpões | 4 | | 20.000 |
| Total | 20 | | 100.000 | Total | 4 | | 20.000 |

Já havíamos considerado que a tecnologia da contagem envolve a identificação do que deve ser contado. Dentro de uma entidade não há necessariamente apenas bens e direitos; podem existir obrigações, seja por compra de bens e serviços a prazo, seja por obtenção de financiamentos ou empréstimos bancários. Vamos imaginar que os galpões foram financiados por um banco, para pagamento em cinco anos, e que o gado bovino até 1 ano foi comprado de terceiros, para pagamento em 90 dias, mas ainda não foi pago; uma conta deve ser aberta para representar essas dívidas. De modo idêntico ao que fizemos com o gado e com os imóveis, não convêm registrar, em uma única conta, dois tipos de dívidas distintos. Convém abrir uma conta para cada um, para possibilitar melhor visibilidade e controle.

| Conta 5: Empréstimos Bancários | | | Conta 6: Fornecedores de Gado | | |
|---|---|---|---|---|---|
| Data | Quantidade | $ | Data | Quantidade | $ |
| *Mês 1* | | | *Mês 1* | | |
| Empréstimo do Banco do Brasil | 1 | 20.000 | Fornecimento de gado de 1 ano | 60 | 21.000 |
| Total | 1 | 20.000 | Total | 60 | 21.000 |

Supondo que os demais investimentos tenham sido feitos com recursos próprios do investidor na fazenda a título de capital inicial, esses valores, que foram aportados na empresa, devem ser gerenciados também por uma conta distinta, para melhor controlar o capital investido pelo proprietário:

| Conta 6: Capital Social | | |
|---|---|---|
| Data | Quantidade | $ |
| *Mês 1* | | |
| Capital Integralizado | 1 | 222.800 |
| Total | 1 | 222.800 |

Deixando de considerar outros elementos patrimoniais e eventos econômicos ou financeiros, podemos agora montar, a partir das contas, a situação econômica do patrimônio da fazenda, utilizando os totais de cada uma delas. Como todo empreendimento é um investimento que necessita ser financiado e, por conseguinte, o total investido é igual ao total dos recursos obtidos para as aplicações nos investimentos, tal empreendimento deve ser apresentado identificando tanto os investimentos e sua composição, como os financiamentos e os recursos obtidos e sua composição, conforme atestam os dados a seguir:

| Balanço das Operações e Situação Patrimonial – Final do Mês 1 |||| 
| Investimentos || Fontes de Recursos ||
| Discriminação | Valor | Discriminação | Valor |
| Gado bovino | 132.000 | Fornecedores | 21.000 |
| Gado suíno | 11.800 | Empréstimo | 20.000 |
| Terras | 100.000 | Capital Social | 222.800 |
| Edifícios | 20.000 | | |
| Total | 263.800 | Total | 263.800 |

## 1.2 Método contábil de registro nas contas: partidas dobradas

Apesar de apresentar alguns pontos positivos, o método da contagem ou inventário, utilizado nos primórdios da contabilidade, não se configura como o melhor para um controle adequado do patrimônio das entidades. Suas principais desvantagens são:

a) não evidenciar as movimentações ocorridas nos elementos patrimoniais (entradas, saídas, aumentos, diminuições, dados da acumulação);

b) qualificar-se como um levantamento periódico, ou seja, tem-se a posição dos elementos patrimoniais apenas nos momentos em que se faz o levantamento;

c) não identificar as relações de causa e efeito dos eventos econômicos que dão origem aos elementos patrimoniais;

d) não identificar os eventos econômicos geradores do resultado das entidades (lucro, prejuízo, sobra, falta, superávit, déficit).

O método da contagem ou inventário é lembrado também por fazer parte do conjunto de técnicas contábeis da fase não científica da contabilidade, que é o *método das partidas simples*,[1] nome dado em oposição ao método científico, que fundamenta a moderna ciência contábil e que é denominado *método das partidas dobradas*.

O método das partidas simples fazia o registro do evento econômico em cada conta, seja por inventário, seja por movimentação, sem considerar os efeitos do mesmo evento econômico em outras contas. Assim, a partida não tinha a contrapartida.

---

[1] A palavra *partida*, em contabilidade, significa registro, escrituração ou lançamento.

O método das partidas dobradas, que é o método adotado modernamente, fundamenta-se exatamente na condição de registrar o *efeito* do evento econômico em uma conta e, ao mesmo tempo, o impacto da causa do mesmo evento econômico na conta que o originou, por exemplo, o efeito da entidade que passa a ter uma dívida com fornecedores decorre da causa de ter comprado gado suíno a prazo.

Partindo das contas apresentadas no exemplo introdutório, evidenciaremos como se devem registrar as contas pelo método das partidas dobradas, sugerindo uma ordem em que os eventos econômicos devem ter se sucedido.

Consideramos como o primeiro evento econômico a entrada de capital em dinheiro pelo investidor, no valor de $ 222.800; podemos supor que tenha ficado temporariamente em caixa. O registro seria feito em duas partidas, a primeira na conta Capital Social e a segunda, também chamada contrapartida, na conta Caixa. Ambas são apresentadas a seguir:

| Conta 6: Capital Social | | | Conta 7: Caixa | | |
|---|---|---|---|---|---|
| Data | Quantidade | $ | Data | Quantidade | $ |
| *Mês 1* | | | *Mês 1* | | |
| Capital Integralizado | 1 | 222.800 | Entrada de capital em dinheiro | 1 | 222.800 |
| Saldo | | 222.800 | Saldo | | 222.800 |

Com o dinheiro oriundo do Capital Integralizado, a empresa começou a operação adquirindo alguns tipos de gado bovino, tirando dinheiro do caixa. A conta Caixa registra uma nova movimentação (destacada, em negrito, no quadro a seguir). Assim, a conta tem a finalidade de obter o saldo, bem como de registrar as movimentações ocorridas, sendo o saldo a resultante aritmética das entradas e saídas dos valores na conta.

| Conta 7: Caixa | | | Conta 1: Gado Bovino | | |
|---|---|---|---|---|---|
| Data | Quantidade | $ | Data | Quantidade | $ |
| *Mês 1* | | | *Mês 1* | | |
| Entrada de capital em dinheiro | 1 | 222.800 | Aquisição de: | | |
| | | | Gado de corte | 50 | 45.000 |
| **Aquisição de gado bovino** | **1** | **(111.000)** | Gado leiteiro | 30 | 36.000 |
| | | | Gado até 2 anos | 60 | 30.000 |
| Saldo | | 111.800 | Saldo | 140 | 111.000 |

Com saldo em caixa, foram feitas aquisições de gado suíno:

| Conta 7: Caixa | | | Conta 2: Gado Suíno | | |
|---|---|---|---|---|---|
| Data | Quantidade | $ | Data | Quantidade | $ |
| *Mês 1* | | | *Mês 1* | | |
| Entrada de capital em dinheiro | 1 | 222.800 | Aquisição de: | | |
| | | | Porcos | 30 | 5.400 |
| Aquisição de gado bovino | 1 | (111.000) | Leitoas | 30 | 3.600 |
| | | | Leitões até 1 ano | 40 | 2.800 |
| **Aquisição de gado suíno** | **1** | **(11.800)** | | | |
| Saldo | | 100.000 | Saldo | 100 | 11.800 |

Note que a conta Caixa, além de registrar o saldo do dinheiro após as transações, também evidencia as movimentações de entrada e saída, deixando a conta de ser mera representação de uma contagem ou inventário.

Ainda com dinheiro em caixa, a empresa adquiriu as terras para pastagem e criação:

| Conta 7: Caixa | | | Conta 3: Terras | | |
|---|---|---|---|---|---|
| Data | Quantidade | $ | Data | Quantidade | $ |
| *Mês 1* | | | *Mês 1* | | |
| Entrada de capital em dinheiro | 1 | 222.800 | Aquisição de 20 alqueires | 20 | 100.000 |
| Aquisição de gado bovino | 1 | (111.000) | | | |
| Aquisição de gado suíno | 1 | (11.800) | | | |
| **Aquisição de terras** | **1** | **(100.000)** | | | |
| Saldo | | 0 | Saldo | | 100.000 |

O saldo de Caixa ficou zerado; esse é o motivo pelo qual, na apresentação inicial das contas, não elencamos a conta Caixa no rol dos investimentos e fontes de recursos.

Consideramos, como próximo evento, o pagamento dos galpões com o valor obtido por meio de Empréstimos Bancários:

| Conta 5: Empréstimos Bancários | | | Conta 4: Edifícios | | |
|---|---|---|---|---|---|
| Data | Quantidade | $ | Data | Quantidade | $ |
| *Mês 1* | | | *Mês 1* | | |
| Empréstimo do Banco do Brasil | 1 | 20.000 | Construção de quatro galpões | 4 | 20.000 |
| Saldo | | 20.000 | Saldo | | 20.000 |

Como último evento desse exemplo, consideramos a compra a prazo de gado até 1 ano, ficando uma dívida temporária com os fornecedores. Dentro da conta Gado Bovino, apresentamos em negrito (tabela a seguir) o novo evento. Fica claro que a conta serve tanto para registrar a movimentação quanto o saldo do elemento patrimonial que representa:

| Conta 1: Gado Bovino | | | Conta 6: Fornecedores de Gado | | |
|---|---|---|---|---|---|
| Data | Quantidade | $ | Data | Quantidade | $ |
| *Mês 1* | | | *Mês 1* | | |
| Gado de corte | 50 | 45.000 | Fornecimento de gado de 1 ano | 60 | 21.000 |
| Gado leiteiro | 30 | 36.000 | | | |
| Gado até 2 anos | 60 | 30.000 | | | |
| **Gado até 1 ano** | **60** | **21.000** | Saldo | 60 | 21.000 |
| Saldo | 200 | 132.000 | | | |

Fica evidente a supremacia do método das partidas dobradas sobre o método das partidas simples. Além de obter os saldos das contas, tal método evidencia as movimentações de entradas e saídas, bem como o relacionamento entre causa e efeito existente em cada evento econômico.

## 1.3 Contabilidade pessoal

O modelo de controle contábil é totalmente aplicável ao controle econômico do patrimônio de cada pessoa, que podemos chamar de *contabilidade pessoal*. Mesmo que cada indivíduo não queira estruturar voluntariamente seu patrimônio segundo o modelo contábil, o governo federal obriga-o a fazer, uma vez que a declaração de rendimentos do imposto de renda da pessoa física é uma prestação de contas obrigatória das rendas e bens e direitos do cidadão.[2]

Olhando com atenção para a estrutura da declaração do imposto de renda da pessoa física, fica evidente que ela é a adequação do método contábil, dos conceitos e da estrutura das demonstrações contábeis aplicados ao patrimônio de cada indivíduo.

As tabelas, apresentadas a seguir com números aleatórios, procuram representar, com a maior fidedignidade possível, o modelo e a estrutura dos principais quadros da declaração do imposto de renda da pessoa física. O objetivo é evidenciar que a declaração de renda das pessoas é a sua contabilidade pessoal, a qual representa um ano de rendimentos, bem como a posição patrimonial e financeira ao final desse ano.

A Tabela 1.1 resume a declaração dos tipos de rendimentos mais comuns a todas as pessoas. Simulamos rendimentos de um empregado de empresa privada, que possui, além de um imóvel pelo qual é cobrado aluguel, rendimentos de aplicação em poupança:

**Tabela 1.1** Rendimentos

| Rendimentos Tributáveis Recebidos de Pessoas Jurídicas | | | | | |
|---|---|---|---|---|---|
| | CNPJ | Rendimentos | Previdência | IRRF | 13º Salário |
| Empresa Industrial S/A | | 50.000 | 2.000 | 6.000 | 4.050 |
| Rendimentos Tributáveis Recebidos de Pessoas Físicas | | | | | |
| | CNPJ | Rendimentos | Previdência | IRRF | 13º Salário |
| Aluguel de apartamento | | 6.000 | 0 | 0 | 0 |
| Rendimentos Isentos e Não Tributáveis | | Rendimentos | | | |
| Rendimentos de caderneta de poupança | | 400 | | | |

IRRF – Imposto de Renda Retido na Fonte    CNPJ – Cadastro Nacional de Pessoa Jurídica

---

[2] Há muitos séculos, os governos perceberam a importância do modelo contábil de controle e adotaram-no tanto para o controle de suas contas como para o dos cidadãos.

Se somarmos todos os rendimentos e tirarmos as deduções, teremos a renda bruta menos os descontos:

|  | $ |
|---|---|
| Rendimentos Empresa Industrial S/A | 50.000 |
| (–) Descontos de Previdência | (2.000) |
| (–) Descontos de IRRF | (6.000) |
| (+) 13º Salário | 4.050 |
| Aluguel de apartamento | 6.000 |
| Rendimentos de poupança | 400 |
| Soma | 52.450 |

Essa pessoa conseguiu uma renda líquida no ano de X1 de $ 52.450. A Receita Federal permite uma série de descontos da renda líquida, os quais são declarados em uma tabela denominada Pagamentos e Doações Efetuados. A Tabela 1.2 apresenta um exemplo de como esses dados vão para a declaração de renda do contribuinte:

**Tabela 1.2** Pagamentos e doações efetuados

| Nome do Beneficiário | Código | CPF/CNPJ | Valor | Parcela não dedutível |
|---|---|---|---|---|
| Livraria e Papelaria Saber | 1 |  | 2.200 | 0 |
| Unimédicos | 5 |  | 9.600 | 0 |
| João Doutor | 4 |  | 2.000 | 0 |
| José Dentista | 4 |  | 1.400 | 0 |
| Hospital Clínica Médica | 5 |  | 4.000 | 0 |
| Faculdade Universal | 2 |  | 6.500 | 0 |
| Instituto de Inglês | 2 |  | 2.300 | 0 |
| Total |  |  | 28.000 |  |

CPF – Cadastro de Pessoas Físicas

É sabido que os critérios adotados pela Receita Federal para tributação do imposto de renda das pessoas físicas não permitem a utilização, como abatimento da receita, de todos os gastos das pessoas e de seus dependentes. Para fins de exemplificação, vamos admitir que, além dos $ 28.000 dos gastos listados na Tabela 1.2, que serão considerados todos dedutíveis, esse indivíduo gastou em despesas, ao longo do ano, para seu consumo, mais $ 16.450. Dessa maneira, o total dos gastos para seu consumo foi de $ 44.450:

|  | $ |
|---|---|
| Gastos autorizados pela Receita Federal | 28.000 |
| Gastos não declarados | 16.450 |
| Total dos gastos consumidos no ano X1 | 44.450 |

O formulário da Receita Federal também exige um quadro para a Declaração de Bens e Direitos do indivíduo, para compará-la com a do ano anterior, conforme apresenta a Tabela 1.3.

**Tabela 1.3** Declaração de bens e direitos

| Discriminação | Código | Situação em 31.12.X0 | Situação em 31.12.X1 |
|---|---|---|---|
| Casa de 150 m² e terreno de 300 m² | 12 | 90.000 | 90.000 |
| Apartamento de 40 m² na Grande Praia | 11 | 40.000 | 40.000 |
| Carro Um ano X000 | 21 | 0 | 8.000 |
| Carro Ox ano X003 | 21 | 18.000 | 18.000 |
| Saldo Banco do Estado | 41 | 500 | 600 |
| Saldo Banco do Brasil | 41 | 400 | 450 |
| Poupança Caixa do Brasil | 49 | 4.000 | 4.400 |
| Total |  | 152.900 | 161.450 |

O objetivo básico da Receita Federal com essa declaração de bens e direitos é ter um arquivo em que se possam verificar ganhos (ou perdas) futuros com as vendas desses bens e direitos. Assim, a Receita Federal mune-se de dados para eventual fiscalização de eventos futuros.

Ademais, tal declaração é importante para o órgão governamental para aferir se a renda líquida obtida no ano é suficiente para justificar o aumento do valor dos bens e direitos, com o intuito de detectar se alguma renda não foi declarada.

Outra maneira encontrada para fazer justiça pela Receita Federal é permitir a declaração das dívidas, uma vez que parte dos investimentos em bens e direitos pode ter sido paga, total ou parcialmente, com dinheiro emprestado. A Tabela 1.4 evidencia essas possíveis obrigações financeiras:

**Tabela 1.4** Dívida e ônus reais

| Discriminação | Código | Situação em 31.12.X0 | Situação em 31.12.X1 |
|---|---|---|---|
| Cartão de Crédito Vis | 11 | 2.000 | 1.800 |
| Cartão de Crédito Card | 11 | 800 | 1.400 |
| Banco do Município – Cheque Especial | 11 | 100 | 250 |
| Total | | 2.900 | 3.450 |

O quadro que faz o fechamento da declaração do imposto de renda é o da evolução patrimonial. A diferença do valor dos bens e direitos do ano em relação ao anterior, diminuída da variação do valor das dívidas existentes no mesmo período, determina o valor da variação patrimonial, ou seja, a variação da riqueza do indivíduo: se for positiva, a variação representará um aumento da riqueza patrimonial; se for negativa, representará uma redução da riqueza patrimonial do indivíduo:

**Tabela 1.5** Evolução patrimonial

| | |
|---|---|
| Bens e direitos em 31.12.X0 | 152.900 |
| Bens e direitos em 31.12.X1 | 161.450 |
| Variação (a) | 8.550 |
| Dívidas e ônus reais em 31.12.X0 | 2.900 |
| Dívidas e ônus reais em 31.12.X1 | 3.450 |
| Variação (b) | 550 |
| Variação Líquida (a – b) | 8.000 |

Nosso exemplo foi estruturado para que a diferença entre a receita líquida do indivíduo e seus gastos com consumo, a qual significa a sobra disponível para investimentos, seja igual ao valor da sua variação patrimonial. Para tanto, consideramos que o Imposto de Renda Retido na Fonte é suficiente para atender a legislação e que não haverá impostos a pagar ou a restituir.

## 1.4 Demonstrações contábeis para a pessoa física

A declaração de rendimentos das pessoas físicas pode ser evidenciada por meio de dois dos principais demonstrativos do modelo contábil, que são o *balanço patrimonial* e a *demonstração de resultados do período*.

O balanço patrimonial mostra o que a entidade – empresa ou pessoa – tem em uma determinada data, e a demonstração de resultados evidencia o quanto a entidade auferiu, gastou e teve de sobra (ou falta) em um período específico. O mais comum é:

a) levantar o balanço patrimonial no início do exercício (ou no final do exercício anterior);
b) apurar o resultado, os ganhos e as despesas em um ano;
c) levantar o balanço patrimonial ao final do exercício, após apurar o resultado.

Desse modo, o resultado espelha o componente mais importante da variação patrimonial da entidade. O balanço patrimonial representa os valores e os tipos de bens e direitos, bem como o valor do aumento da riqueza da entidade pelo aumento do patrimônio líquido (caso tenha aumento, pois se a riqueza diminuir, haverá uma redução do patrimônio líquido).

Utilizando as tabelas do nosso exemplo da declaração do imposto de renda, podemos elaborar esses demonstrativos contábeis para o indivíduo. Serão considerados como balanço patrimonial inicial tanto o conjunto dos bens e direitos como as dívidas e ônus reais da situação em 31.12.X0. Na Tabela 1.6, os bens e os direitos estão à esquerda, cujo conjunto representa o *ativo*, e as dívidas estão à direita, as quais representam o *passivo exigível*.

**Tabela 1.6** Balanço patrimonial inicial da pessoa física – situação em 31.12.X0

| Ativo (Bens e Direitos) | $ | Passivo (Dívidas e Ônus Reais) | $ |
|---|---|---|---|
| Casa de 150 m² e terreno de 300 m² | 90.000 | Cartão de Crédito Vis | 2.000 |
| Apartamento de 40 m² na Grande Praia | 40.000 | Cartão de Crédito Card | 800 |
| Carro Ox ano X003 | 18.000 | Banco do Município – Cheque Especial | 100 |
| Saldo Banco do Estado | 500 | | |
| Saldo Banco do Brasil | 400 | | |
| Poupança Caixa do Brasil | 4.000 | | |
| Total | 152.900 | Total | 2.900 |

Esse balanço não está balanceado, pois a ideia de um balanço é de igualdade nas duas balanças. O equilíbrio do balanço dá-se pela introdução da figura do *patrimônio líquido*, que é o resultado da somatória dos bens e direitos, diminuído da somatória das obrigações. O patrimônio líquido representa a riqueza efetiva da entidade e, nesse caso, da pessoa física, significando que, caso o indivíduo consiga vender todo o seu patrimônio e quitar todas as suas dívidas, ele terá uma sobra em dinheiro totalmente sua, correspondendo, assim, à sua riqueza, ao seu patrimônio líquido.

Nesse exemplo, para 31.12.X0, temos:

|  | $ |
|---|---|
| Valor dos bens e direitos | 152.900 |
| (–) Valor das dívidas e dos ônus reais | (2.900) |
| = Patrimônio líquido (valor da riqueza do indivíduo) | 150.000 |

Em nosso país, bem como na maior parte de outras nações, o patrimônio líquido é apresentado do lado direito do balanço, para dar a noção de igualdade entre ativo e passivo. Fica claro, porém, que o patrimônio líquido não é uma exigibilidade, no sentido de que deve ser efetuado um pagamento para saldar uma obrigação, enquanto as dívidas e os ônus reais se caracterizam seguramente como passivos exigíveis de pagamento financeiro. Dessa maneira, a palavra *passivo* assume uma conotação ambígua, mostrando, em termos contábeis, tanto as dívidas exigíveis quanto o valor da riqueza das pessoas.

Podemos então refazer a Tabela 1.6, introduzindo a figura do patrimônio líquido em um quadro de balanço equilibrado:

**Tabela 1.7** Balanço patrimonial inicial – situação em 31.12.X0, introduzindo o patrimônio líquido

| Ativo | $ | Passivo (Obrigações e Patrimônio Líquido) | $ |
|---|---|---|---|
| Bens e direitos | | Passivo exigido | |
| Casa de 150 m² e terreno de 300 m² | 90.000 | Cartão de Crédito Vis | 2.000 |
| Apartamento de 40 m² na Grande Praia | 40.000 | Cartão de Crédito Card | 800 |
| Carro Ox ano X003 | 18.000 | Banco do Município (Cheque Especial) | 100 |
| Saldo Banco do Estado | 500 | | |
| Saldo Banco do Brasil | 400 | | 2.900 |
| Poupança Caixa do Brasil | 4.000 | **Patrimônio Líquido** | **150.000** |
| Total | 152.900 | Total | 152.900 |

Podemos elaborar o balanço final após a passagem de mais um ano na vida do indivíduo, com os mesmos dados da tabela de bens e direitos e das dívidas e ônus reais. A Tabela 1.8 apresenta a situação em 31.12.X1, já com a figura do patrimônio líquido, com seu valor obtido pela diferença:

**Tabela 1.8** Balanço patrimonial final – situação em 31.12.X1, com o patrimônio líquido

| Ativo | $ | Passivo (Obrigações e Patrimônio Líquido) | $ |
|---|---|---|---|
| Bens e direitos | | Passivo exigido | |
| Casa de 150 m$^2$ e terreno de 300 m$^2$ | 90.000 | Cartão de Crédito Vis | 1.800 |
| Apartamento de 40 m$^2$ na Grande Praia | 40.000 | Cartão de Crédito Card | 1.400 |
| Carro Um ano X000 | 8.000 | Banco do Município – Cheque Especial | 250 |
| Carro Ox ano X003 | 18.000 | | |
| Saldo Banco do Estado | 600 | | 3.450 |
| Saldo Banco do Brasil | 450 | **Patrimônio Líquido** | **158.000** |
| Poupança Caixa do Brasil | 4.400 | | |
| Total | 161.450 | Total | 161.450 |

O valor do Patrimônio Líquido em 31.12.X1 aumentou em $ 8.000, significando que a riqueza do indivíduo aumentou.

| | $ |
|---|---|
| Valor do patrimônio líquido do indivíduo em 31.12.X1 (final) | 158.000 |
| (–) Valor do patrimônio líquido do indivíduo em 31.12.X0 (inicial) | (150.000) |
| (=) Aumento da riqueza no ano de X1 (ganho no período) | 8.000 |

A explicação da variação da riqueza é evidenciada pela demonstração contábil denominada demonstração dos resultados do exercício (ou do período). Em termos de declaração de imposto de renda, os principais dados constam dos quadros dos rendimentos (Tabela 1.1) e dos pagamentos e doações efetuados (Tabela 1.2).

Como já havíamos salientado, a Receita Federal não obriga a listar os gastos com consumo que não são dedutíveis (abatidos) para fins de apuração do imposto de renda a pagar; portanto, essa informação não consta em nenhum quadro da declaração de rendimentos. Em nosso exemplo, havíamos feito a suposição de que o total desses gastos não deduzidos para fins de imposto de renda monta $ 16.450.

Podemos agora estruturar a demonstração do resultado do indivíduo para o ano de X1, conforme apresentado na Tabela 1.9.

**Tabela 1.9** Demonstração do resultado da pessoa física – de 01.01.X1 a 31.12.X1

| Receitas (a) | $ |
|---|---|
| Rendimentos Empresa Industrial S/A | 50.000 |
| (–) Descontos de Previdência | (2.000) |
| (–) Descontos de IRRF | (6.000) |
| (+) 13º Salário | 4.050 |
| Aluguel de apartamento | 6.000 |
| Rendimentos de poupança | 400 |
| Soma | 52.450 |
| **(–) Despesas** | |
| **Pagamentos e doações efetuados (b)** | |
| Livraria e Papelaria Saber | 2.200 |
| Unimédicos | 9.600 |
| João Doutor | 2.000 |
| José Dentista | 1.400 |
| Hospital Clínica Médica | 4.000 |
| Faculdade Universal | 6.500 |
| Instituto de Inglês | 2.300 |
| Total | 28.000 |
| **Gastos não declarados (c)** | **16.450** |
| **Gastos Totais (d = b + c)** | **44.450** |
| **SOBRA LÍQUIDA DO ANO (a – d)** | 8.000 |

Esse exemplo evidencia dois pontos importantes:

- O modelo contábil é totalmente utilizável para o controle das finanças pessoais e segue o mesmo padrão utilizado para as demais entidades, com ou sem fins lucrativos.

- A figura do *patrimônio líquido* é o principal elemento patrimonial, pois, além de promover o equilíbrio do controle patrimonial (e, consequentemente, permitir a adoção do método das partidas dobradas para registro dos eventos patrimoniais), evidencia a riqueza efetiva do dono do patrimônio, e a sua variação representa o acréscimo ou o decréscimo dessa riqueza.

Todas as considerações, conceitos, métodos e procedimentos apresentados de forma introdutória, simplificada e conceitual neste capítulo são exatamente os mesmos a serem utilizados para a estruturação do sistema de informação contábil e são os fundamentos para a gestão econômica, financeira e patrimonial de qualquer entidade.

# Anexo
# Fac-símile da declaração de imposto de renda – Pessoa física

| | |
|---|---|
| NOME: João José da Silva<br>CPF: 283.740.788-71<br>DECLARAÇÃO DE AJUSTE ANUAL | IMPOSTO DE RENDA – PESSOA FÍSICA<br>EXERCÍCIO 2004<br>Ano-Calendário 2003 |

## IDENTIFICAÇÃO DO CONTRIBUINTE

| | | |
|---|---|---|
| CPF: 283.740.788-71 | Nome: João José da Silva | |
| Data de Nascimento: 01/01/1980 | Título Eleitoral: | CPF do cônjuge: |
| Endereço: xxxxx | Número: xxx | Complemento: xxxxx |
| Bairro/Distrito: xxxxx | Município: xxxxx | UF: SP |
| CEP: 00.000-000 | DDD/Telefone: | DDD/Fax: |

Correio eletrônico (e-mail):
Natureza da ocupação: 01 Empregado de empresa privada, exceto de inst. financeiras
Ocupação principal: 130 Gerente ou supervisor de empresa industrial, comercial ou prestadora de serviços

## OUTRAS INFORMAÇÕES OBRIGATÓRIAS

| | | |
|---|---|---|
| Mudança de endereço? SIM | Em conjunto? NÃO | Retificadora? NÃO |

**RENDIMENTOS TRIBUTÁVEIS RECEBIDOS DE** (Valores em Reais)
**PESSOAS JURÍDICAS PELO TITULAR**

CNPJ/CPF da principal fonte pagadora: 60.734.837/0001-96

| NOME DA FONTE PAGADORA | CNPJ/CPF | REND. RECEBIDOS DE PES. JURÍDICA | CONTR. PREVID. OFICIAL | IMPOSTO NA FONTE | 13º SALÁRIO |
|---|---|---|---|---|---|
| Empresa Industrial S.A. | 60.734.837/0001-96 | 50.000,00 | 2.000,00 | 6.000,00 | 4.050,00 |
| TOTAL | | 50.000,00 | 2.000,00 | 6.000,00 | 4.050,00 |

**RENDIMENTOS TRIBUTÁVEIS RECEBIDOS DE PESSOAS JURÍDICAS PELOS DEPENDENTES**

Sem informações

| NOME: João José da Silva | IMPOSTO DE RENDA – PESSOA FÍSICA |
|---|---|
| CPF: 283.740.788-71 | EXERCÍCIO 2004 |
| DECLARAÇÃO DE AJUSTE ANUAL | Ano-Calendário 2003 |

**RENDIMENTOS TRIBUTÁVEIS RECEBIDOS DE PESSOAS FÍSICAS E DO EXTERIOR PELO TITULAR**  (Valores em Reais)

|  | PESSOA FÍSICA | EXTERIOR | PREVIDÊNCIA OFICIAL | DEPENDENTES | PENSÃO ALIMENTÍCIA | LIVRO CAIXA | CARNÊ-LEÃO DARF PAGO CÓD. 0190 |
|---|---|---|---|---|---|---|---|
| Jan. | 0,00 | 0,00 | 0,00 | 0,00 | 0,00 | 0,00 | 0,00 |
| Fev. | 0,00 | 0,00 | 0,00 | 0,00 | 0,00 | 0,00 | 0,00 |
| Mar. | 0,00 | 0,00 | 0,00 | 0,00 | 0,00 | 0,00 | 0,00 |
| Abr. | 0,00 | 0,00 | 0,00 | 0,00 | 0,00 | 0,00 | 0,00 |
| Maio | 0,00 | 0,00 | 0,00 | 0,00 | 0,00 | 0,00 | 0,00 |
| Jun. | 0,00 | 0,00 | 0,00 | 0,00 | 0,00 | 0,00 | 0,00 |
| Jul. | 0,00 | 0,00 | 0,00 | 0,00 | 0,00 | 0,00 | 0,00 |
| Ago. | 0,00 | 0,00 | 0,00 | 0,00 | 0,00 | 0,00 | 0,00 |
| Set. | 0,00 | 0,00 | 0,00 | 0,00 | 0,00 | 0,00 | 0,00 |
| Out. | 0,00 | 0,00 | 0,00 | 0,00 | 0,00 | 0,00 | 0,00 |
| Nov. | 0,00 | 0,00 | 0,00 | 0,00 | 0,00 | 0,00 | 0,00 |
| Dez. | 0,00 | 0,00 | 0,00 | 0,00 | 0,00 | 0,00 | 0,00 |
| Total | 0,00 | 0,00 | 0,00 | 0,00 | 0,00 | 0,00 | 0,00 |

**RENDIMENTOS ISENTOS E NÃO TRIBUTÁVEIS** (Valores em Reais)

| | |
|---|---|
| Indenizações por rescisão de contrato de trabalho, inclusive a título de PDV, e por acidente de trabalho e FGTS | 0,00 |
| Lucro na alienação de bens e/ou direitos de pequeno valor ou do único imóvel e redução do ganho de capital | 0,00 |
| Lucros e dividendos recebidos | 0,00 |
| Parcela isenta correspondente à atividade rural | 0,00 |
| Parcela isenta de proventos de aposentadoria, reserva remunerada, reforma e pensão de declarantes com 65 anos ou mais | 0,00 |
| Pecúlio recebido de entidades de previdência privada em decorrência de morte ou invalidez permanente | 0,00 |
| Pensão, proventos de aposentadoria ou reforma por moléstia grave ou aposentadoria ou reforma por acidente em serviço | 0,00 |
| Rendimentos de cadernetas de poupança e letras hipotecárias | 400,00 |
| Transferências patrimoniais – doações, heranças meações e dissolução da sociedade conjugal ou unidade familiar | 0,00 |
| Outros | 0,00 |
| Rendimentos isentos e não tributáveis dos dependentes | 0,00 |
| **TOTAL** | **400,00** |

| NOME: João José da Silva | IMPOSTO DE RENDA – PESSOA FÍSICA |
|---|---|
| CPF: 283.740.788-71 | EXERCÍCIO 2004 |
| DECLARAÇÃO DE AJUSTE ANUAL | Ano-Calendário 2003 |

| RENDIMENTOS SUJEITOS À TRIBUTAÇÃO EXCLUSIVA/DEFINITIVA | (Valores em Reais) |
|---|---|
| Décimo terceiro salário | 4.050,00 |
| Ganhos de capital na alienação de bens e/ou direitos | 0,00 |
| Ganhos de capital na alienação de bens, direitos e aplicações financeiras adquiridos em moeda estrangeira | 0,00 |
| Ganhos de capital na alienação de moeda estrangeira em espécie | 0,00 |
| Ganhos líquidos em renda variável (bolsa de valores, de mercadorias, de futuros e assemelhadas) | 0,00 |
| Rendimentos de aplicações financeiras | 0,00 |
| Outros | 0,00 |
| 13º salário recebido pelos dependentes (rendimento sujeito à tributação exclusiva/definitiva) | 0,00 |
| Rendimentos sujeitos à tributação exclusiva/definitiva dos dependentes, exceto 13º salário | 0,00 |
| TOTAL | 4.050,00 |

| IMPOSTO PAGO | | | (Valores em Reais) |
|---|---|---|---|
| Imposto Complementar: | 0,00 | Imposto Pago no Exterior: | 0,00 |

**DEPENDENTES**

Sem informações

| PAGAMENTOS E DOAÇÕES EFETUADOS | | | (Valores em Reais) | |
|---|---|---|---|---|
| CÓDIGO | NOME DO BENEFICIÁRIO | CPF/CNPJ | VALOR PAGO | PARC. NÃO DEDUTÍVEL |
| 01 | Livraria e Papelaria Saber | | 2.200,00 | 0,00 |
| 05 | Unimédicos | | 9.600,00 | 0,00 |
| 04 | João Doutor | | 2.000,00 | 0,00 |
| 04 | José Dentista | | 1.400,00 | 0,00 |
| 05 | Hospital Clínica Médica | | 4.000,00 | 0,00 |
| 01 | Faculdade Universal | | 6.500,00 | 0,00 |
| 01 | Instituto de Inglês | | 2.300,00 | 0,00 |

| NOME: João José da Silva | IMPOSTO DE RENDA – PESSOA FÍSICA |
|---|---|
| CPF: 283.740.788-71 | EXERCÍCIO 2004 |
| DECLARAÇÃO DE AJUSTE ANUAL | Ano-Calendário 2003 |

**DECLARAÇÃO DE BENS E DIREITOS** (Valores em Reais)

| | | SITUAÇÃO EM | |
|---|---|---|---|
| CÓDIGO | DISCRIMINAÇÃO | 31/12/2002 | 31/12/2003 |
| 12 | Casa de 150 m$^2$ e terreno de 300 m$^2$ Brasil | 90.000,00 | 90.000,00 |
| 11 | Apartamento de 40 m$^2$ na Grande Praia Brasil | 40.000,00 | 40.000,00 |
| 21 | Carro Um ano X000 Brasil | 0,00 | 8.000,00 |
| 21 | Carro Ox ano X003 Brasil | 18.000,00 | 18.000,00 |
| 41 | Saldo Banco do Estado Brasil | 500,00 | 600,00 |
| 41 | Saldo Banco do Brasil Brasil | 400,00 | 450,00 |
| 49 | Poupança Caixa do Brasil Brasil | 4.000,00 | 4.400,00 |
| Total | | 152.900,00 | 161.450,00 |

**DÍVIDAS E ÔNUS REAIS** (Valores em Reais)

| | | SITUAÇÃO EM | |
|---|---|---|---|
| CÓDIGO | DISCRIMINAÇÃO | 31/12/2002 | 31/12/2003 |
| 11 | Cartão de Crédito Vis | 2.000,00 | 1.800,00 |
| 11 | Cartão de Crédito Card | 800,00 | 1.400,00 |
| 11 | Banco do Município – Cheque Especial | 100,00 | 250,00 |
| Total | | 2.900,00 | 3.450,00 |

**INFORMAÇÕES DO CÔNJUGE**

Sem informações

**ESPÓLIO**

CPF do inventariante:                    Nome do inventariante:
Endereço do inventariante:

| | |
|---|---|
| NOME: João José da Silva<br>CPF: 283.740.788-71<br>DECLARAÇÃO DE AJUSTE ANUAL | IMPOSTO DE RENDA – PESSOA FÍSICA<br>EXERCÍCIO 2004<br>Ano-Calendário 2003 |

| RESUMO | (Valores em Reais) |
|---|---:|
| **RENDIMENTOS TRIBUTÁVEIS** | |
| Recebidos de pessoas jurídicas pelo titular | 50.000,00 |
| Recebidos de pessoas jurídicas pelos dependentes | 0,00 |
| Recebidos de pessoas físicas pelo titular | 6.000,00 |
| Recebidos de pessoas físicas pelos dependentes | 0,00 |
| Recebidos do exterior | 0,00 |
| Resultado tributável da atividade rural | 0,00 |
| TOTAL | 56.000,00 |
| **DEDUÇÕES** | |
| Contribuição à previdência oficial | 2.000,00 |
| Contribuição à previdência privada e FAPI | 0,00 |
| Dependentes | 0,00 |
| Despesas com instrução | 1.998,00 |
| Despesas médicas | 17.000,00 |
| Pensão alimentícia judicial | 0,00 |
| Livro caixa | 0,00 |
| TOTAL | 20.998,00 |

| IMPOSTO DEVIDO | | IMPOSTO A RESTITUIR | 0,00 |
|---|---:|---|---:|
| Base de cálculo | 35.002,00 | | |
| Imposto | 6.000,00 | **INFORMAÇÕES BANCÁRIAS** | |
| Dedução de incentivo | 0,00 | Banco | |
| Imposto devido | 6.000,00 | Agência | |
| | | Conta para crédito | |
| **IMPOSTO PAGO** | | SALDO DE IMPOSTO A PAGAR | 0,00 |
| Imposto retido na fonte do titular | 6.000,00 | | |
| Imposto retido na fonte dos dependentes | 0,00 | **PARCELAMENTO** | |
| Carnê-Leão | 0,00 | Valor da quota | 0,00 |
| Imposto complementar | 0,00 | Número de quotas | 0 |
| Imposto pago no exterior | 0,00 | | |
| TOTAL | 6.000,00 | **IMPOSTO A PAGAR** | |
| | | Ganho de capital-moeda em espécie | 0,00 |

| NOME: João José da Silva | IMPOSTO DE RENDA – PESSOA FÍSICA |
| CPF: 283.740.788-71 | EXERCÍCIO 2004 |
| DECLARAÇÃO DE AJUSTE ANUAL | Ano-Calendário 2003 |

| EVOLUÇÃO PATRIMONIAL | |
|---|---:|
| Bens e direitos em 31/12/2002 | 152.900,00 |
| Bens e direitos em 31/12/2003 | 161.450,00 |
| Dívidas e ônus reais em 31/12/2002 | 2.900,00 |
| Dívidas e ônus reais em 31/12/2003 | 3.450,00 |
| Informações do cônjuge | 0,00 |
| **OUTRAS INFORMAÇÕES** | |
| Rendimentos isentos e não tributáveis | 400,00 |
| Rendimentos sujeitos à tributação exclusiva/definitiva | 4.050,00 |
| Imposto pago sobre ganhos de capital | 0,00 |
| Imposto pago moeda estrangeira – Bens, direitos e aplicações financeiras | 0,00 |
| Imposto pago sobre renda variável | 0,00 |

## Questões e exercícios

1. João José da Silva, que não tinha nenhum patrimônio, ganha na loteria $ 300.000. Imediatamente abre uma conta em um banco de confiança, onde deposita o dinheiro. Logo em seguida, adquire dois imóveis, sendo uma casa por $ 100.000 e um pequeno sítio por $ 60.000. Adquire também dois veículos, um carro no valor de $ 40.000 e uma caminhonete por $ 20.000. Todas as aquisições foram pagas em cheque. O banco ofereceu um financiamento para o carro no valor de $ 15.000, que foi aceito por João José e depositado em sua conta.

   Em seguida, ele aceitou a sugestão do gerente do banco e fez uma aplicação em um fundo de investimento no valor de $ 90.000. Depois disso, sacou do banco $ 3.500 em dinheiro e, para festejar esse alegre acontecimento, organizou uma festa para seus amigos e familiares, gastando $ 2.500, pagos em dinheiro, e ficando com o restante.

   Pede-se:

   a) Fazer toda a movimentação das transações de João José em contas, apurando o saldo de cada uma delas.

   b) Levantar o balanço patrimonial de João José.

   c) Apurar o valor da riqueza de João José ao final dessas transações.

2. Solicite aos alunos que tomem uma declaração de imposto de renda de alguém ou as deles mesmos e que identifiquem o ativo e o passivo de cada uma delas, bem como a renda anual, os gastos e o resultado do último ano. Peça que apurem também o valor da riqueza líquida da declaração de renda da pessoa.

# 2 capítulo

# A importância da contabilidade nas organizações

A importância da contabilidade para qualquer organização está na necessidade de que todas devem ter um instrumento que controle suas atividades e operações, as quais se expressam nas transações com o mundo exterior. Em outras palavras, como qualquer entidade se caracteriza por efetuar transações com as demais entidades (no caso de pessoas físicas, as transações são com empresas, entidades ou outras pessoas físicas), a contabilidade é o sistema que nasceu para registrar os efeitos das transações da entidade com o exterior.

Posteriormente, a contabilidade desenvolveu conceitos e sistemas para contabilizar as transações internas, foco principal, por exemplo, da contabilidade por responsabilidade e da contabilidade de custos.

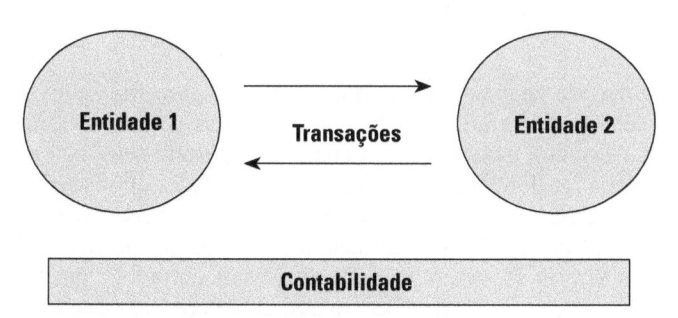

**Figura 2.1** Entidades, transações e contabilidade.

## 2.1 Entidades empresariais como investimento

As entidades sem fins lucrativos não são caracterizadas objetivamente como investimentos – apesar de eles existirem nelas –, uma vez que, em linhas gerais, não há um objetivo de lucro econômico a ser atingido. Elas precisam apenas de resultados positivos e desejados, para fazer cobrir o custo das atividades-objeto de sua missão e manter a continuidade dessas atividades.

Dessa maneira, a manutenção de investimentos e de operações necessita de um controle econômico, que também é suprido pela contabilidade.

As entidades com fins lucrativos caracterizam-se por serem investimentos. Isso significa desejar um retorno, pois um investimento financeiro pressupõe também um retorno financeiro. Em linhas gerais, o montante do lucro é que avalia o retorno do investimento, afirmando se ele foi bom ou ruim, satisfatório ou não.

Obter essa informação e divulgá-la a todos os investidores interessados é um dos grandes motivos do nascimento da contabilidade. O sistema de informação contábil privilegia tal processo, avaliando o investimento inicial, mensurando os lucros obtidos e, consequentemente, avaliando o retorno dos investimentos.

> *A importância da contabilidade está na necessidade da mensuração do lucro para avaliação do retorno dos investimentos.*

Embora não houvesse ainda o conceito, é fato que a contabilidade, já a partir de sua gênese, constitui-se como um sistema de informação relevante que acabou por viabilizar a expansão do sistema capitalista. O sistema é dependente da prestação de contas, sem a qual o mercado de capitais não se sustentaria, inviabilizando a expansão das organizações, bem como a formação das complexas corporações hoje existentes.

Sobre isso:

> O comércio também é um negócio arriscado. À medida que o crescimento do comércio transformou os princípios do jogo em geração de riqueza, o resultado inevitável foi o capitalismo, a epítome de correr riscos. Mas o capitalismo não poderia ter florescido sem duas novas atividades que haviam sido desnecessárias, enquanto o futuro fora uma questão de acaso ou vontade divina. *A primeira foi a contabilidade, atividade humilde mas que encorajou a disseminação das novas técnicas de numeração e de contagem.* A outra foi a previsão, uma atividade bem menos humilde e bem mais desafiadora que associa assumir riscos com as compensações diretas (Bernstein, 1997, p. 21, grifo nosso).

A Figura 2.2 mostra essas inter-relações e o papel da contabilidade no processo de avaliação dos investimentos. As empresas são as entidades mais especializadas no processo de criação de valor por meio do lucro obtido na produção e na venda de bens e serviços, representando o mercado das oportunidades de investimentos.

Há o mercado de capitais, ou de recursos financeiros, no qual pessoas físicas ou jurídicas têm reservas monetárias (poupanças), buscando sempre o melhor retorno (o retorno básico é a aplicação em títulos do governo ou

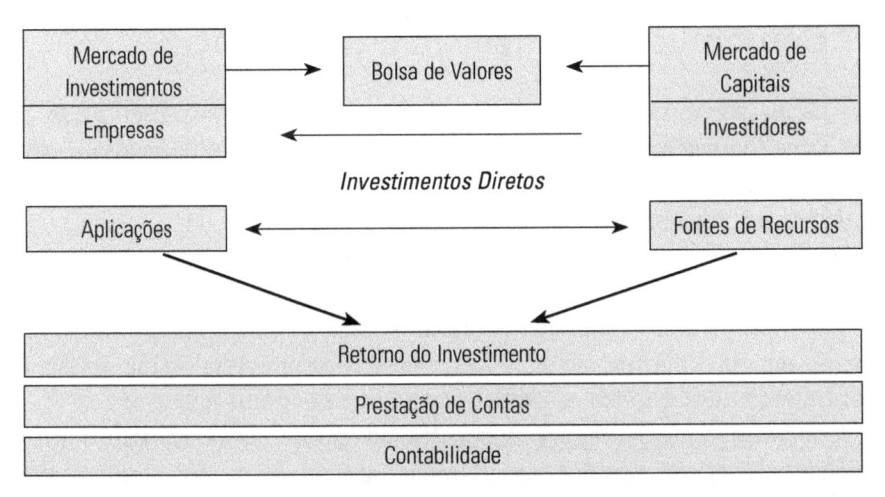

**Figura 2.2** Mercado de capitais, investimentos e prestação de contas.

poupança governamental, que são considerados os investimentos de menor risco, porém de pouco retorno). Na busca por melhores retornos, os investidores procuram investimentos (ou empresas), cedendo o dinheiro em troca de rendimentos futuros.

Por sua vez, as empresas carecem, de um modo geral, de recursos financeiros para fazer face aos novos investimentos, voltando-se assim ao mercado de capitais para procurar recursos financeiros. A premissa básica para a captação de recursos financeiros é que as empresas conseguem uma maior rentabilidade no seu negócio, a qual é suficiente para, posteriormente, pagar os juros ou dividendos aos investidores de capital.

De um modo geral, os investimentos podem ser feitos diretamente dos poupadores às empresas, como a entrada de capital dos sócios de empresas limitadas; podem ser feitos também por meio das bolsas de valores, que é um mercado organizado de captação e aplicação de fundos.

Os valores aplicados pelos investidores nas empresas precisam de garantias, as quais se apresentam de várias formas, como aval, hipotecas, reserva de domínio, alienação fiduciária, títulos de dívidas ou ações. Além disso, enquanto seu dinheiro estiver aplicado, os investidores precisam de uma avaliação permanente acerca do resultado de seu investimento.

Assim, fica claro que, em um ambiente capitalista, o retorno do investimento é o elemento que une os dois lados da atividade financeira, ou seja, a atividade de investir e a atividade de produzir. Para dar respaldo a uma avaliação adequada sobre o retorno do investimento existe a contabilidade. Em outras palavras, a maior função da contabilidade é a de prestar contas aos investidores, afirmando como está rendendo o seu capital investido e garantindo a transparência da atuação das organizações.

## 2.2 Contabilidade: linguagem dos negócios

A contabilidade representa uma linguagem comum no âmbito da empresa, ou seja, uma linguagem falada por todos, a qual, por ser bastante precisa, é mais fácil de ser aprendida e entendida por todos; por isso, ela é conhecida como a linguagem universal dos negócios.

Seus relatórios são estruturados em formatos utilizados no mundo todo e os conceitos empregados são os de que qualquer pessoa, no mundo dos negócios, se vale para se comunicar. Conceitos de lucro, capital, investimentos, custos, retorno, patrimônio etc. são conhecidos universalmente e usados indistintamente por todos os profissionais que atuam nos negócios.

A universalidade da linguagem contábil advém de sua característica única: a mensuração econômica de todas as transações com o mundo exterior. A função da contabilidade de medir todas as transações em moeda (seja em moeda nacional ou estrangeira) permite que todas as operações e transações do sistema empresa sejam medidas uniformemente. Essa é a razão básica de a contabilidade ser a linguagem universal dos negócios.

## 2.3 O que torna a contabilidade importante para as organizações

Os diversos aspectos que introduzimos neste capítulo permitem evidenciar os principais pontos que tornam a contabilidade necessária e útil para as organizações, de modo que, sem ela, as possibilidades de conduzir as operações de qualquer entidade com sucesso ao longo do tempo tenham pouquíssimas chances de êxito.

### Mensuração econômica das transações

Esse atributo da metodologia contábil é fundamental, pois a transforma na linguagem universal dos negócios. Todas as transações com o mundo exterior são expressas na moeda corrente do país e em dinheiro, tanto as entradas (gastos, compras, pagamentos, investimentos) como as saídas de recursos (receitas, recebimentos). Tal atributo permite tratar todas as diversas transações com base em uma única medida, que é a moeda. Assim, todos os aspectos quantitativos e qualitativos das transações são demonstrados apenas em uma unidade de mensuração, que é o dinheiro, a moeda corrente do país. Isso permite uma uniformização no tratamento dos dados, gerando informação útil e consistente para a tomada de decisão.

## Relatórios estruturados

Ao longo dos séculos, a contabilidade desenvolveu relatórios estruturados, fundamentados em conceitos aceitos pelo mercado, os quais permitem aos usuários interessados entenderem a empresa a partir da leitura desses relatórios ou demonstrativos. Esses demonstrativos, com suas estruturas e conceitos, são aceitos mundialmente, sendo mais um motivo condutor da contabilidade como linguagem universal dos negócios.[1]

## Consistência das informações

A metodologia contábil (método das partidas dobradas) permite evidenciar as integrações das transações nos diversos relatórios, bem como apresenta consistência e integridade, para dar suporte ético e numérico às informações fornecidas. Os relatórios possibilitam mostrar tanto as relações de causa e efeito das aplicações e investimentos, como seus resultados econômicos.[2]

## Sistematização e avaliação das operações do sistema empresa

O atributo da mensuração monetária permitiu à contabilidade desenvolver uma série de modelos para sistematizar todas as atividades e operações da empresa

---

[1] Warren Buffett, considerado atualmente o maior investidor individual e guru no mercado de investimentos, assim reagiu sobre um investimento que estava analisando: "Buffett se aborreceu muito porque Peter não produziu um relatório anual. Mesmo em uma empresa sem condições de produzir um único dólar, ele precisava desse padrão de medida. Buffett queixou-se a Rosenfield: 'Eles falam a respeito de um governo aberto, mas não enviam balanços'" (Lowenstein, 1997, p. 198).

[2] Bernstein deixa bem clara a importância da descoberta do método das partidas dobradas quando o compara ao surgimento da máquina a vapor, considerada o marco para a Revolução Industrial, quando diz: "Após a introdução da imprensa com tipos móveis por volta de 1450, muitos dos clássicos da matemática foram traduzidos para o italiano e publicados em latim ou no vernáculo. Os matemáticos entregaram-se a animados debates públicos sobre as soluções de complexas equações algébricas, enquanto as multidões incentivaram seus favoritos. O estímulo de grande parte desse interesse data de 1494 com a publicação de um notável livro de um monge franciscano chamado Luca Paccioli. A obra-prima de Paccioli, *Summa de arithmetica, geometria et proportionalitá* (as obras acadêmicas mais sérias ainda eram escritas em latim) apareceu em 1494. *Uma das contribuições mais notáveis do livro foi apresentar a contabilidade por partidas dobradas*. Embora não fosse inventada por Paccioli, recebeu o mais extenso tratamento até então. Qualquer que seja sua origem, *essa inovação revolucionária nos métodos contábeis teve importantes consequências econômicas, comparáveis à descoberta da máquina a vapor trezentos anos depois* (Bernstein, 1997, grifo nosso)".

e, com isso, avaliar tanto o sistema empresa no todo e nas suas partes como seus administradores. O instrumento para isso é o sistema de informação contábil.

Em resumo, vista como sistema consolidado de informações, a contabilidade é hoje o sustentáculo do mercado de capitais, sendo responsável pela emissão dos relatórios que indicam a situação patrimonial e seu processo de evolução, referência de confiança junto à sociedade. No ambiente interno, a contabilidade cumpre seu papel de comunicadora, estando presente nas três fases da gestão: o planejamento, a execução e o controle.

## 2.4 O sistema empresa

Todas as entidades se constituem em um sistema aberto que interage com o meio ambiente, processando recursos de que dispõe ou são internados, obtendo com isso produtos e serviços para serem transacionados com o mundo exterior. Tomaremos como referência as entidades empresariais com fins lucrativos, as quais são o objeto central de nosso trabalho. A visão da empresa como sistema no interior do ambiente pode ser apresentada pela Figura 2.3.

|  | **Ambiente Externo** |  |
|---|---|---|
| Governo |  | Clientes |
| Sociedade |  | Fornecedores |
| Economia |  | Tecnologia |
| Comunidade | A Empresa<br>Ambiente Interno | Sindicatos |
| Natureza |  | Acionistas |
| Concorrentes etc. | **Ambiente Externo** | Tributos etc. |

**Figura 2.3** A empresa e o ambiente.

A figura evidencia (sem esgotar) as diversas entidades e variáveis existentes no ambiente que envolve a empresa, afetando-a, mas também que são por ela afetadas. Pautando-se por essa visão, fica claro que não se pode gerir a empresa como se ela fosse uma entidade isolada. Todas as tomadas de decisão dentro da empresa devem levar em conta as variáveis e as entidades que serão afetadas por cada decisão, sob pena de comprometer a gestão, o seu ambiente e os objetivos da empresa.

Qualquer sistema se caracteriza pelo fluxo de entradas, de processamento e de saídas. As entradas vêm do ambiente externo e as saídas vão para o ambiente externo, sendo o ambiente interno a própria empresa. Todo sistema possui um objetivo, que é evidenciado pelas suas saídas, dessa maneira, as saídas do sistema devem estar de acordo com seus objetivos.

> **Um sistema caracteriza-se pelo fluxo de entradas, de processamento e de saídas.**

O objetivo principal de uma empresa é atender às necessidades da sociedade, as quais ela, em algum momento, detectou e as quais satisfaz entregando seus produtos e serviços para aquela parcela da sociedade que com ela interage diretamente. Denomina-se, esse objetivo, *missão da empresa*.

Do mesmo modo, como a empresa é um investimento, financiada por recursos (próprios ou de terceiros), ela tem de prestar conta do rendimento para os que arcaram com tais recursos. Para tanto, é necessário um lucro que satisfaça adequadamente os investidores e que permita à empresa continuar atendendo a sociedade, satisfazendo as necessidades que ela se predispôs a fazer.

Dessa maneira, são dois os objetivos básicos de qualquer empresa:

I – Atender às necessidades detectadas na sociedade e que ela julga capaz de fazê-lo por meio da entrega de seus produtos e serviços, cumprindo sua missão.

II – Manter a empresa em continuidade (a sobrevivência empresarial, ou seja, estar permanente em operação), o que é conseguido com a obtenção de uma rentabilidade adequada, por meio do lucro de seus produtos e serviços, satisfazendo os investidores que forneceram os recursos financeiros para sua instalação.

> **Os objetivos básicos de uma empresa são: cumprir sua missão, continuidade e lucro.**

A Figura 2.4 detalha a empresa e seu ambiente: as entradas do sistema são os recursos utilizados; as saídas do sistema, após o processamento com os recursos, são os produtos, os bens e os serviços; o processamento é feito por meio de processos, desenvolvidos pelas principais atividades da empresa, lotadas nos seus setores ou departamentos.

Em termos econômicos, os recursos refletem-se, em linhas gerais, nos custos que a empresa incorre para obter os produtos e serviços. A venda dos produtos e serviços reflete-se em termos econômicos nas receitas. Portanto, o lucro maior ou menor das empresas decorre da maior ou menor eficiência que cada uma delas consegue obter no processamento dos recursos. Dentro do processo de controle empresarial, deve-se monitorar se as saídas estão de acordo com o objetivo da empresa. Esse processo de monitoramento, de controle e de avaliação é denominado *feedback* (retroalimentação).

```
                    ┌──────────────────┐
                    │   Objetivo do    │
                    │  Sistema Empresa │──┐
                    └──────────────────┘  │ ┌──────────┐
                              ▲           └─│ Eficácia │
                              │             └──────────┘
┌─────────────────────────────┼─────────────────────────────┐
│    ┌──────────┐      ┌──────────────┐      ┌──────────┐   │
│───▶│ Entradas │─────▶│ Processamento│─────▶│  Saídas  │──┐│
│    └──────────┘      └──────────────┘      └──────────┘  ││
│    ┌──────────┐      ┌──────────────┐      ┌──────────┐  ││
│    │ Recursos │      │ Processamento│      │Produto Final│││
│    ├──────────┤      ├──────────────┤      ├──────────┤  ││
│    │Materiais │      │              │      │          │  ││
│    │Equipa-   │      │ Processos    │      │ Bens     │  ││
│    │mentos    │─────▶│ Atividades   │─────▶│ Produtos │  ││
│    │Energia   │      │ Setores      │      │ Serviços │  ││
│    │Pessoas   │      │ Departamentos│      │          │  ││
│    │Informações│     └──────────────┘      └──────────┘  ││
│    │Tecnologia│                                          ││
│    └──────────┘                                          ││
│    ┌──────────┐      ┌──────────────┐      ┌──────────┐  ││
│    │  Custos  │─────▶│  Eficiência  │─────▶│ Receitas │  ││
│    └──────────┘      │   Econômica  │      └──────────┘  ││
│                      └──────────────┘                    ││
│         Retroalimentação – Controle e Avaliação          ││
└──────────────────────────────────────────────────────────┘│
                                                            │
◀───────────────────────────────────────────────────────────┘
```

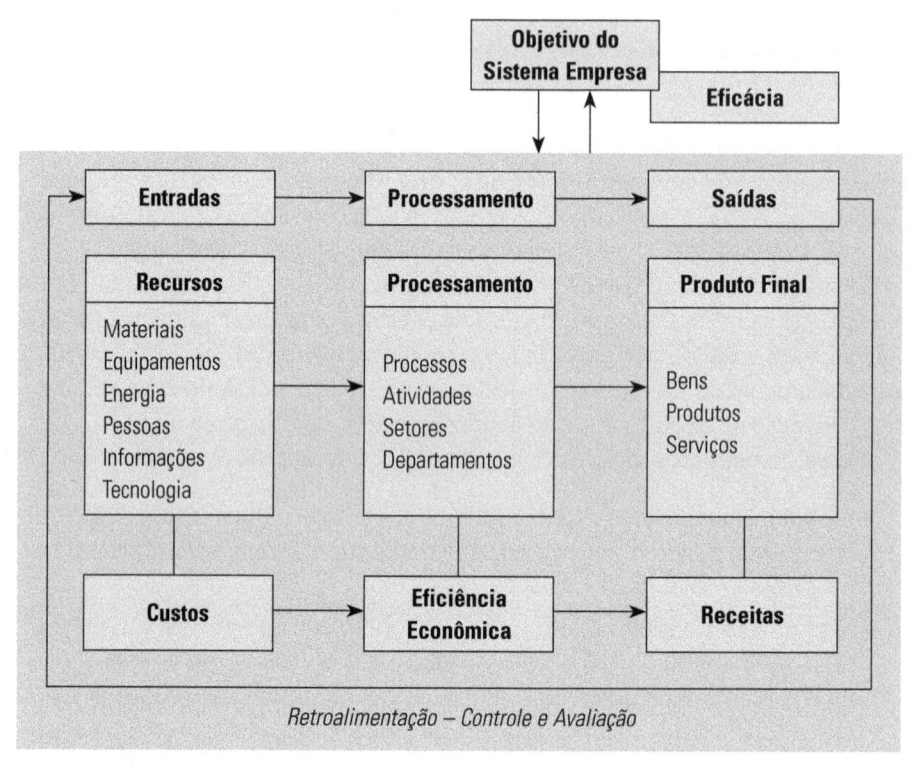

**Figura 2.4** Sistema empresa.

Em termos econômicos, conceituamos que o *lucro é a medida da eficácia empresarial*. Portanto, a eficácia é um conceito ligado ao objetivo da empresa, que será considerada mais ou menos eficaz, quanto mais próximo o lucro obtido estiver do lucro planejado. Assim, o fundamento do processo de gestão está no planejamento dos resultados das operações e na avaliação dos resultados alcançados. Para efetuar tal avaliação, é necessário controle, razão de ser da contabilidade.

É importante ressaltar que eficiência e eficácia são medições diferentes. Enquanto a eficiência mede uma relação entre entradas e saídas, a eficácia mede a relação entre resultados obtidos e planejados. Caracteriza-se então a eficiência como uma medida das partes do sistema, enquanto a eficácia caracteriza-se por ser uma medida da eficiência global do sistema, sendo a medição mais importante no desempenho do sistema empresa.

> O lucro corretamente mensurado é a melhor medida da eficácia do sistema empresa.

## 2.5 O aspecto tridimensional da gestão empresarial

Analisando o sistema empresa podemos deduzir que a gestão empresarial é segmentada em três aspectos:

- operacional;
- econômico;
- financeiro.

Em cada atividade desenvolvida pela empresa, observam-se três aspectos interdependentes:

> O primeiro diz respeito a qualidade, quantidade e cumprimento de prazo, que denominamos de operacional... aos recursos consumidos e aos produtos e serviços gerados, podem ser associados valores econômicos... o que caracteriza o aspecto econômico da atividade. Finalmente, as operações envolvem prazos de pagamentos e recebimentos, o que caracteriza o aspecto financeiro da atividade (Catelli, 1992, p. 12).

Fundamentalmente, o fator tempo está ligado ao aspecto operacional das atividades, ou seja, ao cumprimento dos prazos do processo de produção e comercialização. O aspecto financeiro também evidencia o fator tempo, pois trata de prazos de recebimentos e pagamentos. A Figura 2.5 reflete os efeitos econômico, financeiro e patrimonial do aspecto temporal de execução operacional das atividades, evidenciando o elo entre a avaliação do tempo gasto pelas atividades e o resultado econômico gerado por elas.

Esse fluxo esclarece também o papel da contabilidade, a quem cabe mensurar tanto os fluxos operacional e financeiro como o impacto patrimonial desses fluxos. As demonstrações contábeis que mensuram esses fluxos são:

- o fluxo econômico que é evidenciado pela demonstração de resultados do período;
- o fluxo financeiro que é evidenciado pela demonstração do fluxo de caixa;
- o fluxo patrimonial que é evidenciado pelo balanço patrimonial.

Esses são os relatórios contábeis principais: o balanço patrimonial é o mais importante deles, pois contém o resumo do fluxo de caixa e da demonstração de resultados; a demonstração de resultados vem em seguida na ordem de importância, visto ser o relatório que evidencia a geração de lucros; o fluxo de caixa complementa os dois relatórios principais com a demonstração periódica das entradas e das saídas de dinheiro.

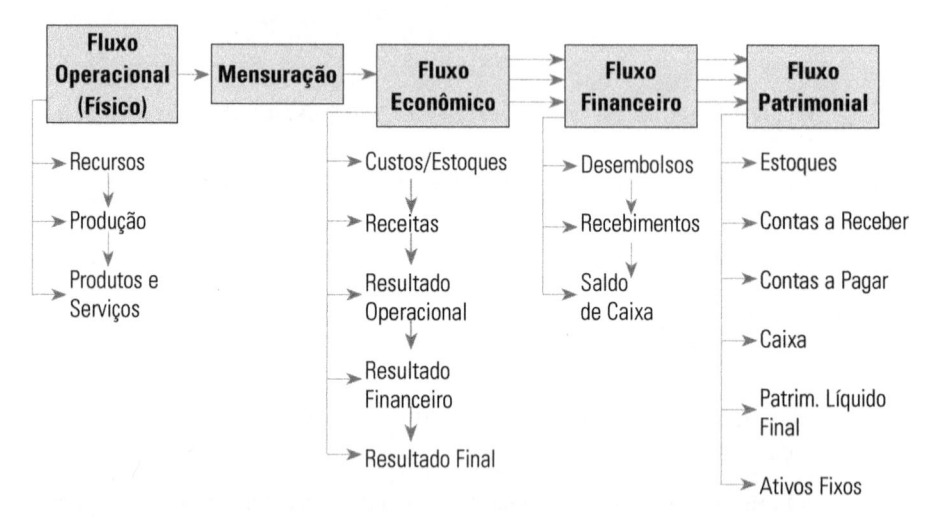

**Figura 2.5** Fluxos operacional, econômico, financeiro e patrimonial das atividades.

## 2.6 Controle empresarial e processo de gestão

Como já evidenciamos, o sistema empresa necessita de um processo de controle permanente, denominado processo de gestão. A contabilidade participa ativamente de todo esse processo com seu sistema de informação, que mensura as transações das atividades empresariais.

Importa aqui ressaltar que o conceito de controle não se limita ao controle posterior: o controle deve ser feito em todo o processo de gestão, desde o planejamento, ocorrendo, assim, em três momentos:

- *Controle antecedente* ou *preliminar*, o qual, por meio do processo geral de planejamento, é efetuado antes de as transações serem executadas;
- *Controle concomitante* ou *concorrente*, que se refere aos cuidados na tomada de decisão durante a realização das transações;
- *Controle subsequente* ou *pós-controle*, que é o processo de avaliação e de monitoramento após a realização das transações.

O processo de gestão é um amplo processo decisório de atividades e operações que engloba a tomada de decisão tanto do processo de planejamento, quanto da execução e controle.

Define-se processo de gestão como o conjunto sequencial de atividades administrativas para a gestão dos objetivos de uma entidade. Uma entidade com fins lucrativos tem como objetivo financeiro a condução de seus negócios com rentabilidade suficiente para cobrir o custo de capital de seu financiamento.

O processo de gestão compreende as etapas planejamento, execução e controle, podendo ser o planejamento segmentado em planejamento de longo prazo ou estratégico, planejamento de médio prazo ou operacional (tático) ou planejamento de curto prazo (programação).

| Planejamento Estratégico | → | Planejamento Operacional ou Tático | → | Planejamento de Curto Prazo ou Programação | → | Execução | → | Controle |

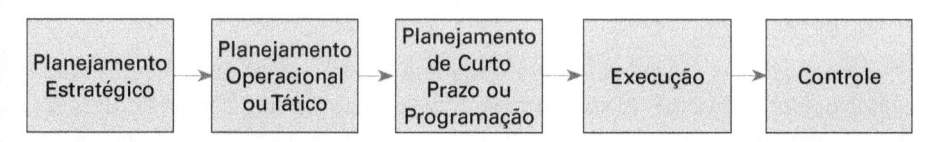

**Figura 2.6** O processo de gestão.

O *planejamento estratégico* tem como escopo a manutenção da empresa em continuidade de operações, trabalhando, portanto, com as decisões de horizonte temporal de longo prazo e, consequentemente, sendo a principal etapa do processo decisório. Em linhas gerais, o planejamento estratégico produz diretrizes estratégicas que englobam os principais negócios adotados pela empresa, bem como a estrutura organizacional do empreendimento, dentro da missão da empresa, suas crenças, cultura e valores.

O *planejamento operacional* caracteriza-se por dar substância aos negócios delineados na estratégia, considerada a estrutura organizacional adotada. Em linhas gerais, é nessa etapa que as decisões de investimento, financiamento e dividendos tomam corpo, já que se destinam a determinar as estruturas de ativo e passivo desejadas ou necessárias. Portanto, tal etapa contempla horizontes temporais de longo e médio prazos.

A *programação* trata do horizonte temporal de curto prazo, razão por que também é denominada planejamento de curto prazo. O objetivo dessa etapa do processo decisório é mensurar quantitativa e financeiramente todos os planos operacionais para o próximo exercício, guiando, desse modo, o desenvolvimento de todas as atividades empresariais. O instrumental básico de planejamento de curto prazo é o plano orçamentário.

A *execução*, como o próprio nome diz, trata de realizar o que fora planejado na etapa anterior. Tão ou mais importante do que planejar é a habilidade de executar; é na execução que, de fato, acontecem os resultados, as receitas, os gastos, os lucros ou os prejuízos. Portanto, são necessários e imprescindíveis modelos decisórios para apoiar o processo de execução dos principais eventos econômicos empresariais, objetivando a otimização da obtenção dos resultados planejados.

O *controle* é exercido conjuntamente com a execução também baseado nos dados planejados e programados. Assim como a execução deve seguir planos preestabelecidos, o controle do que é executado faz-se em cima das condições programadas. O intuito dessa etapa do processo de gestão é o monitoramento, objetivando aferir o planejado e corrigi-lo, se necessário, para o processo de otimização dos resultados.

## 2.7 A contabilidade no processo de gestão

O segmento mais visível da contabilidade é a sua escrituração denominada *contabilidade financeira*. A escrituração contempla o maior banco de dados e de informações contábeis, bem como alimenta todo o processo de gerenciamento da empresa por meio da contabilidade, segmento este denominado *contabilidade gerencial*. A Figura 2.7 evidencia os principais segmentos da contabilidade e sua abrangência:

| Contabilidade Financeira |||
|---|---|---|
| Contabilidade Tributária |||
| **Análise Contábil** | **Planejamento e Controle Contábil** | **Contabilidade Estratégica** |
| Análise de Balanço | Orçamento e Projeções | Acompanhamento do Negócio |
| Análise da Geração de Lucros e de Caixa | Contabilidade por Responsabilidade | Gestão de Riscos |
| Gestão Tributária | Contabilidade de Custos | *Balanced Scorecard* |

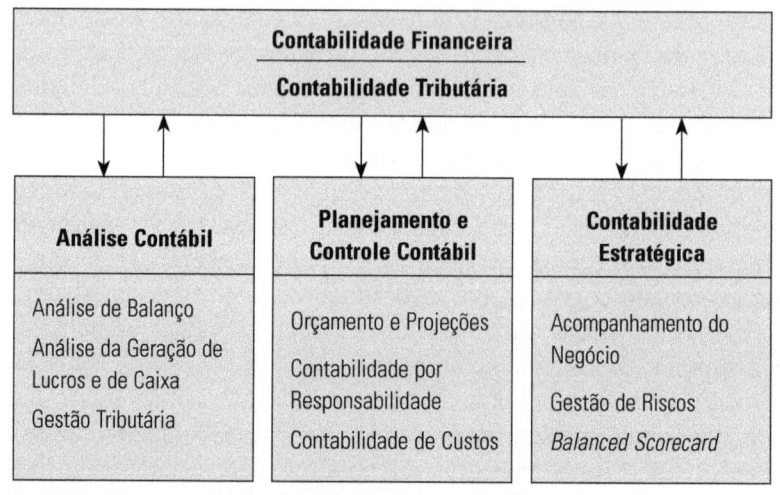

**Figura 2.7** Segmentos e abrangência da contabilidade.

A escrituração contábil e as demonstrações básicas fornecem o insumo para os demais segmentos da contabilidade, possibilitando-lhes a gestão econômica e financeira da empresa, por meio do sistema de informação contábil.

A contabilidade financeira, além da escrituração, banco de dados etc., compreende tanto o controle patrimonial dos bens e direitos do ativo permanente, a consolidação das demonstrações contábeis do grupo empresarial e as demonstrações contábeis em outras moedas, como todas as necessidades das demonstrações contábeis para usuários externos (bolsas de valores, bancos, governo etc.).

Os demais segmentos da contabilidade incorporam um conjunto denominado contabilidade gerencial. O foco da contabilidade gerencial são os administradores e todos os usuários internos de uma entidade. Esta compreende, inicialmente, uma área de análise rotineira que inclui os instrumentos de análise de balanço, os conceitos e modelos para a análise da geração de lucro e do caixa, bem como a gestão de todos os tributos e do planejamento tributário.

Os principais instrumentos de avaliação, planejamento e controle são:

- a contabilidade de custos, que é a matriz para a gestão de custos, para a análise de rentabilidade de produtos e para a formação de preços de venda, análise da variação dos preços dos insumos etc.;
- a contabilidade por responsabilidade, que é a contabilidade para os diversos segmentos da empresa, tais como departamentos, divisões e unidades de negócio;
- o plano orçamentário, que, partindo da estratégia e dos negócios em desenvolvimento e a serem desenvolvidos, elabora todas as peças orçamentárias e as projeções das demonstrações contábeis, incluindo também a análise dos investimentos planejados.

A contabilidade estratégica tem por finalidade suprir a empresa com informações para acompanhamento do negócio, tais como índices de preços, análise dos balanços dos concorrentes, dados da conjuntura nacional e internacional etc., bem como um mapeamento dos riscos e da sua gestão; também inclui sistemas de indicadores de desempenho e sistemas de acompanhamento das metas delineadas na estratégia, sendo o mais conhecido o modelo denominado *balanced scorecard*.

Esse painel resumido evidencia a importância da contabilidade e de sua atuação em todo o processo de gestão. As ciências contábeis têm teoria, conceitos, instrumentos e modelos para atuar em todas essas etapas, todos fundamentados na concepção de que o lucro corretamente medido é a base para a gestão econômica e financeira do sistema empresa.

## 2.8 Contabilidade financeira e contabilidade gerencial

A contabilidade financeira, que podemos denominar como a contabilidade tradicional, é entendida basicamente como o instrumental contábil necessário para fazer os relatórios destinados aos usuários externos e às necessidades regulamentadas. A contabilidade gerencial é vista essencialmente como supridora de informações para os usuários internos da empresa.

A contabilidade financeira ou tradicional segue padrões e regras preestabelecidos, elementos importantes para o sistema econômico, pois permite um processo comparativo entre as entidades. Fatores importantes como normalização, necessidades auditoriais externas etc. obrigam as empresas a precisarem de sistemas de informações contábeis que lhes permitam atender às necessidades legais e sociais por meio da contabilidade financeira. Ao mesmo tempo, as necessidades internas da administração exigem a estruturação de sistemas de informações que privilegiem a tomada de decisão, razão de ser da contabilidade gerencial.

A contabilidade financeira está essencialmente ligada aos princípios de contabilidade geralmente aceitos. Podemos resumi-la nos seguintes pontos:

a) é vinculada aos princípios contábeis geralmente aceitos (princípios fundamentais de contabilidade, como são chamados em nosso país);[3]

b) é utilizada para fins fiscais;

c) é utilizada para fins sociais e regulatórios (Lei das S/A, da CVM, da legislação comercial);

d) apresenta relatórios padronizados;

e) é a base de escrituração de dados passados;

f) controla *a posteriori*;

g) realiza a mensuração em moeda corrente.

A contabilidade gerencial não é presa a nenhum princípio contábil; seus únicos fundamentos são o controle econômico da entidade e o auxílio no processo de tomada de decisão, sendo suas principais características:

a) a fundamentação nas teorias da decisão, da mensuração e da informação para qualquer usuário interno;

b) a ausência de relatórios padronizados, os quais são estruturados para cada tipo específico de decisão;

c) a utilização maciça de dados quantitativos;

d) a utilização para planejamento, avaliação e controle;

---

[3] Os princípios contábeis são regras desenvolvidas há muito tempo pelas ciências contábeis para possibilitar o uso comparativo uniforme das informações contábeis publicadas por todas as empresas, em todos os países. Fundamentam-se no conceito de retorno do investimento, mensurando os lucros efetivamente obtidos e confrontando-os com os gastos e investimentos efetivamente realizados.

e) a focalização no futuro, o controle antecedente;
f) o uso de dados passados e futuros;
g) a mensuração em qualquer moeda em função da decisão a ser tomada.

## 2.9 Contabilidade, informação e tomada de decisão

Os dois segmentos da contabilidade permitem a tomada de decisão. A contabilidade financeira, mesmo dando primazia ao usuário externo e aos dados passados, é fonte importante para a tomada de decisão. Ela é complementada com os instrumentos de contabilidade gerencial, obtendo-se, dessa forma, o sistema de informação contábil completo necessário para a gestão das entidades.

A tomada de decisão é uma escolha entre alternativas para solucionar uma questão ou problema. Vai desde a necessidade de decisões rotineiras (comprar, registrar uma nota fiscal, emitir um cheque etc.) até decisões de caráter estratégico.

A teoria da tomada de decisão fundamenta-se no esforço de explicar como as decisões são realmente tomadas. Nesse processo, criam-se modelos de decisão, objetivando dar uma condição racional ao processo de tomada de decisão. Os modelos decisórios são criados com o intuito de utilização contínua, ou seja, de permitir uma condição preditiva: se o modelo é bem estruturado, sua utilização permitirá a melhor decisão em uma nova ocorrência do problema modelado.

A tomada de decisão depende de informações ou de dados, os quais, por sua vez, devem ser mensurados e apresentados de forma inteligível ao tomador de decisão, bem como ser produzidos em uma adequada relação custo-benefício. A Figura 2.8 mostra essa inter-relação:

| Tomada de Decisão | Modelo de Decisão | |
|---|---|---|
| Questão ou Problema | Teoria da decisão | Estrutura racional do modelo |
| | Teoria da mensuração | Atribuição de valores |
| Alternativas | Teoria da informação | Dados e informação Adequação ao usuário |

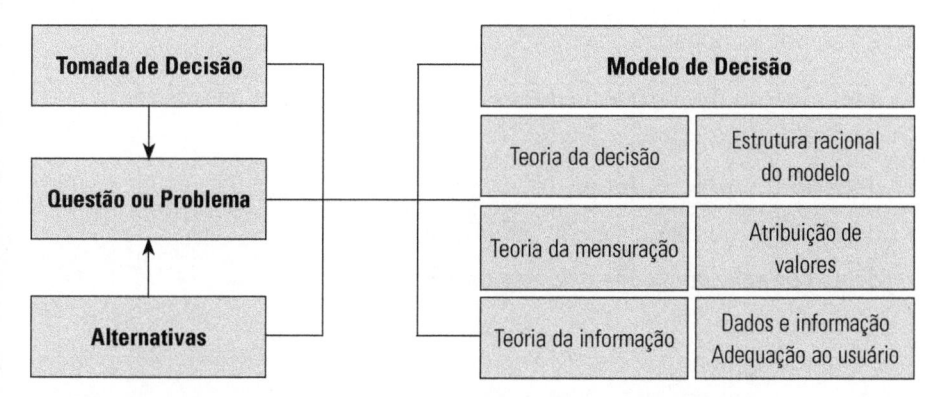

**Figura 2.8** O processo de tomada de decisão e modelo de decisão.

O sistema de informação contábil permite estruturar modelos decisórios dos mais diversos tipos. As demonstrações contábeis publicadas representam modelos decisórios com dados sintetizados, mostrando a empresa em grandes agregados. Além disso, a contabilidade já tem modelos decisórios estruturados para um sem-número de necessidades de tomadas de decisão já conhecidas. Como ciência que é, suas teorias permitem estruturar novos modelos para necessidades que surjam dentro das entidades.

## Características da informação contábil

O ponto forte da informação contábil é a mensuração econômica das transações que consiste em atribuir um ou mais valores a todos os eventos que acontecem na empresa e que têm significado patrimonial. Tudo é medido em termos de valor monetário.

Devido a isso, a contabilidade consegue reunir e interpretar as transações da empresa sob uma única ótica, que é o valor econômico. Todos os dados são traduzidos em expressão monetária e, com isso, a contabilidade torna-se um grande sistema de informação monetária/financeira.

A contabilidade, pela mensuração econômica, bem como pelo sistema de informação contábil, é o único sistema de informação que consegue mostrar a empresa como um todo, pois é a única que consegue atribuir valor a tudo. Essa qualificação da contabilidade permite instaurar o processo de gestão global de um empreendimento. Portanto, a característica da mensuração monetária possibilita tornar a informação e o sistema de informação contábil como os mais importantes da empresa.

Contudo, para que a informação contábil seja aceita por todos dentro da empresa, é necessário que ela possua, objetivando a tomada de decisão pelos usuários, outras qualidades, como:

- a informação deve trazer mais benefício que custo para ser obtida;
- deve ser compreensível;
- deve ser útil para o decisor;
- deve possuir relevância e confiabilidade;
- dentro da relevância, ela deve ter os aspectos de:
  – oportunidade
  – valor preditivo
  – valor de *feedback*

- dentro da confiabilidade, deve possuir os seguintes aspectos:
  - verificabilidade
  - confiança representacional
  - neutralidade
- deve ter consistência (possibilitar a comparabilidade).

## 2.10 Usuários da informação contábil e seus interesses

São dois os grandes grupos de usuários: as pessoas da administração da empresa, denominados *usuários internos*, e as demais, denominadas *usuários externos*. Conforme já apresentamos, o ramo da contabilidade gerencial é destinado fundamentalmente aos usuários internos. Os usuários externos têm acesso inicialmente apenas à contabilidade financeira, representada pelos balanços publicados e pelos balancetes, que são entregues normalmente com fins bancários e cadastrais.

### Usuários internos

Nem todas as pessoas da organização podem acessar todas as informações contábeis geradas pela contabilidade gerencial. Muitas informações produzidas pela contabilidade são consideradas confidenciais, e a alta administração restringe seu uso a determinados níveis hierárquicos. Além disso, muitas informações só podem ser divulgadas após determinadas datas (as datas de fechamento dos balanços trimestrais e anuais), com a finalidade, por exemplo, de proteger os acionistas e de não se criarem informantes privilegiados.

Os principais usuários internos são:

- a alta administração das entidades, que tem acesso a todas as informações contábeis, de qualquer nível, sejam analíticas, sejam sintéticas;
- os gestores das divisões e de unidades de negócio, que normalmente têm acesso às informações das receitas e das despesas de suas áreas, bem como dos investimentos pelos quais são responsáveis;
- os gerentes departamentais e chefes de setores, que normalmente têm acesso às informações dos gastos de seu setor, para fins de controle e de orçamento;
- empregados com atuação em determinadas funções baseadas em dados gerados pelas informações contábeis (setor de faturamento, custos, engenharia etc.).

Para preservar a confidencialidade de informações em relação aos empregados, as empresas desenvolvem sistemas de controle de acesso aos bancos de dados de informações contábeis e gerenciais e, por meio de senhas, permitem o acesso apenas às informações pertinentes com o desempenho de cada função.

## Empregados

Mesmo sendo pessoas da organização, dificilmente os empregados podem acessar as informações geradas pela contabilidade gerencial. Até quando pertencem a grupos legais ou formados para determinados fins (Cipa, comissões de empregados, círculos de qualidade), eles têm acesso somente às informações constantes das demonstrações contábeis e financeiras publicadas.

## Usuários externos

Todos os interessados na situação econômico-financeira da empresa e no seu desempenho operacional podem extrair informações relevantes das demonstrações contábeis publicadas, geradas pela contabilidade financeira. Os principais usuários externos e seus interesses são:

- *Investidores*: são os proprietários da empresa, os sócios e os acionistas, e os detentores de títulos emitidos pela empresa (debêntures, por exemplo); têm interesse primário tanto no retorno do investimento e nos dividendos e nos lucros que podem ser distribuídos, para remunerar o capital investido, como na sustentabilidade da geração de lucros, para produzir ganhos futuros e garantir a saúde financeira da empresa.
- *Investidores potenciais e analistas de investimentos*: buscam saber se o valor das ações da empresa está adequadamente avaliado e se há perspectivas de futuro para a empresa; o foco é o valor da empresa no futuro.
- *Instituições financeiras*: necessitam conhecer a real situação econômica e financeira da empresa, verificando o grau de endividamento, a sua capacidade de pagar as dívidas contratadas etc., para avaliar a concessão de créditos.
- *Fornecedores*: como principais parceiros das operações da empresa, necessitam ter confiança no desempenho das operações, para manter o fluxo regular das entregas e da capacidade de saldar suas dívidas; os dados publicados também são necessários para avaliar o limite de crédito a ser concedido.
- *Clientes*: da mesma forma que os fornecedores, os clientes estão interessados na saúde econômica e financeira da empresa, para que não haja descontinuidade nas entregas. A análise da lucratividade é um ponto importante para o processo de negociação de preços. Se a lucratividade for baixa, é possível

o cliente entender que há dificuldades de continuar a receber serviços; se a lucratividade for muito alta, o cliente poderá questionar se os preços estão adequados.

- *Concorrentes*: têm interesse especial nas demonstrações publicadas; elas podem dar bons indicativos da estrutura de ativos, da estrutura de capital, dos níveis de estoques e de contas a receber, avaliando se há maior eficiência nos estoques ou se os prazos dados aos clientes são similares. Os dados são importantes tanto para avaliar o tamanho comparativo, o volume de receitas, as margens, a rentabilidade, como para estimar a participação de cada um no mercado.
- *Órgãos governamentais*: interessados por excelência, uma vez que as informações contábeis permitem analisar a capacidade de geração e de pagamento dos tributos. As demonstrações contábeis também são importantes para validar a participação em licitações junto aos órgãos governamentais.
- *Empregados e sindicatos*: individualmente, um empregado em potencial se utiliza das demonstrações contábeis publicadas para avaliar se a empresa é uma boa empregadora. Como grupo de empregados, as demonstrações contábeis são importantes para avaliar a lucratividade e para fornecer informações à discussão dos planos de participação nos lucros e resultados. Os sindicatos nutrem-se das informações contábeis publicadas para subsidiar todas as negociações salariais e as reinvidicações sindicais.

Outros usuários externos são as associações de classe, as agências reguladoras, as empresas de informações cadastrais, as organizações não governamentais (ONGs) etc.

## 2.11 A contabilidade na estrutura hierárquica

O setor de contabilidade, que compreende a contabilidade financeira e a contabilidade gerencial, reporta-se ao responsável pela área administrativa e financeira das entidades. Nas empresas de grande porte, esse setor tem sido denominado *controladoria*.

As funções de contabilidade ou controladoria, evidenciadas na Figura 2.7, não se confundem com as funções financeiras, as quais compreendem as áreas de contas a pagar, contas a receber, análise de crédito, aplicações financeiras, controle de financiamentos, planejamento e gestão do fluxo de caixa e contas cambiais.

É natural que, em empresas de menor porte, as funções financeiras também sejam desempenhadas pelos profissionais de contabilidade, mas convém ressaltar que são funções distintas. A Figura 2.9 mostra um organograma teórico situando o setor de contabilidade na empresa:

```
                    ┌─────────────────┐
                    │   Presidência,  │
                    │   Diretoria ou  │
                    │    Gerência     │
                    └─────────────────┘
```

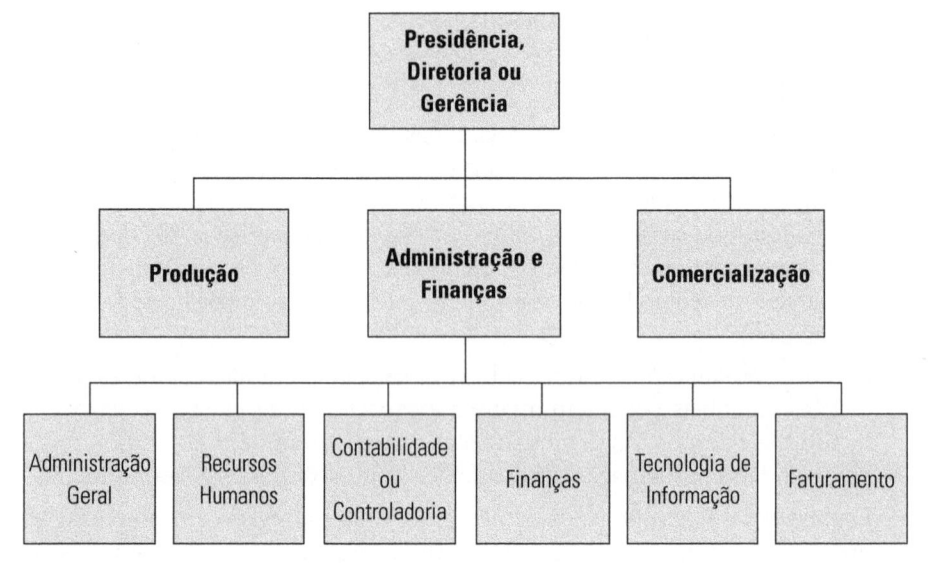

```
┌──────────┐   ┌──────────────────┐   ┌──────────────────┐
│ Produção │   │ Administração e  │   │  Comercialização │
│          │   │     Finanças     │   │                  │
└──────────┘   └──────────────────┘   └──────────────────┘
```

| Administração Geral | Recursos Humanos | Contabilidade ou Controladoria | Finanças | Tecnologia de Informação | Faturamento |

**Figura 2.9** O setor de contabilidade na hierarquia.

# Apêndice

# Breve história da contabilidade

Em 1494, na Itália, foi publicado o "Tractatus de Computis et Scripturis" na obra *Summa de arithmetica, geometria et proporcionalitá*. Seu autor, o frei Luca Paccioli, matemático, teólogo e contabilista, é considerado o "pai" da ciência contábil moderna e citado comumente como o fundador da contabilidade.

A grande inovação da obra de Paccioli foi a introdução do método de escrituração contábil denominado método das partidas dobradas. Sabe-se, contudo, que não foi ele o "inventor" do método; o frei apenas descreveu uma metodologia já em uso na Itália desde pelo menos o século anterior. A grande importância da obra de Paccioli está, na verdade, em reconhecer esse método como o ideal para a escrituração, além de que em sua obra há toda uma preocupação em sistematizar os conceitos e o instrumental contábil para registro e controle de um patrimônio.

Em termos históricos, registros indicam que a ciência contábil praticamente surgiu com o advento da civilização. Com a sedentarização da humanidade e a descoberta da capacidade do homem de armazenar bens, nasceu a necessidade de controlá-los. Há evidências históricas de registros contábeis nas civilizações dos sumérios, babilônios, assírios, egípcios, hebreus, gregos etc.

Fundamentalmente, com o método das partidas dobradas, criou-se a figura do patrimônio líquido. Isso significa que, basicamente, nos primórdios da contabilidade, o registro era feito em partidas simples, as quais buscavam contabilizar os bens e os direitos, mas não davam a dimensão do fundamento de causa-efeito que embasa as partidas dobradas. Em linhas gerais, podemos dizer que o método das partidas simples era um método de inventariar, de contar os bens: daí o nome da contabilidade como a ciência do contar. Também, devido a essa característica é que existe a teoria contábil do inventário patrimonial, cujos conceitos ainda são de extrema valia.

A era comercial da civilização foi um momento importante para dar à ciência contábil a relevância cabível como uma ciência fundamental para a humanidade e imprescindível para regulamentar as relações da sociedade. A Revolução Industrial, sistematizando o artesanato, deu os elementos para tornar definitivamente a ciência contábil a ciência do controle do patrimônio, incorporando o conceito do uso da contabilidade de custos que, posteriormente – mais precisamente entre o final do século XIX e o início do século XX –, evoluiu para os conceitos de contabilidade gerencial.

## Escolas do pensamento contábil

No século XX podemos entender que a contabilidade apresenta seus conceitos baseados em duas escolas principais de pensamento: a escola italiana, a mais antiga, e a escola norte-americana, de apresentação mais recente.

Fundamentalmente, a escola italiana é a que trata a contabilidade como ciência em seu sentido mais amplo, como a ciência do controle patrimonial, enquanto a escola norte-americana é mais objetiva e enfoca, principalmente, o conceito de informação útil para os diversos usuários.

Esses aspectos podem ser verificados em algumas definições de contabilidade:

- Francisco d'Áuria (apud D'Amore e Castro), 1967, um dos maiores expoentes da contabilidade brasileira, representante da escola italiana, diz que a "contabilidade é a ciência que estuda e pratica as funções de orientação, controle e registro relativos aos atos e fatos da administração econômica";
- Eldon S. Hendriksen, 1977 (p. 100), conceituado cientista contábil norte-americano, diz que a "contabilidade é um processo de comunicação de informação econômica para propósitos de tomada de decisão, tanto pela administração como por aqueles que necessitam fiar-se nos relatórios externos".

Dessas definições, ficam claras duas vertentes básicas: a escola italiana entende que a contabilidade é a ciência do *controle patrimonial*, enquanto a escola norte-americana enfoca o conceito de *transmissão de informação* econômica.

A escola norte-americana preocupa-se mais com a questão da transmissão da informação contábil e também com a contabilidade para usuários externos; os princípios fundamentais de contabilidade (ver Capítulo 3) decorrem dessa escola. A escola italiana busca uma visão mais abrangente, considerando a ciência contábil como a ciência do controle do patrimônio, não se atendo basicamente a definir princípios ou regras a serem seguidos.

Em nossa opinião, a escola italiana possui uma visão mais completa, pois seus conceitos e suas teorias permitem abarcar *todos* os ramos da contabilidade. Contudo, em termos didáticos, a escola norte-americana traduz-se de forma mais objetiva.

Assim, em nossa obra, utilizamos grande parte da metodologia da escola norte-americana, pois ela permite, inicialmente, que o aprendizado seja mais rápido. Assim, os conceitos que enunciamos sobre patrimônio e contabilidade tanto no Capítulo 1 como no Capítulo 3 estão mais próximos das definições da escola norte-americana.

Mas é importante realizar uma pesquisa sobre a escola italiana, principalmente nas disciplinas subsequentes, como a contabilidade gerencial, em que os conceitos de controladoria se tornam necessários para melhor entender a ciência contábil.

## A contabilidade como ciência

Sempre se discutiu se a contabilidade é arte ou ciência: arte no sentido de ser apenas uma ferramenta à disposição da sociedade para acompanhar suas riquezas, sem bases teóricas que a fundamentem como ciência; a visão de ciência é mais profunda, já que busca classificar a contabilidade como um ramo do conhecimento humano.

Para que um ramo do conhecimento seja considerado ciência, ele precisa apresentar uma série de características que o subtraiam da simples conotação de arte, técnica ou ferramenta. Essas características ou aspectos do ramo do conhecimento devem ser, no mínimo, as seguintes:

a) ter objeto de estudo próprio, ou seja, um campo de atuação dos fenômenos em que ele se debruce;

b) utilizar-se de métodos racionais ou científicos;

c) ter um corpo de teorias, normas e princípios;

d) apresentar o caráter de certeza de seus enunciados;

e) estar em evolução e relacionar-se com os demais ramos do conhecimento científico;
f) ter o caráter de generalidade em seus estudos e aplicações;
g) apresentar resultados comprovados etc.

Não há dúvida de que a *contabilidade é uma ciência*, porque:

a) tem objeto de estudo próprio, que é o patrimônio e os eventos econômicos que o alteram;
b) utiliza-se de método racional, que é o método das partidas dobradas;
c) estabelece relações entre os elementos patrimoniais, válidas em todos os espaços e tempos, ou seja, é um ramo do conhecimento universal e permanente;
d) apresenta-se em constante evolução;
e) o conhecimento contábil é regido por leis, normas e princípios, ou seja, tem um corpo de teorias e de princípios contábeis;
f) seus estudos têm o caráter de generalidade, isto é, os mesmos eventos econômicos reproduzidos nas mesmas condições provocam os mesmos efeitos;
g) tem caráter preditivo, isto é, os modelos contábeis permitem a construção de modelos de decisão para eventos futuros;
h) tem o caráter de certeza na afirmação de seus enunciados, isto é, suas aplicações podem ser comprovadas por evidências posteriores;
i) está relacionada com os demais ramos do conhecimento científico, pois se utiliza de instrumentos das ciências da matemática, filosofia, economia, psicologia, administração, direito etc.

É nosso objetivo apenas elencar pontos relevantes do tema. Assim, entendemos que esse resumo é bastante indicativo para deixar claras as bases da ciência contábil e dos fundamentos da contabilidade como um ramo do conhecimento científico.

## Questões e exercícios

1. Imagine que você participa da comissão do sindicato dos empregados e esteja negociando com a empresa as condições econômicas do próximo dissídio coletivo. Procure identificar quais informações, extraídas das demonstrações contábeis, você gostaria de ter para apoiar a negociação.
2. Procure identificar quais informações você gostaria de ter em mãos, extraídas das demonstrações contábeis da sua empresa e de seu principal concorrente, para analisar o desempenho comparativo entre os dois.

# 3
## capítulo

# Estruturando as demonstrações financeiras básicas

O objeto de estudo da ciência contábil é o patrimônio das entidades, com o objetivo de seu controle. O controle contábil de um patrimônio é feito por meio da identificação, da coleta, do processamento e do armazenamento (acumulação) das informações oriundas dos fatos que alteram a massa patrimonial.

Com isso podemos definir *contabilidade como o sistema de informação que controla o patrimônio de uma entidade*, sistema este estruturado considerando as teorias e os conceitos da ciência contábil. Uma entidade contábil é uma pessoa física ou jurídica que tem a propriedade de um conjunto patrimonial. A pessoa jurídica pode ser com ou sem fins lucrativos.

## 3.1 Patrimônio e controle

Patrimônio é o conjunto de riquezas de propriedade de alguém ou de uma entidade jurídica. A civilização considera como riquezas, em linhas gerais, os itens que têm características de serem úteis, raros, fungíveis (característica de troca), tangíveis (característica de poder ser movimentado e ser tocado fisicamente), desejáveis etc.

As riquezas mais representativas de um patrimônio são os bens; portanto, em uma definição primária, patrimônio é o conjunto de bens de uma pessoa ou entidade jurídica. Para compreender essa ideia considere o seguinte exemplo: se uma pessoa tem um carro e uma casa, o seu patrimônio seria composto de:

- 1 casa
- 1 carro

O *conceito básico de controle contábil* está essencialmente relacionado à mensuração dos elementos patrimoniais (os bens) na moeda corrente do país (em reais), a qual denominamos mensuração econômica. Isso significa que, ao lado da descrição de todos os bens, a contabilidade adiciona o valor atribuído a esses bens (os critérios de atribuição de valor aos bens serão objeto de estudo ao longo deste livro). Considerando os bens do nosso exemplo, teríamos:

- 1 casa    $ 120.000
- 1 carro   $ 30.000

Esse exemplo indica que o patrimônio dessa pessoa (uma entidade contábil) é composto por uma casa e por um carro, avaliados em $ 150.000 no seu total.

## Direitos e obrigações

Com a evolução da civilização, o conceito de riqueza expandiu-se, incorporando, além dos bens físicos de propriedade de alguém, o conjunto de direitos que uma pessoa ou entidade jurídica possui em relação a terceiros. Um direito nasce fundamentalmente quando alguém entrega um bem (ou outro direito) a outra pessoa ou entidade jurídica, com a expectativa ou promessa de reavê-lo no futuro (provavelmente em troca de um benefício adicional). Os direitos mais comuns das pessoas físicas e jurídicas compreendem o saldo bancário, as aplicações financeiras, o imposto de renda a restituir, as promissórias, as contas a receber etc.

Concomitantemente ao nascimento de um direito de alguém, nasce a obrigação da pessoa a quem foi transferido o bem ou o direito de devolvê-los conforme o contratado. Obviamente, se uma pessoa pode ter direitos, pode também ter obrigações. Portanto, o conjunto patrimonial deve também incorporar, ao lado dos bens e direitos, as eventuais obrigações da pessoa ou entidade jurídica. As obrigações mais comuns são as contas e promissórias a pagar, os empréstimos de pessoas físicas ou de bancos, o imposto de renda a recolher etc.

Podemos agora definir patrimônio como *o conjunto de bens, direitos e obrigações de uma entidade*. Os bens e os direitos são riquezas e, por esse motivo, considerados elementos patrimoniais positivos, pois todos desejam possuí-los; as obrigações são consideradas elementos patrimoniais negativos, pois as pessoas os evitam, já que impõem um reclamo de um terceiro até a sua liquidação.

Em continuidade ao exemplo introduzido, vamos supor que a casa tenha sido financiada pelo Sistema Financeiro de Habitação (SFH) e que o total, ainda em dívida e a preços correntes, está avaliado em $ 80.000, constituindo-se uma obrigação. Imaginando também que a pessoa tenha, em saldo bancário, $ 1.000, o novo conjunto patrimonial seria expresso da seguinte maneira:

| Bens e Direitos | |
|---|---|
| 1 casa | $ 120.000 |
| 1 carro | $ 30.000 |
| Saldo Bancário | $ 1.000 |
| **Obrigações** | |
| Financiamento (SFH) | $ 80.000 |

> *Patrimônio é o conjunto de bens, direitos e obrigações de uma entidade.*

## 3.2 Patrimônio líquido

O conceito de patrimônio líquido é estritamente contábil e nasceu da atribuição de sinais aritméticos aos elementos patrimoniais. Aos bens e direitos atribui-se o sinal positivo (+) e às obrigações, o sinal negativo (-). A resultante aritmética é a quarta figura contábil, o patrimônio líquido, uma vez que é a resultante da somatória de elementos patrimoniais positivos diminuída dos elementos patrimoniais negativos.

Portanto, define-se patrimônio líquido como *o excedente do valor de bens e direitos aos valores das obrigações*. Há também a possibilidade de existir o conceito de *patrimônio líquido negativo*. Nesse caso, o valor das obrigações é que excede o valor dos bens e dos direitos. É natural, contudo, imaginar que a figura do patrimônio líquido negativo seja uma exceção, uma vez que se pensa, normalmente, em patrimônio líquido positivo, mas, na prática, essa situação existe muitas vezes (empresas ou pessoas físicas em condição de falência normalmente têm patrimônio líquido negativo).

Patrimônio líquido significa a sobra, o resíduo, em valor, dos elementos patrimoniais: daí seus diversos nomes, como sobra patrimonial, patrimônio residual, riqueza líquida, riqueza efetiva, sobra efetiva, capital próprio etc.

A figura do patrimônio líquido é fundamental para a contabilidade, a razão de ser da moderna ciência contábil. A descoberta dessa figura foi simultânea ao nascimento do método das partidas dobradas e permitiu o grande desenvolvimento da contabilidade como ciência de controle patrimonial.

A criação da figura do patrimônio líquido, em conjunto com a atribuição dos sinais aritméticos aos elementos patrimoniais, fez surgir a *equação fundamental da contabilidade*, que é:

> *Patrimônio Líquido = Bens (+) Direitos (–) Obrigações*

Abreviando com o auxílio de siglas, temos a seguinte equação fundamental de contabilidade:

$$PL = B + D - O$$

Tomando como referência os dados do exemplo em andamento, podemos mensurar o valor do patrimônio líquido da pessoa em questão:

a) Bens: 1 casa de $ 120.000 e 1 carro de $ 30.000, totalizando $ 150.000;
b) Direitos: saldo bancário de $ 1.000;
c) Obrigações: financiamento (SFH) de $ 80.000

Patrimônio líquido (PL) = $ 150.000 (+) $ 1.000 (-) $ 80.000

PL = $ 71.000.

Isso significa que, nesse momento, a riqueza efetiva da pessoa equivale a $ 71.000. O pressuposto é que essa pessoa pode, a qualquer momento, vender todos os seus bens, transformando-os em dinheiro, e pagar todas as suas obrigações. Agindo dessa maneira terá um saldo em dinheiro de $ 71.000, que é o bem mais líquido que existe.

É importante ressaltar que a medição do valor do patrimônio líquido vale para um determinado momento, não querendo dizer, portanto, que esse valor permaneça o mesmo. Num momento seguinte, a casa e o carro podem ter um valor maior ou menor, bem como a dívida pode crescer ou diminuir. Tem-se, na realidade, um patrimônio líquido a cada instante, mas, a cada momento, pode-se mensurar o valor do patrimônio líquido de qualquer entidade contábil.

## Conceito de tamanho de riqueza

Na comparação com entidades contábeis diferentes, o patrimônio líquido é a medida do tamanho da riqueza. Para a contabilidade, é mais rico quem tem mais valor de patrimônio líquido; assim, podemos dizer que uma empresa é maior do que a outra pelo tamanho de seu patrimônio líquido, por tal medida de riqueza representar, em última instância, o valor dos recursos (podemos dizer poupanças) acumulados pela empresa ao longo de sua vida. O mesmo pode-se dizer das pessoas físicas: o patrimônio líquido de cada indivíduo representa tudo o que ele poupou, em termos de recursos econômicos, ao longo de sua vida aplicados em bens e direitos.

Para ter uma ideia de como o patrimônio líquido mede o tamanho da riqueza, consideremos o exemplo a seguir: vamos supor que um indivíduo, chamado Herbert Heston, tenha um carro importado avaliado em $ 100.000, mas que esteja financiado; suponha também que o valor atual (valor presente líquido) da dívida seja $ 95.000 e que Herbert tenha um saldo bancário de $ 2.000:

### Patrimônio de Herbert Heston

| Bens e Direitos | $ | Obrigações | $ |
|---|---|---|---|
| 1 carro BMW | 100.000 | Financiamento do Carro | 95.000 |
| Saldo Bancário | 2.000 | | |

| Patrimônio Líquido de Herbert Heston | $ |
|---|---|
| Bens + Direitos | 102.000 |
| (−) Obrigações | (95.000) |
| (=) Patrimônio Líquido | 7.000 |

O valor do patrimônio líquido, obtido por diferença aplicando a equação fundamental de contabilidade ao caso de Herbert, é $ 7.000. Isso significa que, se ele conseguir, no mesmo instante, vender o carro e pagar a dívida, sacando o dinheiro do banco, teria em mãos $ 7.000 em dinheiro, sua riqueza líquida.

Vamos comparar o patrimônio de Herbert com o patrimônio de José da Silva, que possui um carro nacional usado estimado no valor de $ 9.000 e um saldo em poupança de $ 3.000, sem nenhuma dívida:

### Patrimônio de José da Silva

| Bens e Direitos | $ | Obrigações | $ |
|---|---|---|---|
| 1 carro Uno | 9.000 | (Sem dívidas) | 0 |
| Saldo em Poupança | 3.000 | | |

| Patrimônio Líquido de José da Silva | $ |
|---|---|
| Bens + Direitos | 12.000 |
| (−) Obrigações | 0 |
| (=) Patrimônio Líquido | 12.000 |

O valor do patrimônio líquido de José da Silva é maior do que o de Herbert Heston. Portanto, nesse momento, José da Silva é considerado um sujeito mais rico que Herbert Heston, mesmo que este possua um carro importado e ostente externamente uma riqueza maior.

Ressaltamos, novamente, que a mensuração do valor do patrimônio líquido é feita a cada instante que se queira ou a cada evento que altere o patrimônio de ambas as pessoas. Assim, não está sendo considerado nesse exemplo o potencial futuro de geração de receitas de cada pessoa. Provavelmente, Herbert deve ter um emprego ou um negócio gerador de uma renda que lhe possibilitará quitar logo a sua dívida, ficando com o carro; o valor do seu patrimônio líquido poderá então ser aumentado. A mensuração do valor do patrimônio líquido ocorre, portanto, em uma situação estática, em determinado momento, não se vinculando a possíveis eventos futuros de cada um.

## 3.3 Equação de equilíbrio patrimonial e balanço patrimonial

No desenvolvimento da ciência contábil, a etapa seguinte à descoberta da figura do patrimônio líquido foi o estabelecimento de uma demonstração contábil (ou financeira) que melhor evidenciasse o patrimônio das entidades e das pessoas.

Como os bens e direitos têm características similares, estes foram alocados de um lado da equação; os demais elementos patrimoniais, obrigações e patrimônio líquido, foram alocados do outro lado, criando-se uma equação de igualdade patrimonial, denominada *equação de equilíbrio patrimonial*. Utilizando siglas, temos:

**Equação Fundamental da Contabilidade** ⟶ $B + D - O = PL$

Alocando as obrigações para ficarem juntas com a figura do patrimônio líquido, e ficando, no lado esquerdo da equação, os bens e direitos, obtém-se a equação de equilíbrio patrimonial:

**Equação de Equilíbrio Patrimonial** ⟶ $B + D = O + PL$

Convencionou-se denominar *ativo* o lado esquerdo da equação e *passivo* o lado direito; o conjunto dos dois é denominado *balanço patrimonial*. A palavra *balanço* está empregada no sentido de equilibrar os lados da equação. Assim, o valor total dos passivos deve ser igual ao valor total dos ativos, sendo que o ativo compreende os elementos patrimoniais positivos, ou seja, os bens e direitos, e o passivo compreende os elementos patrimoniais negativos (as obrigações) e também evidencia a riqueza efetiva, que é o patrimônio líquido:

| Bens e Direitos | Obrigações e Patrimônio Líquido |
|---|---|
| **Ativo** | **Passivo** |
| **Balanço Patrimonial** ||

É necessário salientar novamente a ambiguidade do termo *passivo*: alguns teóricos consideram passivo apenas o conjunto das obrigações; em nosso país, tratamos o passivo incluindo o patrimônio líquido. Tal termo é realmente inquietante, já que engloba dois elementos de qualidade distinta e até antagônicos sob determinado ponto de vista. Enquanto as obrigações são vistas como elementos patrimoniais negativos (o senso financeiro comum procura evitar dívidas), o patrimônio líquido é a medição da própria riqueza da empresa ou da pessoa física (o senso financeiro comum procura aumentá-lo).

Tomando como referência o exemplo inicial deste capítulo, os valores dos elementos patrimoniais são:

| **Balanço Patrimonial** | | | |
|---|---|---|---|
| Ativo | $ | Passivo | $ |
| 1 casa | 120.000 | Financiamento (SFH) | 80.000 |
| 1 carro | 30.000 | | |
| Saldo Bancário | 1.000 | Patrimônio Líquido | 71.000 |
| Total do Ativo | 151.000 | Total do Passivo | 151.000 |

O balanço patrimonial reflete a posição do conjunto patrimonial em determinado instante, é um relatório no qual as informações representam os valores dos bens, dos direitos e das obrigações em um momento. Assim, podemos definir balanço patrimonial como *a representação estática do patrimônio de uma entidade*.

O fato de o balanço patrimonial evidenciar o valor do patrimônio em um determinado instante implica que, no momento seguinte, um novo fato poderá alterar esse balanço. O novo fato fará que se tenha um novo balanço, ou seja, uma nova situação após esse fato, com valores diferentes.

## 3.4 Formação de um patrimônio empresarial e capital social

O modelo e o sistema de informação contábil são necessários e utilizáveis para qualquer tipo de entidade jurídica ou pessoa física. Em nosso trabalho, contudo, estaremos abordando, preferencialmente, os empreendimentos negociais, as empresas com fins lucrativos.

Uma empresa é constituída com a transferência de recursos econômicos de uma ou mais pessoas físicas para uma entidade artificial que passa a ser criada pela vontade dessas pessoas, caracterizando-se legalmente como pessoa jurídica. Uma pessoa jurídica pode existir somente se a lei permitir; portanto, uma empresa tem seu nascimento autorizado por lei – razão da denominação *pessoa jurídica* – e tem, como regras básicas, as estipuladas no estatuto ou contrato social acordado pelos sócios que a fundaram.

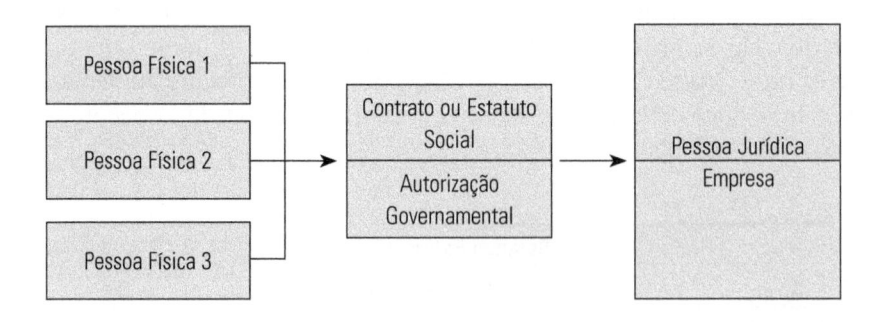

```
┌──────────────────┐
│ Pessoa Física 1  │──┐
└──────────────────┘  │    ┌─────────────────────┐      ┌──────────────────┐
                      │    │ Contrato ou Estatuto│      │                  │
┌──────────────────┐  │    │       Social        │      │  Pessoa Jurídica │
│ Pessoa Física 2  │──┼──▶ ├─────────────────────┤ ──▶  │     Empresa      │
└──────────────────┘  │    │     Autorização     │      │                  │
                      │    │    Governamental    │      │                  │
┌──────────────────┐  │    └─────────────────────┘      └──────────────────┘
│ Pessoa Física 3  │──┘
└──────────────────┘
```

A partir do momento em que a empresa passa a funcionar, ela "age" por meio de seus donos, administradores ou diretores como se fosse uma pessoa física. A empresa, como qualquer outra entidade jurídica, deve prestar contas de suas atividades aos diversos órgãos governamentais e recolher todos os tributos em que se enquadra, incluindo os tributos e obrigações para e com seus empregados.

A formação de um patrimônio empresarial configura-se quando há a transferência dos recursos econômicos das pessoas físicas fundadoras para a pessoa jurídica, conforme disposto no estatuto ou contrato social. Os valores transferidos para a pessoa jurídica são denominados *capital social* e indicam, essencialmente, os recursos econômicos investidos pelas pessoas físicas no empreendimento, representando também o elemento jurídico que liga os investidores à empresa.

Portanto, a formação de um patrimônio empresarial caracteriza-se pelo fato de as pessoas físicas integralizarem o capital social na pessoa jurídica. A integralização, em termos jurídicos e econômicos, significa entregar efetivamente os recursos econômicos à empresa. A *subscrição* de capital social representa a formalização jurídica da intenção de capitalizar a empresa. A integralização é o momento em que, de fato, os recursos são entregues à pessoa jurídica.

A forma mais comum de integralizar capital social é em dinheiro, ou seja, entrada ou aumento de capital em dinheiro. A segunda forma mais comum é a integralização de capital social em bens, os quais correspondem normalmente a imóveis ou equipamentos. Pode-se também integralizar capital social em direitos, situação comum quando há empresas destinadas a investir no mercado de ações.

A título de exemplo, vamos imaginar que três indivíduos, com $ 100.000 em dinheiro cada um, resolvam constituir uma empresa, a Empresa X, totalizando $ 300.000. Como já afirmamos, as pessoas físicas investem nas empresas, pois imaginam que os rendimentos obtidos por elas são superiores aos rendimentos que conseguiriam isoladamente como pessoas físicas. A passagem dos $ 300.000 para a empresa, nesse evento, constitui o seu capital inicial. O dinheiro recebido pela empresa entra no seu caixa (ou saldo bancário, caso já exista uma conta aberta). Esse evento evidencia a formação básica de um patrimônio empresarial.

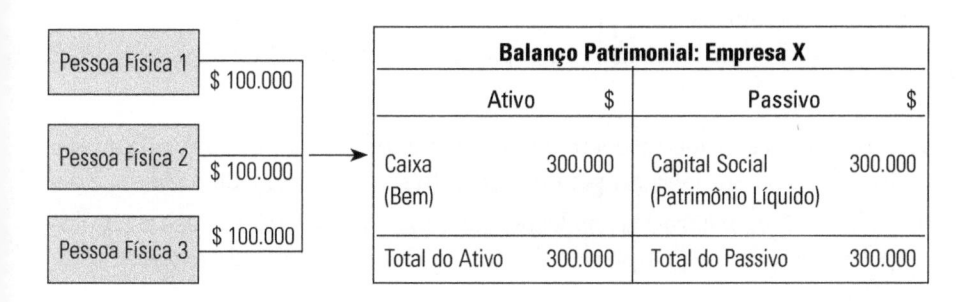

| Pessoa Física 1 | $ 100.000 |
| Pessoa Física 2 | $ 100.000 |
| Pessoa Física 3 | $ 100.000 |

| Balanço Patrimonial: Empresa X | | | |
| --- | --- | --- | --- |
| Ativo | $ | Passivo | $ |
| Caixa (Bem) | 300.000 | Capital Social (Patrimônio Líquido) | 300.000 |
| Total do Ativo | 300.000 | Total do Passivo | 300.000 |

O capital social não se caracteriza na contabilidade e na legislação como uma obrigação financeira, pois não há um vencimento para resgatá-lo ou pagá-lo.[1] Como se trata de uma transferência de riqueza das pessoas físicas para uma pessoa jurídica, o capital social é considerado, a partir daí, uma riqueza da empresa; portanto, é um elemento patrimonial classificado no patrimônio líquido.

---

[1] Em teoria, o capital social pode ser entendido como uma obrigação da empresa para com seus proprietários, não no estrito sentido de pagamento, mas no sentido de prestação de contas de um investimento que foi feito e que deve ter um retorno adequado.

Utilizando a equação fundamental de contabilidade, temos:

$PL = B + D - O$

O dinheiro em caixa é um bem = $ 300.000

Portanto:

$PL = 300.000 + 0 - 0$

$PL = $ 300.000$ (Capital Social)

## Composição básica do patrimônio líquido

A finalidade dos aportes de capital é possibilitar o início ou o aumento das operações a que se destina a empresa. Depois que o dinheiro dos sócios ou acionistas da empresa começar a produzir frutos (lucros), tais resultados serão dos donos do capital e também farão parte do patrimônio líquido sob o nome de *lucros acumulados*.

Assim, toda entrada e todo capital social correspondem ao patrimônio líquido, porém nem todo o patrimônio líquido é capital social, pois os lucros gerados pelo capital, mesmo fazendo parte do patrimônio líquido, não são valores que foram entregues pelos sócios ou acionistas, mas foram gerados pela própria empresa.

Resumindo, em nível teórico, o patrimônio líquido é composto de *duas* parcelas:

a) o *capital social*, que se refere aos valores entregues à pessoa jurídica para formação da empresa ou para incremento de suas atividades;
b) os *lucros* (ou *prejuízos*) *acumulados*, que são os valores resultantes e gerados pelas operações da empresa e das transações com o mundo exterior.

Para exemplificar, vamos imaginar que a administração da empresa investiu, em uma aplicação financeira, o dinheiro disponível em caixa e que, no dia seguinte, houve um rendimento de $ 300, voltando o dinheiro novamente para o caixa. O balanço patrimonial ficaria assim:

| Balanço Patrimonial: Empresa X | | | |
|---|---|---|---|
| Ativo | | Passivo | |
| | $ | | $ |
| Caixa | 300.300 | Capital Social | 300.000 |
| (Bem) | | (Patrimônio Líquido) | |
| | | Lucros Acumulados | 300 |
| | | (Patrimônio Líquido) | |
| Total do Ativo | 300.300 | Total do Passivo | 300.300 |

Os lucros acumulados caracterizam-se também como patrimônio líquido porque não são obrigações financeiras e, portanto, não necessitam ser pagos. Utilizando a equação fundamental de contabilidade temos:

PL = B + D − O

O dinheiro em caixa é um bem = $ 300.300

Portanto:

PL = 300.300 + 0 − 0

PL = $ 300.300 (sendo $ 300.000 de capital social e $ 300 de lucros gerados).

## Capital é caixa? Lucro é caixa?

Essas duas interrogações são comuns e as pessoas tendem a confundir capital com caixa e caixa com lucro. É comum pensar que, se uma empresa possui capital, todo o valor deste estará no caixa. Da mesma forma, é comum imaginar que a geração de lucro seja uma geração imediata e direta em caixa. Nenhuma dessas suposições é verdade absoluta.

Existe a possibilidade de, em determinado instante, o dinheiro em caixa corresponder ao valor do capital social (isso acontece normalmente só na abertura da empresa), mas, no mais das vezes, não há esse relacionamento direto. Existe também a possibilidade teórica de o lucro obtido estar também em caixa, porém a probabilidade de isso acontecer de forma direta é muito remota.

O que impede esse relacionamento direto são a diversidade de operações da empresa, a necessidade de que tenham outros ativos (bens e direitos) para operar suas atividades e as intensas e variadas transações que acontecem no seu dia a dia. Além disso, a empresa não se limita a obter recursos financeiros de seus proprietários, pois ela busca outras formas de financiamento, como compras a prazo e empréstimos bancários.

Continuando com o exemplo anterior, vamos imaginar que a empresa investiu $ 200.000 na compra de um imóvel e $ 100.200 na compra de um caminhão. Os restantes $ 100 foram depositados em banco, em uma conta aberta especificamente para a empresa. O novo balanço fica assim:

| Balanço Patrimonial: Empresa X | | | |
|---|---|---|---|
| Ativo | | Passivo | |
| | $ | | $ |
| Saldo Bancário (Direito) | 100 | Capital Social | 300.000 |
| Imóvel (Bem) | 200.000 | (Patrimônio Líquido) | |
| Caminhão (Bem) | 100.200 | Lucros Acumulados | 300 |
| | | (Patrimônio Líquido) | |
| Total do Ativo | 300.300 | Total do Passivo | 300.300 |

Fica evidente que o capital social não precisa estar em caixa, pois pode estar alocado em qualquer outro tipo de investimento (bem ou direito). O mesmo ocorre com os lucros gerados que também podem, em sequência, ser investidos em qualquer tipo de ativo.

## 3.5 Ativo e passivo: origens e aplicações de recursos

O balanço patrimonial também pode (e deve) ser analisado sob uma ótica estritamente financeira, saindo da colocação tradicional contábil que representa o conjunto de bens, direitos e obrigações. Sob a ótica financeira, o balanço evidencia os tipos de recursos financeiros (fontes) e como esses recursos foram ou estão sendo aplicados.

A partir dessa visão, o ativo representa todas as aplicações de recursos na empresa, enquanto o passivo representa todas as origens (fontes) de recursos que entram na empresa. As fontes de recursos são de dois tipos: *recursos próprios* e *recursos de terceiros*.

Tomando como referência o exemplo anterior, vamos imaginar que a empresa em questão tomou emprestados de uma instituição financeira $ 400.000, objetivando complementar seu negócio. Desse dinheiro, $ 380.000 foram aplicados em mercadorias para revenda, ficando o restante na conta-corrente bancária. O valor emprestado é uma obrigação, pois qualquer contrato de empréstimo ou financiamento tem as cláusulas de juros e vencimentos. O novo balanço patrimonial evidencia essa alteração:

| Balanço Patrimonial: Empresa X | | | |
|---|---|---|---|
| Ativo | | Passivo | |
| | $ | | $ |
| Saldo Bancário (Direito) | 20.100 | Empréstimo (Obrigação) | 400.000 |
| Mercadorias (Bens) | 380.000 | Capital Social | 300.000 |
| Imóvel (Bem) | 200.000 | (Patrimônio Líquido) | |
| Caminhão (Bem) | 100.200 | Lucros Acumulados | 300 |
| | | (Patrimônio Líquido) | |
| Total do Ativo | 700.300 | Total do Passivo | 700.300 |

O valor do patrimônio líquido, que é representado pelo capital social e pelos lucros acumulados ou retidos, representa o dinheiro *próprio* da empresa. O restante do passivo é composto de obrigações, que representam tanto as dívidas assumidas pela empresa por meio do recebimento de bens e serviços ainda não pagos, como os empréstimos contratados. Em outras palavras, a empresa vale-se de recursos de terceiros para adquirir bens e serviços, caracterizando-se as *obrigações* como *recursos oriundos de terceiros*.

Em resumo, segundo o conceito do balanço patrimonial como evidência de origens e de aplicações dos recursos, temos que:

a) o ativo representa as aplicações de recursos dentro da empresa; portanto, evidencia os investimentos que a empresa fez e possui até o momento;

b) o passivo representa as origens ou as fontes de recursos captados pela empresa; portanto, representa o valor dos financiamentos que a empresa fez, até o momento, para os investimentos no ativo.

O passivo tem dois tipos de fontes de recursos:

a) fontes oriundas de *recursos próprios*, representadas pelo valor do patrimônio líquido decorrente das integralizações de capital social e dos lucros obtidos e ainda retidos na empresa;

b) fontes oriundas de *recursos de terceiros*, representadas pelo valor das obrigações o qual decorre fundamentalmente dos empréstimos obtidos e das contas a pagar pelo recebimento dos produtos e serviços adquiridos a prazo.

Segundo a ótica financeira, o ativo é classificado em dois grandes grupos de investimentos ou aplicações:

a) aplicações no *capital de giro*, que corresponde aos bens e direitos que a empresa mantém para o processo de compra, produção e recebimento da venda dos seus produtos e serviços;

b) aplicações no *ativo fixo*, que corresponde aos bens e direitos não comercializáveis e necessários para abrigar e operar a estrutura produtiva e comercial.

| Balanço Patrimonial | |
|---|---|
| Ativo | Passivo |
| Aplicações dos Recursos | Origens ou Fontes de Recursos |
| Investimentos | Financiamentos |
| Capital de Giro | Capital de Terceiros |
| Ativo Fixo | Capital Próprio |

Podemos fazer uma nova evidenciação do balanço patrimonial, considerando todos os conceitos apresentados. Verificamos então que:

- o passivo, que representa *de onde veio* o dinheiro, nos mostra que obtivemos $ 400.000, emprestados do banco, constituindo-se em uma obrigação caracterizada como recursos de terceiros. O restante foi obtido pela entrada de $ 300.000 dos sócios mais $ 300, de rendimentos financeiros, caracterizando-se como capital próprio representado pelo patrimônio líquido.
- o ativo, que representa *onde foi aplicado* o dinheiro, evidencia que, do total de $ 700.300 de recursos obtidos, $ 400.100 estão aplicados no capital de giro, uma parte em estoques para revenda e outra em saldo bancário para eventuais necessidades ou novas aplicações. O restante, $ 300.200, foi aplicado em ativos imobilizados (fixos), representados pelo imóvel e pelo caminhão, bens considerados necessários para a operação da empresa.

| Balanço Patrimonial: Empresa X | | | |
|---|---|---|---|
| **Ativo** | | **Passivo** | |
| Aplicações dos Recursos | | Origens ou Fontes de Recursos | |
| Investimentos | | Financiamentos | |
| Capital de Giro | $ | Capital de Terceiros | $ |
| Saldo Bancário | 20.100 | Empréstimo | 400.000 |
| Mercadorias | 380.000 | | |
| | 400.100 | | 400.000 |
| Ativo Fixo | | Capital Próprio | |
| Imóvel | 200.000 | Capital Social | 300.000 |
| Caminhão | 100.200 | Lucros Acumulados | 300 |
| | 300.200 | | 300.300 |
| Total do Ativo | 700.300 | Total do Passivo | 700.300 |

## Passivo como reivindicação sobre ativos

A palavra *ativo*, para englobar os bens e direitos da entidade, decorre da sua essência semântica de que os elementos patrimoniais do ativo permitem desenvolver as *atividades* necessárias para as empresas produzirem e venderem os bens e serviços a que se propõe. Portanto, a ideia central é ação, atividade, trabalho, movimento etc. A movimentação dos ativos pelas pessoas da entidade é que produz os lucros e cria valor para as empresas. O ativo *ativa* a empresa.

A palavra *passivo*, no nosso idioma e na utilização contábil, está vinculada a peso, ônus, obrigação. No inglês, utiliza-se a palavra *claim* (uma das traduções é "clamor") para designar a ideia de passivo, ou seja, o passivo é um clamor possível sobre os ativos. Os proprietários dos títulos do passivo (os bancos ou credores que têm o direito a receber as dívidas da empresa, e os proprietários que têm o direito de serem ressarcidos pelo valor do capital social integralizado) podem exigir da empresa a entrega de ativos quando for devido ou oportuno. Assim, outra visão sobre o passivo é que ele representa direitos de reinvindicação sobre os ativos da empresa.

## 3.6 Eventos econômicos e alterações patrimoniais

Denominamos evento econômico um fato (uma ação ou acontecimento)[2] que altera o patrimônio de uma entidade. A maior parte dos eventos econômicos é provocada pela administração das empresas, mas podem ocorrer eventos que modifiquem o patrimônio empresarial independentemente da vontade dos seus gestores. Por exemplo, uma alteração nas alíquotas do imposto de renda alterará o patrimônio da entidade, pois ela deverá pagar mais tributos. Esse evento não foi provocado pela gestão da empresa, porém afeta seu patrimônio.

A maior parte dos eventos econômicos é provocada e está em linha com o modelo de gestão, bem como com o processo de planejamento adotado. O objetivo da execução desses eventos, como já dissemos, é realizar as operações para produzir e vender produtos e serviços, atender a missão da empresa e buscar a rentabilidade necessária. Dentro das empresas, os principais eventos econômicos, genericamente denominados atividades, são desenvolvidos pelos setores ou departamentos da organização.

| Evento Econômico | Atividade |
|---|---|
| Compra | Compras |
| Pagamento de compra | Finanças |
| Venda | Vendas |
| Recebimento de venda | Finanças |
| Estoque de materiais | Estocagem |
| Estoque de mercadorias | Estocagem |
| Consumo de materiais | Produção |
| Custo das vendas | Vendas |
| Estoque de produtos acabados | Expedição |
| Aplicação financeira | Finanças |
| Captação de recursos financeiros | Finanças |
| Aquisição de imobilizados | Qualquer atividade |
| Depreciação | Qualquer atividade |
| Distribuição de lucros | Acionistas |
| Recolhimento de impostos | Compras, vendas e finanças |
| Pagamento de custos de fabricação | Produção |
| Pagamento de despesas administrativas | Administração |
| Pagamento de despesas comerciais | Vendas |

---

[2] Outra terminologia mais antiga, e ainda utilizada para nomear os eventos econômicos, é *fatos administrativos* ou *fatos contábeis*.

Definimos transação como cada uma das ocorrências de um evento econômico. Dessa maneira, o desempenho das atividades caracteriza-se pela execução das transações, que podem ser refletidas gerencialmente sob o conceito de evento econômico.

Os atributos básicos de um evento econômico são:

- alterar o patrimônio empresarial, tendo significado econômico;
- poder ser identificado e individualizado;
- poder ser mensurado pela moeda corrente do país;
- ter condições objetivas de identificação e mensuração;
- permitir condições de comprovação.

## Conceito e forma de controle contábil

O conceito básico de controle contábil é atribuir valores aos eventos econômicos. Dessa maneira, associando aos eventos econômicos o seu valor monetário, sua expressão em quantidade de reais, todos os eventos e os saldos dos elementos patrimoniais podem ser medidos de uma forma única. Essa é a mais importante diferenciação do sistema de controle contábil em relação aos demais sistemas de informações de planejamento e controle.

A mensuração de cada evento econômico e dos elementos patrimoniais resultantes em moeda corrente do país é o *princípio contábil do denominador comum monetário*. Ao longo dos séculos, a ciência contábil desenvolveu regras para o registro dos eventos econômicos e para a avaliação dos elementos patrimoniais, calcadas nas teorias de decisão, mensuração e informação, no intuito de obter uma uniformização e permitir a comparabilidade entre as entidades, em qualquer lugar do mundo. Essas regras são denominadas mundialmente *princípios de contabilidade geralmente aceitos* e, em nosso país, levam o nome de *princípios fundamentais de contabilidade*.

> *A contabilidade desenvolveu, ao longo dos séculos de sua existência, as melhores regras para registro dos eventos econômicos e para a avaliação dos elementos patrimoniais, denominadas princípios de contabilidade geralmente aceitos.*

> *O princípio contábil do denominador comum monetário diz que todos os eventos econômicos e os elementos patrimoniais devem ser mensurados em uma única moeda, e a contabilidade de uma entidade deve ser feita nessa única moeda.*

A forma de obter o controle de um patrimônio sob o conceito de mensuração monetária é o registro de cada evento econômico. Em outras palavras, a contabilidade instituiu, como método de controle patrimonial, o *registro* (a escrituração, o lançamento) *de todos os eventos econômicos*.

O registro dos eventos econômicos faz-se nas contas contábeis, obtendo-se o saldo acumulado de todos os eventos econômicos da mesma natureza e, ao mesmo tempo, a avaliação monetária dos elementos patrimoniais resultantes dos impactos de cada evento econômico.

Como afirmamos no Capítulo 1, esse método de registro se chama *método das partidas dobradas* porque identifica a causa e o efeito de cada evento econômico (ou a sua contribuição como fonte e aplicação de recursos). A utilização do método das partidas dobradas permite extinguir o procedimento contábil da contagem (denominado comumente de inventário), ao mesmo tempo que permite evidenciar e acumular as relações de causa e efeito dos eventos econômicos.

## 3.7 Estruturação das demonstrações contábeis (financeiras) básicas

A principal demonstração contábil[3] é o *balanço patrimonial*, a qual já definimos como a representação estática do patrimônio, ou seja, a representação do patrimônio de uma entidade em determinado momento. A segunda demonstração contábil mais importante é a *demonstração de resultados do período* e seu objetivo é evidenciar a composição do lucro ou o prejuízo da empresa em determinado período de tempo (ou, no caso de entidades sem fins lucrativos, o déficit/falta ou superávit/sobra do período).

Faremos, primeiro, a estruturação do balanço patrimonial por meio do registro das movimentações dos principais eventos econômicos de uma empresa. Partindo do primeiro evento de uma empresa, que é a formação inicial do seu patrimônio pela integralização do capital social, estruturaremos um balanço patrimonial após cada fato (evento econômico), considerando uma empresa revendedora de veículos.

Tal metodologia de estruturação dessa demonstração contábil é denominada *escrituração por balanços sucessivos*. À medida que os eventos forem registrados, identificaremos os princípios contábeis que fundamentam o critério de registro.

---

[3] Lembramos que as demonstrações contábeis têm sido denominadas, nas legislações, demonstrações financeiras. Considerando esse contexto, qualquer uma das terminologias é válida.

## 3.8 Balanço patrimonial

O primeiro evento de uma empresa é a constituição de seu capital social. Vamos imaginar que três pessoas físicas estão investindo $ 100.000 cada uma para constituir o capital da empresa, totalizando $ 300.000.

**Evento Econômico 1** – Entrada inicial de capital social em dinheiro (integralização de capital) $ 300.000.

| Balanço Patrimonial: Momento Zero | | | |
|---|---|---|---|
| Ativo | $ | Passivo | $ |
| Total | 0 | Total | 0 |

| Balanço Patrimonial após Evento 1 | | | |
|---|---|---|---|
| Ativo | $ | Passivo | $ |
| *Bens e Direitos* | | *Patrimônio Líquido* | |
| Caixa | 300.000 | Capital Social | 300.000 |
| Total | 300.000 | Total | 300.000 |

Alterações:
O Caixa passou de 0 para $ 300.000.
O Capital Social passou de 0 para $ 300.000.

Esse evento permite introduzir um dos princípios fundamentais da contabilidade que é *o princípio* ou *postulado da entidade*. Tal postulado diz que a contabilidade de uma entidade (empresa, pessoa, entidade sem fins lucrativos) não pode ser confundida com a contabilidade dos membros que a possuem ou fundaram. Em outras palavras, a escrituração de uma empresa tem de ser completamente dissociada da escrituração do patrimônio de seus proprietários.

A partir do momento em que os sócios ou acionistas entregam seu dinheiro para investir na empresa, a contabilidade dessa empresa segue, de forma independente, seus constituidores. Esse princípio se aplica também, e obviamente, às empresas constituídas como firma individual. Não é porque há apenas um dono nesse tipo de empresa que as transações de cada um não devem ser distintas. Desse modo, constituída a empresa individual, tudo o que se refere à empresa deve ser contabilizado como uma entidade separada (nesse caso, a empresa jurídica), distinta das demais transações que a pessoa física continua fazendo para si mesma, não referentes à empresa constituída.

**Evento Econômico 2** – Abertura de uma conta-corrente no Banco Brasileiro com depósito inicial de $ 298.000.

| Balanço Patrimonial após Evento 1 | | | |
|---|---|---|---|
| Ativo | $ | Passivo | $ |
| *Bens e Direitos* | | *Patrimônio Líquido* | |
| Caixa | 300.000 | Capital Social | 300.000 |
| Total | 300.000 | Total | 300.000 |

| Balanço Patrimonial após Evento 2 | | | |
|---|---|---|---|
| Ativo | $ | Passivo | $ |
| *Bens e Direitos* | | *Patrimônio Líquido* | |
| Caixa | 2.000 | Capital Social | 300.000 |
| Banco Brasileiro | 298.000 | | |
| Total | 300.000 | Total | 300.000 |
| Alterações: | | | |
| O Caixa passou de $ 300.000 para $ 2.000. | | | |
| O Banco Brasileiro passou de 0 para $ 298.000. | | | |

**Evento Econômico 3** – Aquisição de um imóvel no valor de $ 200.000 e de móveis e equipamentos no valor de $ 50.000, pagos em cheque no total de $ 250.000.

| Balanço Patrimonial após Evento 2 | | | |
|---|---|---|---|
| Ativo | $ | Passivo | $ |
| *Bens e Direitos* | | *Patrimônio Líquido* | |
| Caixa | 2.000 | Capital Social | 300.000 |
| Banco Brasileiro | 298.000 | | |
| Total | 300.000 | Total | 300.000 |

| Balanço Patrimonial após Evento 3 | | | |
|---|---|---|---|
| Ativo | $ | Passivo | $ |
| *Bens e Direitos* | | *Patrimônio Líquido* | |
| Caixa | 2.000 | Capital Social | 300.000 |
| Banco Brasileiro | 48.000 | | |
| Móveis e Equipamentos | 50.000 | | |
| Imóvel | 200.000 | | |
| Total | 300.000 | Total | 300.000 |
| Alterações: | | | |
| O Banco Brasileiro passou de $ 298.000 para $ 48.000. | | | |
| Móveis e Equipamentos passou de 0 para $ 50.000. | | | |
| Imóvel passou de 0 para $ 200.000. | | | |

**Evento Econômico 4** – Obtenção de um empréstimo junto ao Banco Brasileiro no valor de $ 70.000, creditado em sua conta-corrente. O pagamento ocorrerá dentro de 60 dias. Nesse momento, não houve nenhuma despesa ou cobrança de juros.

| Balanço Patrimonial após Evento 3 | | | |
|---|---|---|---|
| Ativo | $ | Passivo | $ |
| *Bens e Direitos* | | *Patrimônio Líquido* | |
| Caixa | 2.000 | Capital Social | 300.000 |
| Banco Brasileiro | 48.000 | | |
| Móveis e Equipamentos | 50.000 | | |
| Imóvel | 200.000 | | |
| Total | 300.000 | Total | 300.000 |

| Balanço Patrimonial após Evento 4 | | | |
|---|---|---|---|
| Ativo | $ | Passivo | $ |
| *Bens e Direitos* | | *Obrigações* | |
| Caixa | 2.000 | Empréstimo | 70.000 |
| Banco Brasileiro | 118.000 | | |
| Móveis e Equipamentos | 50.000 | *Patrimônio Líquido* | |
| Imóvel | 200.000 | Capital Social | 300.000 |
| Total | 370.000 | Total | 370.000 |

Alterações:
O Banco Brasileiro passou de $ 48.000 para $ 118.000.
O Empréstimo passou de 0 para $ 70.000.

**Evento Econômico 5** – Aquisição de três veículos para revenda, nos respectivos valores de $ 20.000, $ 30.000 e $ 40.000, totalizando $ 90.000, pagos em cheques no Banco Brasileiro.

| Balanço Patrimonial após Evento 4 | | | |
|---|---|---|---|
| Ativo | $ | Passivo | $ |
| *Bens e Direitos* | | *Obrigações* | |
| Caixa | 2.000 | Empréstimo | 70.000 |
| Banco Brasileiro | 118.000 | | |
| Móveis e Equipamentos | 50.000 | *Patrimônio Líquido* | |
| Imóvel | 200.000 | Capital Social | 300.000 |
| Total | 370.000 | Total | 370.000 |

(continua)

**Evento Econômico 5** – Aquisição de três veículos para revenda, nos respectivos valores de $ 20.000, $ 30.000 e $ 40.000, totalizando $ 90.000, pagos em cheques no Banco Brasileiro. (continuação)

| Balanço Patrimonial após Evento 5 | | | |
|---|---|---|---|
| Ativo | $ | Passivo | $ |
| *Bens e Direitos* | | *Obrigações* | |
| Caixa | 2.000 | Empréstimo | 70.000 |
| Banco Brasileiro | 28.000 | | |
| Mercadorias para Revenda | 90.000 | | |
| Móveis e Equipamentos | 50.000 | *Patrimônio Líquido* | |
| Imóvel | 200.000 | Capital Social | 300.000 |
| Total | 370.000 | Total | 370.000 |

Alterações:
O Banco Brasileiro passou de $ 118.000 para $ 28.000.
Mercadorias para Revenda passou de 0 para $ 90.000.

O registro desse evento permite introduzir o princípio mais discutido na ciência contábil, que é o *princípio do custo como base de valor*, bem como o *princípio da realização da receita*. Um dos objetivos da empresa é a obtenção de lucros na venda de produtos e serviços para manter sua continuidade no mercado. Caso seja uma empresa comercial, ela compra mercadorias pelo custo e as revende por um preço maior, o preço de venda, como é o caso de nosso exemplo. Assim, temos dois preços básicos para os produtos a serem revendidos:[4]

a) o preço de custo, que é o preço pago ao fornecedor;

b) o preço de venda, que é o preço que será obtido na venda ao cliente.

Já afirmamos que o objetivo do sistema de informação contábil é apurar o lucro para medir o retorno do investimento. Isso só é possível se a contabilidade primeiro registrar o custo de um bem, para depois apurar o lucro, quando de sua venda. O valor do custo de aquisição é um valor objetivamente identificável, pois há uma documentação, um pagamento ou uma promessa de pagamento.

---

[4] Não fizemos essa distinção no evento de compra de Imóvel, Móveis e Equipamentos, porque esses bens não são comprados com a intenção de serem revendidos, mas de mantê-los indefinidamente na empresa para permitir as suas operações.

Contudo, o preço de venda não é passível de ser determinado *objetivamente* (sem nenhuma dúvida) no momento da aquisição e, sim, apenas no momento da venda. Vejamos na empresa de nosso exemplo: quando há a aquisição de um veículo, sabe-se o valor exato de sua compra. Contudo, apesar de existir um preço de venda no mercado, este é estimado e não é conhecido com exatidão no momento da sua compra. Isso quer dizer que não é recomendável apurar o lucro de um carro para revenda quando o compramos; só saberemos o valor exato da venda quando acontecer esse evento. Enquanto isso, mesmo que se tenha uma ideia de e por quanto ele pode ser vendido, isso é apenas uma suposição.

O princípio da realização da receita diz que esta só pode ser considerada realizada quando:

a) tivermos um valor objetivo acerca de seu preço;

b) todos os esforços de produção e venda já tiverem sido efetuados;

c) há condições de avaliar objetivamente as despesas incorridas relativas ao produto que está sendo vendido.

Desse modo, quando da aquisição de mercadorias para revenda, os princípios contábeis a serem adotados são:

a) o princípio do custo como base de valor, com o fim de contabilizar o valor do estoque das mercadorias para revenda quando elas forem adquiridas;

b) o princípio da realização da receita, com o objetivo de contabilizar a receita somente no momento adequado de sua transferência ao cliente – o momento da venda – para apurar o lucro obtido em cada venda.

No caso de empresas industriais e empresas prestadoras de serviços, o conceito de custo de aquisição é substituído pelo conceito de custo de produção. O custo de produção também equivale ao registro de todos os gastos para produzir um bem ou serviço pelo *preço de custo*, enquanto este não for vendido.

A contabilização de mercadorias para revenda pelo custo é fundamental para apurar o resultado (lucro ou prejuízo) das operações. Se, ao adquirir as mercadorias, a contabilidade já as registrasse pelo seu preço de venda, além de estarmos antecipando um resultado, este não seria real, visto o lucro efetivo ser conhecido apenas quando a venda é realizada.

**Evento Econômico 6** – Aquisição de mais um veículo para revenda, por $ 27.000, a prazo, para pagamento daí a 30 dias.

| Balanço Patrimonial após Evento 5 | | | |
|---|---|---|---|
| **Ativo** | **$** | **Passivo** | **$** |
| *Bens e Direitos* | | *Obrigações* | |
| Caixa | 2.000 | Empréstimo | 70.000 |
| Banco Brasileiro | 28.000 | | |
| Mercadorias para Revenda | 90.000 | | |
| Móveis e Equipamentos | 50.000 | *Patrimônio Líquido* | |
| Imóvel | 200.000 | Capital Social | 300.000 |
| Total | 370.000 | Total | 370.000 |

| Balanço Patrimonial após Evento 6 | | | |
|---|---|---|---|
| **Ativo** | **$** | **Passivo** | **$** |
| *Bens e Direitos* | | *Obrigações* | |
| Caixa | 2.000 | Empréstimo | 70.000 |
| Banco Brasileiro | 28.000 | Fornecedores de Veículos | 27.000 |
| Mercadorias para Revenda | 117.000 | | |
| Móveis e Equipamentos | 50.000 | *Patrimônio Líquido* | |
| Imóvel | 200.000 | Capital Social | 300.000 |
| Total | 397.000 | Total | 397.000 |

Alterações:
Mercadorias para Revenda passou de $ 90.000 para $ 117.000.
Fornecedores de Veículos passou de 0 para $ 27.000.

**Evento Econômico 7** – Aplicação Financeira com parte do saldo bancário no valor de $ 25.000.

| Balanço Patrimonial após Evento 6 | | | |
|---|---|---|---|
| **Ativo** | **$** | **Passivo** | **$** |
| *Bens e Direitos* | | *Obrigações* | |
| Caixa | 2.000 | Empréstimo | 70.000 |
| Banco Brasileiro | 28.000 | Fornecedores de Veículos | 27.000 |
| Mercadorias para Revenda | 117.000 | | |
| Móveis e Equipamentos | 50.000 | *Patrimônio Líquido* | |
| Imóvel | 200.000 | Capital Social | 300.000 |
| Total | 397.000 | Total | 397.000 |

(continua)

**Evento Econômico 7** – Aplicação Financeira com parte do saldo bancário no valor de $ 25.000. (continuação)

| Balanço Patrimonial após Evento 7 | | | |
|---|---|---|---|
| Ativo | $ | Passivo | $ |
| *Bens e Direitos* | | *Obrigações* | |
| Caixa | 2.000 | Empréstimo | 70.000 |
| Banco Brasileiro | 3.000 | Fornecedores de Veículos | 27.000 |
| Aplicação Financeira | 25.000 | | |
| Mercadorias para Revenda | 117.000 | | |
| Móveis e Equipamentos | 50.000 | *Patrimônio Líquido* | |
| Imóvel | 200.000 | Capital Social | 300.000 |
| Total | 397.000 | Total | 397.000 |

Alterações:
O Banco Brasileiro passou de $ 28.000 para $ 3.000.
Aplicação Financeira passou de 0 para $ 25.000.

**Evento Econômico 8** – Venda à vista de um carro (adquirido por $ 20.000) por $ 22.000 em dinheiro.

| Balanço Patrimonial após Evento 7 | | | |
|---|---|---|---|
| Ativo | $ | Passivo | $ |
| *Bens e Direitos* | | *Obrigações* | |
| Caixa | 2.000 | Empréstimo | 70.000 |
| Banco Brasileiro | 3.000 | Fornecedores de Veículos | 27.000 |
| Aplicação Financeira | 25.000 | | |
| Mercadorias para Revenda | 117.000 | | |
| Móveis e Equipamentos | 50.000 | *Patrimônio Líquido* | |
| Imóvel | 200.000 | Capital Social | 300.000 |
| Total | 397.000 | Total | 397.000 |

| Balanço Patrimonial após Evento 8 | | | |
|---|---|---|---|
| Ativo | $ | Passivo | $ |
| *Bens e Direitos* | | *Obrigações* | |
| Caixa | 24.000 | Empréstimo | 70.000 |
| Banco Brasileiro | 3.000 | Fornecedores de Veículos | 27.000 |
| Aplicação Financeira | 25.000 | | |
| Mercadorias para Revenda | 97.000 | | |
| Móveis e Equipamentos | 50.000 | *Patrimônio Líquido* | |
| Imóvel | 200.000 | Capital Social | 300.000 |
| | | Lucro | 2.000 |
| Total | 399.000 | Total | 399.000 |

Alterações:
O Caixa passou de $ 2.000 para $ 24.000.
Mercadorias para Revenda passou de $ 117.000 para $ 97.000.
O Patrimônio Líquido passou de $ 300.000 para $ 302.000, com a criação da conta Lucro.

Podemos dizer que esse é o evento mais importante de uma entidade com fins lucrativos. É o evento econômico razão de ser de sua existência, com a entrega do produto, mercadoria ou serviço com o qual se propôs a trabalhar, obtendo um lucro pelo seu trabalho, que lhe permite continuar suas atividades. Esse evento tem as seguintes características significativas:

a) Dentre os eventos até agora apresentados, é o primeiro em que não há uma simples troca, compensação ou modificação de elementos patrimoniais, pois envolve um resultado (ganho ou perda). No exemplo mencionado, um ganho, um lucro na venda da mercadoria;

b) Introduz a mensuração do resultado (lucro ou prejuízo) no balanço patrimonial, completando a finalidade dessa demonstração contábil. Assim, o balanço patrimonial evidencia os bens, os direitos e as obrigações e, no patrimônio líquido, além do capital social, evidencia os lucros obtidos até o momento nas operações da empresa;

c) Deixa claro que o patrimônio líquido tem dois elementos patrimoniais constitutivos básicos: o capital social, que representa os recursos dos proprietários para ativar o empreendimento, e os lucros obtidos para remunerar o capital que, por serem de direito dos proprietários, apresentam, no mesmo grupo, o patrimônio líquido, a riqueza efetiva dos proprietários.

**Evento Econômico 9** – Venda a prazo de um carro (adquirido por $ 40.000) por $ 45.000, para ser recebido dentro de 30 dias, com emissão de uma promissória pelo cliente.

| Balanço Patrimonial após Evento 8 | | | |
|---|---|---|---|
| Ativo | $ | Passivo | $ |
| *Bens e Direitos* | | *Obrigações* | |
| Caixa | 24.000 | Empréstimo | 70.000 |
| Banco Brasileiro | 3.000 | Fornecedores de Veículos | 27.000 |
| Aplicação Financeira | 25.000 | | |
| Mercadorias para Revenda | 97.000 | *Patrimônio Líquido* | |
| Móveis e Equipamentos | 50.000 | Capital Social | 300.000 |
| Imóvel | 200.000 | Lucro | 2.000 |
| Total | 399.000 | Total | 399.000 |

(continua)

**Evento Econômico 9** – Venda a prazo de um carro (adquirido por $ 40.000) por $ 45.000, para ser recebido dentro de 30 dias, com emissão de uma promissória pelo cliente. (continuação)

| Balanço Patrimonial após Evento 9 | | | |
|---|---|---|---|
| Ativo | $ | Passivo | $ |
| *Bens e Direitos* | | *Obrigações* | |
| Caixa | 24.000 | Empréstimo | 70.000 |
| Banco Brasileiro | 3.000 | Fornecedores de Veículos | 27.000 |
| Aplicação Financeira | 25.000 | | |
| Promissória a Receber | 45.000 | | |
| Mercadorias para Revenda | 57.000 | *Patrimônio Líquido* | |
| Móveis e Equipamentos | 50.000 | Capital Social | 300.000 |
| Imóvel | 200.000 | Lucros Acumulados | 7.000 |
| Total | 404.000 | Total | 404.000 |

Alterações:
Promissória a Receber passou de 0 para $ 45.000.
Mercadorias para Revenda passou de $ 97.000 para $ 57.000.
O Patrimônio Líquido passou de $ 300.000 para $ 307.000, com a alteração da conta Lucro de $ 2.000 para $ 7.000, que passa agora a ser denominada Lucros Acumulados.

Esse evento é importante também por permitir introduzir mais um princípio contábil fundamental, que denominamos *regime de competência de exercícios*, que difere por completo do denominado *regime de caixa*. A contabilidade, desde os seus primórdios, adotou o regime de competência de exercícios,[5] em oposição ao regime de caixa, para apurar os lucros de uma entidade.

Essa escolha de regime decorre da existência de dois momentos que podem ser identificados, associados aos eventos econômicos: o momento econômico e o momento financeiro.

O *momento econômico* caracteriza o momento da geração do evento, o momento de sua ocorrência, e o *momento financeiro* caracteriza o momento em que a operação é efetivada financeiramente. Em uma compra a prazo, o momento econômico corresponde ao momento de receber o material e o momento financeiro, ao momento em que a compra é paga. Já em uma compra à vista,

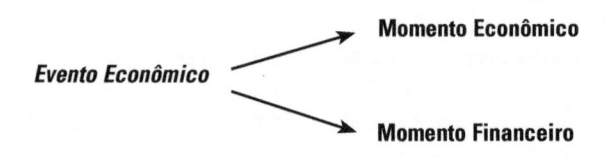

*Evento Econômico* → **Momento Econômico**
→ **Momento Financeiro**

---

[5] Para a contabilidade financeira e legal, exercício significa um ano de atividades da empresa, ano este que pode ou não coincidir com o exercício civil. Para fins gerenciais estende-se o conceito de exercício para o período mensal.

tanto o momento econômico quanto o momento financeiro são realizados em um único instante ou data.

Em uma venda à vista, ambos os momentos são executados no mesmo instante; já em uma venda a prazo, o momento econômico corresponde à entrega da mercadoria, do bem ou do serviço ao cliente, e o momento financeiro ocorre quando o valor é efetivamente recebido.

O princípio contábil do regime de competência de exercícios diz que:

- as receitas devem ser registradas (contabilizadas) quando ocorrem, independentemente da data de seu recebimento;
- as despesas devem ser registradas quando são incorridas, independentemente da data de seu pagamento.

No exemplo do Evento Econômico 9, o lucro na venda a prazo já está sendo computado como riqueza dos proprietários (regime de competência), mas o valor da venda não foi recebido, porque a empresa está de posse de uma promissória. Nesse evento, a empresa trocou um bem por um direito, uma promessa de pagamento.

O regime de competência engloba dois princípios:

a) o princípio da realização da receita (apresentado pelo Evento Econômico 5);
b) o princípio da confrontação das despesas com as receitas.

O princípio da confrontação das despesas e das receitas diz que todos os gastos relacionados diretamente com uma receita (que contribuíram para a existência da mercadoria, bem ou serviço) devem ser registrados como despesa no mesmo momento do reconhecimento da receita. O objetivo, mais uma vez, é apurar o lucro de cada receita individualizada.

**Evento Econômico 10** – Pagamento de despesas em dinheiro, sendo $ 2.010 de impostos sobre vendas, $ 1.340 de comissão a vendedores e $ 1.150 de despesas administrativas, totalizando $ 4.500.

| Balanço Patrimonial após Evento 9 | | | |
|---|---|---|---|
| Ativo | $ | Passivo | $ |
| *Bens e Direitos* | | *Obrigações* | |
| Caixa | 24.000 | Empréstimo | 70.000 |
| Banco Brasileiro | 3.000 | Fornecedores de Veículos | 27.000 |
| Aplicação Financeira | 25.000 | | |
| Promissória a Receber | 45.000 | | |
| Mercadorias para Revenda | 57.000 | *Patrimônio Líquido* | |
| Móveis e Equipamentos | 50.000 | Capital Social | 300.000 |
| Imóvel | 200.000 | Lucros Acumulados | 7.000 |
| Total | 404.000 | Total | 404.000 |

(continua)

**Evento Econômico 10** – Pagamento de despesas em dinheiro, sendo $ 2.010 de impostos sobre vendas, $ 1.340 de comissão a vendedores e $ 1.150 de despesas administrativas, totalizando $ 4.500. (continuação)

| Balanço Patrimonial após Evento 10 | | | |
|---|---|---|---|
| Ativo | $ | Passivo | $ |
| *Bens e Direitos* | | *Obrigações* | |
| Caixa | 19.500 | Empréstimo | 70.000 |
| Banco Brasileiro | 3.000 | Fornecedores de Veículos | 27.000 |
| Aplicação Financeira | 25.000 | | |
| Promissória a Receber | 45.000 | | |
| Mercadorias para Revenda | 57.000 | *Patrimônio Líquido* | |
| Móveis e Equipamentos | 50.000 | Capital Social | 300.000 |
| Imóvel | 200.000 | Lucros Acumulados | 2.500 |
| Total | 399.500 | Total | 399.500 |
| Alterações: O Caixa passou de $ 24.000 para $ 19.500. Lucros Acumulados passou de $ 7.000 para $ 2.500. | | | |

As despesas são redutoras do lucro e, consequentemente, do patrimônio líquido. Nesse exemplo, todas foram pagas à vista, e a redução do caixa teve, como correspondência, a redução de lucros acumulados.

**Evento Econômico 11** – Receita financeira da Aplicação Financeira, incorporada ao principal, no valor de $ 250.

| Balanço Patrimonial após Evento 10 | | | |
|---|---|---|---|
| Ativo | $ | Passivo | $ |
| *Bens e Direitos* | | *Obrigações* | |
| Caixa | 19.500 | Empréstimo | 70.000 |
| Banco Brasileiro | 3.000 | Fornecedores de Veículos | 27.000 |
| Aplicação Financeira | 25.000 | | |
| Promissória a Receber | 45.000 | | |
| Mercadorias para Revenda | 57.000 | *Patrimônio Líquido* | |
| Móveis e Equipamentos | 50.000 | Capital Social | 300.000 |
| Imóvel | 200.000 | Lucros Acumulados | 2.500 |
| Total | 399.500 | Total | 399.500 |

(continua)

**Evento Econômico 11** – Receita financeira da Aplicação Financeira, incorporada ao principal, no valor de $ 250. (continuação)

| Balanço Patrimonial após Evento 11 | | | |
|---|---:|---|---:|
| **Ativo** | **$** | **Passivo** | **$** |
| *Bens e Direitos* | | *Obrigações* | |
| Caixa | 19.500 | Empréstimo | 70.000 |
| Banco Brasileiro | 3.000 | Fornecedores de Veículos | 27.000 |
| Aplicação Financeira | 25.250 | | |
| Promissória a Receber | 45.000 | | |
| Mercadorias para Revenda | 57.000 | *Patrimônio Líquido* | |
| Móveis e Equipamentos | 50.000 | Capital Social | 300.000 |
| Imóvel | 200.000 | Lucros Acumulados | 2.750 |
| Total | 399.750 | Total | 399.750 |

Alterações:
Aplicação Financeira passou de $ 25.000 para $ 25.250.
Lucros Acumulados passou de $ 2.500 para $ 2.750.

Esse evento mostra um ganho classificado como financeiro; também permite mostrar mais uma vez o regime de competência de exercícios, uma vez que a receita está sendo considerada como lucro e no valor da aplicação financeira, ou seja, no momento do crédito (momento econômico), mesmo que ainda não tenha sido resgatada (momento financeiro). É importante ressaltar que esse lucro financeiro já é um lucro certo, pois uma aplicação financeira é um contrato legal, e o rendimento já está previsto no contrato.

**Evento Econômico 12** – Apropriação de juros sobre os empréstimos ao final do mês, sem pagamento, no valor de $ 770.

| Balanço Patrimonial após Evento 11 | | | |
|---|---:|---|---:|
| **Ativo** | **$** | **Passivo** | **$** |
| *Bens e Direitos* | | *Obrigações* | |
| Caixa | 19.500 | Empréstimo | 70.000 |
| Banco Brasileiro | 3.000 | Fornecedores de Veículos | 27.000 |
| Aplicação Financeira | 25.250 | | |
| Promissória a Receber | 45.000 | | |
| Mercadorias para Revenda | 57.000 | *Patrimônio Líquido* | |
| Móveis e Equipamentos | 50.000 | Capital Social | 300.000 |
| Imóvel | 200.000 | Lucros Acumulados | 2.750 |
| Total | 399.750 | Total | 399.750 |

(continua)

**Evento Econômico 12** – Apropriação de juros sobre os empréstimos ao final do mês, sem pagamento, no valor de $ 770. (continuação)

| Balanço Patrimonial após Evento 12 | | | |
|---|---|---|---|
| Ativo | $ | Passivo | $ |
| *Bens e Direitos* | | *Obrigações* | |
| Caixa | 19.500 | Empréstimo | 70.770 |
| Banco Brasileiro | 3.000 | Fornecedores de Veículos | 27.000 |
| Aplicação Financeira | 25.250 | | |
| Promissória a Receber | 45.000 | | |
| Mercadorias para Revenda | 57.000 | *Patrimônio Líquido* | |
| Móveis e Equipamentos | 50.000 | Capital Social | 300.000 |
| Imóvel | 200.000 | Lucros Acumulados | 1.980 |
| Total | 399.750 | Total | 399.750 |

Alterações:
O Empréstimo passou de $ 70.000 para $ 70.770.
Lucros Acumulados passou de $ 2.750 para $ 1.980.

Os juros que acrescem ao principal são despesas financeiras e, portanto, reduzem o patrimônio líquido na conta Lucros Acumulados. Mesmo não tendo sido pagos no momento, os juros aumentam a dívida e devem ser reconhecidos na contabilidade no momento da competência, e não no momento do pagamento.

**Evento Econômico 13** – Pagamento de Imposto de Renda sobre o lucro no valor de $ 475 em dinheiro.

| Balanço Patrimonial após Evento 12 | | | |
|---|---|---|---|
| Ativo | $ | Passivo | $ |
| *Bens e Direitos* | | *Obrigações* | |
| Caixa | 19.500 | Empréstimo | 70.770 |
| Banco Brasileiro | 3.000 | Fornecedores de Veículos | 27.000 |
| Aplicação Financeira | 25.250 | | |
| Promissória a Receber | 45.000 | | |
| Mercadorias para Revenda | 57.000 | *Patrimônio Líquido* | |
| Móveis e Equipamentos | 50.000 | Capital Social | 300.000 |
| Imóvel | 200.000 | Lucros Acumulados | 1.980 |
| Total | 399.750 | Total | 399.750 |

(continua)

**Evento Econômico 13** – Pagamento de Imposto de Renda sobre o lucro no valor de $ 475 em dinheiro. (continuação)

| Balanço Patrimonial após Evento 13 ||||
|---|---|---|---|
| Ativo | $ | Passivo | $ |
| *Bens e Direitos* | | *Obrigações* | |
| Caixa | 19.025 | Empréstimo | 70.770 |
| Banco Brasileiro | 3.000 | Fornecedores de Veículos | 27.000 |
| Aplicação Financeira | 25.250 | | |
| Promissória a Receber | 45.000 | | |
| Mercadorias para Revenda | 57.000 | *Patrimônio Líquido* | |
| Móveis e Equipamentos | 50.000 | Capital Social | 300.000 |
| Imóvel | 200.000 | Lucros Acumulados | 1.505 |
| Total | 399.275 | Total | 399.275 |

Alterações:
O Caixa passou de $ 19.500 para $ 19.025.
Lucros Acumulados passou de $ 1.980 para $ 1.505.

O pagamento de impostos sobre o lucro é uma despesa, reduzindo também o patrimônio líquido.

Esse painel primário da contabilização dos principais eventos econômicos de uma empresa deixa clara a importância do balanço patrimonial como a demonstração contábil fundamental de uma entidade. O passivo deixa claras as fontes de capital que a empresa utilizou para investir e movimentar suas operações. Nosso exemplo constata que a empresa obteve recursos próprios dos proprietários de $ 300.000, tomou emprestados do banco $ 70.770 (os juros não pagos são considerados acréscimo do empréstimo) e obteve um financiamento temporário de fornecedores de veículos no valor de $ 27.000.

As operações geraram um lucro líquido de $ 1.505, que é outra informação fundamental evidenciada pelo balanço patrimonial. O lucro também representa uma fonte de recursos; dessa maneira, podemos afirmar as quatro grandes fontes de recursos de que se vale uma empresa para financiar e movimentar suas operações:

- Captação de recursos dos proprietários, sócios ou acionistas, com a entrada desses recursos como capital social, o qual é considerado fonte de recursos próprios, uma vez que não se exige retorno e, juridicamente, os detentores do capital são donos do empreendimento;

- Obtenção de lucros nas operações e retenção na empresa (não distribuição), considerados também como recursos próprios, pois são de propriedade dos sócios ou dos acionistas e, a qualquer momento, podem ser retirados da empresa e devolvidos a eles;

- Captação de recursos junto às instituições financeiras (empréstimos ou financiamentos), onerados com custo financeiro (juros, prêmios, variações cambiais etc.) e considerados recursos de terceiros, pois esses credores devem ser reembolsados do valor emprestado mais os encargos financeiros e, juridicamente, não são donos do empreendimento;
- Obtenção de financiamento temporário, para as compras e contas feitas a prazo, por meio dos fornecedores de bens e serviços e de impostos, sem encargos financeiros, denominado fontes de funcionamento e caracterizado também como recursos de terceiros, pois há exigibilidade de pagamento dentro do prazo contratado.

O balanço patrimonial evidencia, no ativo, onde o dinheiro obtido está aplicado. No nosso exemplo, consideramos os valores de Caixa, Saldo Bancário, Aplicação Financeira, Promissórias a Receber e Mercadorias para Revenda como investimentos no capital de giro, uma vez que essas contas deixam claro que são decorrentes e/ou necessárias para ativar o dia a dia da empresa.

As demais contas do ativo, Móveis, Equipamentos e Imóveis, representam os investimentos em ativo fixo, uma vez que a empresa não pretende desfazer-se deles, sendo necessário "fixá-los" para utilização como base das operações.

## 3.9 Apuração do lucro ou prejuízo: a quantificação do ganho ou perda

O balanço patrimonial deixa claro na conta *Lucros Acumulados*[6] o quanto a empresa ganhou no período. Em outras palavras, a quantificação do resultado (ganho ou perda, lucro ou prejuízo) já é evidenciada no balanço patrimonial, dentro do patrimônio líquido. Em teoria (não considerando entradas ou saídas de capital social nem retirada de lucros), o valor do lucro de um período é determinado pela seguinte fórmula:

> **Lucro do Período = Patrimônio Líquido Final (−) Patrimônio Líquido Inicial**

Abreviando temos:

$L = PLf\ (-)\ PLi$

---

[6] O nome mais adequado e técnico é lucros ou prejuízos acumulados, pois uma empresa não tem necessariamente ganhos (lucros) sempre, podendo ter perdas (prejuízos).

Com os dados do nosso exemplo, podemos verificar o lucro do período:

|  | $ |
|---|---|
| PL Final (do Evento Econômico 13) | 301.505 |
| PL Inicial (do Evento Econômico 1) | (300.000) |
| Lucro do Período | 1.505 |

Essa é uma informação de vital importância, já que qualquer empresário deseja saber quanto rendeu seu capital, para comparar o ganho desse investimento com os ganhos de outros tipos de investimentos, sejam estes seus ou de outras pessoas.

No nosso exemplo, supondo que os eventos de 1 a 13 correspondem ao período de um mês, a rentabilidade do capital no mês seria apurada da seguinte maneira:

$$\text{Rentabilidade do Investimento} = \frac{\text{Lucro do Período}}{\text{Capital Investido}}$$

Para fins contábeis e financeiros, *o capital investido é representado pelo patrimônio líquido inicial*, representado em nosso exemplo pelo valor da integralização inicial do capital social. Assim temos:

$$\text{Rentabilidade do Investimento} = \frac{\$\ 1.505}{\$\ 300.000} = 0,5\%$$

Isso significa que, nesse mês, o capital investido em tal empresa rendeu 0,5%. Se compararmos com o rendimento da caderneta de poupança, verificamos que o rendimento obtido não pode ser considerado alto, já que a caderneta de poupança representa a rentabilidade mínima que se pode obter em nosso país, e, consequentemente, empresas que têm maior risco devem render mais.

## 3.10 Demonstração de resultados: a evidenciação de como se ganhou ou perdeu

A informação da quantificação do resultado, contudo, é insuficiente para a gestão empresarial; tão importante quanto saber o *quanto* se ganhou é ter informações de *como* se ganhou. É necessário, para acompanhar as atividades empresariais, ter informações que identifiquem a geração do resultado (a geração do lucro ou prejuízo).

O resultado das atividades é gerado de uma grande variedade de eventos econômicos, cada um com seu processo de geração de ganho ou perda. É preciso identificar todos os tipos relevantes de eventos econômicos que produzem resultados e classificá-los de acordo com a sua natureza, para possibilitar a análise dos resultados e, consequentemente, do processo de planejamento das ações futuras.

Diante disso, a contabilidade desenvolveu um sistema de informação que permite identificar e acumular as principais fontes de resultados, classificando-as nas principais receitas e despesas. Fundamentalmente, o sistema contábil, para demonstrar a qualidade do resultado obtido, separa as informações da conta Lucros Acumulados em diversas contas de despesas e receitas, em vez do procedimento de aglutinação que foi feito no exemplo desenvolvido até agora. As premissas para estruturar tal sistema de informação são as seguintes:

a) Um ganho ou perda decorrente de um evento econômico insere-se entre um balanço inicial e um balanço final, antes e depois desse evento econômico;

b) As perdas ou os ganhos são elementos que, respectivamente, reduzem ou aumentam o patrimônio líquido inicial e, consequentemente, fazem parte dele;

c) A aglutinação de receitas e despesas de todos os tipos em uma única conta (Lucros Acumulados) não permite analisar como o resultado foi gerado;

d) É fundamental separar as receitas das despesas, também as separando por sua natureza;

e) Não é viável, em linhas gerais, tanto em termos de custo como de qualidade informacional, o levantamento de um balanço final após cada evento econômico (balanços sucessivos), uma vez que as empresas possuem, todos os dias, centenas ou milhares de eventos econômicos;

f) É fundamental acompanhar o resultado por períodos (mensal, trimestral e anual).

Dessa maneira, o sistema desenvolvido para estruturar a demonstração de resultados de um período tem as seguintes características:

a) Mantém-se o valor do *patrimônio líquido inicial do período* sem ser afetado pelos eventos econômicos que provoquem resultados até o final do período desejado;[7]

---

[7] É importante ressaltar que, na realidade, o patrimônio líquido é afetado em cada evento econômico, no instante de seu acontecimento. Esse processo de acumulação de informações apenas "retarda" a evidenciação no patrimônio líquido inicial, deixando para informar apenas no final do período.

b) Abrem-se contas de despesas e receitas para receber os eventos dessa natureza, acumulando os dados para o período em questão;

c) Após a elaboração da demonstração de resultados do período, encerram-se as contas representativas dos valores das despesas e receitas daquele período, para iniciar um novo ciclo de apuração de resultados para o próximo período;

d) Incorpora-se ao patrimônio líquido inicial o valor do lucro ou do prejuízo obtido no procedimento anterior, obtendo-se o patrimônio líquido final.

A seguir, apresentaremos novamente todos os eventos econômicos que afetaram o valor do patrimônio líquido de nosso exemplo; começaremos pelo Evento 8, pois os eventos anteriores não afetaram o patrimônio líquido, mas apenas os bens, direitos e obrigações.

Nesse novo sistema, deixaremos a conta *Lucros Acumulados* com valor zero até o final do período, e todos os dados de receitas e despesas que havíamos reconhecido nela serão apresentados em contas distintas, separadas por sua natureza. As contas de despesas ficarão à esquerda, junto com o ativo, e as contas de receitas ficarão à direita, junto com o passivo.

O motivo da alocação das contas de despesas junto com o ativo é porque as *despesas representam investimentos consumidos*. As receitas são alocadas à direita junto com o passivo *porque representam recursos gerados*. Portanto, seguem a mesma lógica do passivo e do ativo como fontes e aplicações de recursos.

**Evento Econômico 8** – Venda à vista de um carro (adquirido por $ 20.000) por $ 22.000, em dinheiro.

| Balanço Patrimonial após Evento 8: Modelo Anterior ||||
|---|---|---|---|
| Ativo | $ | Passivo | $ |
| *Bens e Direitos* | | *Obrigações* | |
| Caixa | 24.000 | Empréstimo | 70.000 |
| Banco Brasileiro | 3.000 | Fornecedores de Veículos | 27.000 |
| Aplicação Financeira | 25.000 | | |
| Mercadorias para Revenda | 97.000 | *Patrimônio Líquido* | |
| Móveis e Equipamentos | 50.000 | Capital Social | 300.000 |
| Imóvel | 200.000 | Lucro | 2.000 |
| Total | 399.000 | Total | 399.000 |

(continua)

**Evento Econômico 8** – Venda à vista de um carro (adquirido por $ 20.000) por $ 22.000, em dinheiro. (continuação)

| Balanço Patrimonial após Evento 8: Novo Modelo | | | |
|---|---|---|---|
| **Ativo** | **$** | **Passivo** | **$** |
| *Bens e Direitos* | | *Obrigações* | |
| Caixa | 24.000 | Empréstimo | 70.000 |
| Banco Brasileiro | 3.000 | Fornecedores de Veículos | 27.000 |
| Aplicação Financeira | 25.000 | | |
| Mercadorias para Revenda | 97.000 | *Patrimônio Líquido* | |
| Móveis e Equipamentos | 50.000 | Capital Social | 300.000 |
| Imóvel | 200.000 | Lucro | 0 |
| Total | 399.000 | Total | 397.000 |
| **Despesas** | **$** | **Receitas** | **$** |
| Custo das Mercadorias Vendidas | 20.000 | Valor da Venda | 22.000 |
| Total | 20.000 | Total | 22.000 |
| Total Geral (Ativo + Despesas) | 419.000 | Total Geral (Passivo + Receitas) | 419.000 |

Há um grande avanço na quantidade e na qualidade das informações; reforçando as características no novo sistema:

a) a conta Lucro/Lucros Acumulados no Patrimônio Líquido fica com o saldo do início do período (no nosso exemplo, por ser uma empresa iniciante, o saldo era zero);

b) a abertura do grupo de despesas separado das receitas melhora sensivelmente as informações para a análise;

c) o valor efetivo do Passivo é: Passivo (+) Receitas (–) Despesas, igualando-se ao valor do Ativo.

O evento em questão ilustra muito bem as vantagens do sistema. No modelo antigo sabíamos que a empresa teve um ganho de $ 2.000, mas o balanço patrimonial não demonstrava como esse valor tinha sido gerado. No novo modelo, sabemos que houve uma venda de $ 22.000 e um custo da venda no valor de $ 20.000 decorrente do estoque de Mercadorias para Revenda.

Como informação adicional desse evento, podemos verificar qual foi a margem de lucro bruto na venda do veículo:

|  | $ |
|---|---:|
| Valor da Venda | 22.000 |
| (−) Custo da Venda | (20.000) |
| (=) Lucro na Venda | 2.000 |

A margem de lucro obtida na venda foi de 9,09% ($ 2.000/$ 22.000).

## 3.11 Equação de trabalho

O novo sistema de informação para estruturar a demonstração dos resultados gera uma nova equação de equilíbrio contábil denominada *equação contábil de trabalho*. Partimos da equação de equilíbrio patrimonial, que é:

**Bens + Direitos = Obrigações + Patrimônio Líquido**

Como o patrimônio líquido será agora apenas o inicial, sendo que suas alterações ficarão no grupo de despesas e receitas, a equação de trabalho fica assim:

**Bens + Direitos + Despesas = Obrigações + Patrimônio Líquido Inicial + Receitas**

Pode-se também expressar da seguinte forma a *equação contábil de trabalho*:

**Ativo + Despesas = Passivo + Receitas**

Demonstraremos, a seguir, pelo novo sistema, todos os demais eventos econômicos que geraram perdas ou ganhos.

**Evento Econômico 9** – Venda a prazo de um carro (adquirido por $ 40.000) por $ 45.000, para ser recebido dentro de 30 dias, com emissão de uma promissória pelo cliente.

| Balanço Patrimonial após Evento 9: Modelo Anterior ||||
|---|---:|---|---:|
| **Ativo** | **$** | **Passivo** | **$** |
| *Bens e Direitos* | | *Obrigações* | |
| Caixa | 24.000 | Empréstimo | 70.000 |
| Banco Brasileiro | 3.000 | Fornecedores de Veículos | 27.000 |
| Aplicação Financeira | 25.000 | | |
| Promissória a Receber | 45.000 | | |
| Mercadorias para Revenda | 57.000 | *Patrimônio Líquido* | |
| Móveis e Equipamentos | 50.000 | Capital Social | 300.000 |
| Imóvel | 200.000 | Lucros Acumulados | 7.000 |
| Total | 404.000 | Total | 404.000 |

(continua)

**Evento Econômico 9** – Venda a prazo de um carro (adquirido por $ 40.000) por $ 45.000, para ser recebido dentro de 30 dias, com emissão de uma promissória pelo cliente. (continuação)

| Balanço Patrimonial após Evento 9: Novo Modelo | | | |
|---|---|---|---|
| **Ativo** | **$** | **Passivo** | **$** |
| *Bens e Direitos* | | *Obrigações* | |
| Caixa | 24.000 | Empréstimo | 70.000 |
| Banco Brasileiro | 3.000 | Fornecedores de Veículos | 27.000 |
| Aplicação Financeira | 25.000 | | |
| Promissória a Receber | 45.000 | | |
| Mercadorias para Revenda | 57.000 | *Patrimônio Líquido* | |
| Móveis e Equipamentos | 50.000 | Capital Social | 300.000 |
| Imóvel | 200.000 | Lucros Acumulados | 0 |
| Total | 404.000 | Total | 397.000 |
| **Despesas** | **$** | **Receitas** | **$** |
| Custo das Mercadorias Vendidas | 60.000 | Valor das Vendas | 67.000 |
| Total | 60.000 | Total | 67.000 |
| Total Geral (Ativo + Despesas) | 464.000 | Total Geral (Passivo + Receitas) | 464.000 |

O Evento 9 é similar ao 8. Pelo novo modelo, verificou-se que se acumularam os dados do valor das duas vendas, bem como os do custo das duas, e que o lucro total, obtido até agora com a venda de mercadorias, é igual a $ 7.000.

**Evento Econômico 10** – Pagamento de despesas em dinheiro, sendo $ 2.010 de impostos sobre vendas, $ 1.340 de comissões a vendedores e $ 1.150 de despesas administrativas, totalizando $ 4.500.

| Balanço Patrimonial após Evento 10: Modelo Anterior | | | |
|---|---|---|---|
| **Ativo** | **$** | **Passivo** | **$** |
| *Bens e Direitos* | | *Obrigações* | |
| Caixa | 19.500 | Empréstimo | 70.000 |
| Banco Brasileiro | 3.000 | Fornecedores de Veículos | 27.000 |
| Aplicação Financeira | 25.000 | | |
| Promissória a Receber | 45.000 | | |
| Mercadorias para Revenda | 57.000 | *Patrimônio Líquido* | |
| Móveis e Equipamentos | 50.000 | Capital Social | 300.000 |
| Imóvel | 200.000 | Lucros Acumulados | 2.500 |
| Total | 399.500 | Total | 399.500 |

(continua)

**Evento Econômico 10** – Pagamento de despesas em dinheiro, sendo $ 2.010 de impostos sobre vendas, $ 1.340 de comissões a vendedores e $ 1.150 de despesas administrativas, totalizando $ 4.500. (continuação)

| Balanço Patrimonial após Evento 10: Novo Modelo | | | |
|---|---|---|---|
| Ativo | $ | Passivo | $ |
| *Bens e Direitos* | | *Obrigações* | |
| Caixa | 19.500 | Empréstimo | 70.000 |
| Banco Brasileiro | 3.000 | Fornecedores de Veículos | 27.000 |
| Aplicação Financeira | 25.000 | | |
| Promissória a Receber | 45.000 | | |
| Mercadorias para Revenda | 57.000 | *Patrimônio Líquido* | |
| Móveis e Equipamentos | 50.000 | Capital Social | 300.000 |
| Imóvel | 200.000 | Lucros Acumulados | 0 |
| Total | 399.500 | Total | 397.000 |

| Despesas | $ | Receitas | $ |
|---|---|---|---|
| Custo das Mercadorias Vendidas | 60.000 | Valor das Vendas | 67.000 |
| Impostos sobre Vendas | 2.010 | | |
| Comissões de Vendas | 1.340 | | |
| Despesas Administrativas | 1.150 | | |
| Total | 64.500 | Total | 67.000 |
| Total Geral (Ativo + Despesas) | 464.000 | Total Geral (Passivo + Receitas) | 464.000 |

Enfatizando mais uma vez, o novo modelo mantém a conta Lucros Acumulados no Passivo com seu saldo inicial, que é zero. Todas as alterações do patrimônio líquido que configurarão no resultado desse período são apresentadas a seguir, nos grupos Despesas e Receitas, classificadas segundo sua natureza. A qualidade informacional do novo modelo é substancialmente superior à do modelo anterior.

Para saber o resultado acumulado do período, basta confrontar o total das Receitas ($ 67.000) com o total das Despesas ($ 64.500), obtendo-se o valor do resultado do período, no caso, $ 2.500. Esse valor, somado ao total do Passivo, equaliza o balanço, por ser igual ao valor do total do Ativo.

**Evento Econômico 11** – Receita financeira da Aplicação Financeira, incorporada ao principal, no valor de $ 250.

| Balanço Patrimonial após Evento 11: Modelo Anterior | | | |
|---|---|---|---|
| Ativo | $ | Passivo | $ |
| *Bens e Direitos* | | *Obrigações* | |
| Caixa | 19.500 | Empréstimo | 70.000 |
| Banco Brasileiro | 3.000 | Fornecedores de Veículos | 27.000 |
| Aplicação Financeira | 25.250 | | |
| Promissória a Receber | 45.000 | | |
| Mercadorias para Revenda | 57.000 | *Patrimônio Líquido* | |
| Móveis e Equipamentos | 50.000 | Capital Social | 300.000 |
| Imóvel | 200.000 | Lucros Acumulados | 2.750 |
| Total | 399.750 | Total | 399.750 |

| Balanço Patrimonial após Evento 11: Novo Modelo | | | |
|---|---|---|---|
| Ativo | $ | Passivo | $ |
| *Bens e Direitos* | | *Obrigações* | |
| Caixa | 19.500 | Empréstimo | 70.000 |
| Banco Brasileiro | 3.000 | Fornecedores de Veículos | 27.000 |
| Aplicação Financeira | 25.250 | | |
| Promissória a Receber | 45.000 | | |
| Mercadorias para Revenda | 57.000 | *Patrimônio Líquido* | |
| Móveis e Equipamentos | 50.000 | Capital Social | 300.000 |
| Imóvel | 200.000 | Lucros Acumulados | 0 |
| Total | 399.750 | Total | 397.000 |

| Despesas | $ | Receitas | $ |
|---|---|---|---|
| Custo das Mercadorias Vendidas | 60.000 | Valor das Vendas | 67.000 |
| Impostos sobre Vendas | 2.010 | Receita Financeira | 250 |
| Comissões de Vendas | 1.340 | | |
| Despesas Administrativas | 1.150 | | |
| Total | 64.500 | Total | 67.250 |
| Total Geral (Ativo + Despesas) | 464.250 | Total Geral (Passivo + Receitas) | 464.250 |

**Evento Econômico 12** – Apropriação de juros sobre os empréstimos ao final do mês, sem pagamento, no valor de $ 770.

| Balanço Patrimonial após Evento 12: Modelo Anterior | | | |
|---|---|---|---|
| Ativo | $ | Passivo | $ |
| *Bens e Direitos* | | *Obrigações* | |
| Caixa | 19.500 | Empréstimo | 70.770 |
| Banco Brasileiro | 3.000 | Fornecedores de Veículos | 27.000 |
| Aplicação Financeira | 25.250 | | |
| Promissória a Receber | 45.000 | | |
| Mercadorias para Revenda | 57.000 | *Patrimônio Líquido* | |
| Móveis e Equipamentos | 50.000 | Capital Social | 300.000 |
| Imóvel | 200.000 | Lucros Acumulados | 1.980 |
| Total | 399.750 | Total | 399.750 |

| Balanço Patrimonial após Evento 12: Novo Modelo | | | |
|---|---|---|---|
| Ativo | $ | Passivo | $ |
| *Bens e Direitos* | | *Obrigações* | |
| Caixa | 19.500 | Empréstimo | 70.770 |
| Banco Brasileiro | 3.000 | Fornecedores de Veículos | 27.000 |
| Aplicação Financeira | 25.250 | | |
| Promissórias a Receber | 45.000 | | |
| Mercadorias para Revenda | 57.000 | *Patrimônio Líquido* | |
| Móveis e Equipamentos | 50.000 | Capital Social | 300.000 |
| Imóvel | 200.000 | Lucros Acumulados | 0 |
| Total | 399.750 | Total | 397.770 |

| Despesas | $ | Receitas | $ |
|---|---|---|---|
| Custo das Mercadorias Vendidas | 60.000 | Valor das Vendas | 67.000 |
| Impostos sobre Vendas | 2.010 | Receita Financeira | 250 |
| Comissões de Vendas | 1.340 | | |
| Despesas Administrativas | 1.150 | | |
| Despesa Financeira | 770 | | |
| Total | 65.270 | Total | 67.250 |
| Total Geral (Ativo + Despesas) | 465.020 | Total Geral (Passivo + Receitas) | 465.020 |

**Evento Econômico 13** – Pagamento de Imposto de Renda sobre o lucro no valor de $ 475, em dinheiro.

### Balanço Patrimonial após Evento 13: Modelo Anterior

| Ativo | $ | Passivo | $ |
|---|---|---|---|
| *Bens e Direitos* | | *Obrigações* | |
| Caixa | 19.025 | Empréstimo | 70.770 |
| Banco Brasileiro | 3.000 | Fornecedores de Veículos | 27.000 |
| Aplicação Financeira | 25.250 | | |
| Promissória a Receber | 45.000 | | |
| Mercadorias para Revenda | 57.000 | *Patrimônio Líquido* | |
| Móveis e Equipamentos | 50.000 | Capital Social | 300.000 |
| Imóvel | 200.000 | Lucros Acumulados | 1.505 |
| Total | 399.275 | Total | 399.275 |

### Balanço Patrimonial após Evento 13: Novo Modelo

| Ativo | $ | Passivo | $ |
|---|---|---|---|
| *Bens e Direitos* | | *Obrigações* | |
| Caixa | 19.025 | Empréstimo | 70.770 |
| Banco Brasileiro | 3.000 | Fornecedores de Veículos | 27.000 |
| Aplicação Financeira | 25.250 | | |
| Promissória a Receber | 45.000 | | |
| Mercadorias para Revenda | 57.000 | *Patrimônio Líquido* | |
| Móveis e Equipamentos | 50.000 | Capital Social | 300.000 |
| Imóvel | 200.000 | Lucros Acumulados | 0 |
| Total | 399.275 | Total | 397.770 |

| Despesas | $ | Receitas | $ |
|---|---|---|---|
| Custo das Mercadorias Vendidas | 60.000 | Valor das Vendas | 67.000 |
| Impostos sobre Vendas | 2.010 | Receita Financeira | 250 |
| Comissões de Vendas | 1.340 | | |
| Despesas Administrativas | 1.150 | | |
| Despesa Financeira | 770 | | |
| Impostos sobre o Lucro | 475 | | |
| Total | 65.745 | Total | 67.250 |
| Total Geral (Ativo + Despesas) | 465.020 | Total Geral (Passivo + Receitas) | 465.020 |

Depois de encerrado o período desejado, confronta-se o total das receitas e despesas e apura-se o lucro ou prejuízo do período. Em nosso exemplo:

|  | $ |
|---|---|
| Total das Receitas | 67.250 |
| (–) Total das Despesas | (65.745) |
| Resultado do período (Lucro) | 1.505 |

O passo seguinte é preparar o sistema para apurar o resultado do próximo período. Para que não se misturem receitas e despesas de períodos diferentes, o sistema de informação contábil zera todos os saldos das contas de Despesas e Receitas, transferindo, agora, o valor líquido para o balanço patrimonial, cuja conta apropriada é Lucros Acumulados, conforme demonstrado a seguir:

| Balanço Patrimonial após Evento 13: Novo Modelo ||||
|---|---|---|---|
| **Ativo** | **$** | **Passivo** | **$** |
| *Bens e Direitos* | | *Obrigações* | |
| Caixa | 19.025 | Empréstimo | 70.770 |
| Banco Brasileiro | 3.000 | Fornecedores de Veículos | 27.000 |
| Aplicação Financeira | 25.250 | | |
| Promissória a Receber | 45.000 | | |
| Mercadorias para Revenda | 57.000 | *Patrimônio Líquido* | |
| Móveis e Equipamentos | 50.000 | Capital Social | 300.000 |
| Imóvel | 200.000 | *Lucros Acumulados* | 1.505 ← |
| Total | 399.275 | Total | 399.275 |

| **Despesas** | **$** | **Receitas** | **$** |
|---|---|---|---|
| Custo das Mercadorias Vendidas | 0 | Valor das Vendas | 0 |
| Impostos sobre Vendas | 0 | Receita Financeira | 0 |
| Comissões de Vendas | 0 | | |
| Despesas Administrativas | 0 | | |
| Despesa Financeira | 0 | | |
| Impostos sobre o Lucro | 0 | | |
| Total | 0 | Total | 0 |
| Total Geral (Ativo + Despesas) | 399.275 | Total Geral (Passivo + Receitas) | 399.275 |

No encerramento do período, os dois modelos de acumulação de informações contábeis ficam idênticos, e o líquido resultante fica evidenciado no balanço patrimonial junto com o capital social, no grupo patrimônio líquido.

## 3.12 Demonstração de resultados

Com os dados obtidos nas contas de Despesas e Receitas, podemos estruturar uma demonstração de resultados, identificando e classificando os elementos formadores do lucro empresarial. Em nosso exemplo, considerando que foram operações de um mês, a demonstração de resultados deve explicitar a que período se refere.

Supondo que tenha sido o ano X1 e que o mês tenha sido janeiro, os resultados referem-se então ao período de 01.01.X1 a 31.01.X1. Consequentemente, o balanço patrimonial inicial é de 01.01.X1 (ou 31.12.X0) e o balanço patrimonial final é de 31.01.X1:

| Demonstração dos Resultados: Período de 01.01.X1 a 31.01.X1 | |
|---|---:|
| Vendas Brutas (Valor com Impostos) | 67.000 |
| (–) Impostos sobre Vendas | (2.010) |
| = Vendas Líquidas (Valor sem Impostos) | 64.990 |
| (–) Custo das Mercadorias Vendidas | (60.000) |
| = Lucro Bruto na Venda de Mercadorias | 4.990 |
| (–) Despesas Operacionais | |
| Comissões de Venda | (1.340) |
| Despesas Administrativas | (1.150) |
| Soma | (2.490) |
| = Lucro Operacional | 2.500 |
| (+) Receitas Financeiras | 250 |
| (–) Despesas Financeiras | (770) |
| = Lucro antes dos Impostos sobre o Lucro | 1.980 |
| (–) Impostos sobre o Lucro | (475) |
| = Lucro Líquido depois dos Impostos | 1.505 |

O formato apresentado permite identificar as principais atividades geradoras de lucro de uma empresa:

a) o *lucro bruto* obtido na compra e venda de mercadorias, que é a diferença entre o valor das vendas das mercadorias e os impostos incidentes sobre elas (IPI, ICMS, PIS, Cofins, ISS),[8] deduzidos dos custos de aquisição das mesmas mercadorias vendidas;

---

[8] Respectivamente, Imposto sobre Produtos Industrializados, Imposto sobre Circulação de Mercadorias e Serviços, contribuição ao Programa de Integração Social, Contribuição ao Financiamento da Seguridade Social e Imposto sobre Serviços.

b) o *lucro operacional*, que compreende o lucro básico das operações da empresa (comprar, produzir, vender), diminuindo do lucro bruto os gastos com os setores administrativos e comerciais;

c) os *resultados financeiros*, que devem ser segregados dos resultados operacionais, já que tais resultados financeiros têm uma administração distinta das operações (nem todas as empresas têm empréstimos, nem todas as empresas têm sobras de caixa para aplicações);

d) o *resultado final*, denominado lucro ou prejuízo líquido, após os impostos sobre o lucro.

## 3.13 Distribuição de lucros

Os investidores nas empresas esperam um retorno do investimento; o retorno é o lucro. Em linhas gerais, o lucro obtido tem as seguintes destinações:

a) retorna aos investidores, sócios ou acionistas como lucros distribuídos ou dividendos;

b) fica retido na empresa, na conta Lucros Acumulados, para eventual distribuição no futuro;

c) fica retido e capitalizado na empresa, transferindo-se para a conta de Capital Social.

O objetivo da retenção de lucros é o mesmo da integralização de capital, ou seja, supõe-se que o reinvestimento de lucros possibilitará maiores lucros no futuro, permitindo que a empresa deixe de financiar parte das necessidades de investimentos com capital de terceiros. O Evento 14 mostra como fica o balanço patrimonial após a distribuição parcial de lucros.

**Evento Econômico 14** – Distribuição de lucros aos sócios, no valor de $ 1.200 em dinheiro.

| Balanço Patrimonial após Evento 13 | | | |
|---|---|---|---|
| Ativo | $ | Passivo | $ |
| *Bens e Direitos* | | *Obrigações* | |
| Caixa | 19.025 | Empréstimo | 70.770 |
| Banco Brasileiro | 3.000 | Fornecedores de Veículos | 27.000 |
| Aplicação Financeira | 25.250 | | |
| Promissória a Receber | 45.000 | | |
| Mercadorias para Revenda | 57.000 | *Patrimônio Líquido* | |
| Móveis e Equipamentos | 50.000 | Capital Social | 300.000 |
| Imóvel | 200.000 | *Lucros Acumulados* | 1.505 |
| Total | 399.275 | Total | 399.275 |

(continua)

**Evento Econômico 14** – Distribuição de lucros aos sócios, no valor de $ 1.200 em dinheiro. (continuação)

| Balanço Patrimonial após Evento 14 | | | |
|---|---:|---|---:|
| Ativo | $ | Passivo | $ |
| *Bens e Direitos* | | *Obrigações* | |
| Caixa | 17.825 | Empréstimo | 70.770 |
| Banco Brasileiro | 3.000 | Fornecedores de Veículos | 27.000 |
| Aplicação Financeira | 25.250 | | |
| Promissória a Receber | 45.000 | | |
| Mercadorias para Revenda | 57.000 | *Patrimônio Líquido* | |
| Móveis e Equipamentos | 50.000 | Capital Social | 300.000 |
| Imóvel | 200.000 | Lucros Acumulados | 305 |
| Total | 398.075 | Total | 398.075 |

Alterações:
O Caixa passou de $ 19.025 para $ 17.825.
Lucros Acumulados passou de $ 1.505 para $ 305.

O aspecto mais importante do evento de distribuição de lucros é que a redução do valor da conta Lucros Acumulados não é uma despesa, mesmo que diminua o valor total do patrimônio líquido, visto representar simplesmente o retorno do investimento aos proprietários da empresa.

> *A distribuição de lucros, mesmo reduzindo o valor do patrimônio líquido, não é uma despesa, pois não significa consumo de recursos, e sim retorno de rendimentos aos investidores.*

## 3.14 Introdução ao conceito de reservas

Fundamentalmente, o lucro pode ter quatro destinações:

a) Ser distribuído aos proprietários (sócios ou acionistas), que é a situação mais comum;
b) Ser mantido na conta de Lucros ou Prejuízos Acumulados;
c) Ser transferido para uma conta de Reserva de Lucro;
d) Ser transferido para a conta de Capital Social, evento este que é denominado capitalização dos lucros.

O objetivo de mantê-lo na conta Lucros ou Prejuízos Acumulados é para fazer distribuição posterior de lucros aos proprietários (se houver saldo de lucros acumulados) ou para absorver lucros futuros (se houver prejuízo acumulado). O objetivo de transferir lucros acumulados para uma conta de Reserva de Lucro é para não distribuir imediatamente parte dos lucros na premissa de posterior capitalização. O objetivo de transferi-los para Capital Social é reforçar o valor dos proprietários na estrutura de capital da empresa para fazer face a possíveis novos investimentos e evitar parcialmente a captação de novos empréstimos ou financiamentos.

Vamos ilustrar esse tipo com o Evento 15, supondo a transferência de $ 250 para Reserva de Lucro.

**Evento Econômico 15** – Transferência de $ 250 de Lucros Acumulados para Reserva de Lucro

| Balanço Patrimonial após Evento 14 | | | |
|---|---|---|---|
| Ativo | $ | Passivo | $ |
| *Bens e Direitos* | | *Obrigações* | |
| Caixa | 17.825 | Empréstimo | 70.770 |
| Banco Brasileiro | 3.000 | Fornecedores de Veículos | 27.000 |
| Aplicação Financeira | 25.250 | | |
| Promissória a Receber | 45.000 | | |
| Mercadorias para Revenda | 57.000 | *Patrimônio Líquido* | |
| Móveis e Equipamentos | 50.000 | Capital Social | 300.000 |
| Imóvel | 200.000 | Lucros Acumulados | 305 |
| Total | 398.075 | Total | 398.075 |

**Evento Econômico 15** – Transferência de $ 250 de Lucros Acumulados para Reserva de Lucro

| Balanço Patrimonial após Evento 15 | | | |
|---|---|---|---|
| Ativo | $ | Passivo | $ |
| *Bens e Direitos* | | *Obrigações* | |
| Caixa | 17.825 | Empréstimo | 70.770 |
| Banco Brasileiro | 3.000 | Fornecedores de Veículos | 27.000 |
| Aplicação Financeira | 25.250 | | |
| Promissória a Receber | 45.000 | | |
| Mercadorias para Revenda | 57.000 | *Patrimônio Líquido* | |
| Móveis e Equipamentos | 50.000 | Capital Social | 300.000 |
| Imóvel | 200.000 | Reserva de Lucro | 250 |
| | | Lucros Acumulados | 55 |
| Total | 398.075 | Total | 398.075 |

Alterações:
Reserva de Lucro passou de 0 para $ 250.
Lucros Acumulados passou de $ 305 para $ 55.

As reservas são destaques e componentes do patrimônio líquido. A legislação brasileira prevê também reservas de capital, basicamente constituídas por ágio na integralização de capital. Até 31 de dezembro de 2007 a legislação permitia reservas de reavaliação, resultante da contrapartida de reavaliação dos imobilizados por laudo de avaliação. As empresas que ainda as têm podem mantê-las até a sua extinção.

## 3.15 Demonstração dos lucros ou prejuízos acumulados

Os Eventos 14 e 15 permitem introduzir a terceira demonstração contábil básica, que é a demonstração dos lucros ou prejuízos acumulados.

O objetivo dessa demonstração é evidenciar a movimentação da riqueza obtida. Enquanto a demonstração dos resultados evidencia como o lucro foi gerado, a demonstração dos lucros ou prejuízos acumulados tem por finalidade mostrar a destinação dos lucros obtidos.

**Demonstração dos Lucros ou Prejuízos Acumulados: Período de 01.01.X1 a 31.01.X1**

| | |
|---|---|
| Saldo Inicial em 01.01.X1 de Lucros Acumulados | 0 |
| (+) Lucro Líquido do Período | 1.505 |
| (–) Lucros Distribuídos | (1.200) |
| (–) Lucros Transferidos para Reserva de Lucro | (250) |
| (–) Lucros Transferidos para Capital Social | 0 |
| Saldo Final em 31.01.X1 de Lucros Acumulados | 55 |

# Apêndices

## 1. Princípios fundamentais de contabilidade

Conforme vimos nos capítulos introdutórios, à medida que as necessidades de controle foram surgindo, a contabilidade foi criando instrumentos para o registro de todos os fatos que afetam o patrimônio de uma entidade. Em alguns momentos da história da contabilidade surgiram dúvidas quanto ao melhor critério para registrar determinadas transações. Diante disso, os primeiros contadores precisaram fazer algumas opções que acabaram sendo adotadas pelos demais colegas, fixando-se como regras que passaram a ser seguidas e aceitas por todos. Essas regras básicas adotadas foram denominadas princípios contábeis e, hoje, formam o arcabouço teórico que sustenta toda a contabilidade. Os princípios fundamentais de contabilidade dizem respeito, portanto, às regras em que se assenta toda a estrutura teórica para a escrituração e a análise contábil.

Tendo em vista a complexidade do tema, não é objetivo central deste livro aprofundar-se no estudo de cada princípio. Desse modo, faremos uma abordagem sucinta, procurando evidenciar, de forma prática, como os princípios devem ser utilizados pelo contador.[9]

Essa estrutura teórica pode ser assim ilustrada:

| Convenções | Objetividade | Materialidade | Consistência | Conservadorismo | Convenções |
|---|---|---|---|---|---|
| Princípios | Custo Histórico | Denominador Comum Monetário | Realização de Receita | Confrontação da Despesa | Essência sobre a Forma | Princípios |
| Postulados | Entidade Contábil | | Continuidade | | Postulados |

**Figura 3.1** O edifício contábil.

## Postulados

Postulados são os elementos vitais, elementos básicos, em que se estruturou toda a contabilidade atual; são as condições *sine qua non* para o desenvolvimento da contabilidade. São dois os postulados:

- *Entidade:* a contabilidade de uma entidade (empresa, pessoa, entidade filantrópica) não pode ser confundida com a contabilidade dos membros que a possuem. Em outras palavras, a escrituração de uma empresa tem de ser completamente dissociada da escrituração de seus proprietários.

---

[9] O Comitê de Pronunciamentos Contábeis – CPC, órgão hoje responsável pela emissão das normas contábeis brasileiras, emitiu o Pronunciamento Contábil CPC 00 – Pronunciamento Conceitual Básico (R1) – Estrutura Conceitual para Elaboração e Divulgação de Relatório Contábil-Financeiro, no qual constam os conceitos básicos para estruturação das demonstrações contábeis.

- *Continuidade:* a empresa deve ser avaliada e, por conseguinte, ser escriturada, na suposição de que a entidade nunca será extinta; os ativos dessa empresa serão avaliados partindo desse pressuposto. Desse modo, se uma empresa estiver sendo encerrada, isto é, se estiver terminando suas atividades empresariais, os critérios de avaliação de seus ativos serão diferentes. Tal postulado existe para possibilitar também a apuração de resultados periódicos.

## Princípios

A contabilidade é uma ciência de caráter essencialmente prático. Ao longo dos anos, diversos critérios foram desenvolvidos, diversas opções foram efetuadas, tentando-se normalizar e chegar a uma melhor forma de controlar o patrimônio de uma entidade. Assim, os princípios são a exteriorização de critérios aceitos pela maioria dos contadores.

### Denominador comum monetário

Esse princípio diz que a contabilidade deve ser feita em uma única moeda e que todos os itens devem ser avaliados por ela. Assim, uma dívida contraída originariamente em dólares será controlada em dólares, mas na escrituração comercial será expressa em reais. Se a empresa tem uma obra de arte no seu ativo, recebida em doação, por exemplo, para figurar na sua contabilidade, ela deverá avaliar essa obra em reais.

### Competência de exercícios

Esse princípio é aplicado na contabilização das receitas e despesas; ele é, na realidade, a expressão conjunta dos dois princípios que normalizam o resultado, os quais são:

a) princípio da realização da receita;

b) princípio da confrontação das despesas com as receitas.

Tendo em vista que a necessidade de compreendê-la é vital para o perfeito entendimento das peças contábeis, faremos uma explicação mais detalhada, incorporando exemplos de conteúdo prático.

Podemos dizer que, para uma despesa ou receita, existem dois momentos em que se poderia processar a contabilização dos fatos, envolvendo tais elementos patrimoniais:

I. Momento econômico (de sua ocorrência ou geração);

II. Momento financeiro (de sua efetivação financeira, por meio do pagamento ou recebimento).

Exemplificando, vamos imaginar que a despesa com o salário de dezembro/X1 foi paga em janeiro/X2. Assim, quando devemos contabilizar a despesa de salário como despesa (como redutora do patrimônio líquido)?

a) no momento de sua geração, no momento econômico, ou seja, no mês de dezembro/X1;

ou

b) no momento de seu pagamento, no momento financeiro, ou seja, no mês de janeiro/X2?

Quando houve a necessidade de optar por um dos dois momentos, os contadores decidiram que as despesas (e as receitas) deveriam ser contabilizadas **quando ocorressem**, ou seja, no momento econômico de sua geração, e não quando fossem pagas (ou recebidas, no caso das receitas). Essa decisão se tornou o princípio da competência de exercícios, que diz: "As despesas e receitas devem ser contabilizadas como tais no momento de sua ocorrência, independentemente de seu pagamento ou recebimento".

## Conceito de exercício contábil

Entendemos na contabilidade que um exercício contábil é o período de um ano no qual se faz a apuração do resultado. Não necessariamente, o exercício contábil de um ano tem de coincidir com o ano civil, mas tal exercício deve ter 12 meses; o início e o fim do exercício contábil serão determinados pela empresa.

É importante ressaltar que a legislação comercial e fiscal exige, no mínimo, um balanço patrimonial no encerramento de cada exercício contábil, acompanhado da demonstração dos resultados do último exercício.

Assim, as despesas e as receitas devem ser contabilizadas no ano em que forem geradas, mesmo que pagas ou recebidas no mesmo ano ou em anos posteriores ou até anteriores, se for o caso.

## Extensão do conceito de exercício – Regime de competência mensal

Apesar de obrigatoriamente termos de elaborar demonstrativos contábeis apenas no fim de cada ano (de cada exercício contábil), a necessidade de informação contábil para fins de controle patrimonial faz que as boas empresas elaborem tais demonstrações pelo menos em períodos mensais. Assim, devem ser feitos todos os meses a demonstração de resultados do último mês, o acúmulo obtido até esse mês e o balanço patrimonial resultante ao final de cada mês.

Dessa forma, o conceito de competência de exercício é subdividido em 12 períodos, e faz-se o uso do conceito de ocorrência, aplicando-o a cada mês. É claro que, se para uma empresa não há essa necessidade de resultados mensais – e ela entende serem suficientes os resultados trimestrais –, isso também poderá ser efetuado, mas cremos que hoje o período de apuração mensal é o mínimo ideal a ser observado.

Tomemos outro exemplo, agora de receita e de aplicação do conceito de competência em nível mensal: há vendas efetuadas em março/X1 a serem recebidas em junho/X1. A receita de vendas deverá ser contabilizada no mês da emissão da nota e da respectiva saída da mercadoria, no mês de março/X1, mesmo que o recebimento da duplicata se concretize alguns meses depois, no caso em junho/X1.

A adoção do regime de competência foi imposta pela necessidade de a contabilidade controlar os direitos e obrigações; assim, os valores a receber no ativo significam vendas de bens ou serviços a prazo. Os valores a pagar no passivo representam as compras de bens ou serviços ou despesas a prazo.

## *Realização da receita*

Esse princípio diz quando devemos considerar a receita como realizada ou efetuada. Muitos teóricos admitiam que deveríamos considerar a receita de um produto no momento em que tivéssemos terminado de produzi-lo; mas a maioria dos contadores não aceita essa teoria. Devemos então considerar a receita da venda de um produto apenas no momento em que ele for entregue ao cliente, já com um preço estipulado. O momento de realização da receita poderá ser determinado verificando-se algumas condições básicas:

- avaliação de mercado objetiva para o preço do produto;
- realização de todos os esforços de produção;
- condições de avaliar as despesas relativas ao produto que está sendo vendido.

Existem algumas variações no conceito tradicional de realização da receita, mas que acabam por se incluir dentro da regra geral. É o caso da contabilização de resultados de contratos de longo prazo, em que o valor da receita é contabilizado à medida que o produto vai sendo fabricado, isto é, conforme o estágio de produção. Um exemplo desse tipo de contabilização é a fabricação de navios. O fato de a empresa fabricante ter um contrato, formal, iniciando a fabricação somente com a assinatura desse contrato faz que tenhamos um preço objetivo para essa produção. Também os esforços de cada fase de produção estão sendo despendidos e nada será perdido, podendo a construção até ser concluída por outro estaleiro. Igualmente, o custo de cada fase de produção é conhecido.

Outro exemplo de variação na contabilização da receita é o caso de pecuária de maturação longa, como a criação de bovinos. À medida que vai havendo a engorda do rebanho, poderemos contabilizar a receita proporcional. Normalmente, a receita é calculada em função dos anos de vida do rebanho; a cada ano que passa, vai-se lançando a receita incremental do ano que passou, que é a engorda do ano.

### Confrontação das despesas com as receitas

Esse princípio diz que as receitas realizadas no período devem ser confrontadas, no mesmo período, com as despesas que as geraram, isto é, para apurar o resultado de um período deverão ser consideradas as receitas realizadas diminuídas das despesas que foram sacrificadas para que tais receitas fossem obtidas.

### Custo como base de valor

Esse princípio diz que as aquisições de ativos deverão ser contabilizadas pelo seu valor histórico, bem como pelo seu valor de compra ou aquisição. Tal princípio tem hoje no Brasil uma continuação, pois temos admitido o custo histórico corrigido como parte desse custo como base de valor, quando a inflação acumulada dos três últimos exercícios superar 100%. Esse princípio tem uma restrição: quando, em uma aquisição, o valor do custo for superior ao valor de venda ou de mercado, então deveremos avaliar esse ativo pelo de mercado. Assim, na prática, fala-se desse princípio como "custo ou mercado menor".

### Exemplo: Mercadorias em estoque

Esse conceito é bastante importante para entendermos a conta Mercadorias em Estoque. Entendemos por mercadorias em estoque os bens que a empresa adquire com a finalidade básica de posteriormente revendê-los e obter lucro com essa prática. É a transação que dá substância a uma empresa comercial.

O princípio de custo como base de valor diz que os bens adquiridos devem ser registrados pelo preço de compra (preço de aquisição), o que significa *preço de custo*. Assim, quando compramos uma mercadoria por $ 100 para depois revendê-la, devemos lançá-la na contabilidade tendo por base esse valor de aquisição, mesmo sabendo que se *deve* vendê-la *depois* por, digamos, aproximadamente $ 250. Isso significa que, apesar de se ter uma ideia de que o valor de venda é de $ 250, *enquanto a mercadoria não for vendida*, temos de manter o seu valor na conta Mercadorias a *preço de custo*.

Quando ocorrer a venda e a mercadoria não estiver mais em estoque, a baixa da conta Mercadorias em Estoque será também dada pelo preço de custo, lançando a contrapartida como despesa; o valor de venda será lançado em uma conta de Receita. A diferença entre os valores da receita de vendas e a despesa de custo da mercadoria saída do estoque (custo da mercadoria vendida) significa o lucro bruto na venda de mercadorias.

## Custo de aquisição

O custo de aquisição, no sentido contábil mais amplo, compreende o custo da compra bem como as despesas para disponibilizar o bem ou serviço na empresa e os impostos não recuperáveis, sendo esse custo deduzido dos impostos recuperáveis, se houver.

## Essência sobre a forma

Esse princípio é bastante relacionado com os aspectos legais e fiscais que levam a determinadas interpretações sobre alguns eventos. Para a contabilidade, deve prevalecer a natureza econômica do evento a ser registrado (o seu impacto patrimonial), não a forma com que está legalmente apresentado. Um dos exemplos mais marcantes é o *leasing* financeiro, cuja forma é a despesa com aluguel, mas, na essência, corresponde a uma compra de ativo permanente com financiamento de longo prazo.

## Convenções

As convenções são tidas como restrições aos princípios contábeis; são também consideradas normas de caráter prático que devem ser observadas como guias, facilitando o trabalho do contador. Não são consideradas geradoras de definições de critérios contábeis.

## Objetividade

O contador deve ser objetivo; quando efetuar uma escrituração de um fato, ele precisa alicerçar-se em elementos objetivos, visando tirar do lançamento contábil o máximo possível de subjetividade. O valor deve ter um documento hábil que avalize o lançamento, o objeto deve ser passível de mensuração e o contador não deve imprimir marca pessoal na avaliação do objeto.

## Conservadorismo

Proveniente de uma visão bem antiga acerca do contador, a qual até acabou formalizando nossa imagem, essa convenção diz que, na dúvida, o contador deve optar pela forma mais conservadora de escrituração. Uma regra prática do conservadorismo: na dúvida, lançar todas as despesas sempre que possível; já com a receita, caso haja dúvida, não lançar.

## Materialidade

Essa convenção está associada basicamente à análise do custo/benefício da informação. O contador deve sempre buscar a exatidão numérica do lançamento, desde que o custo dessa exatidão não seja prejudicial à empresa. Os valores grandes e relevantes devem ser analisados com muito mais cuidado do que os valores pequenos, que podem ser tratados de forma mais simples e resumida.

## Consistência ou uniformidade

Tal convenção é tão importante que poderia ser considerada um princípio. Ela diz que, depois que o contador adotou determinado critério de avaliação de um ativo ou passivo, ele deverá adotar esse critério consistentemente ao longo dos anos, devendo aplicá-lo uniformemente no tempo. É possível a mudança de critério adotado desde que esta seja evidenciada em nota explicativa e que não ocorra de forma nitidamente repetitiva.

## Comentários

Os princípios fundamentais de contabilidade fazem parte do arcabouço básico da teoria da contabilidade, sendo os princípios aceitos ainda hoje; nada impede, porém, que venham a ser modificados ao longo do tempo. A contabilidade é uma metodologia extremamente prática, e as necessidades de informações dos diversos usuários da informação contábil podem alterar-se com o passar do tempo. Com isso, poderão ser revistos alguns princípios, assim como poderão ser criados outros e extintos alguns. A nós, contadores, cabe a discussão permanente sobre eles, a verificação de que são atuais e não estão sendo hoje um entrave às modernas necessidades de informações.

## Evidenciação

Um dos requisitos da contabilidade atual é o perfeito entendimento das peças contábeis. Ao expormos o patrimônio e os ganhos do último período nas demonstrações contábeis, é possível que um item ou outro não esteja claro somente por expor um número. Faz-se necessária então uma explicação adicional, que deverá ser dada, ainda que de outra forma.

Basicamente, o processo de evidenciação consubstancia-se em uma peça contábil denominada *notas explicativas*. Nessa peça, todos os itens que necessitam de informação adicional, para serem compreendidos, devem ser evidenciados. Um método muito comum é o de descrever os critérios de avaliação adotados para os principais ativos e passivos, bem como para as principais mudanças nos critérios adotados.

Outras informações necessárias para compreender os relatórios devem fazer parte das notas explicativas, seja para detalhar os números dos relatórios, seja para adicionar qualidade às informações numéricas.

Além das notas explicativas, a empresa deve valer-se de outro relatório para promover a evidenciação. Normalmente, esse relatório é denominado *relatório da administração*; nele devem constar todos os fatos relevantes que influíram nos números apresentados, bem como as condições ambientais em que atuou a empresa no último período. Caso haja fatos relevantes e concretos que decididamente influirão no resultado do ano em curso ou nos próximos anos, estes também deverão ser evidenciados.

## 2. Tipos de sociedades[10]

### Empresas comerciais

O Código Civil Brasileiro (Lei nº 10.406/02) alterou profundamente as disposições sobre as empresas comerciais que antes eram disciplinadas na Parte Primeira do Código Comercial de 1850, a qual foi revogada pelo novo Código Civil, que passou a disciplinar a matéria, criando, inclusive no seu Livro II, um capítulo destinado ao direito de empresa.

Dentro desse capítulo, o Código Civil definiu o que é *sociedade*, ao dispor, em seu artigo 981, que *"celebram contrato de sociedade as pessoas que reciprocamente se obrigam a contribuir, com bens ou serviços, para o exercício de atividade econômica e a partilha, entre si, dos resultados"*.

Os tipos de sociedades, previstos pelo Código Civil e não muito diferentes dos que eram preceituados pelo Código Comercial, são:

1. Sociedade anônima;
2. Sociedade limitada;
3. Outras sociedades:

   a) Sociedade em nome coletivo;

   b) Sociedade em comandita por ações;

   c) Sociedade em conta de participação;

   d) Sociedade em comandita simples.

Além dessas, é prevista pelo Código Civil a sociedade cooperativa.

### *Características das empresas*

1. A forma mais usual de sociedade comercial é a *sociedade limitada*, nova designação dada à antiga sociedade por quotas de responsabilidade limitada.

O artigo 1.052 do Código Civil define a principal característica da sociedade limitada, ao dispor que *"a responsabilidade de cada sócio é restrita ao valor de suas quotas, mas todos respondem solidariamente pela integralização do capital social"*.

---

[10] Desenvolvido pelo advogado Dr. Cyro Galvão do Amaral.

Por ser o tipo mais usual de sociedade comercial, é aquele que tem mais extensa capitulação legal no Código Civil, sendo objeto de um capítulo que compreende os artigos de 1.052 a 1.087.

Algumas características da *sociedade limitada* são:

- atividades reguladas por um *contrato social*;
- seu capital social divide-se em quotas, iguais ou desiguais, cabendo uma ou diversas a cada sócio;
- é administrada por uma ou mais pessoas designadas no contrato social ou em ato separado;
- algumas deliberações devem ser tomadas pelos sócios, em reunião ou assembleia;
- possibilidade de aumento do capital e de sua redução, depois de integralizado, caso haja perdas ou excessos em relação ao objeto da sociedade.

Waldirio Bulgarelli, em sua obra *Sociedades, empresa e estabelecimento* (1980, p. 202), expõe as razões do aparecimento das sociedades de responsabilidade limitada, hoje sociedades limitadas:

> Os motivos que justificaram a criação (como obra racional, e tipo específico pelo legislador alemão) ou o aparecimento (como forma costumeira, e como variante da sociedade anônima no direito inglês) da sociedade de responsabilidade limitada foram basicamente o de atender aos problemas acarretados pelo verdadeiro "vazio" que se criara entre a sociedade anônima (impessoal, e com evidentes dificuldades de constituição e formalidades custosas) e os demais tipos de sociedades, como as coletivas e em comandita (com responsabilidade limitada – ao menos de um tipo de sócio, como na comandita – e com caráter pessoal bastante acentuado). Necessário era que dispusessem os comerciantes de um tipo de sociedade intermédia, para a pequena e média empresa, em que, contando com a responsabilidade limitada e a personalidade jurídica, não tivessem que arcar com os ônus que se impunham às sociedades anônimas, até então o único tipo que conferia esses dois elementos da maior importância.

2. A segunda forma mais usual é a sociedade anônima, disciplinada pela Lei nº 6.404/76 e por algumas modificações posteriores. Um aspecto interessante dessa sociedade é a denominação, uma vez que uma sociedade não pode ser "anônima":

Essa denominação nasceu do fato de serem ao portador as ações que compunham o seu capital. Anônima, portanto, não era a sociedade, mas os sócios que a compunham. Hoje, com a proibição de títulos – ações – ao portador, até os sócios deixaram de ser anônimos. Melhor título seria, portanto, "sociedade por ações".

As características dessa sociedade constam, como foi dito, da Lei nº 6.404/76, e que estabelece em seu artigo 1º: *"A companhia ou sociedade anônima terá o capital dividido em ações, e a responsabilidade dos sócios ou acionistas será limitada ao preço de emissão das ações subscritas ou adquiridas"* e à existência do estatuto social, que definirá:

- sua denominação;
- o objeto social;
- o capital social;
- o número de ações em que se divide o capital social;
- a espécie (ordinária e preferencial), bem como as classes das ações;
- a convocação de assembleias gerais;
- a forma de administrar a sociedade, que competirá ao Conselho de Administração e à Diretoria ou somente à Diretoria;
- a fixação da data do término do exercício social;
- a elaboração das demonstrações financeiras;
- a distribuição de lucros e dividendos.

3. Empresário individual

O novo Código Civil definiu, no artigo 966, como sendo empresário "quem exerce profissionalmente atividade econômica organizada para a produção ou a circulação de bens ou de serviços."

No Parágrafo Único especifica e deixa claro que: "Não se considera empresário quem exerce profissão intelectual, de natureza científica, literária ou artística, ainda com o concurso de auxiliares ou colaboradores, salvo se o exercício da profissão constituir elemento de empresa."

4. EIRELI

A empresa individual de responsabilidade limitada (EIRELI) é aquela constituída por uma única pessoa titular da totalidade do capital social, devidamente integralizado, que não poderá ser inferior a 100 vezes o maior salário-mínimo vigente no país. O titular não responderá com seus bens pessoais pelas dívidas da empresa.

A pessoa natural que constituir empresa individual de responsabilidade limitada somente poderá figurar em uma única empresa dessa modalidade.

Ao nome empresarial deverá ser incluída a expressão "EIRELI" após a firma ou a denominação social da empresa individual de responsabilidade limitada.

A EIRELI também poderá resultar da concentração das quotas de outra modalidade societária num único sócio, independentemente das razões que motivaram tal concentração.

A empresa individual de responsabilidade limitada será regulada, no que couber, pelas normas aplicáveis às sociedades limitadas.

5. Microempreendedor individual – MEI

Microempreendedor individual (MEI) é a pessoa que trabalha por conta própria e que se legaliza como pequeno empresário. Para ser um microempreendedor individual, é necessário faturar no máximo até R$ 60.000,00 por ano e não ter participação em outra empresa como sócio ou titular. O MEI também pode ter um empregado contratado que receba o salário-mínimo ou o piso da categoria.

A Lei Complementar nº 128, de 19 de dezembro de 2008, criou condições especiais para que o trabalhador conhecido como informal possa se tornar um MEI legalizado.

Entre as vantagens oferecidas por essa lei, está o registro no Cadastro Nacional de Pessoas Jurídicas (CNPJ), o que facilita a abertura de conta bancária, o pedido de empréstimos e a emissão de notas fiscais.

Além disso, o MEI será enquadrado no Simples Nacional e ficará isento dos tributos federais (Imposto de Renda, PIS, Cofins, IPI e CSLL). Assim, pagará apenas o valor fixo mensal de R$ 37,20 (comércio ou indústria), R$ 41,20 (prestação de serviços) ou R$ 42,20 (comércio e serviços), que será destinado à Previdência Social e ao ICMS ou ao ISS. Essas quantias serão atualizadas anualmente, de acordo com o salário-mínimo. Com essas contribuições, o microempreendedor individual tem acesso a benefícios como auxílio-maternidade, auxílio-doença, aposentadoria, entre outros.

6. Outros tipos de sociedades menos usuais e disciplinados pelo Código Civil Brasileiro são:

   a) *Sociedade em nome coletivo:* formada exclusivamente por pessoas físicas, respondendo todos os sócios, solidária e ilimitadamente, pelas obrigações sociais previstas no contrato; também a firma social deverá ser prevista no contrato.

   b) *Sociedade em comandita por ações:* a sociedade em comandita por ações terá o capital dividido em ações e será regida pelas normas relativas às companhias ou sociedades anônimas.

   A sociedade poderá comercializar sob firma ou razão social, da qual só farão parte os nomes dos sócios-diretores ou gerentes. Ficam ilimitada e solidariamente responsáveis, nos termos dessa lei, pelas obrigações sociais os que, por seus nomes, figurarem na firma ou razão social.

   O nome da firma deve ser seguido da expressão "comandita por ações", a qual deve figurar por extenso ou abreviadamente.

Apenas o sócio ou o acionista tem qualidade para administrar ou gerir a sociedade, ao ocupar o cargo de diretor ou gerente, responde, subsidiária, mas ilimitada e solidariamente, pelas obrigações da sociedade. Os diretores ou gerentes serão nomeados pelo estatuto da sociedade, sem limitação de tempo, e somente poderão ser destituídos por deliberação de acionistas que representem 2/3, no mínimo, do capital social. O diretor ou gerente que for destituído ou que se exonerar continuará responsável pelas obrigações sociais contraídas sob sua administração.

c) *Sociedade em conta de participação*: nesse tipo de sociedade, a atividade constitutiva do objeto social é exercida unicamente pelo sócio ostensivo, em seu nome e sob sua própria e exclusiva responsabilidade, participando os demais acionistas dos resultados correspondentes.

Obriga-se, perante terceiros tão somente, o sócio ostensivo e, exclusivamente perante este, o sócio participante segundo os termos do contrato social.

A constituição da sociedade em conta de participação independe de qualquer formalidade e pode provar-se por todos os meios de direito.

O contrato social produz efeito somente entre os sócios, e a eventual inscrição de seu instrumento em qualquer registro não *confere personalidade jurídica* à sociedade.

Sem prejuízo do direito de fiscalizar a gestão dos negócios sociais, o sócio participante não pode tomar parte nas relações do sócio ostensivo com terceiros, sob pena de responder solidariamente com este pelas obrigações em que intervier.

A contribuição do sócio participante constitui, com a do sócio ostensivo, patrimônio especial, objeto da conta de participação relativa aos negócios sociais.

A falência do sócio ostensivo acarreta a dissolução da sociedade e a liquidação da respectiva conta, cujo saldo constituirá crédito quirografário.

Falindo o sócio participante, o contrato social fica sujeito às normas que regulam os efeitos da falência nos contratos bilaterais do falido.

Salvo estipulação em contrário, o sócio ostensivo não pode admitir novo sócio sem o consentimento expresso dos demais.

Aplica-se à sociedade em conta de participação, subsidiariamente e no que com ela for compatível, o disposto para a sociedade simples, e a sua liquidação rege-se pelas normas relativas à prestação de contas, na forma da lei processual.

Havendo mais de um sócio ostensivo, as respectivas contas serão prestadas e julgadas no mesmo processo.

d) *Sociedade em comandita simples:* nessa sociedade tomam parte sócios de duas categorias, os comanditados, que são pessoas físicas, responsáveis solidária e ilimitadamente pelas obrigações sociais, e os comanditários, que estão obrigados somente pelo valor de sua quota.

O contrato deve discriminar os comanditados e os comanditários.

Aplicam-se à sociedade em comandita simples as normas da sociedade em nome coletivo, no que forem compatíveis.

Aos comanditados cabem os mesmos direitos e obrigações dos sócios da sociedade em nome coletivo.

Sem prejuízo da faculdade de participar das deliberações da sociedade e de lhe fiscalizar as operações, não pode o comanditário praticar nenhum ato de gestão, nem ter o nome na firma social, sob pena de ficar sujeito às responsabilidades de sócio comanditado.

Pode o comanditário ser constituído procurador da sociedade, para negócio determinado e com poderes especiais.

Somente depois de averbada a modificação do contrato, produz efeito, quanto a terceiros, a diminuição da quota do comanditário, em consequência de ter sido reduzido o capital social, sempre sem prejuízo dos credores preexistentes.

O sócio comanditário não é obrigado à reposição de lucros recebidos de boa-fé e de acordo com o balanço.

Diminuído o capital social por perdas supervenientes, não pode o comanditário receber nenhum lucro, antes de reintegrado aquele.

No caso de morte de sócio comanditário, a sociedade, salvo disposição do contrato, continuará com os seus sucessores, que designarão quem os represente.

Dissolve-se de pleno direito a sociedade:

I – quando ocorrer:
- o vencimento do prazo de duração, salvo se, vencido este e sem oposição de sócio, não entrar a sociedade em liquidação, caso em que se prorrogará por tempo indeterminado;
- o consenso unânime dos sócios;
- a deliberação dos sócios, por maioria absoluta, na sociedade de prazo indeterminado;
- a falta de pluralidade de sócios, não reconstituída no prazo de 180 dias;
- a extinção, na forma da lei, de autorização para funcionar.

II – quando, por mais de 180 dias, perdurar a falta de uma das categorias de sócio.

Na falta de sócio comanditado, os comanditários nomearão administrador provisório para praticar, durante o período referido no inciso II e sem assumir a condição de sócio, os atos de administração.

## Questões e exercícios

1.  Luís da Silva, pessoa física, possui hoje um carro no valor de $ 7.000, uma casa no valor de $ 22.000, uma poupança de $ 1.200 e nenhuma dívida. George Washington, seu amigo, também tem hoje um carro no valor de $ 35.000, um apartamento no valor de $ 75.000, nenhum dinheiro na poupança, um cheque especial negativo de $ 12.000, dívida de $ 26.000 com o carro e outra dívida de $ 45.000 referente ao financiamento do apartamento. Calcule a riqueza líquida de cada um e identifique, em termos contábeis, quem deve ser considerado o dono da maior riqueza.
    Nota: as dívidas de George são consideradas tendo-se, como base, os preços de hoje.

2.  Considerando os dados e a solução do exercício anterior, dois meses depois a situação de Luís continua a mesma, mas George, com a entrada de receitas, conseguiu quitar as parcelas do financiamento do carro no valor de $ 2.000 e do apartamento no valor de $ 2.800. Mantendo os demais valores constantes, calcule a nova riqueza líquida de George e compare-a novamente com a de Luís, identificando quem tem agora a maior riqueza.

3.  Considerando os dados e a solução do Exercício 2, vamos supor que a dívida com o veículo de George tenha sido feita com base em dólares e que a taxa cambial subiu repentinamente 50%, aumentando sua dívida nesse percentual. Calcule a nova riqueza líquida de George.

4.  Dados os elementos patrimoniais apresentados a seguir, coloque:
    (B) se for bem.                 (O) se for obrigação.
    (D) se for direito.             (PL) se for patrimônio líquido.
    ( ) Capital social
    ( ) Duplicatas a receber (clientes)
    ( ) Terrenos
    ( ) Salários a pagar
    ( ) Depósito na poupança

( ) Dinheiro em caixa
( ) Promissórias a receber
( ) Saldo bancário
( ) Móveis

5. Dados os elementos patrimoniais abaixo, use:
   (A) se for ativo.                (P) se for passivo.

   ( ) Promissórias a receber
   ( ) Prédios
   ( ) Aplicação financeira
   ( ) Capital social inicial
   ( ) Promissórias a pagar
   ( ) INSS a recolher
   ( ) Adiantamento em dinheiro de clientes
   ( ) Comissões a pagar
   ( ) Veículos

6. Dados os elementos patrimoniais abaixo, use:
   (A) se for aplicação de recursos.    (F) se for fonte de recursos de terceiros.
   (FP) se for fonte de recursos próprios.

   ( ) Ações de outras empresas
   ( ) Mercadorias em estoque
   ( ) Capital social
   ( ) Imposto a pagar
   ( ) Aplicação financeira
   ( ) Patrimônio líquido
   ( ) Adiantamento em dinheiro a fornecedores
   ( ) Empréstimos
   ( ) Máquinas
   ( ) Cheques a receber

7. Um patrimônio é constituído de:

   | | | | |
   |---|---|---|---|
   | Caixa | – $ 1.000 | Duplicatas a pagar | – $ 4.000 |
   | Bancos | – $ 5.000 | Capital social | – $ 35.000 |
   | Mercadorias | – $ 10.000 | Duplicatas a receber | – $ ? |

Pede-se:

a) Qual o valor das duplicatas a receber?
b) Qual o valor das aplicações de recursos?
c) Qual o valor do patrimônio líquido?
d) Qual o valor do ativo?
e) Qual o valor do passivo?
f) Qual o valor das fontes de recursos?
g) Qual o valor dos bens?
h) Qual o valor dos direitos?
i) Qual o valor das obrigações?
j) Qual o valor das fontes de terceiros?
k) Qual o valor do capital próprio?
l) Qual o valor das fontes de recursos próprios?

8. Uma empresa de serviços iniciou suas atividades com integralização de capital social em dinheiro pelos sócios no valor de $ 10.000. Considere este como o evento econômico número 1. Em seguida, realizou as seguintes transações:

a) Fez, em conta bancária aberta no nome da empresa, um depósito de $ 9.000;
b) Emitiu cheque para pagamento de despesas legais e cartoriais no valor de $ 500;
c) Autorizou uma aplicação financeira no valor de $ 4.000;
d) Adquiriu equipamentos, pagos em cheque, no valor de $ 3.000;
e) Adquiriu, a prazo, materiais para expediente no valor de $ 700, consumidos no mês;
f) Pagou em dinheiro despesas com fretes no valor de $ 200;
g) Ao final do mês, recebeu $ 2.500 por serviços prestados a clientes, sendo $ 2.200 creditados em conta bancária e o restante a prazo;
h) Ao final do mês, pagou em cheque $ 800 por serviços de mão de obra;
i) O banco creditou $ 40 de juros sobre as aplicações financeiras, cujos juros continuaram sendo aplicados.

Pede-se:
a) que se faça o registro de cada evento econômico, levantando um demonstrativo após cada evento, utilizando o modelo que identifica as despesas e receitas fora do patrimônio líquido;

b) que se apure o resultado (lucro ou prejuízo) após o registro de todos os eventos;

c) que se faça o balanço patrimonial final, incorporando o resultado apurado no patrimônio líquido.

9. Com base na tabela Balanço Inicial, faça o registro dos seguintes eventos econômicos, utilizando o conceito de separação de despesas e receitas.

**Balanço Inicial em 01.01.X1**

| Ativo | $ | Passivo | $ |
|---|---|---|---|
| Caixa | 25 | Fornecedores | 80 |
| Bancos | 47 | Empréstimos | 50 |
| Poupança | 115 | Patrimônio Líquido | 217 |
| Mercadorias | 160 | | |
| Total | 347 | Total | 347 |

Fatos de janeiro de X1:

a) Venda de mercadorias a prazo por $ 120 (custo da mercadoria = $ 50);

b) Pagamento, em cheque, de frete em janeiro no valor de $ 20;

c) Venda de mercadoria à vista, em dinheiro, por $ 110 (custo da mercadoria = $ 60);

d) Pagamento de parte dos empréstimos em dinheiro no valor de $ 35;

e) Pagamento da duplicata de fornecedor no valor de $ 30, com antecipação, obtendo desconto de $ 4. Líquido pago em dinheiro no valor de $ 26;

f) Recebimento de duplicata no valor de $ 30 com antecipação, concedendo desconto de $ 2. Líquido creditado em banco no valor de $ 28;

g) Depósito no banco em dinheiro no valor de $ 25;

h) Valor da folha de pagamento do mês de janeiro no valor de $ 27, que será pago em fevereiro.

Pede-se:

a) que se faça novo demonstrativo após cada evento, considerando os elementos de despesas e de receitas separadamente;

b) que se faça a apuração do lucro ou prejuízo após *todos* os fatos, com as contas de despesas e receitas;

c) que se faça o balanço final em 31.01.X1, incorporando o lucro ou prejuízo, obtido no item anterior, ao patrimônio líquido inicial;

d) que se identifiquem os lançamentos, referentes a débito e a crédito, de cada um dos fatos.

10. O balancete de verificação de uma empresa apresentava em 31.12.X1 os saldos das seguintes contas:

| | | |
|---|---|---|
| Bancos | = | $ 1.000 |
| Duplicatas a receber | = | $ 1.970 |
| Capital social | = | $ 10.000 |
| Salários a pagar | = | $ 1.000 |
| Caixa | = | $ 1.500 |
| Mercadorias | = | $ 4.000 |
| Fornecedores | = | $ 470 |
| Prejuízos acumulados | = | $ 2.000 |
| Empréstimos a pagar | = | $ 3.000 |
| Máquinas e equipamentos | = | $ 4.000 |

Os valores do ativo total, do capital de terceiros e do patrimônio líquido, em reais, serão respectivamente:

a) ( ) $ 13.500, $ 10.000 e $ 3.500.
b) ( ) $ 12.500, $ 10.000 e $ 2.500.
c) ( ) $ 12.470, $ 11.000 e $ 1.470.
d) ( ) $ 12.470, $ 4.470 e $ 8.000.
e) ( ) $ 9.000, $ 1.000 e $ 8.000.

# 4
## capítulo

## Modelos e sistemas de controles contábeis

Fundamentalmente, o sistema de informação contábil permite controlar o patrimônio da entidade com a utilização dos seguintes procedimentos:

a) identificação dos eventos econômicos que alteram o seu patrimônio;
b) identificação dos elementos patrimoniais alterados pelo evento econômico;
c) mensuração monetária do evento econômico, do seu todo e de suas partes;
d) registro do impacto de cada evento econômico em contas contábeis, que representam cada elemento patrimonial objeto de controle, que foi alterado pelo evento;
e) acumulação dos valores dos eventos econômicos nas contas contábeis e apuração de seu saldo;
f) estruturação e classificação das contas contábeis de acordo com a natureza similar dos elementos patrimoniais;
g) estruturação de relatórios e demonstrações contábeis que permitam o entendimento da situação econômico-financeira da entidade e o processo de tomada de decisão sobre os eventos econômicos e as atividades desenvolvidas pela entidade.

Todos esses procedimentos foram utilizados nos exemplos apresentados nos capítulos anteriores. O objetivo deste capítulo é apresentar, de uma forma estruturada, os fundamentos, os modelos, os métodos e os sistemas utilizados na estruturação do sistema de informação contábil, que possibilitam a elaboração das demonstrações contábeis e financeiras, obrigatórias e gerenciais.

Apresentaremos alguns modelos mais utilizados para fins de ensino, estudo ou apresentação aos usuários não afeitos à prática contábil. Os demais reproduzem o máximo possível a realidade do processo de escrituração e controle contábil na prática.

## 4.1 Registro e apuração do saldo dos elementos patrimoniais

Todos os eventos econômicos (fatos contábeis) são registrados em contas, sendo que cada conta representa um elemento patrimonial desejado ou que é necessário para ter sua apuração em separado. A conta contábil é um meio de registro, podendo ser feita em livros, fichas, papel ou tela de computador (os dois últimos são os mais usuais). Os elementos patrimoniais objeto de controle são os constantes da equação de trabalho contábil, ou seja, todos os elementos do ativo, passivo, despesas e receitas.

Vamos tomar como exemplo o balanço patrimonial após o Evento 13 do Capítulo 3, transcrito a seguir. Todos os Bens e Direitos, Obrigações, elementos do Patrimônio Líquido, Despesas e Receitas são elementos patrimoniais e representados pelas Contas Contábeis. Assim, o elemento patrimonial Caixa é chamado na contabilidade *Conta Caixa* ou simplesmente *Caixa*; o elemento patrimonial Capital Social é denominado *Conta de Capital Social*, e assim por diante. Em resumo, a conta contábil se confunde com o próprio elemento que ela representa.

**Balanço Patrimonial após Evento 13 – Novo Modelo**

| Ativo | $ | Passivo | $ |
|---|---|---|---|
| *Bens e Direitos* | | *Obrigações* | |
| Caixa | 19.025 | Empréstimo | 70.770 |
| Banco Brasileiro | 3.000 | Fornecedores de Veículos | 27.000 |
| Aplicação Financeira | 25.250 | | |
| Promissória a Receber | 45.000 | | |
| Mercadorias para Revenda | 57.000 | *Patrimônio Líquido* | |
| Móveis e Equipamentos | 50.000 | Capital Social | 300.000 |
| Imóvel | 200.000 | Lucros Acumulados | 0 |
| Total | 399.275 | Total | 397.770 |

| Despesas | $ | Receitas | $ |
|---|---|---|---|
| Custo das Mercadorias Vendidas | 60.000 | Valor das Vendas | 67.000 |
| Impostos sobre Vendas | 2.010 | Receita Financeira | 250 |
| Comissões de Vendas | 1.340 | | |
| Despesas Administrativas | 1.150 | | |
| Despesa Financeira | 770 | | |
| Impostos sobre o Lucro | 475 | | |
| Total | 65.745 | Total | 67.250 |
| Total Geral (Ativo + Despesas) | 465.020 | Total Geral (Passivo + Receitas) | 465.020 |

## Modelo financeiro de controle da conta contábil

O modelo financeiro de conta contábil é o utilizado pelos bancos para apresentar os extratos das contas bancárias de cada correntista. Muitos softwares de contabilidade também se utilizam desse modelo, que nos parece o melhor por ser mais simplificado e por não exigir o conhecimento de conceitos contábeis de débito e crédito.

O saldo de uma conta bancária é a resultante de todos os lançamentos nela efetuados que aumentam ou diminuem seu saldo (entradas e saídas); é o mesmo procedimento utilizado na contabilidade. Vamos exemplificar tal modelo valendo-nos da conta Caixa de nosso exemplo, que começou com um registro no Evento 1 e absorveu outros registros até o Evento 13. Foram os seguintes eventos que movimentaram a conta Caixa até o Evento 13:

**Eventos que movimentaram a conta Caixa**

| Número | Evento | Valor ($) Parcial | Valor ($) Total |
|---|---|---|---|
| 1 | Entrada inicial de Capital Social em dinheiro | | 300.000 |
| 2 | Abertura de conta-corrente no Banco Brasileiro | | 298.000 |
| 8 | Venda de carro à vista, em dinheiro (adquirido por $ 20.000) | | 22.000 |
| 10 | Pagamento de despesas em dinheiro, sendo: | | |
| | – impostos sobre vendas | 2.010 | |
| | – comissões sobre vendas | 1.340 | |
| | – despesas administrativas | 1.150 | 4.500 |
| 13 | Pagamento de Imposto de Renda em dinheiro | | 475 |

Registrando cada evento na conta Caixa, podemos, além do registro de cada evento, apurar o saldo da conta Caixa após cada evento. O modelo financeiro de conta pode ser apresentado como segue:

| Conta Contábil: Caixa | | Valor ($) | Saldo ($) |
|---|---|---|---|
| Evento | Saldo inicial | | 0 |
| 1 | Entrada inicial de capital social em dinheiro | 300.000 | 300.000 |
| 2 | Abertura de conta-corrente no Banco Brasileiro | –298.000 | 2.000 |
| 8 | Venda de carro à vista, em dinheiro (adquirido por $ 20.000) | 22.000 | 24.000 |
| 10 | Pagamento de despesas em dinheiro, sendo: | | |
| | – impostos sobre vendas – $ 2.010 | | |
| | – comissões sobre vendas – $ 1.340 | | |
| | – despesas administrativas – $ 1.150 | –4.500 | 19.500 |
| 13 | Pagamento de Imposto de Renda em dinheiro | –475 | 19.025 |

O último saldo de $ 19.025 é exatamente o que consta na demonstração contábil após o Evento 13. No modelo financeiro, os valores que aumentam o saldo da conta são apresentados sem sinal (mas que, na realidade, são representados por sinal positivo), e os valores que diminuem o saldo da conta são apresentados com sinal negativo. Esse procedimento evidencia o que é mais importante no processo de contabilização: identificar o que aumenta ou diminui o saldo da conta analisada, não a nomenclatura contábil dada a eles (débitos e créditos).

O procedimento para cada conta é o mesmo. Vejamos como fica a conta Banco Brasileiro.

**Eventos que movimentaram a conta Banco Brasileiro**

| Número | Evento | Valor ($) Parcial | Total |
|---|---|---|---|
| 2 | Abertura de conta-corrente no Banco Brasileiro | | 298.000 |
| 3 | Aquisição de um imóvel, em cheque | 200.000 | |
|   | Aquisição de móveis e equipamentos, em cheque | 50.000 | 250.000 |
| 4 | Obtenção de empréstimo junto ao Banco Brasileiro | | 70.000 |
| 5 | Aquisição de três veículos para revenda, pagos em cheque | 20.000 | |
|   |   | 30.000 | |
|   |   | 40.000 | 90.000 |
| 7 | Aplicação financeira em cheque | | 25.000 |

A seguir, apresentamos como fica o controle contábil da conta Banco Brasileiro:

| Conta Contábil: Banco Brasileiro | | Valor ($) | Saldo ($) |
|---|---|---|---|
| Evento | Saldo inicial | | 0 |
| 2 | Abertura de conta-corrente no Banco Brasileiro | 298.000 | 298.000 |
| 3 | Aquisição de um imóvel no valor de $ 200.000 e de móveis e equipamentos no valor de $ 50.000, em cheque | –250.000 | 48.000 |
| 4 | Obtenção de empréstimo junto ao Banco Brasileiro | 70.000 | 118.000 |
| 5 | Aquisição de três veículos para revenda, pagos com cheque | –90.000 | 28.000 |
| 7 | Aplicação financeira em cheque | –25.000 | 3.000 |

O mesmo procedimento deve ser utilizado para contas do passivo. Vejamos a conta Empréstimo:

## Eventos que movimentaram a conta Empréstimo

| Número | Evento | Valor ($) Parcial | Total |
|---|---|---|---|
| 4 | Obtenção de empréstimo junto ao Banco Brasileiro | | 70.000 |
| 12 | Juros do empréstimo bancário | | 770 |

| Conta Contábil: Empréstimo do Banco Brasileiro | | Valor ($) | Saldo ($) |
|---|---|---|---|
| Evento | Saldo inicial | | 0 |
| 4 | Obtenção de empréstimo junto ao Banco Brasileiro | 70.000 | 70.000 |
| 12 | Juros do empréstimo bancário | 770 | 70.770 |

As despesas e receitas também são controladas por contas. Vejamos, por meio de exemplo, como fica a conta Vendas:

## Eventos que movimentaram a conta Vendas

| Número | Evento | Valor ($) Parcial | Total |
|---|---|---|---|
| 8 | Venda de carro à vista, em dinheiro (adquirido por $ 20.000) | | 22.000 |
| 9 | Venda de carro a prazo (adquirido por $ 40.000) | | 45.000 |

| Conta Contábil: Receita de Vendas | | Valor ($) | Saldo ($) |
|---|---|---|---|
| Evento | Saldo inicial | | 0 |
| 8 | Venda de carro à vista, em dinheiro (adquirido por $ 20.000) | 22.000 | 22.000 |
| 9 | Venda de carro a prazo (adquirido por $ 40.000) | 45.000 | 67.000 |

Todas as contas devem receber o mesmo procedimento de registro dos eventos e acumulação para obter seu saldo. É importante ressaltar que um evento pode afetar (e deve), pelo menos, mais de uma conta. Vejamos o caso do Evento 2: o depósito em dinheiro na conta Banco Brasileiro afetou a conta do banco e a conta Caixa; o mesmo ocorreu com o Evento 4: o empréstimo obtido junto ao Banco Brasileiro afetou o saldo da conta-corrente nesse banco, mas, ao mesmo tempo, criou o primeiro saldo da conta Empréstimo (no mesmo Banco Brasileiro).

## O modelo contábil: saldo devedor e credor, débitos e créditos

O modelo contábil utiliza nomenclaturas financeiras desenvolvidas há séculos para denominar os saldos das contas contábeis e suas movimentações de entradas ou aumentos e de saídas ou diminuições. Em vez de usar os sinais aritméticos positivo (+) e negativo (-) para as movimentações das contas, utiliza, respectivamente, os nomes *créditos* e *débitos* para denominar as alterações causadas pelos eventos econômicos nos elementos patrimoniais.

Com relação aos saldos, estes são denominados *credor* e *devedor*: o saldo é credor quando há excesso de créditos em relação aos débitos na conta; o saldo é devedor quando há excesso de débitos em relação aos créditos efetuados na conta. Assim, os eventos econômicos causam débitos e créditos no saldo dos elementos patrimoniais por eles alterados.

A base para a denominação dos saldos das contas contábeis é dada pela *equação de trabalho*:

> **Bens + Direitos + Despesas = Obrigações + Patrimônio Líquido + Receitas**

Por ser uma equação de igualdade matemática, os elementos de um lado da equação devem ter sinal aritmético oposto ao dos elementos do outro lado da equação. Como uma empresa começa com uma capitalização, em que os proprietários entregam recursos para a empresa, a empresa "deve" prestar contas aos sócios ou acionistas. Assim, *os proprietários são credores em relação à empresa*.

A outra grande fonte de financiamento das empresas são os financiamentos obtidos junto às instituições financeiras. Quando um banco empresta à empresa, ele fica credor até o momento de devolver o valor do empréstimo mais os juros. Assim, *os emprestadores financeiros também são credores em relação à empresa*.

Esse foi o princípio da denominação dos saldos das contas contábeis. Como os empréstimos e o capital social ficam no passivo, *todas as contas do passivo têm saldo credor*. Como as receitas foram alocadas no mesmo lado do passivo na equação de trabalho, todas *as contas da receita* também *têm saldo credor*. Na realidade, a explicação é mais lógica: as receitas possuem saldo credor porque aumentam o patrimônio líquido, que também é um saldo credor.

Devedor é o inverso de credor; ora, se todo o passivo é denominado credor, todo o ativo tem de ser devedor. Dessa maneira, o ativo é considerado como saldo oposto ao do passivo. A primeira convenção de dar o nome de credor ao passivo obrigou a dar o nome de devedor ao saldo do ativo. Portanto, *a convenção contábil determinou a seguinte denominação básica*:

```
┌─────────────────────────────────┐       ┌──────────────────────────────────────────────┐
│  Bens + Direitos + Despesas     │   =   │  Obrigações + Patrimônio Líquido + Receitas  │
└─────────────────────────────────┘       └──────────────────────────────────────────────┘
              │                                              │
┌─────────────────────────────────┐       ┌──────────────────────────────────────────────┐
│       Ativo + Despesas          │   =   │              Passivo + Receitas              │
└─────────────────────────────────┘       └──────────────────────────────────────────────┘
              │                                              │
┌─────────────────────────────────┐       ┌──────────────────────────────────────────────┐
│   Elementos Patrimoniais com    │   =   │    Elementos Patrimoniais com Saldo Credor   │
│         Saldo Devedor           │       │                                              │
└─────────────────────────────────┘       └──────────────────────────────────────────────┘
```

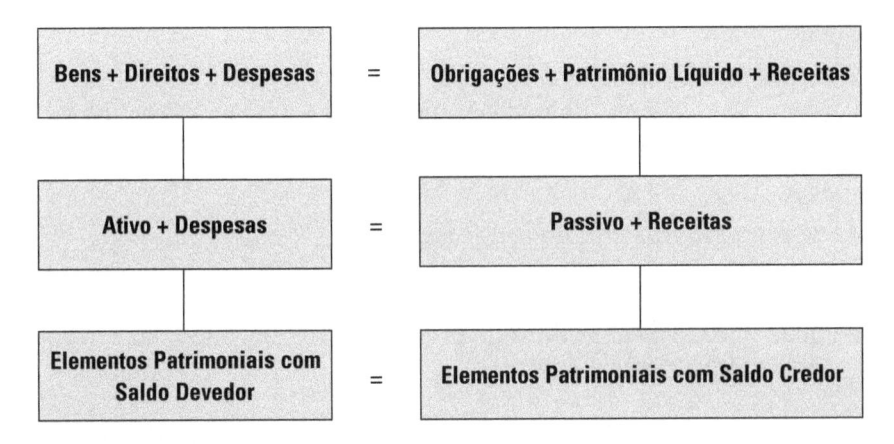

**Figura 4.1** Saldos dos elementos patrimoniais.

Partindo de que as nomenclaturas são convenções de denominação, o que importa realmente é identificar se o evento econômico alterou o elemento patrimonial para mais ou para menos, se o item patrimonial aumentou ou diminuiu.

Podemos fixar, assim, as regras básicas para utilizar os conceitos de saldo credor e devedor, lançamentos de débito e de crédito nas contas:

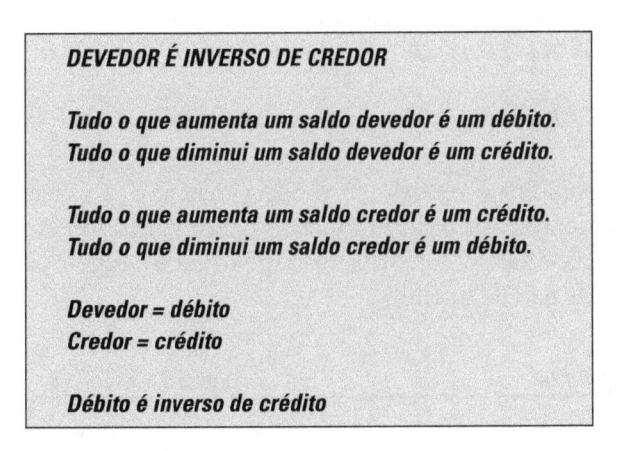

---

**DEVEDOR É INVERSO DE CREDOR**

*Tudo o que aumenta um saldo devedor é um débito.*
*Tudo o que diminui um saldo devedor é um crédito.*

*Tudo o que aumenta um saldo credor é um crédito.*
*Tudo o que diminui um saldo credor é um débito.*

*Devedor = débito*
*Credor = crédito*

*Débito é inverso de crédito*

---

Aplicando esses critérios aos elementos patrimoniais da equação de trabalho, temos:

## Ativo

Todo *ativo* tem saldo *devedor*
Portanto: todo *aumento* do saldo de um *ativo* é um lançamento a *débito*;
        toda *diminuição* do saldo de um *ativo* é um lançamento a *crédito*.

## Passivo

Todo *passivo* tem saldo *credor*
Portanto: todo *aumento* do saldo de um *passivo* é um lançamento a *crédito*;
  toda *diminuição* do saldo de um *passivo* é um lançamento a *débito*.

## Despesas

As *despesas* são *redutoras* do *patrimônio líquido*
O *patrimônio líquido* é *passivo*
Todo *passivo* tem saldo *credor*
Portanto: toda *diminuição* do saldo de um *passivo* é um lançamento a *débito*;
  toda *despesa* é *débito*.

## Receitas

As *receitas* são *aumentativas* do *patrimônio líquido*
O *patrimônio líquido* é *passivo*
Todo *passivo* tem saldo *credor*
Portanto: todo *aumento* do saldo de um *passivo* é um lançamento a *crédito*;
  toda *receita* é *crédito*.

Considerando que todo evento econômico carrega dentro de si o conceito de origens e aplicações de recursos, bem como a condição de causa e efeito, o impacto em um ou mais eventos patrimoniais terá impacto de valor equivalente em outro ou mais elementos patrimoniais. Incorporando a semântica de débito e crédito nessa condição, temos a máxima do lançamento contábil:

> **A todo débito corresponde um crédito de igual valor.**

A conta Contábil no modelo contábil evidencia as colunas de débitos e créditos para identificar e ordenar todos os lançamentos similares, e a terceira coluna evidencia o saldo, conforme exemplificamos a seguir com as mesmas contas utilizadas anteriormente:

| Conta Contábil: Caixa | | Débito $ | Crédito $ | Saldo $ | D/C |
|---|---|---|---|---|---|
| Evento | Saldo Inicial | | | 0 | – |
| 1 | Entrada inicial de capital social em dinheiro | 300.000 | | 300.000 | D |
| 2 | Abertura de conta-corrente no Banco Brasileiro | | 298.000 | 2.000 | D |
| 8 | Venda de carro à vista, em dinheiro (adquirido por $ 20.000) | 22.000 | | 24.000 | D |
| 10 | Pagamento de despesas em dinheiro, sendo: | | | | |
| | – Impostos sobre vendas – $ 2.010 | | | | |
| | – Comissões sobre vendas – $ 1.340 | | | | |
| | – Despesas administrativas – $ 1.150 | | 4.500 | 19.500 | D |
| 13 | Pagamento de Imposto de Renda em dinheiro | | 475 | 19.025 | D |

| Conta Contábil: Banco Brasileiro | | Débito ($) | Crédito ($) | Saldo ($) | D/C |
|---|---|---|---|---|---|
| Evento | Saldo Inicial | | | 0 | – |
| 2 | Abertura de conta-corrente no Banco Brasileiro | 298.000 | | 298.000 | D |
| 3 | Aquisição de um imóvel no valor de 200.000 e de móveis e equipamentos no valor de $ 50.000, em cheque. | | 250.000 | 48.000 | D |
| 4 | Obtenção de empréstimo junto ao Banco Brasileiro | 70.000 | | 118.000 | D |
| 5 | Aquisição de três veículos para revenda, pagos em cheque | | 90.000 | 28.000 | D |
| 7 | Aplicação financeira em cheque | | 25.000 | 3.000 | D |

| Conta Contábil: Empréstimo do Banco Brasileiro | | Débito ($) | Crédito ($) | Saldo ($) | D/C |
|---|---|---|---|---|---|
| Evento | Saldo Inicial | | | 0 | – |
| 4 | Obtenção de empréstimo junto ao Banco Brasileiro | | 70.000 | 70.000 | C |
| 12 | Juros do empréstimo bancário | | 770 | 70.770 | C |

| Conta Contábil: Receita de Vendas | | Débito ($) | Crédito ($) | Saldo ($) | D/C |
|---|---|---|---|---|---|
| Evento | Saldo Inicial | | | 0 | – |
| 8 | Venda de carro à vista, em dinheiro (adquirido por $ 20.000) | | 22.000 | 22.000 | C |
| 9 | Venda de carro a prazo (adquirido por $ 40.000) | | 45.000 | 67.000 | C |

Alguns dos eventos que ilustram a movimentação e a apuração do saldo dessas quatro contas alteram o saldo entre elas. Vejamos:

- O Evento 2, que é a abertura da conta-corrente no Banco Brasileiro ($ 298.000), é um *crédito na conta Caixa*, pois diminui um saldo devedor, e é um *débito na conta Banco Brasileiro*, pois aumenta um saldo devedor.
- O Evento 8, venda à vista ($ 22.000), é *um débito na conta Caixa*, pois aumenta um saldo devedor, e é *um crédito na conta Receita de Vendas*, pois aumenta um saldo credor.
- O Evento 4, obtenção de um empréstimo ($ 70.000), é um *débito na conta Banco Brasileiro*, pois aumenta um saldo devedor, e é *um crédito na conta Empréstimos*, pois aumenta um saldo credor.

Esses eventos ilustram também a obrigatoriedade de que os valores de um evento devem ter igualdade de registro nas contas, ou seja, o total dos débitos de um evento nas respectivas contas alteradas deve ser igual à soma dos créditos registrados nas contas de contrapartida alteradas pelo mesmo evento.

## Modelo de ensino e estudo: a conta T

Duas ocasiões principais demonstram a necessidade de utilizar um modelo simplificado de registro das alterações que os eventos provocam nas contas alteradas:

a) o processo de ensino-aprendizagem, no qual, muitas vezes, há a necessidade de evidenciar, de forma simultânea, uma grande quantidade de eventos em muitas contas;

b) o processo de estudo de situações financeiras ou eventos complexos, no qual, antes do registro formal ou conclusão do estudo, é necessário constatar os efeitos nas contas representativas dos elementos patrimoniais.

O modelo simplificado desenvolvido há muito tempo e consolidado como de grande valia é o modelo da conta T (Tê), assim denominada porque o formato se assemelha a essa letra. A conta T foi desenvolvida porque a utilização dos modelos de contas, financeiro ou contábil, ocupava grande espaço e, no mais das vezes, impedia uma visão de conjunto.

O modelo da conta T parte do modelo contábil, extraindo apenas as colunas de débito e crédito. O lado esquerdo será destinado aos débitos e o lado direito, aos créditos. Em cima da conta T fica o nome da conta. Os saldos serão colocados, após um traço, no lado adequado para a conta: se o saldo for devedor, ficará à esquerda do traço final; se o saldo for credor, à direita de tal traço. Os eventos são numerados e as alterações nas contas (Tês) são identificadas pelos números.

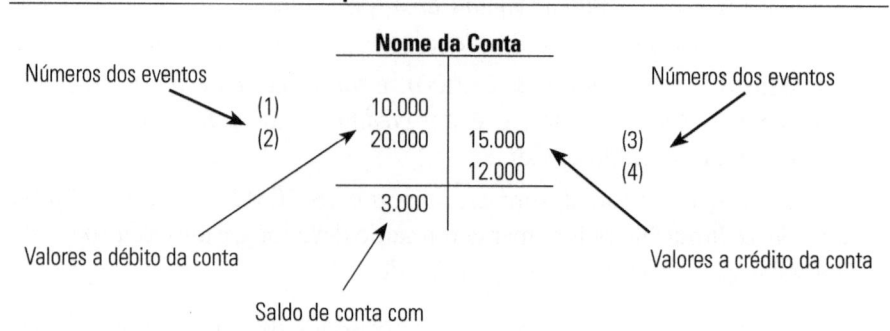

**Conta T para conta com saldo devedor**

**Nome da Conta**

| Números dos eventos | | Débito | Crédito | | Números dos eventos |
|---|---|---|---|---|---|
| | (1) | 10.000 | | | |
| | (2) | 20.000 | 15.000 | (3) | |
| | | | 12.000 | (4) | |
| | | 3.000 | | | |

Valores a débito da conta

Saldo de conta com saldo devedor

Valores a crédito da conta

## Conta T para conta com saldo credor

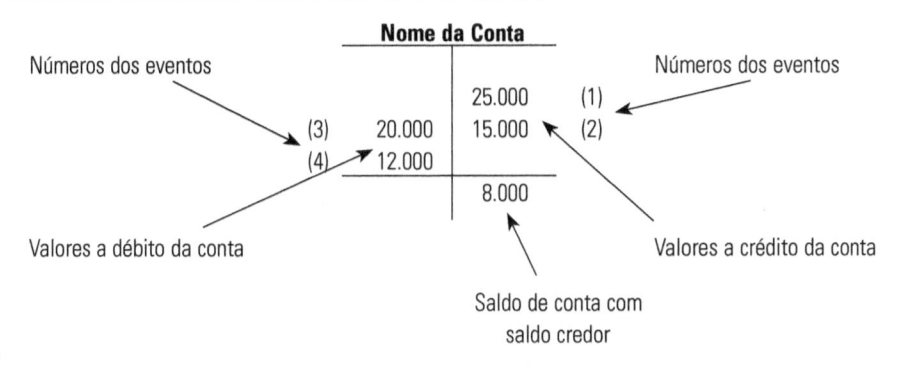

**Nome da Conta**

Números dos eventos → (3) 20.000 | 25.000 (1) ← Números dos eventos
(4) 12.000 | 15.000 (2)

| 8.000 |

Valores a débito da conta — Valores a crédito da conta

Saldo de conta com saldo credor

Relacionamos, a seguir, todos os eventos que trabalhamos no Capítulo 3:

Eventos Econômicos: Mês de Janeiro/X1 — Valor – $

| Número | Evento/Histórico | Parcial | Total |
|---|---|---|---|
| 1 | Entrada inicial de capital social em dinheiro | | 300.000 |
| 2 | Abertura de conta-corrente no Banco Brasileiro | | 298.000 |
| 3 | Aquisição de um imóvel, em cheque, no valor de | 200.000 | |
|   | Aquisição de móveis e equipamentos, em cheque, no valor de | 50.000 | 250.000 |
| 4 | Obtenção de empréstimo junto ao Banco Brasileiro | | 70.000 |
| 5 | Aquisição de três veículos para revenda, | 20.000 | |
|   | pagos em cheque | 30.000 | |
|   |  | 40.000 | 90.000 |
| 6 | Aquisição de um veículo para revenda a prazo | | 27.000 |
| 7 | Aplicação financeira em cheque | | 25.000 |
| 8 | Venda de carro à vista, em dinheiro | | |
|   | (adquirido por $ 20.000) | | 22.000 |
| 9 | Venda de carro a prazo (adquirido por $ 40.000) | | 45.000 |
| 10 | Pagamento de despesas em dinheiro, sendo: | | |
|   | – Impostos sobre vendas | 2.010 | |
|   | – Comissões sobre vendas | 1.340 | |
|   | – Despesas administrativas | 1.150 | 4.500 |
| 11 | Receita financeira de aplicação financeira | | 250 |
| 12 | Juros do empréstimo bancário | | 770 |
| 13 | Pagamento de Imposto de Renda em dinheiro | | 475 |

A tabela a seguir apresenta os lançamentos em débito e crédito de cada conta alterada pelos eventos. Apresentamos a lógica dos débitos e créditos com o Evento 1.

A entrada de capital social em dinheiro provocou alteração nas seguintes contas:

a) Caixa e
b) Capital Social.

Para saber se o lançamento é em débito ou em crédito, devemos adotar as convenções de que *todo passivo tem saldo credor* e *todo ativo tem saldo devedor*. Portanto, *tudo que aumenta um saldo credor é um crédito e que o diminui é um débito* e *tudo que aumenta um saldo devedor é um débito e que o diminui é um crédito*.

A conta Caixa é um *bem*, portanto um *ativo*; todo *ativo* tem saldo *devedor*; o evento está aumentando o Caixa, portanto é um *débito* na conta Caixa no valor de $ 300.000.

A conta Capital Social é um *patrimônio líquido*, portanto um *passivo*; todo *passivo* tem saldo *credor*; o evento está aumentando a conta Capital Social, portanto é um *crédito* em tal conta no valor de $ 300.000.

A tabela a seguir mostra o mesmo raciocínio para todos os eventos:

| Nº | Evento Descrição | Contas Alteradas | Elemento Patrimonial Natureza | Elemento Patrimonial Contábil | Saldo Tipo | Alteração pelo evento | Lançam. na conta | Valor ($) |
|---|---|---|---|---|---|---|---|---|
| 1 | Entrada inicial de capital social no valor de $ 300.000 | CAPITAL SOCIAL | Patrimônio Líquido | Passivo | Credor | Aumento | Crédito | 300.000 |
|  |  | CAIXA | Bem | Ativo | Devedor | Aumento | Débito | 300.000 |
| 2 | Abertura de conta-corrente no Banco Brasileiro no valor de $ 298.000 | CAIXA | Bem | Ativo | Devedor | Diminuição | Crédito | 298.000 |
|  |  | BANCO BRASILEIRO | Bem | Ativo | Devedor | Aumento | Débito | 298.000 |
| 3 | Aquisição de um imóvel, em cheque, no valor de $ 200.000, e de móveis e equipamentos no valor de $ 50.000, totalizando $ 250.000 | BANCO BRASILEIRO | Bem | Ativo | Devedor | Diminuição | Crédito | 250.000 |
|  |  | IMÓVEL | Bem | Ativo | Devedor | Aumento | Débito | 200.000 |
|  |  | MÓVEIS E EQUIPAMENTOS | Bem | Ativo | Devedor | Aumento | Débito | 50.000 |
| 4 | Obtenção de empréstimo junto ao Banco Brasileiro no valor de $ 70.000 | BANCO BRASILEIRO | Direito | Ativo | Devedor | Aumento | Débito | 70.000 |
|  |  | EMPRÉSTIMO | Obrigação | Passivo | Credor | Aumento | Crédito | 70.000 |
| 5 | Aquisição de três veículos para revenda, pagos em cheque, no valor de $ 90.000 | BANCO BRASILEIRO | Direito | Ativo | Devedor | Diminuição | Crédito | 90.000 |
|  |  | MERCADORIAS PARA REVENDA | Bem | Ativo | Devedor | Aumento | Débito | 90.000 |
| 6 | Aquisição de um veículo para revenda, a prazo, no valor de $ 27.000 | FORNECEDORES | Obrigação | Passivo | Credor | Aumento | Crédito | 27.000 |
|  |  | MERCADORIAS PARA REVENDA | Bem | Ativo | Devedor | Aumento | Débito | 27.000 |
| 7 | Aplicação financeira, em cheque, no valor de $ 25.000 | BANCO BRASILEIRO | Direito | Ativo | Devedor | Diminuição | Crédito | 25.000 |
|  |  | APLICAÇÃO FINANCEIRA | Direito | Ativo | Devedor | Aumento | Débito | 25.000 |
| 8 | Venda de carro à vista, em dinheiro (adquirido por $ 20.000), por $ 22.000 | CAIXA | Bem | Ativo | Devedor | Aumento | Débito | 22.000 |
|  |  | RECEITA DE VENDAS | Patrimônio Líquido | Receita | Credor | – | Crédito | 22.000 |
|  |  | MERCADORIAS PARA REVENDA | Bem | Ativo | Devedor | Diminuição | Crédito | 20.000 |
|  |  | CUSTO DAS MERCADORIAS VENDIDAS | Patrimônio Líquido | Despesa | Devedor | – | Débito | 22.000 |

(continua)

(continuação)

| Nº | Evento Descrição | Contas Alteradas | Elemento Patrimonial Natureza | Elemento Contábil | Saldo Tipo | Alteração pelo evento | Lançam. na conta | Valor ($) |
|---|---|---|---|---|---|---|---|---|
| 9 | Venda de carro a prazo (adquirido por $ 40.000) por $ 45.000 | PROMISSÓRIA A RECEBER | Direito | Ativo | Devedor | Aumento | Débito | 45.000 |
|  |  | RECEITA DE VENDAS | Patrimônio Líquido | Receita | Credor | – | Crédito | 45.000 |
|  |  | MERCADORIAS PARA REVENDA | Bem | Ativo | Devedor | Diminuição | Crédito | 40.000 |
|  |  | CUSTO DAS MERCADORIAS VENDIDAS | Patrimônio Líquido | Despesa | Devedor | – | Débito | 40.000 |
| 10 | Pagamento de despesas em dinheiro – $ 4.500 | CAIXA | Bem | Ativo | Devedor | Diminuição | Crédito | 4.500 |
|  | – Impostos sobre vendas – $ 2.010 | IMPOSTOS SOBRE VENDAS | Patrimônio Líquido | Despesa | Devedor | – | Débito | 2.010 |
|  | – Comissões sobre vendas – $ 1.340 | COMISSÕES DE VENDAS | Patrimônio Líquido | Despesa | Devedor | – | Débito | 1.340 |
|  | – Despesas administrativas – $ 1.150 | DESPESAS ADMINISTRATIVAS | Patrimônio Líquido | Despesa | Devedor | – | Débito | 1.150 |
| 11 | Receita financeira de aplicação financeira no valor de $ 250. | APLICAÇÃO FINANCEIRA | Direito | Ativo | Devedor | Aumento | Débito | 250 |
|  |  | RECEITA FINANCEIRA | Patrimônio Líquido | Receita | Credor | – | Crédito | 250 |
| 12 | Juros do empréstimo bancário no valor de $ 770. | EMPRÉSTIMO | Obrigação | Passivo | Credor | Aumento | Crédito | 770 |
|  |  | DESPESA FINANCEIRA | Patrimônio Líquido | Despesa | Devedor | – | Débito | 770 |
| 13 | Pagamento de Imposto de Renda, em dinheiro, no valor de $ 475. | CAIXA | Bem | Ativo | Devedor | Diminuição | Crédito | 475 |
|  |  | IMPOSTOS SOBRE O LUCRO | Patrimônio Líquido | Despesa | Devedor | – | Débito | 475 |

Lembrando a natureza das Receitas e Despesas:

a) As receitas aumentam o patrimônio líquido, que tem saldo credor; portanto, todas as receitas têm saldo *credor* e só recebem *créditos*.
b) As despesas diminuem o patrimônio líquido, que tem saldo credor; portanto, todas as despesas têm saldo *devedor* e só recebem *débitos*.

Apresentamos a seguir o registro de todos os 13 eventos econômicos em contas T (Tê).

**LANÇAMENTOS EM CONTAS T**
Contas do Ativo

| CAIXA | | | |
|---|---|---|---|
| (1) 300.000 | 298.000 | (2) | |
| (8) 22.000 | 4.500 | (10) | |
| | 475 | (13) | |
| 19.025 | | | |

| BANCO BRASILEIRO | | | |
|---|---|---|---|
| (2) 298.000 | 250.000 | (3) | |
| (4) 70.000 | 90.000 | (5) | |
| | 25.000 | (7) | |
| 3.000 | | | |

| APLICAÇÃO FINANCEIRA | | | |
|---|---|---|---|
| (7) 25.000 | | | |
| (11) 250 | | | |
| 25.250 | | | |

| PROMISSÓRIA A RECEBER | | |
|---|---|---|
| (9) 45.000 | | |
| 45.000 | | |

| MERCADORIAS PARA REVENDA | | | |
|---|---|---|---|
| (5) 90.000 | | | |
| (6) 27.000 | 20.000 | (8) | |
| | 40.000 | (9) | |
| 57.000 | | | |

| MÓVEIS E EQUIPAMENTOS | | |
|---|---|---|
| (3) 50.000 | | |
| 50.000 | | |

| IMÓVEL | | |
|---|---|---|
| (3) 200.000 | | |
| 200.000 | | |

Contas do Passivo

| EMPRÉSTIMO | | |
|---|---|---|
| | 70.000 | (4) |
| | 770 | (12) |
| | 70.770 | |

| FORNECEDORES | | |
|---|---|---|
| | 27.000 | (6) |
| | 27.000 | |

| CAPITAL SOCIAL | | |
|---|---|---|
| | 300.000 | (1) |
| | 300.000 | |

Contas da Receita

| VENDAS | | |
|---|---|---|
| | 22.000 | (8) |
| | 45.000 | (9) |
| | 67.000 | |

| RECEITA FINANCEIRA | | |
|---|---|---|
| | 250 | (11) |
| | 250 | |

## Contas das Despesas

| CUSTO DAS MERCADORIAS VENDIDAS | | IMPOSTOS SOBRE VENDAS | | COMISSÕES | |
|---|---|---|---|---|---|
| (8) 20.000 | | (10) 2.010 | | (10) 1.340 | |
| (9) 40.000 | | | | | |
| 60.000 | | 2.010 | | 1.340 | |

| DESPESAS ADMINISTRATIVAS | | DESPESA FINANCEIRA | | IMPOSTOS SOBRE O LUCRO | |
|---|---|---|---|---|---|
| (10) 1.150 | | (12) 770 | | (13) 475 | |
| 1.150 | | 770 | | 475 | |

## 4.2 Livros contábeis

A legislação brasileira segue a prática contábil internacional e obriga as empresas a registrarem os lançamentos contábeis das transações dos eventos econômicos em dois livros contábeis: o *livro diário* e o *livro razão*.[1]

### Livro diário

Como sugere o nome, o livro diário presta-se unicamente para listar todos os lançamentos contábeis em ordem de data de acontecimento, sem nenhuma necessidade de apurar os saldos das contas contábeis. O objetivo desse livro é permitir comprovações futuras para necessidades fiscais e legais. A ordem cronológica é fundamental e rigorosa, não podendo haver inserções de registros posteriores, após o fechamento dos livros mensais.

Cada lançamento contábil no livro diário deve conter os seguintes elementos:

1. Data;
2. Conta(s) que recebe(m) o(s) débito(s);

---

[1] No atual estágio da tecnologia de informação, os livros contábeis hoje estão em meio magnético e são impressos no formato de folhas quando necessário, para fins gerenciais. Para fins legais e comprobatórios, as empresas hoje estão desobrigadas dos livros em papel, porém têm de enviar esses livros em formato digital e em arquivos para a Receita Federal do Brasil – RFB – por meio do sistema SPED – Sistema Público de Escrituração Digital.

3. Conta(s) que recebe(m) o(s) crédito(s);
4. Histórico (descrição mínima necessária para identificar as características e os efeitos da transação);
5. Valor(es).

Um exemplo de formato de livro diário pode ser visto a seguir:

| Modelo de Livro Diário | | | | |
|---|---|---|---|---|
| Número do Evento | Data | Contas Contábeis e Histórico | Valor – $ | |
| | | | Débitos | Créditos |
| 1 | 02.01.X1 | CAIXA | 300.000 | |
| | | CAPITAL SOCIAL | | 300.000 |
| | | Entrada inicial de capital social em dinheiro, sendo $ 100.000 do sócio Fulano, $ 100.000 do sócio Beltrano e $ 100.000 do sócio Ciclano. | | |
| 2 | 02.01.X1 | BANCO BRASILEIRO | 298.000 | |
| | | CAIXA | | 298.000 |
| | | Abertura de conta-corrente com depósito em dinheiro. | | |
| 3 | 03.01.X1 | IMÓVEL | 200.000 | |
| | | Aquisição de imóvel com contrato de compromisso número 2010. | | |
| | | MÓVEIS E EQUIPAMENTOS | 50.000 | |
| | | Aquisição de móveis e equipamentos com notas fiscais 10030 e 10031. | | |
| | | BANCO BRASILEIRO | | |
| | | Emissão dos cheques 00001 e 00002 | | 250.000 |
| 4 | 04.01.X1 | BANCO BRASILEIRO (Conta-corrente) | 70.000 | |
| | | EMPRÉSTIMO DO BANCO BRASILEIRO | | 70.000 |
| | | Obtenção de empréstimo conforme contrato 20.014. | | |
| 5 | 05.01.X1 | MERCADORIAS PARA REVENDA | 90.000 | |
| | | BANCO BRASILEIRO | | 90.000 |
| | | Aquisição de três veículos para revenda, pagos com o cheque 00003. | | |
| 6 | 06.01.X1 | MERCADORIAS PARA REVENDA | 27.000 | |
| | | FORNECEDORES | | 27.000 |
| | | Aquisição de um veículo para revenda, conforme Nota Fiscal 321. | | |
| 7 | 07.01.X1 | APLICAÇÃO FINANCEIRA | 25.000 | |
| | | BANCO BRASILEIRO | | 25.000 |
| | | Aplicação Financeira no Banco Brasileiro com o cheque 00004. | | |

(continua)

(continuação)

| Modelo de Livro Diário ||||| 
|---|---|---|---|---|
| Número do Evento | Data | Contas Contábeis e Histórico | Valor – $ ||
| | | | Débitos | Créditos |
| 8 | 08.01.X1 | CAIXA | 22.000 | |
| | | VENDAS | | 22.000 |
| | | Venda de um veículo à vista com Nota Fiscal 0001. | | |
| | | CUSTO DAS MERCADORIAS VENDIDAS | 20.000 | |
| | | MERCADORIAS PARA REVENDA | | 20.000 |
| | | Baixa do custo da venda à vista de um veículo. | | |
| 9 | 09.01.X1 | PROMISSÓRIA A RECEBER | 45.000 | |
| | | VENDAS | | 45.000 |
| | | Venda a prazo de um veículo com Nota Fiscal 0002. | | |
| | | CUSTO DAS MERCADORIAS VENDIDAS | 40.000 | |
| | | MERCADORIAS PARA REVENDA | | 40.000 |
| | | Baixa do custo da venda a prazo de um veículo. | | |
| 10 | 31.01.X1 | IMPOSTOS SOBRE VENDAS | 2.010 | |
| | | Valor dos impostos apurados nas vendas do mês. | | |
| | | COMISSÕES SOBRE VENDAS | 1.340 | |
| | | Valor das comissões apuradas sobre as vendas do mês. | | |
| | | DESPESAS ADMINISTRATIVAS | 1.150 | |
| | | Gastos administrativos do mês. | | |
| | | CAIXA | | |
| | | Pagamentos, em dinheiro, de despesas apuradas no mês. | | 4.500 |
| 11 | 31.01.X1 | APLICAÇÃO FINANCEIRA | 250 | |
| | | RECEITA FINANCEIRA | | 250 |
| | | Apropriação da receita financeira do mês. | | |
| 12 | 31.01.X1 | DESPESA FINANCEIRA | 770 | |
| | | EMPRÉSTIMO | | 770 |
| | | Apropriação da despesa financeira do mês. | | |
| 13 | 31.01.X1 | IMPOSTOS SOBRE O LUCRO | 475 | |
| | | CAIXA | | 475 |
| | a | Pagamento, em dinheiro, dos impostos apurados sobre o lucro do mês. | | |
| | | Total da Folha 1 do Diário 1. | 1.192.995 | 1.192.995 |

## Livro razão

O livro razão é representado pela contabilização nas contas contábeis. Assim, tal livro pode ser apresentado pelo modelo financeiro ou pelo modelo contábil, conforme vimos no início deste capítulo. O livro razão em conta T também é um livro razão simplificado, mas sem validade legal.

A etimologia da palavra *razão* vem do latim *rationis*, que significa cálculo, conta, registro. O significado da palavra *razão* para designar o controle em cada conta contábil vem de que razão é "informação a respeito de algo ou do estado em que se encontra algo" (*Houaiss*, 2004).

## 4.3 Classificação das contas

As principais classificações das contas contábeis são dadas:

a) pela natureza dos elementos patrimoniais que as representam: contas patrimoniais e contas de resultados;
b) pelo grau de sintetização de acumulação dos registros e saldos: contas analíticas e contas sintéticas.

### Contas patrimoniais e de resultados

As *contas patrimoniais* são as que representam os bens, os direitos, as obrigações e o patrimônio líquido, formando, portanto, o balanço patrimonial. A característica básica das contas patrimoniais é que elas sempre têm saldo em valor, desde que exista o elemento patrimonial a que representem. Todas elas podem receber aumentos ou diminuições, mas sempre possuem um saldo. Assim, as contas patrimoniais nunca têm saldo zero ou negativo e também são denominadas contas permanentes.

As *contas de resultados* são as que representam as despesas e as receitas de um determinado período. Como, a cada período desejado, essas contas são fechadas (zeradas), elas são consideradas contas transitórias, pois, necessariamente, seus saldos são eliminados ao final de cada período.

Em teoria, as contas de resultados só deveriam receber registros de um único lado, não havendo diminuições durante o período. A lógica é que as contas de resultados comecem com saldo zero, recebam registros e os acumulem durante o período, sendo encerradas ao final desse período.

### Contas analíticas e sintéticas

As contas analíticas são as que recebem os lançamentos, sendo seus saldos decorrentes dos lançamentos efetuados em cada uma delas. As contas sintéticas não recebem lançamentos, e os seus saldos são obtidos pela somatória dos saldos de contas analíticas similares. Tomando como referência o balanço patrimonial de nosso exemplo, o total do ativo e do passivo são contas sintéticas, pois seus saldos decorrem da somatória das respectivas contas.

O objetivo das contas sintéticas é aglutinar informações, para apresentar melhor noção de conjunto, bem como permitir processos de classificação para análise financeira e contábil. Assim, podem-se criar quantas contas sintéticas forem desejadas.

Por exemplo, podemos criar duas contas sintéticas no ativo, separando os bens dos direitos. Assim, teríamos duas novas contas sintéticas: a conta *Bens* e a conta *Direitos*. O saldo de cada uma seria obtido pela somatória do saldo de cada elemento que tais contas representariam.

| Conta Sintética: Bens | |
|---|---|
| Caixa | 19.025 |
| Mercadorias para revenda | 57.000 |
| Móveis e Equipamentos | 50.000 |
| Imóvel | 200.000 |
| Saldo | 326.025 |
| Conta Sintética: Direitos | |
| Banco Brasileiro | 3.000 |
| Aplicação Financeira | 25.250 |
| Promissória a receber | 45.000 |
| Saldo | 73.250 |

Outro exemplo de conta sintética (o mais utilizado) é agrupar contas de ativo e passivo por sua natureza similar. Assim, para ilustração, podemos criar duas contas sintéticas, uma para representar todas as disponibilidades financeiras de uso imediato, a qual denominaremos *disponibilidades*, e uma para representar os ativos adquiridos pela empresa para uso nas operações, sem, contudo, ter o intuito de revender, a qual denominaremos *imobilizado*.

| Conta Sintética: Disponibilidades | |
|---|---|
| Caixa | 19.025 |
| Banco Brasileiro | 57.000 |
| Aplicação Financeira | 50.000 |
| Saldo | 126.025 |
| Conta Sintética: Imobilizado | |
| Móveis e Equipamentos | 50.000 |
| Imóvel | 200.000 |
| Saldo | 250.000 |

## Estruturas de relacionamento

As contas podem associar-se formando árvores ou hierarquias que dão origem aos planos de contas. Podemos dizer que uma hierarquia representa a forma como as contas se relacionam entre si. Por essa razão, denominamos esse mecanismo de *relacionamentos*.

Relacionamentos são ligações de uma conta com outras, com a finalidade de encontrar um novo saldo por meio da sumarização. Elas podem ser relacionadas independentemente de sua natureza sintética ou analítica. Exemplo: quando da implantação das contas contábeis de uma empresa, depois de definida sua estrutura, iniciamos sua criação. Após essa criação, é necessário indicarmos para o sistema quais contas se relacionam entre si. Imaginemos que a empresa trabalha com dois bancos de contas-correntes – Banco do Brasil e Banco do Estado – e deseja saber tanto o saldo de cada banco separadamente, como a somatória dos saldos desses dois bancos. Para esse atendimento, devemos criar três contas: Contas-Correntes, Banco do Brasil e Banco do Estado.

Nesse mesmo momento, o sistema nos obriga a optar, dizendo se a conta criada será mãe ou filha de outra conta. Após esse passo, informamos ao sistema que a conta Contas-Correntes é mãe das contas Banco do Brasil e Banco do Estado, ou podemos dizer que as contas Banco do Brasil e Banco do Estado são filhas da conta Contas-Correntes; a essa ligação damos o nome de relacionamento. Para as contas-mães damos o nome de contas sintéticas (não podem receber lançamentos, sendo somente contas sumarizadoras), e para as contas-filhas, o nome de analíticas (podem receber lançamentos).

Por ser definida pelo mecanismo de relacionamento, a hierarquia pode ser alterada independentemente de alteração nos códigos das contas. Em outras palavras, podemos excluir uma conta de determinada árvore e incluí-la em outra sem alterar, com isso, seu código.

Os saldos das contas sempre refletem a situação mais atual dos relacionamentos. Se uma árvore for modificada e depois receber nova alteração que a conduza à forma anterior, os saldos das contas dessa árvore também voltam ao montante original. Essa característica, por tornar as mudanças estruturais independentes de alterações nos códigos das contas, traz extrema flexibilidade e facilidade para as mudanças organizacionais e, por ser reversível, permite análises prévias do impacto da nova hierarquia.

Para a montagem dos relacionamentos separamos as contas em "mães" e "filhas". Podemos dizer que uma conta-mãe sempre corresponde aos saldos consolidados de suas filhas e, em paralelo, que um nível $n$ de uma árvore qualquer sempre corresponderá à soma dos saldos das contas no nível $n + 1$. Os níveis são numerados dinamicamente, sempre que a árvore recebe uma inserção ou eliminação de relacionamento. Pelas duas figuras a seguir, exemplificamos uma árvore ou hierarquia de relacionamentos:

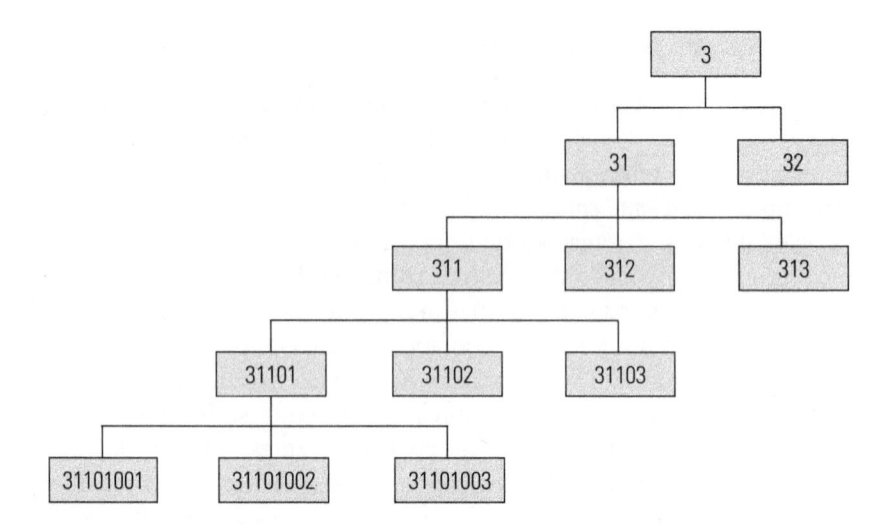

**Figura 4.2** Estrutura de relacionamento de contas.

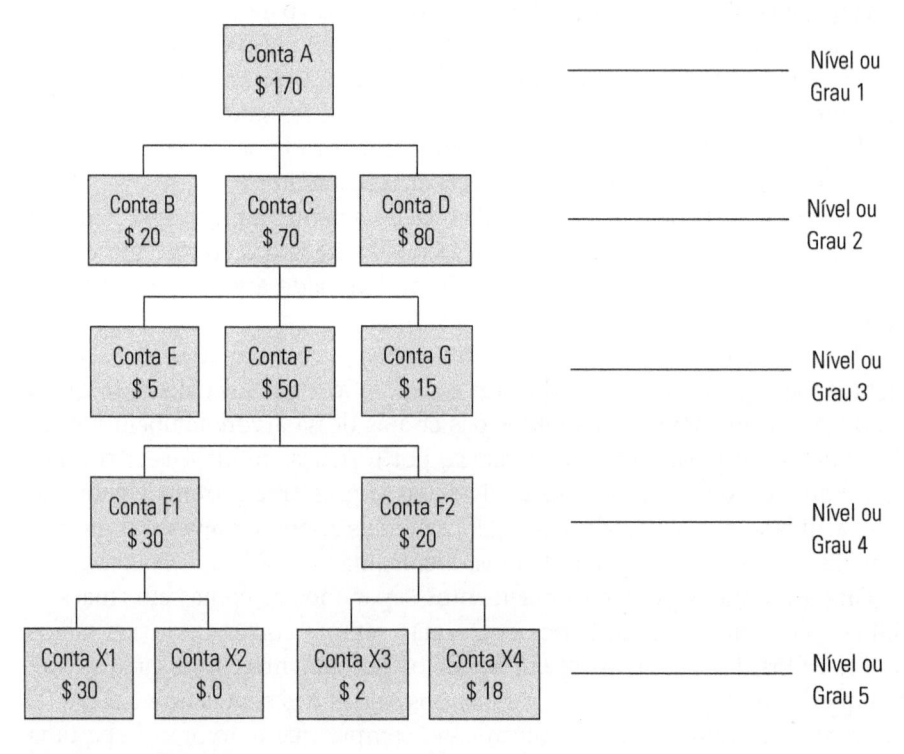

**Figura 4.3** Relacionamento e níveis de sintetização.

## 4.4 Relatórios de trabalho

Com os saldos do razão de todas as contas, a contabilidade prepara tradicionalmente dois relatórios – o plano de contas e o balancete de verificação – tanto para usar em seus trabalhos de conciliação, de análise e de preparação de outros relatórios, como para fins fiscais, contábeis e gerenciais.

## Plano de contas

O relatório denominado plano de contas tem, como objetivo, listar o saldo de *todas* as contas contábeis em aberto, as sintéticas e as analíticas, tendo como referência um determinado mês. Para a maioria das empresas, trata-se de um relatório extenso, pois a quantidade de contas contábeis analíticas pode chegar a milhares. Sua utilização restringe-se aos funcionários do setor de contabilidade e serve de apoio para comprovações fiscais e para trabalhos de auditoria. A seguir, apresentamos um modelo de relatório de *plano de contas com saldo*.

| Modelo de Relatório de Plano de Contas | | | | | |
|---|---|---|---|---|---|
| Mês: janeiro/X1 | | | | | |
| Conta Contábil | | Saldo | Movimento | | Saldo |
| Código | Nome | Inicial | A Débito | A Crédito | Final |
| 111 | Caixa | 0 | 322.000 | 302.975 | 19.025 |
| 112 | Banco Brasileiro | 0 | 368.000 | 365.000 | 3.000 |
| 113 | Aplicação Financeira | 0 | 25.250 | 0 | 25.250 |
| 121 | Promissória a Receber | 0 | 45.000 | 0 | 45.000 |
| 131 | Mercadorias para Revenda | 0 | 117.000 | 60.000 | 57.000 |
| 151 | Móveis e Equipamentos | 0 | 50.000 | 0 | 50.000 |
| 152 | Imóvel | 0 | 200.000 | 0 | 200.000 |
| 1 | Ativo Total | 0 | 1.127.250 | 727.975 | 399.275 |
| 211 | Empréstimo | 0 | 0 | 70.770 | –70.770 |
| 221 | Fornecedores | 0 | 0 | 27.000 | –27.000 |
| 231 | Capital Social | 0 | 0 | 300.000 | –300.000 |
| 2 | Passivo Total | 0 | 0 | 397.770 | –397.770 |
| 311 | Vendas | 0 | 0 | 67.000 | –67.000 |
| 321 | Receita Financeira | 0 | 0 | 250 | –250 |
| 3 | Receitas | 0 | 0 | 67.250 | –67.250 |
| 411 | Custo das Mercadorias Vendidas | 0 | 60.000 | 0 | 60.000 |
| 421 | Impostos sobre Vendas | 0 | 2.010 | 0 | 2.010 |
| 431 | Comissões | 0 | 1.340 | 0 | 1.340 |

(continua)

(continuação)

| Mês: janeiro/X1 | | Saldo Inicial | Movimento | | Saldo Final |
|---|---|---|---|---|---|
| Conta Contábil | | | A Débito | A Crédito | |
| Código | Nome | | | | |
| 441 | Desp. Administrativas | 0 | 1.150 | 0 | 1.150 |
| 451 | Desp. Financeira | 0 | 770 | 0 | 770 |
| 461 | Impostos sobre os Lucros | 0 | 475 | 0 | 475 |
| 4 | Despesas | 0 | 65.745 | 0 | 65.745 |
| | Total Geral | 0 | 1.192.995 | 1.192.995 | 0 |

## Balancete

É um relatório similar ao de plano de contas. De um modo geral, não apresenta todas as contas analíticas, restringindo-se a apresentar as contas sintéticas mais importantes. É denominado também *balancete de verificação*, pois um dos seus objetivos é verificar se o total das contas de saldos devedores bate com o total das contas de saldos credores.

Essa necessidade de verificação vem dos primórdios da contabilidade, em que o procedimento para os somatórios, tanto dos lançamentos para apurar o saldo das contas como dos saldos das contas sintéticas, era feito de forma manual, sendo, consequentemente, suscetível a erros. Quando o total dos saldos devedores era do mesmo montante dos saldos credores, davam-se indicativos ao profissional contábil de que, primariamente, os registros e os saldos estavam corretos.

> **Enquanto o balanço patrimonial é um relatório acabado, o balancete é um relatório preliminar, elaborado antes do encerramento das contas de resultados e do fechamento do balanço patrimonial.**

O outro grande objetivo do balancete refere-se ao fato de ser o relatório preliminar para preparar as demonstrações contábeis básicas, o balanço patrimonial e a demonstração de resultados. Assim, *o balancete caracteriza-se por listar todas as contas de despesas e receitas, antes da apuração dos resultados*. Em função disso, as contas apresentadas no balancete devem ser, no mínimo, as que serão apresentadas nessas demonstrações contábeis.

Portanto, não é um relatório final para o usuário externo, se bem que, nas empresas, é utilizado também para algumas informações para gestão. Apresentamos, a seguir, um modelo de balancete:

**Modelo de Relatório de Balancete**

Mês: janeiro/X1

| Conta Contábil | | Saldo | Saldo |
| --- | --- | --- | --- |
| Código | Nome | Devedor | Credor |
| 111 | Caixa | 19.025 | |
| 112 | Banco Brasileiro | 3.000 | |
| 113 | Aplicação Financeira | 25.250 | |
| 121 | Promissória a Receber | 45.000 | |
| 131 | Mercadorias para Revenda | 57.000 | |
| 151 | Móveis e Equipamentos | 50.000 | |
| 152 | Imóvel | 200.000 | |
| 1 | Ativo Total | 399.275 | |
| 211 | Empréstimo | | 70.770 |
| 221 | Fornecedores | | 27.000 |
| 231 | Capital Social | | 300.000 |
| 2 | Passivo Total | | 397.770 |
| 311 | Vendas | | 67.000 |
| 321 | Receita Financeira | | 250 |
| 3 | Receitas | | 67.250 |
| 411 | Custo das Mercadorias Vendidas | 60.000 | |
| 421 | Impostos sobre Vendas | 2.010 | |
| 431 | Comissões | 1.340 | |
| 441 | Despesas Administrativas | 1.150 | |
| 451 | Despesas Financeiras | 770 | |
| 461 | Impostos sobre os Lucros | 475 | |
| 4 | Despesas | 65.745 | |
| | Total Geral | 465.020 | 465.020 |

## 4.5 Relatórios para usuários externos: demonstrações contábeis básicas

Com o balancete, o profissional contábil prepara as demonstrações contábeis básicas. O balanço patrimonial utiliza-se das contas do ativo e do passivo mais o resultado obtido com as contas de receitas e de despesas, o qual passa a incorporar a conta *Lucros Acumulados*. A demonstração de resultados é elaborada a partir das contas de despesas e de receitas.

É evidente que o balancete é um relatório contábil de grande valia, pois, a qualquer momento, o contador pode, rápida e seguramente, obter uma avaliação do lucro ou do prejuízo do período, bem como da estrutura patrimonial.

Na figura a seguir, apresentamos tanto o fluxo geral do registro das informações contábeis como o processo de acumulação e de evidenciação nos relatórios contábeis.

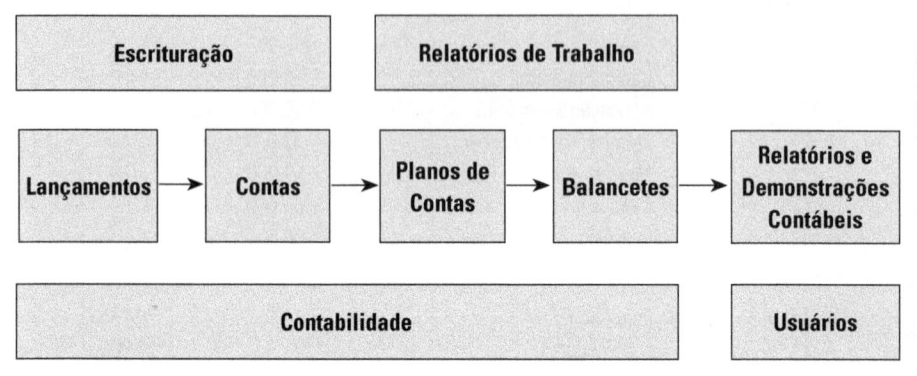

**Figura 4.4** Fluxo de escrituração e estruturação de relatórios contábeis.

Os modelos introdutórios das demonstrações contábeis básicas estão apresentados no Capítulo 3.

# Apêndices

## 1. Departamentalização e centros de custos[2]

Para que um plano de contas atenda todas as necessidades gerenciais, há a necessidade de completá-lo com um novo segmento estruturado de armazenamento de informações contábeis, denominado centros de custos ou despesas (que também estende-se para centros de receitas). Passaremos a denominar esse conceito apenas com o nome genérico de *centros de custos*, a terminologia mais utilizada.

O conceito de centro de custo decorre dos conceitos controlabilidade e prestação de contas (*accountability*) e contabilidade por responsabilidade, que implica atribuir o controle de contas contábeis aos gestores da organização, com ênfase para as receitas e as despesas. Os valores contabilizados decorrem de atos realizados por pessoas. Assim, nessa estrutura contábil, há uma segunda classificação do evento econômico para o centro de custo do responsável pelo fato contábil. Praticamente todos os atuais sistemas de informações contábeis à disposição dos contadores já incorporam essa funcionalidade.

---

[2] Adaptado de PADOVEZE, Clóvis Luís. *Manual de Contabilidade Básica*. 9. edição. São Paulo: Atlas, 2014.

A aplicação do conceito de centros de custos é absolutamente indispensável para a abordagem gerencial de contabilidade. Ele é a base do conceito de controladoria contábil e o fundamento para os seguintes subsistemas de informações contábeis:

a) Contabilidade de Custos;
b) Planejamento Orçamentário;
c) Contabilidade por Unidades de Negócio.

O conceito de centro de custos também é conhecido na contabilidade de custos como *departamentalização*. A estruturação dos centros de custos segue a mesma lógica da estruturação do plano de contas contábil, partindo do geral e particularizando os setores. Assim, a base para estruturar os centros de custos contábeis é o *organograma* da entidade.

O fundamento para a criação de centros de custos é a existência de pessoas num setor e que esse setor seja separado dos demais setores. Assim, a tabela de centros de custos deve ser refletida inteiramente no sistema de folha de pagamento, já que sua base são as pessoas na organização. Desse modo, não se podem confundir centros de custos com contas contábeis (tipos de despesas ou receitas), bem como não se podem confundir centros de custos com locais físicos.

Depois de estruturada a tabela ou plano de centros de custos, as informações contábeis são dispostas num formato matricial, no qual se apresentam as contas contábeis nas linhas e os valores contábeis distribuídos nos centros de custos nas colunas. Esse conceito é apresentado na tabela a seguir, num exemplo bastante resumido em que escolhemos apenas duas contas de despesas e três centros de custos genéricos operacionais.

| DESPESAS | CENTROS DE CUSTOS | | | |
| --- | --- | --- | --- | --- |
|  | 11 – Administração | 21 – Comercialização | 31 – Operação | Total |
| **Conta Contábil** | | | | |
| 321 – Pessoal | | | | |
| 321.01 Salários | 2.000 | 3.000 | 2.500 | |
| 321.02 Horas extras | 300 | 400 | 500 | |
| ... | ... | ... | ... | |
| Total | 2.300 | 3.400 | 3.000 | |

Assim, tem-se nas linhas o total das despesas de todos os centros de custos, e nas colunas, todas as despesas específicas de cada centro de custos e também o seu total.

Com o conceito de centro de custos, a estrutura de classificação contábil tem apenas duas tabelas:

1. Tabela do Plano de Contas Contábil
2. Tabela do Plano de Centros de Custos

Dessa maneira, não há necessidade de fazer uma estrutura de plano de contas para os custos dos produtos e serviços e uma estrutura de plano de contas para as despesas operacionais.

A base para a estruturação de um plano de centros de custos é a hierarquia definida da empresa, normalmente representada por um organograma. Normalmente deve ser definida uma conta de centro de custos até o menor nível hierárquico da entidade, em que há custos, despesas e receitas controláveis. Para nosso exemplo, vamos supor um organograma de uma empresa comercial que tenha uma pequena rede de três lojas.

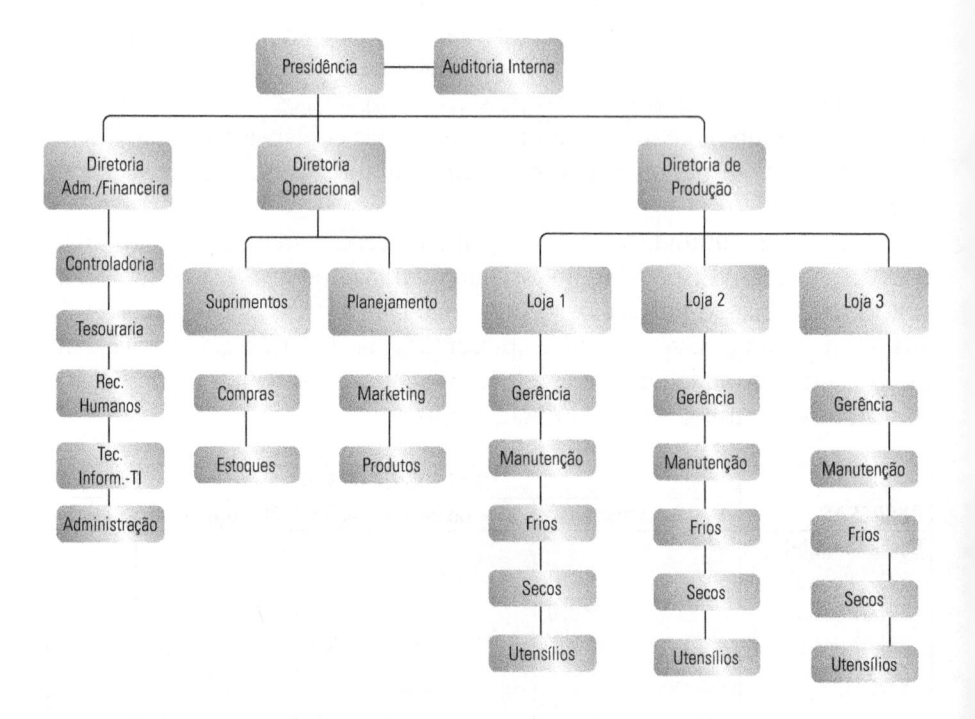

```
                           Presidência ─── Auditoria Interna
            ┌───────────────────┼───────────────────────────────┐
      Diretoria            Diretoria                      Diretoria de
    Adm./Financeira        Operacional                      Produção
            │              ┌────┴────┐              ┌──────────┼──────────┐
    Controladoria     Suprimentos  Planejamento   Loja 1     Loja 2     Loja 3
            │              │            │            │          │          │
     Tesouraria         Compras      Marketing    Gerência   Gerência   Gerência
            │              │            │            │          │          │
         Rec.           Estoques     Produtos    Manutenção Manutenção Manutenção
       Humanos                                      │          │          │
            │                                     Frios      Frios      Frios
         Tec.                                       │          │          │
      Inform.-TI                                  Secos      Secos      Secos
            │                                       │          │          │
     Administração                              Utensílios Utensílios Utensílios
```

A partir desse organograma, estrutura-se a tabela de centros de custos, podendo-se seguir a mesma lógica de codificação em graus, similar ao plano de contas contábeis, como no exemplo apresentado a seguir.

| \multicolumn{2}{c}{Tabela de Centros de Custos e de Receitas} | |
|---|---|
| **1** | **Administração** |
| 11 | Presidência |
| 111 | Presidência |
| 112 | Auditoria Interna |
| 12 | Diretoria Administrativa e Financeira |
| 121 | Diretoria Administrativa e Financeira |
| 122 | Controladoria |
| 123 | Tesouraria |
| 124 | Recursos Humanos |
| 125 | Tecnologia de Informação |
| 126 | Administração Geral |
| **2** | **Diretoria Operacional** |
| 21 | Diretoria Operacional |
| 211 | Diretoria Operacional |
| 212 | Suprimentos |
| 212.01 | Compras |
| 212.02 | Estoques |
| 213 | Planejamento |
| 213.01 | Marketing |
| 213.02 | Produtos |
| **3** | **Diretoria de Produção** |
| 31 | Diretoria de Produção |
| 311 | Diretoria de Produção |
| 312 | Loja 1 |
| 312.01 | Gerência |
| 312.02 | Manutenção |
| 312.03 | Frios |
| 312.04 | Secos |
| 312.05 | Utensílios |
| 313 | Loja 2 |
| 313.01 | Gerência |
| 313.02 | Manutenção |

(continua)

(continuação)

| Tabela de Centros de Custos e de Receitas ||
|---|---|
| 313.03 | Frios |
| 313.04 | Secos |
| 313.05 | Utensílios |
| 314 | Loja 3 |
| 314.01 | Gerência |
| 314.02 | Manutenção |
| 314.03 | Frios |
| 314.04 | Secos |
| 314.05 | Utensílios |

## 2. Exemplo de plano de contas

| 1 | **ATIVO** |
|---|---|
| **11** | ***CIRCULANTE*** |
| 111 | *DISPONIBILIDADES* |
| 111.01 | CAIXA |
| 111.01.001 | Caixa Matriz |
| 111.01.002 | Caixa Filial RJ |
| 111.01.003 | Caixa Filial N |
| 111.02 | SALDOS BANCÁRIOS |
| 111.02.001 | Banco do Brasil |
| 111.02.002 | Banco do Estado |
| 111.02.003 | Banco Internacional |
| 111.03 | APLICAÇÕES FINANCEIRAS |
| 111.03.001 | Banco do Brasil |
| 111.03.002 | Banco do Estado |
| 111.03.003 | Banco Internacional |
| 112 | *CONTAS A RECEBER DE CLIENTES* (1) |
| 112.01 | CLIENTES NACIONAIS |
| 112.01.001 | José Silva |
| 112.01.002 | João Souza |
| 112.01.003 | Carlos Pereira |
| 112.01.004 | .... |
| 112.02 | CLIENTES DO EXTERIOR |
| 112.02.001 | VM Marketing |

(1) Pode ser controlado em sistema à parte de forma analítica.

(continua)

(continuação)

| | |
|---|---|
| 112.02.002 | VM Inc. |
| 112.02.003 | Stanley & CO. |
| 112.02.004 | .... |
| 113 | ESTOQUES |
| 113.01 | Estoque de mercadorias para revenda |
| 113.02 | Estoque de materiais para consumo |
| 114 | OUTRAS CONTAS A RECEBER |
| 114.01 | Adiantamentos a fornecedores |
| 114.02 | Adiantamentos a empregados |
| 115 | DESPESAS ANTECIPADAS |
| 115.01 | Seguros |
| 115.02 | Juros |
| **12** | ***NÃO CIRCULANTE*** |
| 121 | *REALIZÁVEL A LONGO PRAZO* |
| 121.01 | Depósitos judiciais |
| 121.02 | Créditos com empresas relacionadas |
| 121.03 | Tributos diferidos |
| 121.04 | Aplicações financeiras disponíveis para venda |
| 122 | *INVESTIMENTOS* |
| 122.01 | Valor patrimonial equivalente |
| 122.02 | Mais ou menos valia |
| 122.03 | Ágio (*goodwill*) |
| 122.04 | Equivalência patrimonial |
| 122.05 | Investimento em outras empresas |
| 123 | *IMOBILIZADO* |
| 123.01 | Imóveis |
| 123.01.001 | Valor de aquisição |
| 123.01.002 | Depreciação acumulada |
| 123.01.003 | Provisão para desvalorização |
| 123.02 | Máquinas e Equipamentos |
| 123.02.001 | Valor de aquisição |
| 123.02.002 | Depreciação acumulada |
| 123.02.003 | Provisão para desvalorização |
| 123.03 | Móveis e Utensílios |
| 123.03.001 | Valor de aquisição |
| 123.03.002 | Depreciação acumulada |
| 123.03.003 | Provisão para desvalorização |
| 123.04 | Veículos |

(continua)

(continuação)

| | |
|---|---|
| 123.04.001 | Valor de aquisição |
| 123.04.002 | Depreciação acumulada |
| 123.04.003 | Provisão para desvalorização |
| 123.05 | Equipamentos de TI |
| 123.05.001 | Valor de aquisição |
| 123.05.002 | Depreciação acumulada |
| 123.05.003 | Provisão para desvalorização |
| 124 | *INTANGÍVEL* |
| 124.01 | Marcas e patentes |
| 124.01.001 | Valor de aquisição |
| 124.01.002 | Amortização acumulada |
| 124.01.003 | Provisão para desvalorização |
| 124.02 | Desenvolvimento de produtos |
| 124.02.001 | Valor de aquisição |
| 124.02.002 | Amortização acumulada |
| 124.02.003 | Provisão para desvalorização |
| **2** | **PASSIVO** |
| **21** | ***CIRCULANTE*** |
| 211 | *EMPRÉSTIMOS E FINANCIAMENTOS* |
| 211.01 | Conta garantida |
| 211.02 | Títulos descontados |
| 211.03 | Financiamentos |
| 211.04 | *Leasing* financeiro |
| 212 | *FORNECEDORES* (1) |
| 212.01 | FORNECEDORES NACIONAIS |
| 212.01.001 | José Silva |
| 212.01.002 | João Souza |
| 212.01.003 | Carlos Pereira |
| 212.01.004 | .... |
| 212.02 | FORNECEDORES DO EXTERIOR |
| 212.02.001 | VM Marketing |
| 212.02.002 | VM Inc. |
| 212.02.003 | ... |
| 213 | *SALÁRIOS E ENCARGOS SOCIAIS* |
| 213.01 | SALÁRIOS E ENCARGOS SOCIAIS |
| 213.01.001 | Salágios a pagar |
| 213.01.002 | INSS a recolher |
| 213.01.003 | FGTS a recolher |

(continua)

(continuação)

| | |
|---|---|
| 213.01.004 | IRRF a recolher |
| 213.02 | PROVISÕES DE SALÁRIOS E ENCARGOS |
| 213.02.001 | Provisão de férias |
| 213.02.002 | Provisão de décimo terceiro salário |
| 213.02.003 | FGTS sobre provisões |
| 213.01.004 | INSS sobre provisões |
| 214 | *TRIBUTOS A RECOLHER* |
| 214.01 | IPI |
| 214.02 | ICMS |
| 214.03 | PIS |
| 214.04 | COFINS |
| 214.05 | IR |
| 214.06 | CSLL |
| 214.07 | SIMPLES |
| 215 | *OUTRAS OBRIGAÇÕES* |
| 215.01 | Adiantamentos de clientes |
| 215.02 | Distribuição de lucros a pagar |
| 215.03 | Outras contas a pagar |
| 216 | *PARCELAMENTOS TRIBUTÁRIOS* |
| 216.01 | Convencionais |
| 216.02 | Reparcelamentos |
| **22** | ***NÃO CIRCULANTE*** |
| 221 | *EMPRÉSTIMOS E FINANCIAMENTOS* |
| 221.01 | Financiamentos |
| 221.02 | *Leasing* financeiro |
| 222 | *PARCELAMENTOS TRIBUTÁRIOS* |
| 222.01 | Convencionais |
| 222.02 | Reparcelamentos |
| 223 | *OUTRAS OBRIGAÇÕES* |
| 223.01 | Tributos diferidos |
| 223.02 | Receitas diferidas |
| **23** | ***PATRIMÔNIO LÍQUIDO*** |
| 231 | *CAPITAL SOCIAL* |
| 231.01 | Ações/cotas classe A |
| 231.02 | Ações/cotas classe B |
| 232 | *AÇÕES EM TESOURARIA* |
| 232.01 | Ações/cotas classe A |
| 232.02 | Ações/cotas classe B |

(continua)

(continuação)

| | |
|---|---|
| 233 | *RESERVAS DE CAPITAL* |
| 233.01 | Ágio na integralização de capital social |
| 234 | *RESERVAS DE REAVALIAÇÃO* |
| 234.01 | Reavaliação de imobilizados até 31.12.2007 |
| 235 | *RESERVAS DE LUCROS* |
| 235.01 | Reserva legal |
| 235.02 | Reserva de incentivos fiscais |
| 235.03 | Reservas de lucros |
| 236 | *AJUSTES DE AVALIAÇÃO PATRIMONIAL* |
| 236.01 | Ajustes de instrumentos financeiros |
| 236.02 | Ajustes de investimentos no exterior |
| 237 | *PREJUÍZOS (LUCROS) ACUMULADOS* |
| 237.01 | Prejuízos acumulados |
| 237.02 | Lucros acumulados |
| 237.03 | Lucro do período |
| **3** | **DESPESAS** |
| **31** | **CUSTO DAS MERCADORIAS VENDIDAS** |
| 311 | Mercadorias – Setor 1 |
| 312 | Mercadorias – Setor 2 |
| 313 | Mercadorias – Setor N |
| 314 | Exportações |
| 315 | Material auxiliar |
| 316 | Outras vendas |
| **32** | ***OPERACIONAIS*** |
| 321 | Pessoal |
| 321.01 | Salários |
| 321.02 | Horas extras |
| 321.03 | Prêmios de produção |
| 321.04 | Gratificações |
| 321.05 | Férias |
| 321.06 | Décimo terceiro salário |
| 321.07 | INSS |
| 321.08 | FGTS |
| 321.09 | Alimentação de funcionários |
| 321.10 | Vale-transporte |
| 321.11 | Assistência médica etc. |
| 322 | Materiais de consumo |
| 322.01 | De expediente |

(continua)

(continuação)

| | |
|---|---|
| 322.02 | Para manutenção e conservação |
| 322.03 | Combustíveis e lubrificantes |
| 322.04 | Bens de pequeno valor |
| 323 | Despesas gerais |
| 323.01 | Fretes e carretos |
| 323.02 | Viagens e refeições |
| 323.04 | Energia elétrica |
| 323.05 | Água e esgoto |
| 323.06 | Telefonia e comunicação |
| 323.07 | Serviços de terceiros |
| 323.08 | Seguros |
| 323.09 | Legais |
| 323.10 | Comissões |
| 323.11 | Aluguéis de edifício |
| 323.12 | Aluguéis de equipamentos |
| 323.13 | Bancárias |
| 323.14 | ... |
| 324 | Depreciações e amortizações |
| 324.01 | Depreciações do imobilizado |
| 324.02 | Amortizações do intangível |
| **33** | ***DESPESAS FINANCEIRAS*** |
| 331 | Com empréstimos e financiamentos |
| 331.01 | Juros e comissões |
| 331.02 | Variações monetárias e cambiais |
| 331.03 | IOF |
| 331.04 | Encargos de conta garantida e cheque especial |
| 332 | Com refinanciamento de tributos |
| 332.01 | Juros |
| 332.02 | Multas |
| 332.03 | Atualização monetária |
| 333 | Outras despesas financeiras |
| 333.01 | Juros de pagamentos em atraso |
| 333.02 | Variações cambiais |
| 333.03 | Descontos concedidos |
| **34** | ***TRIBUTÁRIAS*** |
| 341 | Tributárias |
| 341.01 | Imposto Predial |
| 341.02 | Imposto Sindical |

(continua)

(continuação)

| | |
|---|---|
| 341.03 | IPVA |
| **35** | ***OUTRAS DESPESAS*** |
| 351 | Outras despesas |
| 351.01 | Baixa de bens do ativo permanente |
| 351.02 | Despesas extraordinárias |
| 351.03 | Multas por infração fiscal |
| 351.04 | Sinistros em ativos imobilizados |
| **4** | **RECEITAS** |
| **41** | ***VENDAS*** |
| 411 | Mercadorias – Setor 1 |
| 412 | Mercadorias – Setor 2 |
| 413 | Mercadorias – Setor N |
| 414 | Exportações |
| 415 | TRIBUTOS SOBRE VENDAS |
| 415.01 | IPI |
| 415.02 | ICMS |
| 415.03 | PIS |
| 415.04 | COFINS |
| 415.05 | SIMPLES |
| 416 | DEVOLUÇÕES E ABATIMENTOS |
| 416.01 | Devoluções de mercadorias |
| 416.02 | Abatimentos |
| **42** | ***OUTRAS RECEITAS OPERACIONAIS*** |
| 421 | Serviços prestados |
| 422 | Recuperação de despesas |
| 423 | Outras receitas operacionais |
| 424 | TRIBUTOS SOBRE VENDAS |
| 424.01 | ISS |
| 424.02 | PIS |
| 424.03 | COFINS |
| **43** | ***RECEITAS FINANCEIRAS*** |
| 431 | Receitas financeiras de aplicações financeiras |
| 432 | Variações monetárias e cambiais |
| 433 | Descontos obtidos |
| 434 | Juros por recebimentos em atraso |
| **44** | ***OUTRAS RECEITAS*** |
| 431 | Venda de bens imobilizados |
| 432 | Recuperação de sinistros |

# Questões e exercícios

1. O Sistema Patrimonial de contas é dividido em quatro grandes agrupamentos:

   Contas Patrimoniais = Contas do Ativo e do Passivo

   Contas de Resultado = Contas de Receitas e de Despesas

   As contas a seguir representam um patrimônio em detalhe. Use (A) se for conta do Ativo; (P) se for conta do Passivo; (D) se for conta de Despesa e (R) se for conta de Receita.

   1. ( ) Caixa
   2. ( ) Empréstimos a pagar
   3. ( ) Bancos (conta movimento)
   4. ( ) Juros recebidos
   5. ( ) Juros pagos
   6. ( ) Fretes
   7. ( ) Salários a pagar
   8. ( ) Salários
   9. ( ) Duplicatas a receber
   10. ( ) Móveis e utensílios
   11. ( ) Vendas
   12. ( ) Descontos obtidos
   13. ( ) Duplicatas a pagar
   14. ( ) Mercadorias em estoque
   15. ( ) Aluguéis pagos
   16. ( ) Encargos de INSS e FGTS
   17. ( ) Contas-correntes a pagar
   18. ( ) Aluguéis recebidos
   19. ( ) Capital social
   20. ( ) Comissões pagas
   21. ( ) Comissões recebidas
   22. ( ) INSS a pagar
   23. ( ) Viagens e refeições
   24. ( ) FGTS e PIS a pagar
   25. ( ) Energia elétrica
   26. ( ) Gastos com telefone

2. Colocar as seguintes letras nas respectivas colunas, conforme a tabela a seguir:

   Primeira coluna

   (B) se for bem.                      (D) se for direito. (O) se for obrigação.
   (P) se for patrimônio líquido, despesa ou receita.

   Segunda coluna

   (A) se for ativo.                       (P) se for passivo.
   (D) se for despesa.                 (R) se for receita.

   Terceira coluna

   (D) se for saldo devedor.         (C) se for saldo credor.

|  | COLUNAS | | |
|---|---|---|---|
|  | 1ª | 2ª | 3ª |
| **Exemplo:** | | | |
| 1. Caixa | B | A | D |
| 2. Vendas | P | R | C |
| **Contas:** | | | |
| 3. Bancos conta movimento | | | |
| 4. Empréstimos a pagar | | | |
| 5. Descontos obtidos | | | |
| 6. Descontos concedidos | | | |
| 7. Mercadorias em estoque | | | |
| 8. Aplicação financeira | | | |
| 9. Imposto de Renda a pagar | | | |
| 10. Duplicatas a receber (clientes) | | | |
| 11. Serviços prestados por terceiros | | | |
| 12. Recuperação de despesas | | | |
| 13. Capital social | | | |
| 14. Gastos com café | | | |
| 15. Duplicatas a pagar (fornecedores) | | | |
| 16. Consumo material auxiliar | | | |
| 17. Adiantamentos a empregados | | | |
| 18. Prestação de serviços ao cliente | | | |
| 19. Salários | | | |
| 20. Encargos sociais salariais | | | |
| 21. Prédios | | | |
| 22. Terrenos | | | |
| 23. Promissórias a pagar | | | |
| 24. Propaganda | | | |
| 25. Juros de empréstimos a pagar | | | |
| 26. Juros de aplicações financeiras | | | |
| 27. Aluguéis pagos | | | |
| 28. Aluguéis recebidos | | | |
| 29. Patrimônio líquido | | | |
| 30. Ações de outras empresas | | | |
| 31. Salários a pagar | | | |

3. Identificar os nomes das contas envolvidas (alteradas) pelos eventos econômicos listados a seguir:

Exemplo: pagamento de duplicata nº 520, no valor de $ 50, obtendo desconto de $ 7, com cheque 001 do Banco Banespa.

Contas envolvidas:

1) Duplicatas a pagar = obrigação que está sendo diminuída.
2) Banco Banespa (conta movimento) = direito (saldo bancário) diminuído.
3) Descontos obtidos = receita, por pagamento com valor menor.

Fatos:

1. Constituição da Empresa A, com entrada de capital social em dinheiro = $ 1.200, conforme estatuto registrado em cartório;
2. Depósito em dinheiro no Banco Itaú = $ 900;
3. Aplicação financeira = $ 250, com cheque do Banco Itaú;
4. Depósito no Banco Bradesco, com cheque do Banco Itaú = $ 600;
5. Pagamento em dinheiro de despesas de cartório = $ 27;
6. Pagamento em dinheiro de salários de funcionários = $ 98;
7. Depósito em dinheiro no Banco Bradesco = $ 100;
8. Compra de mercadorias à vista, com pagamento efetuado por meio de cheque do Banco Bradesco = $ 120;
9. Venda a prazo com NF 00X = $ 800, cliente AA5; custo da mercadoria $ 120;
10. Compra de mercadoria do fornecedor ZZ4 a prazo com NF 00X = $ 300;
11. Pagamento em dinheiro de fretes, transportadora 00Y = $ 19;
12. Crédito de juros em aplicação financeira = $ 10;
13. Contratação de empréstimos no valor de $ 1.000, com juros cobrados no ato = $ 100; líquido creditado (Bradesco) = $ 900;
14. Recebimento de duplicata nº XX2, no valor de $ 100, com juros de $ 10, por ter sido recebida com atraso; totalizando $ 110, em dinheiro, cliente AA5;
15. Pagamento de duplicata no valor de $ 300, com juros de $ 16, por ter sido paga com atraso; pagamento com cheque do Banco Bradesco nº YY3 = $ 316; fornecedor ZZ4;
16. Compra de uma máquina para o imobilizado do fornecedor ZZ7, NF XX8 no valor de $ 730, sendo $ 200 pagos à vista com cheque do Banco Bradesco nº YY4, e o restante, pago a prazo;
17. Resgate (retirada) de aplicação financeira com entrada no caixa = $ 100.

a) Com os fatos anteriores e as contas alteradas, coloque, na frente de cada conta, (D) se o fato provocou débito e (C) se o fato provocou crédito.

b) Com os fatos indicados no item A, faça os lançamentos:

– No livro diário, pelo sistema manual;
– No livro razão, pelo sistema tipo "fichas";
– No razão didático (conta T).

4. Partindo do balancete de verificação inicial dado a seguir, faça os seguintes lançamentos em conta T:

1. Resgate parcial de aplicação financeira = $ 29 (Banco Bradesco);
2. Resgate parcial de aplicação financeira, sendo o principal $ 70, mais juros de $ 7 (Banco Bradesco);
3. Aplicação financeira com cheque do Banco Bradesco = $ 80;
4. Recebimento de valor = $ 77 da promissória, conforme aviso de crédito do Banco Bradesco;
5. Compra de mercadorias a prazo = $ 400;
6. Venda de mercadorias no valor de $ 1.000, sendo a prazo $ 800 e à vista $ 200, com crédito bancário. O custo das mercadorias vendidas é de $ 249.
7. Depósito em dinheiro no Banco Itaú = $ 200;
8. Compra com cheque do Banco Itaú de uma mesa, uma cadeira, uma máquina de calcular, totalizando $ 30;
9. Pagamento de despesas de escritório de contabilidade = $ 12, com cheque do Banco Itaú;
10. Pagamento em dinheiro de despesas de cartório = $ 3;
11. Pagamento em dinheiro de comissões sobre vendas = $ 15, com cheque do Banco Bradesco;
12. Pagamento de salários = $ 14, com cheque do Banco Itaú;
13. Prestação de serviços ao cliente = $ 18, a prazo;
14. Recebimento de duplicata no valor de $ 200, conforme o aviso de crédito do Banco Itaú;
15. Pagamento de duplicata no valor de $ 147, com cheque do Banco Itaú;
16. Pagamento de adiantamento = $ 25 para fornecimento de mercadorias, com cheque do Banco Bradesco;
17. Recebimento de sinal de pedido de venda = $ 32, pagos em dinheiro;

18. Aviso de débito com despesas bancárias = $ 3 (Banco Itaú);
19. Recebimento de duplicata no valor de $ 50, mais $ 4 de juros pelo atraso, conforme aviso de crédito do Banco Itaú;
20. Pagamento de duplicata no valor de $ 45, obtendo desconto de $ 7, conforme cheque do Banco Itaú;
21. Pagamento de conta de energia elétrica = $ 33, com cheque do Banco Itaú.

Pede-se também levantar novo Balancete de Verificação após a contabilização desses fatos.

| Balancete de Verificação Inicial | | |
|---|---|---|
| Nome da Conta | Saldo Devedor | Saldo Credor |
| | $ | $ |
| **Ativo** | | |
| Caixa | 22 | |
| Banco Bradesco | 35 | |
| Aplicações financeiras | 229 | |
| Mercadorias em estoque | 220 | |
| Promissória a Receber | 77 | |
| Terrenos | 50 | |
| Prédios | 200 | |
| **Passivo** | | |
| Fornecedores (duplicatas a pagar) | | 240 |
| Capital social | | 550 |
| **Despesas** | | |
| Custo das mercadorias vendidas | 100 | |
| Cartório | 13 | |
| Comissões | 2 | |
| **Receitas** | | |
| Vendas | | 154 |
| Juros | | 4 |
| **Total** | **948** | **948** |

5. As contas a seguir e seus respectivos saldos, em 30.11.X1, pertencem à contabilidade de uma empresa comercial:

1. Foi aberta uma conta-corrente no Banco Itaú S.A., tendo sido depositada a importância de $ 15.000;

| Contas | Saldos ($) | Saldos Devedores | Saldos Credores |
|---|---|---|---|
| Caixa | 22.500,00 | | |
| Móveis e utensílios | 90.000,00 | | |
| Vendas de mercadorias | 285.000,00 | | |
| Duplicatas a pagar | 46.000,00 | | |
| Compras de mercadorias | 145.000,00 | | |
| Despesas de juros | 2.500,00 | | |
| Despesas de salários | 20.000,00 | | |
| Despesas de aluguel | 12.000,00 | | |
| Estoque de mercadorias | 28.000,00 | | |
| Duplicatas a receber | 60.000,00 | | |
| Descontos obtidos | 4.500,00 | | |
| Capital social | 50.000,00 | | |
| Despesas de impostos | 5.500,00 | | |
| Totais | | | |

2. Vendas de mercadorias no total de $ 50.000 (adquiridas por $ 20.000), tendo sido recebidos à vista $ 20.000, por meio do cheque nº 028452; o restante, no valor de $ 30.000, será recebido dentro de 20 dias, sendo emitida a duplicata correspondente;

3. Pagamento em cheque de despesa de propaganda: $ 1.500;

4. Compra de um veículo por $ 33.000, sendo $ 8.000 pagos à vista, em dinheiro, e o restante mediante cinco duplicatas de igual valor;

5. Compra de mercadorias no valor de $ 40.000, sendo pagos $ 10.000 em dinheiro, no ato, e o restante, a prazo, mediante duplicatas;

6. Pagamento em dinheiro de uma duplicata referente à compra do veículo;

7. Recebimento em dinheiro de uma duplicata no valor de $ 40.000, sendo concedido um desconto de 5%;

8. Pagamento com cheque de uma duplicata no valor de $ 10.000, sendo que nossa empresa obteve um desconto de 4%.

Pede-se:

a) Distribuir os saldos das contas apresentadas em suas respectivas colunas (saldos devedores ou saldos credores), obtendo-se, assim, o Balancete de Verificação em 30.11.X1;
b) Transcrever nas contas T todos os saldos existentes em 30.11.X1;
c) Registrar nas contas T todas as operações ocorridas em dezembro/X1;
d) Elaborar um Balancete de Verificação em 31.12.X1.

6. Conhecendo as informações a seguir de uma empresa comercial, calcular o valor das vendas do período.
7. As contas a seguir e seus respectivos saldos em 30.11.X2 pertencem à contabilidade de uma empresa comercial.

|  | $ |
|---|---|
| Compras de mercadorias | 215.000,00 |
| Lucro líquido | 41.880,00 |
| Estoque final | 83.000,00 |
| Despesas | 117.280,00 |
| Estoque inicial | 37.500,00 |
| Outras receitas | 15.410,00 |

| Contas | Saldos – $ | Saldos Devedores | Saldos Credores |
|---|---|---|---|
| Caixa | 45.000,00 | | |
| Móveis e utensílios | 180.000,00 | | |
| Compra de mercadorias | 290.000,00 | | |
| Duplicatas a pagar | 92.000,00 | | |
| Despesas de salários | 40.000,00 | | |
| Estoque de mercadorias | 56.000,00 | | |
| Imposto a pagar | 29.000,00 | | |
| Despesas de aluguel | 24.000,00 | | |
| Despesas de juros | 5.000,00 | | |
| Venda de mercadorias | 330.000,00 | | |
| Duplicatas a receber | 120.000,00 | | |
| Descontos obtidos | 9.000,00 | | |
| Capital Social | 300.000,00 | | |
| Totais | | | |

Durante o mês de dezembro de X2, ocorreram as seguintes operações:

1. Foi aberta uma conta-corrente no Banco Itaú S.A., tendo sido depositada a importância de $ 24.000;

2. Pagamento em cheque de uma duplicata no valor de $ 10.000, sendo que nossa empresa obteve um desconto de 5%;

3. Venda a prazo de mercadorias no valor de $ 8.000, tendo sido emitidas duas duplicatas com vencimentos para 30 e 60 dias da data da venda;

4. Recebimento em cheque de uma duplicata no valor de $ 20.000 mais 3% de juros, cobrados em virtude de atraso no pagamento;

5. O estoque final de mercadorias, apurado mediante levantamento físico realizado no dia 31.12.X2, totalizou $ 75.000.
    Pede-se:

a) Distribuir os saldos das contas anteriores em suas respectivas colunas (Saldos Devedores ou Saldos Credores), obtendo-se, assim, o Balancete de Verificação em 30.11.X2;

b) Transcrever nas contas T todos os saldos existentes em 30.11.X2;

c) Registrar nas contas T todas as operações ocorridas em dezembro/X2;

d) Elaborar um Balancete de Verificação em dezembro/X2;

e) De posse do Balancete de Verificação, elaborar:

– A demonstração do resultado do exercício;

– O Balanço Patrimonial.

8. Uma empresa de transporte possuía no Ativo Imobilizado um ônibus cujo valor contábil líquido era de $ 83.000. O referido veículo sofreu um acidente com perda total e não havia seguro contra acidente. A empresa comprou esse veículo por meio de financiamento e ainda devia ao banco $ 37.000, relativos a essa aquisição.

O efeito contábil desse acontecimento no Balanço Patrimonial da empresa é redução no:

a) Ativo e no Patrimônio Líquido de $ 37.000;

b) Ativo e no Patrimônio Líquido de $ 83.000;

c) Ativo e no Passivo de $ 46.000;

d) Passivo e no Ativo de $ 37.000;

e) Passivo e no Patrimônio Líquido de $ 83.000.

# PARTE II
## Contabilidade financeira

# 5
## capítulo

# Estrutura das demonstrações financeiras publicadas

A base da estruturação das informações necessárias para a condução de um modelo de gestão empresarial está contida nas duas demonstrações contábeis básicas: o balanço patrimonial e a demonstração de resultados. Elas se configuram, na realidade, em dois grandes modelos sintéticos de decisão para gestão econômica. Todos os demais modelos decisórios, mais analíticos ou específicos, são decorrentes e complementares do balanço patrimonial e da demonstração de resultados.

O objetivo final da gestão econômica de criação de valor para o acionista é medido pela análise de rentabilidade. A demonstração de resultados é o modelo de mensuração e informação do lucro, enquanto o balanço patrimonial é o modelo de mensuração e informação do investimento. Portanto, a análise conjunta das informações desses dois modelos decisórios é que deflagra todo o processo de gestão econômica, e a base para a análise de balanço compreende entender essas duas peças contábeis.

Essas demonstrações básicas são complementadas por outras, objetivando alargar a visão sobre o empreendimento, enfocando diversos outros aspectos sobre o desempenho da empresa. Os demonstrativos complementares mais conhecidos são a demonstração do fluxo de caixa, a demonstração das origens e aplicações dos recursos, a demonstração das mutações do patrimônio líquido e dos lucros acumulados, os balanços consolidados e as demonstrações em moeda estrangeira e em moeda de poder aquisitivo constante.

Essas demonstrações são importantes tanto para os gestores internos como para os usuários externos interessados no desempenho da empresa. Para os usuários externos, incluindo a comunidade em geral, outras demonstrações podem ser elaboradas, tais como a demonstração do valor adicionado e o balanço social. Todas as demonstrações são complementadas pelas notas explicativas e pelos relatórios da administração.

## 5.1 Entidades e legislação regulamentadoras no Brasil

A estrutura das demonstrações contábeis brasileiras e os critérios básicos de avaliação dos ativos e passivos são regulamentados pela Lei nº 6.404/76 das sociedades por ações, no seu Capítulo XV, artigos 175 a 188, e sua obrigatoriedade foi estendida para todas as entidades brasileiras por força de ato do Conselho Federal de Contabilidade.

A Lei nº 6.404/76 foi alterada pelas leis nºs 11.638/07 e 11.941/09 que teve como ponto central a adoção das normas internacionais de contabilidade do IFRS – *International Financial Reporting Standards*. As demonstrações contábeis obrigatórias são denominadas, na legislação, demonstrações financeiras. Essa nova regulamentação vale para todas as empresas desde 1º de janeiro de 2010.

Em termos tributários da legislação do imposto de renda, o Decreto-lei nº 1.598/77 determinou a adoção das normas contábeis da Lei nº 6.404/76 para todas as empresas. A Lei nº 12.973/14 apresentou as adaptações necessárias do imposto de renda para as alterações introduzidas pelas leis nºs 11.638/07 e 11.941/-09. A Figura 5.1 mostra a evolução e integração desses diplomas legais.

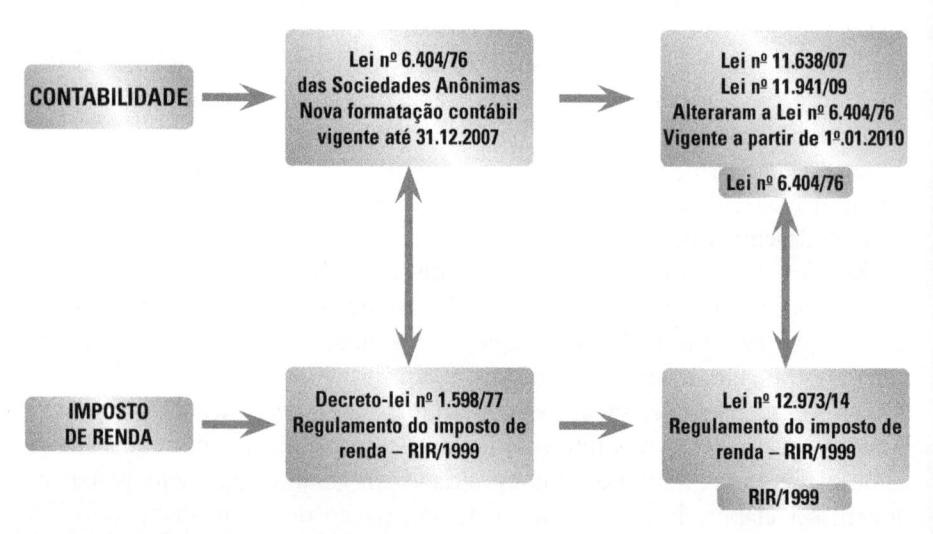

**Figura 5.1** Estrutura legal societária e fiscal.

O Decreto-lei nº 1.598/77 deu origem ao atual regulamento do imposto de renda, datado de 1999, conhecido como RIR/1999, que continua prevalecendo com as novas alterações, assim como a Lei nº 6.404/76 continua prevalecendo com as alterações das normas internacionais de contabilidade.

## Entidades oficiais reguladoras

O órgão oficial regulador da contabilidade brasileira é o CFC – Conselho Federal de Contabilidade. O órgão que congrega as atribuições dos auditores independentes (auditores externos) é o Ibracon – Instituto dos Auditores Independentes do Brasil.

O CFC transferiu a responsabilidade da elaboração das normas contábeis brasileiras para a adoção das práticas internacionais de contabilidade para o CPC – Comitê de Pronunciamentos Contábeis, instituído pela Resolução CFC nº 1.055/05.

O CPC atua no estudo, preparo, centralização, emissão e unificação das normas contábeis brasileiras, com o objetivo de torná-las mais adequadas às normas internacionais de contabilidade. O CPC tem seus membros indicados pela seguinte composição:

- Abrasca – Associação das Empresas Brasileiras de Capital Aberto
- Apimec Nacional – Associação dos Analistas de Investimentos do Mercado de Capital
- Bovespa – Bolsa de Valores de São Paulo
- CFC – Conselho Federal de Contabilidade
- Ibracon – Instituto dos Auditores Independentes do Brasil
- Fipecafi – Fundação de Pesquisas Contábeis e Financeiras, organização derivada da FEA/USP.

O CPC emite os Pronunciamentos Técnicos sobre Procedimentos Contábeis, Interpretações e Orientações, que são validados em audiência pública. Como o CPC não é órgão oficial governamental, todos os pronunciamentos devem ser reconhecidos pelo CFC e por atos normativos dos órgãos governamentais e de regulamentação, como o Banco Central, para as entidades financeiras, a Susep, para as entidades do ramo de seguros e previdência, e as agências reguladoras, para as empresas que têm obrigatoriedade de reportar suas demonstrações financeiras a elas, como a Aneel, a ANS etc.

A CVM – Comissão de Valores Mobiliários continua tendo autoridade para exigir procedimentos contábeis adicionais das empresas de capital aberto ou com títulos publicamente negociados na bolsa de valores.

## Empresas de grande porte e pequenas e médias empresas

O artigo 3º da Lei nº 11.638/07 criou o conceito de sociedades de grande porte para fins de aplicação da Lei nº 6.404/76. São elas a sociedade ou conjunto de sociedades sob controle comum que tiverem, no exercício social anterior, o ativo total superior a R$ 240.000.000,00 ou receita bruta anual superior a R$ 300.000.000,00.

As sociedades de grande porte são obrigadas a seguir toda a regulamentação das sociedades de capital aberto sobre escrituração e elaboração das demonstrações financeiras e precisam ter auditoria independente realizada por auditor registrado na CVM.

O CPC criou o conceito de pequenas e médias empresas – PME – para fins de adoção das práticas contábeis dos pronunciamentos técnicos. Consideram-se PMEs as sociedades fechadas e sociedades que não precisam fazer prestação pública de suas contas.

Excluem-se do conceito de PMEs as sociedades de grande porte, as companhias abertas reguladas pela CVM e as sociedades reguladas pelo Banco Central, pela Susep e outras sociedades cuja prática contábil é ditada pelo correspondente órgão regulador com poder legal para tanto.

As empresas caracterizadas como PMEs têm a opção de:

a) adotar apenas o CPC – PME – um único pronunciamento técnico contábil elaborado especificamente para elas;

b) ou adotar o conjunto completo dos CPCs (*full CPC*).

A partir da adoção de uma estrutura de CPCs, a PME deve adotá-la de forma uniforme ao longo dos anos.

## 5.2 Balanço patrimonial e demonstração de resultados

A peça contábil por excelência, e a mais importante, é o balanço patrimonial. Sua função básica é evidenciar o conjunto patrimonial de uma entidade, classificando-o em bens e direitos, evidenciados no ativo, e em obrigações, e o valor patrimonial dos donos e acionistas, evidenciado no passivo.

O ativo evidencia os elementos patrimoniais positivos; o passivo evidencia dois elementos até antagônicos: mostra, em primeiro lugar, as dívidas da empresa, consideradas elementos patrimoniais negativos, e, em segundo lugar, complementando a equação contábil, o valor da riqueza dos acionistas – evidenciada na figura do patrimônio líquido.

Portanto, *a figura central do balanço patrimonial e, obviamente, da gestão econômica é o patrimônio líquido*, que é formado, basicamente, por duas grandes origens de recursos:

a) o *valor inicial do numerário*, denominado capital social, que os donos ou acionistas investiram na empresa, bem como seus subsequentes aumentos ou retiradas de capital;

b) o *valor dos lucros (ou prejuízos)*, denominado lucros acumulados ou lucros retidos, obtido nas operações da companhia e ainda não retirado da empresa.

## 5.3 Conceitos fundamentais e estrutura do balanço patrimonial

O balanço patrimonial tem, como finalidade básica, representar o patrimônio de uma entidade em um determinado momento. Normalmente, esse momento é o último dia de um período de atividades escolhido (mês, ano). Essa demonstração tem a configuração básica apresentada no Quadro 5.1.

A seguir, apresentamos um resumo dos principais conceitos e fundamentos que formatam, genericamente, a demonstração do balanço patrimonial, tanto em termos de sua apresentação como de sua mensuração.

### Realização

É um conceito contábil fundamental, aplicado de duas maneiras:

a) indica a condição característica de os bens, os direitos e as obrigações transformarem-se em moeda, para o ativo e o passivo;

b) indica o momento da ocorrência dos eventos econômicos para as despesas e receitas.

Assim, um ativo é realizado quando é recebido ou transformado em dinheiro, e um passivo, quando é pago ou a obrigação que representa é liquidada. Uma receita é realizada ao considerar-se que foi efetuada a sua transmissão para a outra parte e ao ser reconhecida pela entidade como direito, independentemente de seu recebimento. Uma despesa é realizada quando a entidade reconhece a aceitação do serviço por ela prestada.

**Quadro 5.1** Estrutura básica do balanço patrimonial

| ATIVO CIRCULANTE | PASSIVO CIRCULANTE |
|---|---|
| Disponibilidades, contas a receber de clientes, estoques e outros valores a receber e a realizar, dentro do prazo de um ano. | Fornecedores e contas a pagar, tributos a recolher, empréstimos e financiamentos e outras obrigações, vencíveis dentro do prazo de um ano. |
| **ATIVO NÃO CIRCULANTE** | **PASSIVO NÃO CIRCULANTE** |
| **Realizável a longo prazo** Bens e direitos a receber ou a realizar com prazo superior a um ano. **Investimentos** Ações ou cotas de outras empresas coligadas ou controladas. **Imobilizado** Bens adquiridos sem a intenção de venda para utilização nas atividades operacionais da companhia, líquido das depreciações e exaustões. **Intangível** Bens incorpóreos necessários às operações da companhia, líquido das exaustões. | Receitas diferidas, empréstimos e financiamentos e outras obrigações, com vencimento superior a um ano. **PATRIMÔNIO LÍQUIDO** Valor das entradas de capital, mais as reservas originadas de doações ou subvenções para investimentos e lucros retidos não distribuídos, tanto como reservas de lucros ou como lucros acumulados, e prejuízos acumulados, se houver. Valor das ações em tesouraria; valor dos ajustes de avaliação patrimonial e outros resultados abrangentes. |

# Circulante e não circulante

Houve a mudança de nomenclatura para os principais grupos do balanço e as terminologias de *curto* e *longo prazo* foram substituídas pelas terminologias *circulante* e *não circulante*. Consideram-se ativos e passivos do circulante os bens e direitos realizáveis dentro do próximo exercício da data do encerramento do balanço patrimonial e as obrigações vencíveis no mesmo período. Consideram-se não circulantes os bens e direitos realizáveis e as obrigações vencíveis após o segundo exercício da data do balanço patrimonial.

Exemplificando, tomando como referência um balanço a ser encerrado em 31.12.2015, serão considerados elementos constantes do circulante todos os bens e direitos realizáveis até 31.12.2016, bem como as obrigações vencíveis até essa data. Os bens e direitos realizáveis a partir de 1º.01.2017 e as obrigações vencíveis também a partir dessa data serão considerados no não circulante.

De forma figurativa, isso pode ser visto na representação apresentada a seguir.

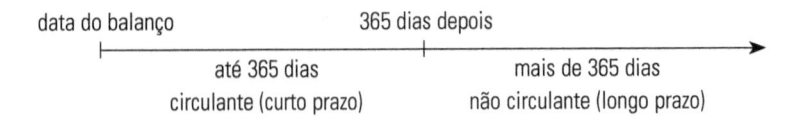

```
data do balanço        365 dias depois
|----------------------|---------------------------->
       até 365 dias          mais de 365 dias
    circulante (curto prazo)  não circulante (longo prazo)
```

Considerando as datas do exemplo do parágrafo anterior, teríamos:

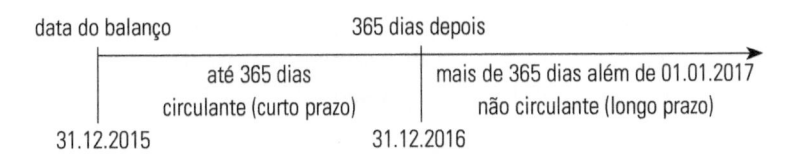

```
data do balanço        365 dias depois
|----------------------|---------------------------->
       até 365 dias          mais de 365 dias além de 01.01.2017
    circulante (curto prazo)  não circulante (longo prazo)
31.12.2015              31.12.2016
```

Esse conceito de circulante e não circulante (curto e longo prazo) deve ser adaptado para as demonstrações intermediárias. Assim, como exemplo, ao demonstrar um balanço patrimonial, digamos, em 30.09.2015, consideram-se circulantes os bens e direitos realizáveis e obrigações vencíveis até 30.09.2016; a partir de 1º.10.2016 serão considerados não circulantes.

## Ordem decrescente de grau de liquidez (ou realização)

Os elementos do ativo devem ser dispostos em ordem decrescente de grau de liquidez ou realização. Realização, nesse caso, significa a transformação do ativo em moeda corrente; assim, os ativos que se transformam mais rapidamente em dinheiro devem ser apresentados em primeiro lugar. Isso quer dizer que os ativos com maior grau de liquidez devem ser apresentados primeiro. Essa é a razão de as contas de caixa e bancos (as disponibilidades) aparecerem em primeiro lugar no ativo circulante, assim como o próprio ativo circulante é apresentado antes do realizável a longo prazo. Desse modo, os ativos são apresentados na melhor ordem, obedecendo ao grau de liquidez. Logo a seguir às disponibilidades, vêm as aplicações financeiras de curtíssimo prazo (aplicações no mercado aberto), depois os valores a receber, as demais aplicações financeiras, e assim sucessivamente.

## Ativo não circulante

O conceito básico de classificação no ativo é de circulante e não circulante. O não circulante compreende ativos com diferentes propósitos. Os ativos classificados como realizáveis de longo prazo compreendem contas a receber e estoques de realização de longo prazo, instrumentos financeiros sem previsão definida de realização e outros elementos patrimoniais que não se espera realizar nos próximos 12 meses da data do encerramento do balanço.

Contudo, é importante ressaltar que a característica básica é que a empresa deseja realizá-los, ou seja, transformar em dinheiro no vencimento ou data oportuna.

Já os demais elementos do ativo não circulante – os investimentos, imobilizados e intangíveis – são adquiridos ou gerados em caráter de permanência, razão por que no passado eram denominados ativos fixos. A intenção da empresa com a manutenção desses ativos é provocar a geração dos lucros ao utilizá-los nas operações (no caso de investimentos em coligadas e controladas, por meio das operações dessas empresas).

## Custo como base de valor

Esse talvez seja o princípio mais forte da contabilidade societária: os ativos são avaliados pelo custo. A regra genérica é que somente se avaliará por um preço diferente do custo, um preço de mercado, caso este seja *menor* que o custo (custo ou mercado, o menor).

Isto significa que outros critérios de avaliação (valor econômico, preços de reposição, preços de mercado, valores de saída etc.) não são considerados pela contabilidade ortodoxa (tradicional).

## Custo corrigido monetariamente: correção monetária

Em nosso país, de 1978 a 1995, foi adotado o princípio do custo corrigido monetariamente apenas para os itens do ativo permanente e do patrimônio líquido. Mundialmente, esse princípio não tem sido adotado em sua generalidade, e a maior parte dos países não adota nem incentiva tal critério contábil.

## Atualização monetária

A atualização monetária é um critério diferente da correção monetária, sendo aplicada (e deve ser aplicada) aos direitos e às obrigações que possuem cláusula contratual de atualização, ou obrigatoriedade legal, decorrente de algum indexador, moeda ou taxa de juros. Os exemplos clássicos são as aplicações financeiras e os empréstimos, bem como os créditos ou obrigações em moeda estrangeira; depósitos judiciais, impostos em atraso etc. são outros exemplos que utilizam esse critério. A atualização monetária deve ser feita periodicamente, pelo menos na periodicidade mensal.

## Ajuste a valor presente

Esse critério contábil é imprescindível para ajustar o valor das obrigações e de créditos prefixados que contenham, dentro de seu valor nominal, uma parcela de juros como compensação do prazo de pagamento ou recebimento. Dessa maneira, uma venda ou uma compra a prazo ainda não recebida ou paga deve ser ajustada, à data do balanço, extraindo-se os juros computados no seu valor que foram adicionados para fazer face ao prazo de realização.

A norma contábil prevê que o ajuste a valor presente seja aplicado apenas nos créditos e obrigações de longo prazo, aplicando-se esse procedimento nos créditos e obrigações de curto prazo se relevantes.

## Equivalência patrimonial

Esse princípio de ajuste ao valor de custo (ou ajuste ao custo corrigido) é específico para os investimentos em coligadas e controladas. Ao final do período da demonstração de resultados, soma-se ao valor do custo de aquisição das ações ou às cotas dessas empresas o lucro ou prejuízo da coligada ou controlada, na proporção da participação detida pela empresa. Para exemplificar, se o lucro da controlada foi de $ 1.000 no período e se a empresa detém 70% de seu capital, ela contabiliza, como receita de equivalência, $ 700, adicionando-os ao custo anterior no ativo não circulante.

## Competência de exercícios

Como o princípio do custo como base de valor, esse conceito contábil é fundamental; é o que diferencia a gestão econômica da gestão financeira ou gestão de caixa. Para a contabilidade, todos os eventos de despesas e receitas devem ser contabilizados no momento de sua ocorrência (o seu fato gerador), independentemente do seu prazo de recebimento ou pagamento.

Portanto, a demonstração de resultados não é feita pelo regime de caixa, mas pelo regime de ocorrência ou competência. Portanto, a riqueza dos proprietários é medida pelas ocorrências dos eventos de despesa ou receita, não nos momentos de recebimento ou pagamento.

A premissa é clara: nenhuma empresa vende para não receber, nem compra para não pagar. Desse modo, o momento financeiro das transações não é o mais importante, e sim o momento da ocorrência econômica dos eventos.

## Realização da receita e confrontação das despesas

A receita deve ser contabilizada quando há a transferência para o cliente, momento este em que o bem ou direito já está em condições físicas e escriturais de transmissão da propriedade. Tal princípio está ligado ao regime de competência de exercícios. No mesmo momento de contabilização da receita, deve ser feita a contabilização dos custos que deram origem à receita. Exemplificando: no momento da contabilização da venda de uma mercadoria ou produto, o custo do produto ou mercadoria vendida deve ser lançado como despesa.

A demonstração do resultado do exercício é a demonstração contábil que evidencia a confrontação entre receitas e despesas e, dessa confrontação, apura-se o resultado (lucro ou prejuízo) do exercício.

## Novos conceitos de avaliação

Os pronunciamentos técnicos do CPC introduziram dois novos conceitos de avaliação:

a) *Valor justo*: é um valor de mercado ou valor de mercado similar. Para o teste de recuperabilidade (*impairment*) ao valor recuperável de um ativo, poderá também ser adotado como valor justo o *valor em uso*, a ser obtido pelo critério do fluxo de caixa descontado dos benefícios futuros do ativo.

b) *Provisão para desvalorização de ativos* (impairment): para reduzir o valor dos ativos quando o valor justo for superior ao valor contábil.

## 5.4 Apresentação legal das demonstrações contábeis básicas

O conjunto completo das demonstrações contábeis a serem apresentadas conforme a legislação e os pronunciamentos técnicos do CPC – Comitê de Pronunciamentos Contábeis é o seguinte:

I – Balanço patrimonial ao final do período

II – Demonstração do resultado do período de divulgação

III – Demonstração do resultado abrangente

IV – Demonstração dos lucros ou prejuízos acumulados ou das mutações do patrimônio líquido

V – Demonstração dos fluxos de caixa

VI – Demonstração do valor adicionado (para as companhias abertas)

VII – Notas explicativas

Todas essas demonstrações serão desenvolvidas a seguir.

Os principais critérios de avaliação estão demonstrados no Quadro 5.4. As demonstrações financeiras devem ser publicadas com os dados do exercício atual e do exercício anterior, em colunas, de forma comparativa.

Nos quadros 5.2. e 5.3 apresentamos a estrutura oficial dos dois principais relatórios – o balanço patrimonial e a demonstração de resultados – extraída da legislação atual em vigor.

**Quadro 5.2** Balanço patrimonial – Estrutura legal

| ATIVO | PASSIVO |
|---|---|
| CIRCULANTE | CIRCULANTE |
| Caixa e Bancos | Empréstimos e financiamentos |
| Aplicações financeiras | Títulos descontados |
| Títulos a Receber de Clientes | Fornecedores |
| (–) Créditos de liquidação duvidosa | Salários e Encargos a pagar |
| Estoques | Tributos sobre mercadorias |
| Adiantamentos | Tributos sobre lucro |
| Outros créditos | Adiantamento de clientes |
| Despesas do exercício seguinte | Dividendos e lucros a distribuir |
| NÃO CIRCULANTE | NÃO CIRCULANTE |
| Realizável a longo prazo | Empréstimos e financiamentos |
| Títulos a receber | Impostos refinanciados |
| Títulos mobiliários para negociação | Mútuos de empresas relacionadas |
| Títulos mobiliários para venda | Provisões contingentes |
| Créditos com empresas ligadas | Receitas (–) Despesas diferidas |
| Investimentos | |
| Em empresas ligadas | PATRIMÔNIO LÍQUIDO |
| Em outras empresas | Capital social |
| Imobilizado | (–) Ações em tesouraria |
| Imóveis, Máquinas, Móveis, Veículos | Reservas de capital |
| (–) Depreciação e exaustão acumulada | Ajustes de avaliação patrimonial |
| Intangível | Reservas de lucros |
| Gastos com aquisição ou geração de marcas, softwares licenciáveis, patentes etc. e *goodwill* adquirido | Lucros ou Prejuízos acumulados |
| | Outros resultados abrangentes |
| ATIVO TOTAL | PASSIVO TOTAL |

**Quadro 5.3** Demonstração do resultado do exercício – Período de 1º.01 a 31.12. ...

| |
|---|
| RECEITA OPERACIONAL BRUTA |
| (–) Tributos incidentes sobre vendas |
| (–) Devoluções e abatimentos |
| = RECEITA OPERACIONAL LÍQUIDA |
| (–) Custo das vendas |
| Custo dos produtos vendidos (se indústria) |
| Custo das mercadorias vendidas (se comércio) |
| Custo dos serviços prestados (se serviços) |
| = LUCRO BRUTO |
| (+) Outras receitas operacionais |
| (–) Despesas operacionais |
| Com vendas |
| Administrativas |
| Pesquisa e Desenvolvimento |
| Tributárias |
| = LUCRO OPERACIONAL ANTES DOS RESULTADOS FINANCEIROS |
| Resultados das operações descontinuadas |
| (–) Despesas financeiras líquidas |
|     Despesas financeiras (–) Receitas financeiras |
| Equivalência patrimonial |
| = LUCRO (PREJUÍZO) OPERACIONAL |
| (+) Outras receitas |
| (–) Outras despesas |
| = RESULTADO DO EXERCÍCIO ANTES DO IMPOSTO DE RENDA |
| (–) Provisão para Imposto de Renda e Contribuição Social sobre o Lucro Líquido |
| (–) Participação dos administradores |
| (–) Participação dos empregados |
| = LUCRO (PREJUÍZO) DO EXERCÍCIO |

## Critérios básicos de avaliação

No Quadro 5.4 apresentamos os principais ativos e passivos, bem como uma breve descrição do conteúdo de cada conta e o critério básico de avaliação.

**Quadro 5.4** Descrição das contas do balanço patrimonial e dos critérios básicos de avaliação

| Conta e grupo de contas | Conteúdo da conta | Critério básico de avaliação |
|---|---|---|
| **ATIVO CIRCULANTE** | | |
| Caixa e Bancos | Numerário em caixa e saldos bancários | Valor nominal dos saldos |
| Aplicações financeiras comuns | Aplicações de renda fixa ou variável | Valor aplicado mais juros e atualização monetária até a data do balanço |
| Aplicações financeiras para negociação | Ações de empresas ou debêntures ou outros instrumentos financeiros com objetivo de ganho | Valor aplicado mais rendimentos financeiros com ajuste a preços de mercado até a data do balanço |
| Contas a receber de clientes | Títulos a receber de clientes por venda a prazo | Valor nominal dos títulos (duplicatas ou boletos) com ajuste a valor presente se considerado como relevante |
| | Faturas a receber de vendas a prazo ao exterior | Valor em moeda estrangeira atualizado monetariamente até a data do balanço |
| (–) Provisão para créditos incobráveis | Estimativa das prováveis perdas com contas a receber existentes | Percentual médio histórico de perdas ou critério fiscal para fins da legislação tributária |
| (–) Ajuste a valor presente | Valor dos juros embutidos nas duplicatas e saques a receber | Valor da diferença entre o valor nominal do título e o valor descontado por uma taxa de juros até a data do balanço |
| Estoque de materiais ou mercadorias | Estoque de materiais diretos e indiretos das empresas industriais ou de mercadorias das empresas comerciais | Custo de aquisição menos impostos recuperáveis. Avaliação pelo critério do preço médio ponderado ou PEPS – Primeiro a entrar, primeiro a sair. |
| (–) Provisão retificadora | Provável perda de valor dos estoques; estoques sem utilização ou baixa rotatividade | Diferença entre o preço de mercado – valor justo – menor do que o custo; valor dos estoques sem utilização |
| Estoque de produção em processo | Estoque em elaboração, semiacabados | Custo histórico de produção no estágio em andamento |
| Estoque de produtos acabados | Estoque de produtos prontos para venda | Custo histórico de produção no estágio final |
| Adiantamentos a fornecedores | Antecipação de pagamentos a fornecedores | Valor nominal dos adiantamentos |
| Tributos a recuperar | Saldos credores ou a recuperar de tributos indiretos e diretos | Valor dos tributos corrigidos pelo indexador legal até a data do balanço |
| Despesas do exercício seguinte | Despesas pagas antecipadamente de competência do exercício seguinte | Valor da despesa a ser lançada no exercício seguinte |

(continua)

**Quadro 5.4** Descrição das contas do balanço patrimonial e dos critérios básicos de avaliação (continuação)

| | | |
|---|---|---|
| **ATIVO NÃO CIRCULANTE** | | |
| **Realizável a longo prazo** | | |
| Contas a receber de clientes | Títulos a receber de clientes por venda a prazo com prazo superior a um ano | Valor dos títulos menos o ajuste a valor presente com a utilização do conceito de desconto de juros compostos |
| Depósitos judiciais | Depósitos espontâneos ou compulsórios para contenciosos | Valor dos depósitos corrigidos monetariamente até a data do balanço, se for o caso |
| Aplicações financeiras para revenda | Aplicações financeiras sem a intenção imediata de revenda | Valor aplicado mais rendimentos financeiros com ajuste a preços de mercado até a data do balanço |
| Tributos diferidos | IR/CSLL sobre diferenças temporárias dedutíveis; IR/CSLL sobre prejuízos fiscais compensáveis | Valor nominal dos tributos diferidos calculado pelo regime de competência de exercícios |
| **Investimentos** | | |
| Bens e direitos sem a intenção de venda, não necessários à operação | Ações ou cotas de empresas coligadas ou controladas | Valor patrimonial equivalente até a data do balanço, ajustado por provisão para perdas ao valor recuperável, se for o caso |
| | Imóveis para renda ou especulação | Valor de aquisição, opcionalmente ajustado ao valor de mercado |
| **Imobilizado** | | |
| Imóveis e instalações, máquinas e equipamentos, móveis e equipamentos de TI, veículos etc. | Bens e direitos adquiridos com a intenção de permanência necessários às operações da companhia | Custo de aquisição menos tributos recuperáveis |
| Reavaliações | Valor complementar dos bens imobilizados obtido por laudo de avaliação | Diferença entre o valor da avaliação a preços de mercado ou do custo atribuído menos o valor contábil |
| (–) Depreciação acumulada | Perda estimada de valor dos bens por uso, desgaste ou obsolescência | Aplicação das taxas de depreciação obtidas pela vida útil estimada dos bens sobre o valor contábil (–) o valor residual (valor provável do bem ao final de sua vida útil) |
| (–) Provisão ao valor recuperável | Valor provável de perda dos bens excedentes ao valor líquido contábil | Diferença entre o valor justo (valor de mercado ou valor em uso) menos o valor líquido contábil, quando este for menor |
| **Intangível** | | |
| Marcas, patentes, franquias, *goodwill* adquirido, gastos com desenvolvimento | Gastos com bens incorpóreos utilizados nas operações da empresa, que sejam objeto de venda, negociação ou renda | Custo de aquisição ou geração |
| (–) Amortização acumulada | Baixa estimada pelo período de vida útil estimada de utilização do intangível | Aplicação das taxas de amortização obtidas pela vida útil estimada dos bens sobre o valor contábil (–) o valor residual (se houver) |
| (–) Provisão ao valor recuperável | Valor provável de perda dos bens excedentes ao valor líquido contábil | Diferença entre o valor justo (valor de mercado ou valor em uso) menos o valor líquido contábil, quando este for menor |

**Quadro 5.4** Descrição das contas do balanço patrimonial e dos critérios básicos de avaliação (continuação)

| | | |
|---|---|---|
| **PASSIVO CIRCULANTE** | | |
| Fornecedores | Contas a pagar a fornecedores por compras a prazo | Valor nominal das duplicatas ou boletos |
| | Faturas a pagar a fornecedores do exterior por compras a prazo | Valor em moeda estrangeira atualizado monetariamente até a data do balanço |
| Salários e encargos a pagar | Valor do saldo da remuneração dos empregados | Valor das remunerações |
| | Encargos sociais a recolher (INSS, FGTS) | Valor nominal dos encargos a recolher |
| | Provisão de encargos salariais a pagar (férias, décimo terceiro salário) | Valor dos duodécimos calculados em cima dos salários até a data do balanço |
| Contas a pagar | Faturas a pagar por outros serviços a prazo | Valor nominal das faturas e contas |
| Tributos a recolher | Valor dos impostos e contribuições apurados a vencer | Valor das guias mais atualização monetária, juros e multas, caso em atraso |
| Adiantamentos de clientes | Valor recebido antecipadamente para vendas futuras | Valor nominal dos adiantamentos |
| Títulos descontados | Duplicatas, boletos ou saques negociados recebidos antecipadamente | Valor nominal das duplicatas, boletos ou saques |
| Empréstimos e financiamentos | Parcela dos empréstimos e financiamentos com vencimento dentro do próximo ano; saldo devedor de cheque especial e contas garantidas | Valor atualizado monetariamente com os encargos financeiros até a data do balanço |
| Dividendos ou lucros a pagar | Valor já destinado à distribuição aos sócios e acionistas | Valor declarado |
| **PASSIVO NÃO CIRCULANTE** | | |
| Empréstimos e financiamentos | Parcela dos empréstimos e financiamentos com vencimento superior ao próximo ano | Valor atualizado monetariamente com os encargos financeiros até a data do balanço |
| Receitas diferidas | Receitas já recebidas de competência de exercícios futuros | Valor das receitas menos as despesas respectivas |
| Tributos diferidos | IR/CSLL sobre diferenças temporárias tributáveis, reavaliações e ajustes de avaliação patrimonial | Valor nominal dos tributos diferidos calculado pelo regime de competência de exercícios |

(continua)

**Quadro 5.4** Descrição das contas do balanço patrimonial e dos critérios básicos de avaliação (continuação)

| PATRIMÔNIO LÍQUIDO | | |
|---|---|---|
| Capital social | Entradas e aumentos de capital | Valor das entradas e dos aumentos de capital, deduzidos dos gastos efetuados para integralização |
| Reservas de capital | Ágio na integralização de capital | Parcela paga pelos subscritores excedente ao valor nominal das ações |
| (–) Ações em tesouraria | Valor decorrente da recompra de ações | Valor pago |
| Reservas de reavaliação | Contrapartida das reavaliações contabilizadas no imobilizado | Valor das reavaliações, diminuído do IR/CSLL diferido, menos o valor já realizado transferido para lucros acumulados |
| Reservas de lucros | Reservas de incentivos fiscais de doações governamentais para investimentos; lucros não distribuídos transferidos para reserva de lucro; reserva legal | Valor das transferências efetuadas a partir da conta de lucros acumulados |
| Lucros acumulados | Lucros acumulados ainda sem destinação | Valor nominal dos lucros sem destinação |
| Prejuízos acumulados | Prejuízos acumulados ainda não cobertos por lucros de exercícios já realizados ou não transferidos para reservas | Valor nominal dos prejuízos sem cobertura |
| Ajustes de avaliação patrimonial | Contrapartida de ajuste a valor justo de investimentos em controladas ou coligadas do exterior e de instrumentos financeiros para revenda | Diferença entre o valor justo de mercado menos o valor contábil |
| Outros resultados abrangentes | Ajuste a valor justo de planos de previdência privada de benefício definido e outros resultados abrangentes | Contrapartida de outras despesas ou receitas que temporariamente ainda não passaram pela demonstração do resultado |

A seguir apresentamos os principais conceitos dos componentes da demonstração do resultado do período.

a) **Demonstração do Resultado do Exercício (DRE)**: a demonstração do resultado sempre terá como referência um período de operações da entidade. Para fins gerenciais, é necessária pelo menos a demonstração do resultado de cada mês, bem como o resultado acumulado até o mês de referência. As companhias abertas, com ações nas bolsas de valores, são obrigadas a apresentar a demonstração do resultado trimestral, bem como dos trimestres acumulados até o último trimestre de apresentação. Para fins societários e fiscais, a obrigatoriedade é de apresentar a demonstração do resultado anual, razão pela qual a lei fala em Demonstração do Resultado do Exercício. O exercício compreende, portanto, um ano. Em razão disso é que o mais comum é se expressar pela DRE; porém, em termos gerenciais, a DRE pode ser de períodos menores que um ano. Para fins societários, o exercício não precisa coincidir com o ano civil de janeiro a dezembro, devendo ser aquele exercício que conste do contrato ou estatuto social. Para fins fiscais, é necessário obedecer ao ano civil.

b) **Receita Operacional Bruta**: compreende o valor total da nota fiscal. Exclui os tributos não cumulativos cobrados destacadamente do comprador como o IPI e o ICMS de substituição tributária. Inclui os demais tributos como ICMS, PIS, Cofins e ISS.

c) **Tributos incidentes sobre vendas**: basicamente compreendem os tributos de ICMS, PIS, Cofins e ISS cobrados nas notas fiscais e o Simples da empresa enquadrada nesse regime.

d) **Devoluções e abatimentos**: são operações feitas dentro de um período considerado normal, como, por exemplo, o cliente não aceitar a mercadoria e devolvê-la imediatamente, bem como os abatimentos por caracterizar erros de preços ou de emissão de nota fiscal. Não se incluem nessa conta abatimentos posteriores, como descontos concedidos por pagamento antecipado ao vencimento do contrato.

e) **Evidenciação da receita operacional bruta e de suas deduções em nota explicativa:** a interpretação dos CPCs determina que tanto a receita bruta como suas deduções não devem ser apresentadas na demonstração do resultado do exercício, devendo apenas ser evidenciadas em nota explicativa, mesmo que essas contas estejam previstas na Lei nº 6.404/76. A razão principal é que a receita de vendas é o principal elemento para comparação de tamanho das operações entre as empresas. Como em nosso país há inúmeras situações tributárias, a carga tributária sobre as vendas das empresas é muito variada (compare, a título de exemplo, a carga tributária sobre vendas de bebidas – altíssima – com a carga tributária de empresas exportadoras – que pode ser zero). Dessa maneira, a comparação entre as empresas só deve ser feita pela receita operacional líquida, uma vez que a comparação feita pela receita operacional bruta é inadequada.

f) *Receita Operacional Líquida:* conforme interpretação dos CPCs, a demonstração do resultado do exercício deve iniciar-se pela receita operacional líquida.

g) *Custo das vendas:* compreende todos os gastos necessários à produção dos produtos e serviços ou feitos para aquisição das mercadorias para revenda. No caso de indústria e serviços, a apuração do custo deve ser feita pelo método de custeamento por absorção, incorporando aos custos diretos de materiais e mão de obra direta, também os custos indiretos de fabricação e as depreciações da área industrial, se indústria, ou operacional, se serviços.

h) *Despesas operacionais:* compreendem todos os gastos com as áreas administrativas e comerciais. Os gastos com pesquisa e desenvolvimento também devem ser evidenciados nesse grupo. As despesas tributárias compreendem apenas os tributos que não são de vendas ou de compras, tais como IPVA, IPTU etc. Todos os tributos sobre vendas e compras de mercadorias e serviços devem ser excluídos das compras, se recuperáveis, e incluídos no valor das compras, se não recuperáveis, como o Imposto de Importação e PIS e Cofins no regime cumulativo.

i) *Lucro operacional antes dos resultados financeiros*: essa evidenciação também não está prevista na Lei nº 6.404/76, mas tem sua apresentação recomendada pelo CPC e CFC. O objetivo é destacar o lucro operacional separado dos resultados financeiros, uma vez que, em termos gerenciais, os resultados financeiros não são caracterizados como sendo da operação, e, sim, decorrentes da estrutura do passivo da companhia e da existência ou não de aplicações financeiras.

j) *Resultado das operações descontinuadas*: essa conta não foi prevista pela Lei nº 6.404/76 e decorre da análise dos pronunciamentos contábeis referenciados. Essa situação ocorre quando a empresa vende ou aliena uma área de negócios (uma fábrica, uma unidade de negócios) dentro do exercício. Dessa maneira, na demonstração do resultado do exercício em que houve a descontinuação das operações, os valores das receitas, custos e despesas das operações descontinuadas deverão ser objeto de segregação das demais receitas, custos e despesas, devendo a sua resultante ser apresentada de forma destacada na DRE.

k) *Despesas financeiras líquidas*: compreendem todos os encargos financeiros dos empréstimos, financiamentos, títulos descontados, títulos de dívida, atualização monetária e juros de passivos tributários e outras despesas financeiras, deduzidos das receitas financeiras de aplicações financeiras, atualização monetária e juros de tributos recuperáveis e outras receitas financeiras.

l) *Equivalência patrimonial*: é a resultante da aplicação do método de equivalência patrimonial em investimentos em coligadas e controladas, que resulta na contabilização de lucros ou prejuízos proporcionais à participação societária nesses investimentos.

m) *Outras receitas e despesas*: por serem apresentadas após o lucro operacional, representam eventuais despesas e receitas não recorrentes ou não costumeiras da operação. Os principais exemplos são o valor das vendas de ativos de investimentos, imobilizados e intangíveis e a baixa respectiva dos seus custos pela alienação. Na formatação antiga, eram denominados resultados não operacionais.

n) *Provisão para Imposto de Renda e Contribuição Social sobre o Lucro Líquido:* compreende o valor desses tributos sobre o lucro apurados pelos regimes tributários de lucro presumido e lucro real. No caso de empresas do lucro real, essa conta também deve incorporar os tributos diferidos, ativos ou passivos, decorrentes das adições ou exclusões temporárias controladas na parte B do livro de apuração do lucro real, bem como os tributos diferidos de prejuízos fiscais compensáveis.

o) *Provisão para participação de administradores e empregados*: só deve constar nessa rubrica caso essa participação seja estatutária. Aqui não se enquadram as remunerações variáveis pagas aos administradores que serão consideradas como salários, nem o valor pago a título de participação dos empregados nos lucros ou resultados (PPR, PLR), que deve ser considerado como custo de pessoal no grupo encargos sociais espontâneos.

## 5.5 Relatórios contábeis e principais eventos econômicos

Desenvolveremos, nesta seção do capítulo, os relatórios contábeis que devem ser elaborados para as empresas de capital aberto e que servem de referência para as demais entidades. Adotaremos, como modelo, uma empresa comercial, objetivando alguma sintetização e simplificação.

Os quadros 5.5 e 5.6 apresentam as informações necessárias para desenvolver tal parte do tema: o Quadro 5.5 apresenta um balanço patrimonial inicial, e o Quadro 5.6, os eventos econômicos mais comuns nas atividades de empresas com fins lucrativos.

## Quadro 5.5 Balanço patrimonial inicial

| ATIVO | $ | PASSIVO | $ |
|---|---|---|---|
| **ATIVO CIRCULANTE** | | **PASSIVO CIRCULANTE** | |
| Caixa/Bancos/Aplicações financeiras | 800 | Fornecedores | 570 |
| Contas a receber de clientes | 1.620 | Salários e encargos a pagar | 180 |
| Estoque de mercadorias | 3.100 | Contas a pagar | 120 |
| Soma | 5.520 | Tributos a recolher sobre mercadorias | 350 |
| | | Empréstimos | 1.200 |
| | | Soma | 2.420 |
| **ATIVO NÃO CIRCULANTE** | | **PASSIVO NÃO CIRCULANTE** | |
| Realizável a longo prazo | | Financiamentos | 4.800 |
| Depósitos judiciais | 100 | **PATRIMÔNIO LÍQUIDO** | |
| Investimentos em controladas | 2.200 | Capital social | 6.000 |
| Imobilizado bruto | 8.280 | Reservas | 300 |
| (−) Depreciações acumuladas | −2.500 | Lucros acumulados | 80 |
| Soma | 8.080 | | 6.380 |
| **ATIVO TOTAL** | **13.600** | **PASSIVO TOTAL** | **13.600** |

## Quadro 5.6 Principais eventos econômicos de um período

| | $ |
|---|---|
| 1. Vendas a prazo com impostos de 10%; custo $ 14.500 | 23.800 |
| 2. Recebimento das vendas | 21.910 |
| 3. Compra de mercadorias a prazo, com impostos de 10% | 15.000 |
| 4. Pagamento das compras | 14.500 |
| 5. Salários e encargos sociais do período | 2.800 |
| 6. Pagamento de salários e encargos sociais | 2.790 |
| 7. Despesas gerais do período | 1.400 |
| 8. Pagamento das despesas gerais | 1.440 |
| 9. Aumento de capital social em dinheiro | 1.000 |
| 10. Contratação de novo financiamento a longo prazo | 500 |
| 11. Pagamento de parcelas do empréstimo de curto prazo | 1.200 |
| 12. Aquisição de novos imobilizados à vista | 720 |
| 13. Juros dos empréstimos e financiamentos no período | 300 |
| 14. Receita de aplicações financeiras no período | 20 |
| 15. Depreciações do período | 900 |
| 16. Equivalência patrimonial do período | 300 |
| 17. Recolhimento de impostos sobre mercadorias | 640 |
| 18. Impostos sobre o lucro pagos no período | 700 |
| 19. Dividendos distribuídos no período | 800 |
| 20. Lucros acumulados transferidos para reservas | 250 |

## 5.6 Balanço patrimonial e demonstração de resultados de um período

Os eventos econômicos contemplam tanto transações qualitativas como transações que alteram a riqueza administrada. A contabilização desses eventos, segundo o método das partidas dobradas, enseja a possibilidade de evidenciar seus efeitos nos dois demonstrativos básicos: a *demonstração de resultados* e o *balanço patrimonial* após os eventos, o balanço final. Essas duas demonstrações, resultantes da contabilização dos eventos, são apresentadas nos quadros 5.7 e 5.8.

**Quadro 5.7** Demonstração do resultado do período

|  |  | $ |
|---|---:|---:|
| Receita Operacional Bruta | | 23.800 |
| (−) Impostos sobre Vendas | | (2.380) |
| **RECEITA OPERACIONAL LÍQUIDA** | | 21.420 |
| (−) Custo das Mercadorias Vendidas | | (14.500) |
| = Estoque Inicial | 3.100 | |
| (+) Compras Brutas | 15.000 | |
| (−) Impostos sobre Compras | (1.500) | |
| (−) Estoque Final | (2.100) | |
| **LUCRO BRUTO** | | 6.920 |
| **Despesas Operacionais** (Administrativas e Comerciais) | | |
| . Salários e Encargos Sociais | | (2.800) |
| . Despesas Gerais | | (1.400) |
| . Depreciações | | (900) |
| **LUCRO OPERACIONAL** | | 1.820 |
| Receitas Financeiras | | 20 |
| Despesas Financeiras | | (300) |
| Equivalência Patrimonial | | 300 |
| **LUCRO ANTES DOS IMPOSTOS** | | 1.840 |
| Impostos sobre o Lucro | | (700) |
| **LUCRO LÍQUIDO APÓS IMPOSTOS** | | 1.140 |

**Quadro 5.8** Balanço patrimonial – inicial e final

| ATIVO | Inicial $ | Final $ | PASSIVO | Inicial $ | Final $ |
|---|---|---|---|---|---|
| **ATIVO CIRCULANTE** | | | **PASSIVO CIRCULANTE** | | |
| Caixa/Bancos/Aplicações Financeiras | 800 | 1.440 | Fornecedores | 570 | 1.070 |
| Contas a receber de clientes | 1.620 | 3.510 | Salários e encargos a pagar | 180 | 190 |
| Estoque de mercadorias | 3.100 | 2.100 | Contas a pagar | 120 | 80 |
| Soma | 5.520 | 7.050 | Tributos a recolher sobre mercadorias | 350 | 590 |
| | | | Empréstimos | 1.200 | 0 |
| | | | Soma | 2.420 | 1.930 |
| | | | **PASSIVO NÃO CIRCULANTE** | | |
| **ATIVO NÃO CIRCULANTE** | | | Financiamentos | 4.800 | 5.600 |
| Realizável a longo prazo | | | | | |
| Depósitos judiciais | 100 | 100 | **PATRIMÔNIO LÍQUIDO** | | |
| Investimentos em controladas | 2.200 | 2.500 | Capital social | 6.000 | 7.000 |
| Imobilizado bruto | 8.280 | 9.000 | Reservas | 300 | 550 |
| (–) Depreciações acumuladas | (2.500) | (3.400) | Lucros acumulados | 80 | 170 |
| Soma | 8.080 | 8.200 | | 6.380 | 7.720 |
| **ATIVO TOTAL** | 13.600 | 15.250 | **PASSIVO TOTAL** | 13.600 | 15.250 |

## Demonstração de lucros ou prejuízos acumulados

O Quadro 5.9 apresenta um exemplo de uma demonstração da conta Lucros Acumulados. O objetivo é evidenciar a movimentação ocorrida na riqueza gerada para os donos do capital:

**Quadro 5.9** Demonstração de lucros ou prejuízos acumulados

| | $ |
|---|---|
| Saldo Inicial de Lucros Acumulados | 80 |
| (+) Lucro do período | 1.140 |
| (–) Transferência para reservas | (250) |
| (–) Distribuição de dividendos | (800) |
| Saldo Final de Lucros Acumulados | 170 |

## 5.7 Demonstração das mutações do patrimônio líquido

Essa demonstração é um prolongamento da demonstração da conta Lucros Acumulados. Na realidade, ela engloba a demonstração de lucros acumulados, adicionando-a à movimentação das demais contas do patrimônio líquido. O Quadro 5.10 apresenta a movimentação do patrimônio líquido, com os dados do nosso exemplo:

**Quadro 5.10** Demonstração das mutações do patrimônio líquido do período

| Movimentação | Capital Social | Reservas | Lucros | |
|---|---|---|---|---|
| | | | Acumulados | Total |
| Saldo Inicial | 6.000 | 300 | 80 | 6.380 |
| Aumento de capital em dinheiro | 1.000 | – | – | 1.000 |
| Transferência para reservas | – | 250 | (250) | 0 |
| Lucro líquido do período | – | – | 1.140 | 1.140 |
| Distribuição de dividendos | – | – | (800) | (800) |
| Saldo Final | 7.000 | 550 | 170 | 7.720 |

## 5.8 Demonstração do fluxo de caixa – método indireto

O fluxo de caixa tem duas apresentações básicas:

- O *método indireto,* que evidencia a movimentação do saldo de caixa no período, partindo da geração de caixa mediante a demonstração de resultados e das variações dos elementos patrimoniais do balanço que geram ou necessitam de caixa.

- O *método direto,* que evidencia a movimentação do saldo de caixa do período, coletando as informações específicas das entradas e saídas de numerário constantes das contas de disponibilidades (Caixa, Bancos e Aplicações Financeiras).

Nos dois métodos, o fluxo de caixa deve ser apresentado segregado por grupos de movimentações financeiras de natureza similar, para permitir uma análise mais adequada acerca da geração de lucro e caixa, bem como da movimentação financeira do período. Dessa maneira, o fluxo de caixa é apresentado em três grandes segmentos de informações:

a) fluxo de caixa das atividades operacionais;
b) fluxo de caixa das atividades de investimentos;
c) fluxo de caixa das atividades de financiamentos.

Apresentamos, no Quadro 5.11, o fluxo de caixa pelo método indireto, ainda considerando os mesmos dados do nosso exemplo:

**Quadro 5.11** Fluxo de caixa do período – método indireto

| | $ |
|---|---|
| **I – DAS ATIVIDADES OPERACIONAIS** | |
| Lucro Líquido do Exercício | 1.140 |
| (+/–) Receitas e Despesas Não Efetivadas Financeiramente | |
| Depreciações | 900 |
| Equivalência Patrimonial | (300) |
| Baixa de Bens do Permanente | 0 |
| (=) Lucro Gerado pelas Operações | 1.740 |
| (+/–) Ajustes por Mudança no Capital de Giro | |
| (–) Aumento de Duplicatas a Receber | (1.890) |
| (+) Diminuição dos Estoques | 1.000 |
| (+) Aumento de Fornecedores | 500 |
| (+) Aumento de Salários e Encargos a Pagar | 10 |
| (–) Redução de Contas a Pagar | (40) |
| (+) Aumento de Impostos a Recolher | 240 |
| Subtotal | (180) |
| TOTAL | 1.560 |
| **II – DAS ATIVIDADES DE FINANCIAMENTO** | |
| Aumento dos Financiamentos a Longo Prazo | 800 |
| (–) Redução dos Empréstimos a Curto Prazo | (1.200) |
| Aumento de Capital em Dinheiro | 1.000 |
| Distribuição de Dividendos | (800) |
| TOTAL | (200) |
| **III – DAS ATIVIDADES DE INVESTIMENTO** | |
| Aquisição de Imobilizados | (720) |
| Aumento do Realizável a Longo Prazo | 0 |
| Aumento de Investimentos e Intangível | 0 |
| TOTAL | (720) |
| **AUMENTO DE CAIXA DO PERÍODO (I + II + III)** | **640** |
| Saldo Inicial de Caixa/Bancos/Aplicações Financeiras | 800 |
| Saldo Final de Caixa/Bancos/Aplicações Financeiras | 1.440 |

## 5.9 Demonstração do fluxo de caixa – método direto

Para o gerenciamento da tesouraria, bem como para a avaliação da movimentação financeira pela controladoria, o fluxo de caixa, considerando a acumulação dos dados da movimentação financeira, é fundamental para acompanhar o ciclo financeiro das transações dos eventos econômicos.

O método direto, para elaboração do fluxo de caixa, consiste em acumular as informações que movimentaram as contas do grupo *disponível*. Consideramos como disponibilidades as contas representativas de Caixa, de Bancos e das Aplicações Financeiras. O Quadro 5.6 apresenta uma série de eventos econômicos, entre os quais alguns se caracterizam por evidenciar a efetivação financeira dos eventos. Todos esses eventos, caracteristicamente financeiros, é que devem ser acumulados em contas para elaborar o fluxo de caixa pelo método direto.

No nosso exemplo, são movimentação de caixa os eventos 2, 4, 6, 8, 9, 10, 11, 12, 14, 18, 19 e 20. O Quadro 5.12 apresenta o formato tradicional do fluxo de caixa pelo método direto:

**Quadro 5.12** Fluxo de caixa do período – método direto

|  | $ |
|---|---:|
| **I – OPERACIONAL** | |
| **RECEBIMENTOS** | |
| Clientes | 21.910 |
| **PAGAMENTOS** | |
| Fornecedores | (14.500) |
| Salários e Encargos Sociais | (2.790) |
| Despesas Gerais | (1.440) |
| Impostos sobre Mercadorias | (640) |
| Impostos sobre Lucros | (700) |
| Soma | (20.070) |
| **TOTAL** | **1.840** |
| **II – FINANCIAMENTOS** | |
| Novos Empréstimos e Financiamentos | 500 |
| Amortizações de Empréstimos e Financiamentos | (1.200) |
| Aumento de Capital em Dinheiro | 1.000 |
| Distribuição de Dividendos | (800) |
| **TOTAL** | **(500)** |
| **III – INVESTIMENTOS** | |
| Aquisição de Imobilizados | (720) |
| Aumento do Realizável a Longo Prazo | 0 |
| Aumento de Investimentos e Intangível | 0 |
| **TOTAL** | **(720)** |
| AUMENTO DE CAIXA DO PERÍODO (I + II + III) | 620 |
| (+) Receitas Financeiras | 20 |
| Saldo Inicial de Caixa/Bancos/Aplicações Financeiras | 800 |
| Saldo Final de Caixa/Bancos/Aplicações Financeiras | 1.440 |

## Fluxo de caixa pelo método indireto *versus* método direto

A diferença mais significativa entre os saldos apurados pelos dois métodos está evidenciada no fluxo de caixa das atividades operacionais. Vejamos:

| Saldo de Caixa das Atividades Operacionais – $ | |
|---|---|
| Método Indireto | 1.560 |
| (–) Método Direto | 1.830 |
| Diferença | 270 |

Essa diferença se refere aos resultados financeiros. Vejamos:

| | |
|---|---|
| Despesas Financeiras | 300 |
| (–) Receitas Financeiras | (30) |
| Resultados Financeiros | 270 |

No método indireto, esse resultado está presente no lucro líquido do exercício, valor pelo qual começa a apuração do lucro gerado pelas operações, razão por que o saldo das atividades operacionais desse método é inferior ao do método direto em nosso exemplo.

No método direto, as receitas financeiras são apresentadas no final, antes da evidenciação dos saldos iniciais e finais de caixa. No método indireto, as despesas financeiras são consideradas fontes das atividades de financiamento e estão somadas com as entradas de novos empréstimos, na rubrica aumento dos financiamentos de longo prazo ($ 800). No método direto, as despesas financeiras não são consideradas, apresentando-se tão somente o valor dos novos empréstimos obtidos ($ 500).

O método direto do fluxo de caixa é uma necessidade da tesouraria e, portanto, deve ser elaborado de forma periódica (diário, mensal, anual), pois é o instrumento de trabalho do gestor financeiro. Contudo, para fins gerenciais e de análise da geração de lucros e movimentação de recursos, consideramos o método direto do fluxo de caixa de pouca relevância.

Para fins gerenciais e entendimento das movimentações dos recursos da empresa, deve-se dar ênfase ao método indireto. A grande vantagem gerencial do método indireto é que, primeiro, responde a uma questão fundamental: quanto do lucro foi para o caixa. Além disso, o método indireto permite a interligação entre as três demonstrações financeiras, pois parte da demonstração dos resultados do período, identifica as variações de ativos e passivos do balanço patrimonial e canaliza todos os eventos para identificação da alteração no caixa. Desse modo é fundamental que os gestores entendam o modelo decisório do método indireto do fluxo de caixa para o monitoramento da geração de lucros e das movimentações dos demais elementos patrimoniais da empresa.

## 5.10 Resultados *versus* fluxo de caixa, regime de competência *versus* regime de caixa

Muitos analistas financeiros entendem que a demonstração do fluxo de caixa é superior também, em termos informacionais e para a tomada de decisão, à demonstração do resultado do exercício. Contudo, convém lembrar os fundamentos específicos para apurar os dois demonstrativos.

A demonstração de resultados do exercício trabalha com o regime de competência, objetivando apresentar o resultado econômico gerado no período, independentemente dos aspectos de pagamento e recebimento. A demonstração do fluxo de caixa trabalha com o regime de caixa, apurando os saldos positivo e negativo em função dos pagamentos e recebimentos efetuados.

Outro fundamento importante é que a demonstração de resultados tem, como objetivo básico, apurar as receitas ocorridas e as despesas incorridas no período, enquanto o fluxo de caixa, além de apurar o pagamento das despesas e o recebimento das receitas (deste e de outros períodos), considera também todas as entradas de dinheiro que não são receitas (empréstimos, aumento de capital etc.) e todas as saídas que não são despesas (amortizações de empréstimos, distribuição de lucros, aquisição de permanentes etc.). O fluxo de caixa, portanto, considera todos os eventos que tiveram efetivação financeira, sejam específicos da demonstração de resultados, sejam específicos do balanço patrimonial.

### Balanço patrimonial: a demonstração contábil mais importante

Podemos considerar o balanço patrimonial como o relatório contábil mais importante, uma vez que ele apresenta o resultado final de todas as transações dos eventos econômicos da empresa, bem como evidencia, a cada balanço levantado, o valor final da riqueza dos proprietários no patrimônio líquido. Para apurar o valor final de cada elemento patrimonial constante do balanço, é necessário registrar o valor do evento econômico quando ele é gerado (regime de competência) e também quando ele é efetivado financeiramente, pago ou recebido (regime de caixa).

> *O balanço patrimonial permite identificar, além do saldo de cada elemento patrimonial, também as movimentações da demonstração de resultados e do fluxo de caixa da empresa.*

Portanto, o balanço patrimonial apreende de cada elemento patrimonial o valor das seguintes movimentações básicas:

a) o saldo inicial do elemento patrimonial;
b) o valor das movimentações ocorridas nos eventos econômicos que alteram o saldo desse elemento patrimonial pelo regime de competência (o momento gerador ou econômico);
c) o valor das movimentações de pagamentos e de recebimentos dos eventos econômicos que alteram o saldo desse elemento patrimonial pelo regime de caixa (o momento da efetivação financeira);
d) o saldo final do elemento patrimonial.

Em outras palavras, o balanço patrimonial tem dentro do valor de suas contas tanto a demonstração de resultados como a demonstração do fluxo de caixa.

## Demonstração de resultados: a segunda demonstração contábil mais importante

Conforme apresentado no Capítulo 3, a demonstração de resultados tem por finalidade evidenciar os eventos econômicos que alteraram a riqueza da entidade, isto é, seu patrimônio líquido. Nela, constam todas as receitas e despesas e, consequentemente, o resultado do período (lucro ou prejuízo).

> **A demonstração de resultados mostra a capacidade de geração de lucros e caixa.**

A demonstração de resultados é estruturada pelo regime de competência de exercícios, que diz que as receitas devem ser consideradas e registradas quando ocorrem, independentemente de seu recebimento, e que as despesas devem ser consideradas e registradas também quando ocorrem (ou são incorridas), independentemente de seu pagamento.

As razões para utilizar o regime de competência para apurar o lucro ou o prejuízo do período de uma entidade são as seguintes:

a) é necessário apurar as receitas e despesas nos períodos de seu acontecimento para identificar *quando os lucros são gerados*;
b) o momento da geração é o melhor momento para constatar quando os esforços para obter receitas e realizar as despesas aconteceram;
c) os eventos de pagamentos e recebimentos podem ser variados, negociados e alterados, enquanto o momento da geração das receitas, bem como a realização das despesas seguem o ritmo normal das operações da entidade;
d) a identificação dos momentos de geração de lucros dá as melhores condições de projeção de resultados futuros;
e) a utilização do regime de competência conduz, automaticamente, ao registro e à constatação da existência das contas a receber e a pagar, possibilitando o

controle dos recebimentos e pagamentos futuros e, portanto, o controle do fluxo de caixa.

## Demonstração do fluxo de caixa: a demonstração que complementa a análise financeira

A demonstração do fluxo de caixa constitui-se em uma demonstração imprescindível, mas de caráter complementar. Ela é extraída com os dados da demonstração de resultados e do balanço patrimonial. Desse modo, todos os seus valores já constam dessas duas demonstrações.

É fundamental a sua elaboração pelos seguintes motivos:

a) permite o controle do elemento patrimonial mais líquido da entidade (Caixa, Bancos e Aplicações Financeiras) e, portanto, da capacidade de solvência ou pagamento e liquidez da própria entidade;
b) todos os eventos econômicos serão pagos ou recebidos, sendo então necessário controlar o fluxo financeiro da entidade;
c) complementa o balanço patrimonial e a demonstração de resultados, evidenciando o descolamento entre a geração dos eventos e sua efetivação financeira, ao confrontar o ciclo econômico das operações com o ciclo financeiro gerado por elas.

## Uma entidade não pode ser controlada somente pelo fluxo de caixa

O controle do patrimônio de uma entidade não pode ser feito somente pelo fluxo de caixa. Algumas frases de efeito – "O que importa é o dinheiro", "O que importa é a geração de caixa" etc. – não resistem a uma análise científica mais acurada. Um controle patrimonial feito somente pelo fluxo de caixa é insuficiente porque:

a) o fluxo de caixa tem por finalidade evidenciar o controle de apenas um pequeno grupo de elementos patrimoniais (Caixa, Bancos e Aplicações Financeiras). Contudo, uma entidade possui um conjunto muito maior de elementos patrimoniais a serem controlados (duplicatas a receber, estoques, ativos imobilizados, duplicatas e contas a pagar, empréstimos etc.);
b) não permite evidenciar com clareza o movimento das operações da entidade, à medida que elas ocorrem, impedindo adequados instrumentos de planejamento operacional e financeiro;
c) não permite identificar os saldos a receber e a pagar dos elementos patrimoniais, impossibilitando uma avaliação da necessidade de capacidade financeira para cumprir com as exigências futuras de caixa.

É fundamental ressaltar que a demonstração do fluxo de caixa é importante e necessária e, juntamente com a demonstração das origens e aplicações de recursos (muito similar à do fluxo de caixa), compõe o conjunto de demonstrações contábeis básicas para o controle patrimonial.

## 5.11 Visão interativa das demonstrações contábeis básicas

No processo de controle patrimonial da entidade, o executivo ou analista financeiro deve trabalhar sempre com três demonstrações contábeis:

a) a *demonstração de resultados*, para avaliar e controlar o andamento das operações;

b) o *balanço patrimonial*, para verificar, avaliar e controlar todos os elementos patrimoniais à disposição ou em uso nas operações;

c) o *fluxo de caixa*, para apurar e controlar a liquidez e a capacidade de pagamento.

O processo completo de controle patrimonial compreende a análise concomitante:

a) das demonstrações contábeis básicas atuais;

b) das demonstrações contábeis básicas de períodos passados relevantes para o processo de controle;

c) das demonstrações contábeis orçadas ou projetadas.

Nesse sentido, é fundamental entender o relacionamento existente entre as três demonstrações. Em linhas gerais, o balanço patrimonial compreende os dados da demonstração de resultados e do fluxo de caixa. Dessa maneira, partindo da movimentação de cada elemento patrimonial, é possível identificar os aspectos econômicos e financeiros dos eventos econômicos. Vejamos como isso ocorre, considerando o evento econômico de vendas a prazo, normalmente o evento econômico operacional mais importante das empresas.

O valor das vendas a prazo não recebidas é controlado no balanço patrimonial na conta Duplicatas a Receber de Clientes.[1] Considerando os dados do exemplo numérico deste capítulo, bem como o modelo financeiro de controle das contas contábeis, podemos elaborar a movimentação ocorrida nessa conta:

---

[1] Outros nomes são: Contas a Receber, Clientes, Contas a Receber de Clientes, Duplicatas a Receber.

| Conta Contábil: Duplicatas a Receber de Clientes | | Valor ($) | Saldo ($) |
|---|---|---|---|
| Evento | Saldo Inicial | | 1.620 |
| 1 | Vendas a Prazo | 23.800 | 25.420 |
| 2 | Recebimento das Vendas | −21.910 | 3.510 |

Pelos dados do quadro, verificamos que:

- o balanço patrimonial evidencia os saldos inicial e final, $ 1.620 e $ 3.510, respectivamente. As movimentações da conta são apresentadas nas outras demonstrações;
- o valor das vendas a prazo, $ 23.800, é evidenciado na demonstração de resultados na rubrica receita operacional bruta;
- o valor do recebimento das vendas, $ 21.910, é evidenciado na demonstração do fluxo de caixa pelo método direto, na rubrica recebimentos de clientes.

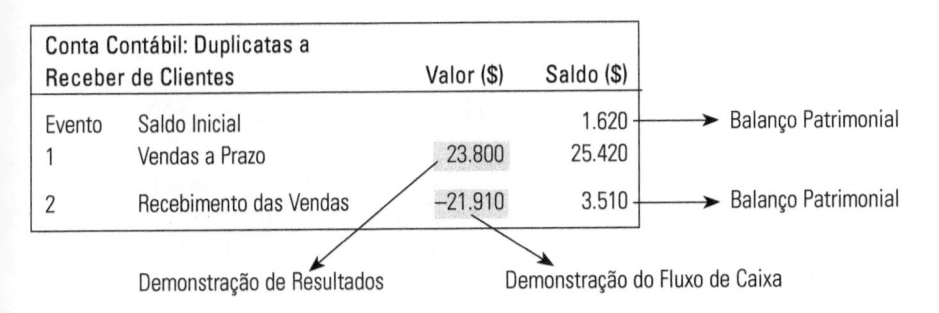

| Conta Contábil: Duplicatas a Receber de Clientes | | Valor ($) | Saldo ($) | |
|---|---|---|---|---|
| Evento | Saldo Inicial | | 1.620 | → Balanço Patrimonial |
| 1 | Vendas a Prazo | 23.800 | 25.420 | |
| 2 | Recebimento das Vendas | −21.910 | 3.510 | → Balanço Patrimonial |

Demonstração de Resultados    Demonstração do Fluxo de Caixa

A inter-relação das demonstrações básicas fica mais evidente na elaboração do fluxo de caixa pelo método direto, em que a maior parte das informações para sua estruturação pode ser obtida com os dados do balanço patrimonial e da demonstração de resultados, sem consultar o caixa.

O recebimento das vendas, que vai para o fluxo de caixa pelo método direto, é assim obtido:

| | Valor ($) | Fonte da Informação |
|---|---|---|
| Receita Operacional Bruta | 23.800 | Demonstração de Resultados |
| (+) Saldo Inicial de Duplicatas a Receber | 1.620 | Balanço Patrimonial |
| (−) Saldo Final de Duplicatas a Receber | (3.510) | Balanço Patrimonial |
| = Recebimento de Clientes | 21.910 | |

O valor dos pagamentos a fornecedores, constante no fluxo de caixa, é assim obtido:

|  | Valor – $ | Fonte da Informação |
|---|---|---|
| Compras Brutas | 15.000 | Demonstração de Resultados |
| (+) Saldo Inicial de Duplicatas a Pagar | 570 | Balanço Patrimonial |
| (–) Saldo Final de Duplicatas a Pagar | (1.070) | Balanço Patrimonial |
| = Pagamentos a Fornecedores | 14.500 | |

Esse método de apuração das entradas e saídas de caixa deixa clara a interatividade das demonstrações contábeis básicas, ao mesmo tempo que evidencia que o fluxo de caixa é uma demonstração complementar e que decorre do balanço patrimonial e da demonstração de resultados.

Praticamente todo o fluxo de caixa pelo método direto pode ser extraído considerando esse procedimento de cálculo.[2] Em termos práticos, é importante que o sistema de informação contábil das entidades seja estruturado adequadamente, não aglutinando, nas contas contábeis, registros de eventos de natureza distinta.

## 5.12 Demonstração do Valor Adicionado (DVA)

Essa demonstração, obrigatória apenas para as companhias abertas, é considerada fundamental, tanto para análise da geração e distribuição do lucro como para o processo de integração da empresa com a comunidade. Compõe o conjunto de informações do balanço social, sendo um dos relatórios mais ilustrativos da atuação social das empresas.

Seu objetivo é evidenciar tanto a geração do valor econômico agregado pelos produtos e serviços oferecidos pela empresa como a sua distribuição. Considera-se valor agregado a diferença entre o valor dos produtos e serviços e os insumos e serviços adquiridos de terceiros. A distribuição do valor agregado compreende os valores incorridos com os funcionários, os impostos gerados e os juros incorridos e dividendos distribuídos. Portanto, a demonstração do valor adicionado compõe-se basicamente de duas partes:

a) a evidenciação do valor adicionado gerado;
b) a evidenciação do valor adicionado distribuído.

Essa demonstração tem forte cunho gerencial; por meio dela, pode-se identificar a estrutura básica de custos da empresa. Retrabalhando as informa-

---

[2] Um exemplo mais completo pode ser visto na obra do autor, *Introdução à Administração Financeira*, Capítulo 1, desta mesma editora.

ções nela contidas, é possível identificar quanto é a participação de materiais, salários, encargos sociais, impostos, despesas e depreciações. Esse tipo de informação é gerencialmente importante para comparar as estruturas de custos da empresa, do setor e dos concorrentes.

O Quadro 5.13 apresenta um modelo de DVA com os eventos econômicos do nosso exemplo original. Para adicionar dados à demonstração, consideraremos as seguintes informações complementares:

a) dentro das despesas de salários e encargos sociais, há o valor de $ 600 de INSS e $ 650 de outros encargos sociais;
b) dentro das despesas gerais, há o valor de $ 300 de aluguéis.

**Quadro 5.13** Demonstração do valor adicionado do período

|  | $ |
|---|---|
| **I – RECEITAS** | |
| Receita Operacional Bruta | 23.800 |
| (–) Provisão para Devedores Duvidosos | 0 |
| (+) Outras Receitas Operacionais | 0 |
| Soma | 23.800 |
| **II – INSUMOS ADQUIRIDOS DE TERCEIROS** | |
| Custo das Mercadorias Vendidas | 14.500 (1) |
| Impostos sobre Compras (IPI, ICMS, II, ISS) | 1.500 |
| Despesas Gerais (Seguros, Energia Elétrica etc.) (Excluídos Aluguéis $ 1400 – $ 300) | 1.100 |
| Soma | 17.100 |
| **VALOR ADICIONADO I** | **6.700** |
| **III – RETENÇÕES** | |
| Depreciações, Amortizações e Exaustões | 900 |
| **VALOR ADICIONADO II** | **5.800** |
| **IV – VALOR ADICIONADO RECEBIDO** | |
| Equivalência Patrimonial | 300 |
| Receitas Financeiras | 20 |
| **VALOR ADICIONADO TOTAL A DISTRIBUIR** | **6.120** |
| **DISTRIBUIÇÃO DO VALOR ADICIONADO** | |
| **V – DESPESAS COM PESSOAL** | |
| Salários | 1.550 |
| Encargos Sociais (Excluído INSS) | 650 |
| Soma | 2.200 |

(1) Para indústrias, é o consumo de materiais diretos e indiretos                (continua)

**Quadro 5.13** Demonstração do valor adicionado do período (continuação)

| | $ |
|---|---|
| **DISTRIBUIÇÃO DO VALOR ADICIONADO** | |
| **VI – IMPOSTOS, TAXAS E CONTRIBUIÇÕES** | |
| Impostos sobre Vendas (IPI, ICMS, ISS, PIS, Cofins) | 2.380 |
| INSS | 600 |
| II – Imposto sobre Importações | 0 |
| IRRF sobre Aplicações Financeiras | 0 |
| Impostos sobre Lucros (IR, CSLL) | 700 |
| (–) Impostos sobre Compras | (1.500) |
| Soma | 2.180 |
| **VII – RENDAS DISTRIBUÍDAS** | |
| Aluguéis | 300 |
| Juros e Variação Cambial (Despesas Financeiras) | 300 |
| Dividendos | 800 |
| Soma | 1.400 |
| **VIII – LUCROS/PREJUÍZOS RETIDOS** | |
| Lucro Líquido do Período | 1.140 |
| (–) Dividendos Distribuídos | (800) |
| Soma | 340 |
| **TOTAL DA DISTRIBUIÇÃO DO VALOR ADICIONADO** | 6.120 |

## Balanço social

O balanço social, mesmo não sendo uma demonstração obrigatória, decorre da consagração do conceito de responsabilidade social das empresas. A empresa, sendo uma consumidora e utilizadora de recursos disponibilizados pelos ambientes natural e social, deve prestar contas de suas atividades à comunidade, pois é claro o impacto que sua atuação exerce sobre o meio ambiente em que está inserida. Para tanto, deve evidenciar a eficácia com que esses recursos estão sendo utilizados e consumidos, bem como destacar as atividades específicas relacionadas com a comunidade.

A demonstração do valor adicionado é uma das peças do balanço social. Além dela, e em linhas gerais, o balanço social deve apresentar as seguintes informações:

- Detalhamento de todas as remunerações e gastos relacionados com a mão de obra, tais como alimentação, encargos sociais compulsórios, previdência privada, saúde, educação, creches, participação nos lucros e resultados e outros benefícios. Devem ser incluídos todos os dados quantitativos importantes.

- Detalhamento do perfil dos trabalhadores na empresa, quantidade de admitidos e demitidos etc.
- Detalhamento de outras contribuições e atividades da empresa, nas áreas de educação e cultura, saúde e saneamento, esporte e lazer etc.
- Detalhamento das ações e investimentos relacionados com o meio ambiente, decorrentes ou não das operações da empresa.

## 5.13 Demonstração dos resultados abrangentes

Quando existirem resultados não realizados que as normas contábeis determinarem que provisoriamente sejam contabilizados diretamente como patrimônio líquido, classificados como ajustes de avaliação patrimonial ou como outros resultados abrangentes, e caso a demonstração das mutações do patrimônio líquido não seja suficiente para evidenciação, deve-se elaborar uma demonstração contábil complementar denominada demonstração dos outros resultados abrangentes.

Essa demonstração parte do lucro líquido do exercício da demonstração do resultado do exercício e incorpora outros elementos de despesas e receitas que ainda permanecem provisoriamente no patrimônio líquido, ainda não realizados. O Quadro 5.14 mostra os possíveis elementos que podem fazer parte dessa demonstração.

**Quadro 5.14** Demonstração dos resultados abrangentes

| | |
|---|---:|
| LUCRO LÍQUIDO DO EXERCÍCIO | 25.000 |
| (+) Itens de despesa e receita que não transitaram pela DRE | |
| Variação cambial de aplicações financeiras no exterior | –7.000 |
| Variação cambial de investimentos em controladas no exterior | –1.000 |
| Ajuste a valor justo de instrumentos financeiros disponíveis para venda | 2.000 |
| Variação de ativos e passivos de planos de previdência privada de benefício definido | –4.000 |
| RESULTADO ABRANGENTE | 15.000 |

## 5.14 Notas explicativas

Todas as necessidades de informações complementares às demonstrações contábeis devem ser ilustradas por meio de notas explicativas. Basicamente, elas são necessárias para:

- apresentar os principais critérios de avaliação utilizados na elaboração das demonstrações básicas e as legislações e normas obedecidas;
- detalhar os principais números do balanço patrimonial e da demonstração de resultados quando necessário, tais como as principais contas dos estoques, contas a receber, imobilizado, investimentos, financiamentos etc.;
- evidenciar critérios e procedimentos alternativos ou não usuais utilizados para o período em questão;
- complementar explicações sobre eventos econômicos não rotineiros e significativos ocorridos no período e seus impactos patrimoniais.

## Empresa Serviços Financeiros Ltda.

**NOTAS EXPLICATIVAS ÀS DEMONSTRAÇÕES CONTÁBEIS
EM 31 DE DEZEMBRO DE 2014 E 2013
(em REAIS)**

### Contexto operacional

A Empresa tem por objeto social desenvolver principalmente as atividades de prestação de serviços de contatos telefônicos, serviços de atendimento ao consumidor, serviços de cobrança, serviços administrativos para terceiros, marketing de relacionamento com as empresas e seus clientes, com atendimentos aos diversos segmentos de mercado por meio de soluções e serviços customizados e completos de televendas, recuperação de créditos extrajudiciais, pesquisas e qualificação, tratamento e resposta de e-mail e fax, consultoria, *fullfilment*, programas de fidelização, SAC *customercare*, entrega, pós-vendas, gestão de banco de dados, retenção e recuperação de clientes, tanto para telemarketing ativo como receptivo. Voltada ao segmento bancário, atua em todo o ciclo de crédito, na prospecção e venda de produtos financeiros, atendimento a clientes, cobrança, programas de retenção e fidelização.

### Principais práticas contábeis

As demonstrações contábeis foram elaboradas de acordo com as práticas contábeis adotadas no Brasil, com base nas disposições contidas na Lei das Sociedades por Ações e normas emitidas pelo Comitê de Pronunciamentos Contábeis – CPC – PME (Pequenas e Médias Empresas) e em acordo com a Resolução CFC nº 1.319/10, sendo o resultado apurado pelo regime de competência.

Na elaboração das demonstrações contábeis, é necessário utilizar estimativas para contabilizar certos ativos, passivos e outras transações. Assim, as demonstrações contábeis da Empresa incluem várias estimativas referentes à vida útil do ativo imobilizado, provisões necessárias para passivos contingentes, determinações de saldos de imposto de renda e outros similares.

Os resultados reais podem apresentar variações em relação às estimativas. O exercício social da Empresa compreende o período de 1º de janeiro a 31 de dezembro de cada ano.

a) **Caixa e equivalentes de caixa:** compreende os saldos do valor em espécie, depósitos bancários e aplicações financeiras de liquidez de curto prazo.

b) **Contas a Receber de Clientes:** a maior parte das vendas é efetuada com base em prazos normais de crédito, e as contas a receber não estão sujeitas a juros. Ao final de cada período de relatório, os valores contábeis de contas a receber de clientes e outras são revistos para determinar se há qualquer evidência objetiva de que os valores não são recuperáveis. Se houver evidência, uma perda por redução ao valor recuperável é reconhecida imediatamente em lucros e perdas.

c) **Imobilizado e Intangível:** depreciações e amortizações são calculadas pelo método linear e contabilizadas em função da utilização dos bens, como custo dos serviços ou como despesa operacional. As taxas de depreciação são calculadas em função da vida útil dos bens.

d) **Valor recuperável dos ativos de longo prazo (*Impairment Test*):** análises dos ativos estão sendo realizadas pela administração da Empresa, quanto à sua realização e aplicação, e é oportuno o registro de que os ativos da Empresa são novos, bem como cumprem plenamente os objetivos planejados pela administração.

e) **Férias:** foram constituídas com base na remuneração e respectivos encargos sociais incorridos até a data do balanço.

f) **Provisão para processos trabalhistas e para riscos fiscais:** é constituída quando se caracteriza como de provável realização.

g) **Imposto de Renda e Contribuição Social:** em 31 de dezembro de 2014 e 2013 foram calculados pelo critério de lucro real, ou seja, para o imposto de renda, 15% sobre o lucro contábil, ajustado pelas adições e exclusões previstas na legislação fiscal, mais o adicional de 10% sobre os valores excedentes a R$ 240.000 e, para a contribuição social, 9% sobre o lucro contábil, ajustado pelas adições e exclusões previstas na legislação fiscal.

h) **Reconhecimento de receitas:** a receita da venda de serviços é reconhecida quando os serviços são prestados, com todos os custos já incorridos e após a validação pelo cliente. A validação pelo cliente tem como referência o nível de qualidade dos serviços (SLA – *Service Level Agreement*) constante em contrato ou acordado com o cliente. A receita é mensurada pelo valor justo da contrapartida recebida ou a receber, sem eliminar os descontos e impostos relacionados a vendas cobrados em nome do governo. As carteiras contratadas com receita mensal predeterminada por ponto de atendimento (PA) tem sua receita reconhecida pelo regime de competência de exercício.

i) **Despesas:** são contabilizadas por regime de competência.
Detalhamento dos elementos operacionais

- **Caixa e equivalentes de caixa**

|  | 2014 | 2013 |
|---|---:|---:|
| Caixa | 4.075 | 2.741 |
| Banco Conta Movimento | 1.793.583 | 3.814.647 |
| Aplicação Financeira | 5.943.109 | 972.877 |
|  | 7.740.767 | 4.790.264 |

- **Valores a repassar**

Os valores a repassar referem-se a crédito de cobrança constante em nossa conta-corrente, aguardando o repasse aos nossos clientes Bancos.

- **Clientes**

|  | 2014 | 2013 |
|---|---:|---:|
| Cartões | 1.056.796 | 235.159 |
| Massificado | 12.700.930 | 5.898.084 |
| Securitizadora | 2.668.720 | 3.013.753 |
| Veículos | 3.614.571 | 530.861 |
|  | 20.041.017 | 9.677.858 |

Os clientes são empresas ligadas ao setor financeiro.

- **Impostos a recuperar**

|  | 2014 | 2013 |
|---|---:|---:|
| Imposto de Renda Retido a Recuperar | 17.620 | 1.562.358 |
| Imposto de Renda a Recuperar | – | 29 |
| Contribuição Social a Recuperar | – | 170.771 |
| PIS a Recuperar | 21.042 | – |
| Cofins a Recuperar | 97.119 | – |
| INSS a Recuperar | 1.129.021 | 516.046 |
| ISS a Recuperar | 2.334.659 | 2.280.328 |
| Ajustes para perdas – ISS a Recuperar | (2.334.757) | (2.280.426) |
|  | 1.264.704 | 2.249.106 |

Os valores a recuperar de ISS referem-se à retenção indevida feita por alguns clientes, com a alegação de que a retenção do tributo é devida no município do domicílio da pessoa constante do contrato de prestação de serviços, enquanto a Empresa entende que o recolhimento só é devido no domicílio dessa, onde foi efetivamente prestado o serviço. A Empresa está obtendo uma ação declaratória para promover o processo de restituição dos tributos retidos indevidamente.

- **Outras contas a receber**

|  | 2014 | 2013 |
|---|---|---|
| Empréstimos a coligadas | 47.637.586 | 38.953.474 |
| Outros Créditos | 1.311.150 | 633.305 |
|  | 48.948.736 | 39.586.779 |

Empréstimos a coligadas decorrem de contrato de transferência de numerário a ser pago até 31.12.2015.

- **Impostos diferidos**

| Ativo | 2014 | 2013 |
|---|---|---|
| **Imposto de Renda e Contribuição Social** | | |
| Imposto de Renda Diferido | 599.125 | 587.494 |
| Contribuição Social Diferida | 220.988 | 216.698 |
|  | 820.113 | 840.192 |
| **Passivo** | | |
| Imposto de Renda Diferido |  | 861.049 |
| Contribuição Social Diferida | – | 317.600 |
|  | – | 1.178.649 |
| **Cálculo IR e CS Diferido** | 2014 | 2013 |
| **Base Fiscal** | | |
| **Adição** | | |
| Provisão para contingências trabalhistas | 102.667 | 147.333 |
| Provisão sobre ISSQN a recuperar | – | 96.849 |
|  | 102.667 | 244.182 |
| **Exclusão** | | |
| Receita de Ajuste a Valor Justo | 55.000 | 3.528.888 |
|  | 55.000 | 3.528.888 |
| Imposto de Renda Diferido | 11.631 | (806.348) |
| Contribuição Social Diferida | 4.290 | (297.424) |
|  | 15.921 | (1.103.772) |
| **Alíquota Média** | | |
| Imposto de Renda Diferido | 25% | 25% |
| Contribuição Social Diferida | 9% | 9% |

Os impostos diferidos classificados no ativo não circulante referem-se a Imposto de Renda e Contribuição Social sobre o valor da provisão sobre ajustes de ISSQN a recuperar, classificados no ativo circulante em contrapartida ao resultado.

Os impostos diferidos classificados no passivo não circulante referem-se a Imposto de Renda e Contribuição Social sobre o valor do ajuste a valor justo das Propriedades de Investimentos, classificadas no ativo não circulante.

- **Propriedades para investimentos**

|  | 2014 | | |
| --- | --- | --- | --- |
|  | Custo | Ajuste a Valor Justo | Valor Líquido |
| Terrenos | 33.744.000 | 3.585.156 | 37.329.156 |
| Edifícios | 20.571.000 | 2.499.844 | 23.070.844 |
|  | 54.315.000 | 6.085.000 | 60.400.000 |

O objetivo da manutenção desses ativos é a valorização monetária ou obtenção de renda. A depreciação é calculada apenas para os ativos que estão gerando renda.

Os valores justos dos imóveis foram obtidos por meio de laudo de avaliação elaborado por avaliador independente com qualificação profissional reconhecida e pertinente, com experiência recente sobre a localização e a classe das propriedades para investimento que foram avaliadas.

Não existem restrições sobre a possibilidade de realização das propriedades para investimento ou da remessa de receita e proventos da alienação, nem obrigações contratuais para comprar, construir ou desenvolver propriedade para investimento ou para reparos, manutenção ou melhorias.

- **Imobilizado**

|  | 2014 | | | 2013 |
| --- | --- | --- | --- | --- |
|  | Custo | Depreciação Acumulada | Valor Líquido | Valor Líquido |
| Terrenos | 6.738.447 | – | 6.738.447 | 6.738.447 |
| Edifícios | 32.333.389 | (3.300.949) | 29.032.440 | 29.681.422 |
| Instalações | 965.165 | (643.531) | 321.634 | 405.397 |
| Móveis e Equipamentos | 3.626.973 | (2.398.186) | 1.228.787 | 1.522.194 |
| Máquinas e Equipamentos | 3.199.748 | (1.776.748) | 1.423.000 | 1.559.544 |
| Computadores e Periféricos | 7.957.933 | (6.891.154) | 1.066.779 | 1.494.434 |
| Softwares | 548.426 | (544.373) | 4.052 | 31.446 |
| Veículos | 2.775.680 | (913.880) | 1.861.800 | 639.430 |
|  | 58.145.762 | (16.468.823) | 41.676.939 | 42.072.315 |

O imobilizado é depreciado em função da vida útil estimada.

| Taxas Utilizadas | 2014 | 2013 |
|---|---|---|
| Edifícios | 2% | 2% |
| Instalações | 10% | 10% |
| Móveis e Utensílios | 10% | 10% |
| Máquinas e Equipamentos | 10% | 10% |
| Computadores e Periféricos | 20% | 20% |
| Softwares | 20% | 20% |
| Veículos | 20% | 20% |

- **Intangíveis**

| | 2014 | | | 2013 |
|---|---|---|---|---|
| | Custo | Depreciação Acumulada | Valor Líquido | Valor Líquido |
| Softwares desenvolvidos internamente | 3.442.335 | (2.409.540) | 1.032.795 | 1.239.241 |
| Outros Intangíveis | 1.524.085 | (265.951) | 1.258.134 | 709.359 |
| | 4.966.420 | (2.675.491) | 2.290.929 | 1.948.599 |

Os softwares são amortizados em função de sua vida útil estimada (10 anos).

- **Empréstimos e Financiamentos**

| Instituição financeira | Curto Prazo | Longo Prazo | Modalidade | Parcelas | Parcelas Restantes |
|---|---|---|---|---|---|
| Banco Votorantim | 659.143 | – | Empréstimo | 42 | 3 |
| Banco do Brasil | 656.250 | – | Empréstimo | 8 | 7 |
| Bradesco | 8.312.644 | – | Empréstimo | 0 | 12 |
| Banco Votorantim | 115.164 | 49.764 | Empréstimo | 48 | 19 |
| Banco do Brasil | 3.915.015 | 1.834.985 | Empréstimo | 24 | 23 |
| Bradesco | 4.426.157 | 3.421.857 | Empréstimo | 57 | 26 |
| Itaú | 10.000.000 | 23.459.979 | Empréstimo | 48 | 28 |
| Banco do Brasil | 3.230.769 | 3.769.231 | Empréstimo | 26 | 26 |
| PAN | 1.333.333 | 2.578.970 | Empréstimo | 1 | 35 |
| PAN | 2.000.000 | 3.868.455 | Empréstimo | 1 | 35 |
| Safra | 107.994 | 8.119 | *Leasing* | 24 | 14 |
| Banco Itaú | 147.788 | 299.216 | *Leasing* | 58 | 45 |
| Bradesco | 27.557 | – | Consórcio | 25 | 20 |
| Outros | 4.280.508 | – | Conta Garantida | | |
| Total | 39.212.322 | 39.290.576 | | | |

| Instituição financeira | Encargos | Taxa Mensal | Vencimento | Garantia |
|---|---|---|---|---|
| Banco Votorantim | PRÉ | 1,35% | 20.03.2015 | – |
| Banco do Brasil | 142% CDI | 1,11% | 15.07.2015 | Cessão de Direitos |
| Bradesco | PRÉ | 1,52% | 11.12.2015 | – |
| Banco Votorantim | PRÉ | 1,08% | 11.07.2016 | Cessão de Direitos Creditórios |
| Banco do Brasil | 135% CDI | 1,00% | 18.11.2016 | Cessão de Direitos |
| Bradesco | PRÉ | 1,59% | 14.02.2017 | Alienação fiduciária dos bens |
| Itaú | CDI + 0,395% | 0,40% | 10.04.2017 | Cessão de Direitos Creditórios |
| Banco do Brasil | 145% CDI | 1,13% | 15.05.2017 | Cessão de Direitos Creditórios |
| PAN | CDI + 0,565% | 0,57% | 17.11.2017 | Cessão de Direitos Creditórios |
| PAN | CDI + 0,565% | 0,57% | 17.11.2017 | Cessão de Direitos Creditórios |
| Safra | PRÉ | 1,28% | 12.02.2016 | – |
| Banco Itaú | PRÉ | 1,02% | 14.08.2018 | – |
| Bradesco | – | – | 10.08.2016 | – |
| Outros | | | | |

- Fornecedores

| Passivo Circulante | 2014 | 2013 |
|---|---|---|
| Material de Consumo | 95.072 | 39.455 |
| Imobilizado | 44.696 | 8.096 |
| Telefonia | 1.441.333 | 1.649.976 |
| Serviços e Outros | 5.704.600 | 4.002.321 |
| | 7.285.701 | 5.699.848 |

- Obrigações trabalhistas

| | 2014 | 2013 |
|---|---|---|
| Salários e Encargos Sociais | 16.500.309 | 11.065.986 |
| Férias e Encargos | 9.229.177 | 7.997.165 |
| | 25.729.486 | 19.063.151 |

- Partes relacionadas – Remuneração dos dirigentes

| | 2014 | 2013 |
|---|---|---|
| José da Silva | 2.818.907 | 30.000 |
| João Souza | 2.904.698 | 50.400 |
| | 5.623.605 | 80.400 |

- **Provisões**

|  | 2014 | 2013 |
|---|---|---|
| Provisões para contingências trabalhistas | 184.000 | 136.333 |
|  | 184.000 | 136.333 |

A provisão para passivos trabalhistas refere-se unicamente ao valor provável de perda de processos trabalhistas existentes, avaliados pelo departamento jurídico da empresa.

Os valores dos demais processos trabalhistas com possibilidade de perda possível e remota totalizam o valor de R$ 712.045,00.

- **Capital Social**

O capital social, totalmente subscrito em imóveis e moeda corrente nacional, é de R$ 20.937.201, representado por 20.937.201 cotas no valor de R$ 1,00 cada, distribuídas entre os sócios da seguinte forma:

|  | Cotas | Valor |
|---|---|---|
| José da Silva | 20.623.143 | 20.623.143 |
| João Souza | 314.058 | 314.058 |
|  | 20.937.201 | 20.937.201 |

- **Receita operacional bruta**

|  | 2014 | 2013 |
|---|---|---|
| Receita Operacional Bruta | 284.960.447 | 245.956.718 |
| Tributos sobre as receitas | (14.647.816) | (12.516.550) |
| Receita Operacional Líquida | 270.312.631 | 233.440.167 |

- **Despesas financeiras**

|  | 2014 | 2013 |
|---|---|---|
| Empréstimos e Financiamentos | 13.490.176 | 15.081.183 |
| Juros e Multa sobre tributos parcelados e em atraso | 13.485.400 | 8.850.582 |
| Outros | 2.144.171 | 2.902.723 |
|  | 29.119.747 | 26.834.488 |

- **Imposto de Renda e Contribuição Social**

| | 2014 | 2013 |
|---|---:|---:|
| Resultado do período antes do Imposto de Renda e Contribuição Social | 13.637.133 | 3.732.013 |
| **Adições** | | |
| Provisão ISS | 54.331 | 96.849 |
| Provisão para Contingências | 102.667 | 147.333 |
| Multas Punitivas | 643.865 | 1.790 |
| Licença-maternidade – Empresa Cidadã | 332.198 | 289.391 |
| Depreciação da Reavaliação | 142.845 | 142.943 |
| Custo Financeiro do *Leasing* | 134.354 | 243.828 |
| Depreciação de Equipamentos de *Leasing* | 906.710 | 832.624 |
| Depreciação de Imobilizados – Atualização IT 10 | 91.671 | 91.729 |
| Encargo Legal ref. débito inscrito PGFN | 224.433 | – |
| Parcelamento PRC | 1.142.905 | – |
| Doações não dedutíveis | 168 | – |
| **Exclusões** | | |
| Prestações do *Leasing* | (1.156.784) | (1.592.918) |
| Receita Ajuste a Valor Justo | – | (3.528.888) |
| Estorno Prov. Contingência Trabalhista | (55.000) | (20.000) |
| Descontos Lei 12.996 | (4.457.292) | – |
| **Resultado Tributável** | **11.744.204** | **436.694** |
| Imposto de Renda – Corrente | (2.667.059) | – |
| Contribuição Social – Corrente | (1.056.978) | (39.302) |
| | (3.724.037) | (39.302) |

- **Cobertura de seguros**

A Empresa contrata seguros em valores considerados suficientes pela sua administração em caso de sinistros. As apólices abrangem roubo, além de incêndio/raio/explosão, desmoronamento, danos elétricos e lucros cessantes, entre outros, e são firmadas com seguradoras idôneas contendo coparticipações de instituições bancárias.

| Imóvel Segurado | Valor do Risco/Cobertura |
|---|---:|
| Rua Professor Durval Guedes de Azevedo, nº 2-144 | 35.000.000 |
| Avenida João Wolber, nº 2-95 | 4.000.000 |
| Rua Marcos Augusto Genovez Serra, nº 2-39 | 4.000.000 |
| Rua Araújo Leite, nº 10-25 | 15.000.000 |
| Rua Joaquim da Silva Martha, nº 21-50 | 8.000.000 |
| Rua Sérvio Túlio Carrijo Coube, nº 2-28 | 5.500.000 |
| Rua da Constituição, nº 2-60 | 2.500.000 |

- **Instrumentos financeiros**

O gerenciamento de risco da Empresa visa identificar e analisar os riscos aos quais está exposta, para definir limites e controles de riscos apropriados e para monitorar riscos e aderência aos limites. A Administração acompanha o cumprimento do desenvolvimento de suas atividades de controle de riscos e revisa a adequação da estrutura de gerenciamento de risco em relação aos riscos enfrentados pela Empresa.

a) **Risco de crédito**

O risco é basicamente proveniente das contas a receber de clientes e de instrumentos financeiros, conforme apresentado abaixo:

| Ativos Financeiros | 2014 | 2013 |
|---|---|---|
| Caixa e equivalentes de caixa | 2.084.879 | 4.035.020 |
| Aplicações financeiras | 5.943.109 | 972.877 |
| Clientes e outras contas a receber | 68.805.187 | 49.264.637 |
| | 76.833.175 | 54.272.534 |

Os valores de caixa e equivalentes de caixa estão aplicados em bancos de primeira linha nos quais a probabilidade de não realização é remota. Os créditos a receber de clientes em aberto não apresentam probabilidade de não recebimento, uma vez que são decorrentes de prestação de serviços lastreados em contratos e os clientes da Empresa, na maioria, são bancos de primeira linha.

A Empresa estabelece uma provisão para perdas que representa sua estimativa de despesas incorridas com contas a receber e outros recebíveis.

b) **Risco de liquidez**

A abordagem da Empresa na administração de liquidez é de garantir, o máximo possível, que sempre haja liquidez suficiente para cumprir com suas obrigações ao vencerem, sob condições normais e de estresse. Os fundamentos para garantir a liquidez centram-se na geração de lucros operacionais, que têm sido suficientes para cobrir os encargos financeiros da manutenção de capital de terceiros.

| Passivos financeiros e Patrimônio Líquido | 2014 | 2013 |
|---|---|---|
| Empréstimos e financiamentos de curto prazo | 39.212.322 | 39.882.921 |
| Patrimônio Líquido | 5.398.732 | 5.398.732 |
| Índice de cobertura de capital de terceiros | 14% | 14% |

c) **Risco de mercado**

Decorre das variações nas taxas de juros nos empréstimos e financiamentos atrelados à flutuação do CDI em operações pós-fixadas e parcelamentos tributários atrelados à Selic. A gestão de risco da Empresa, com relação aos instrumentos financeiros atrelados à CDI, prevê a utilização de contratação de derivativos se a perspectiva de variação do CDI for diferente da inicialmente prevista na contratação.

| Passivos financeiros pós-fixados | 2014 |
|---|---|
| Empréstimos e financiamentos – curto e longo prazo | 78.502.898 |
| Parcelamentos tributários – curto e longo prazo | 61.971.155 |
| Variação possível estimada nos próximos 12 meses | 1% |
| Efeito possível no resultado | 1.404.741 |

d) **Risco operacional**

A administração do risco operacional, para evitar a ocorrência de prejuízos financeiros e danos à sua reputação, buscar eficácia de custos e evitar procedimentos de controle que restrinjam iniciativa e criatividade, é efetivada por meio do sistema de controle interno, dos sistemas integrados de gestão e do sistema interno de ouvidoria.

- **Passivos contingentes**

As declarações de Imposto de Renda dos últimos 5 anos encontram-se sujeitas às revisões pelas autoridades fiscais; os demais impostos também estão sujeitos à revisão pelas autoridades, variando em cada imposto a prescrição.

- **Compromissos**

Os compromissos referem-se a contratos de aluguéis de móveis e equipamentos e *leasings* operacionais, em um montante estimado mensal de R$ 1.939.000,00.

## 5.15 Relatório da administração

Peça de vital importância para o relacionamento entre a empresa e todos os usuários das informações contidas nas demonstrações contábeis.

Tal relatório é obrigatório para as sociedades por ações, sejam elas abertas ou fechadas; é o instrumento oficial de comunicação da empresa com seus investidores. As companhias abertas, além do relatório anual, devem elaborar trimestralmente relatórios da administração sobre o desempenho dos três primeiros trimestres do exercício social da empresa.

O objetivo do relatório da administração é evidenciar os principais aspectos que motivaram o desempenho da empresa no último exercício, tornando claros como os resultados foram obtidos e os motivos que levaram a empresa à atual situação, de tal forma que as eventuais dúvidas dos investidores com os números apresentados nos demonstrativos contábeis sejam sanadas.

Considerando essa evidenciação, todas as decisões fundamentais, estratégicas, táticas e operacionais, que foram tomadas pela diretoria da empresa para alcançar os resultados obtidos, devem ser delineadas, bem como a resultante de cada uma delas. Como corolário, a diretoria deve apresentar as perspectivas que possam ser inferidas com clareza, decorrentes também das estratégias adotadas ou a serem adotadas. A transparência é a característica principal que deve emergir do relatório da administração.

Apresentamos a seguir os principais aspectos a serem observados para a elaboração do relatório da administração.

## Apresentação geral

Os seguintes aspectos devem ser observados:

- *Linguagem*: clara, precisa, direta, concisa, com simplicidade.

- *Evitar*: relatórios mudos, temas e modismos das teorias de administração, análises de conjuntura sem correlação com a empresa, omissão de aspectos relevantes, *window dressing* (enfeites desnecessários ou para desviar a atenção), exagerada predominância de análise retroativa, apresentação cara, mas não criativa.

- *Enfatizar*: o retorno sobre o investimento, a capacidade de pagamento, a análise da geração de lucros e caixa, as informações segmentadas (isto é, detalhamento mínimo do resultado por unidades de negócio), a apresentação sumária e concisa das estratégias adotadas, existentes e a serem adotadas, a produtividade, os aspectos internacionais dos negócios, a inovação, a tecnologia, as alianças estratégicas, as fusões e as aquisições.

## Leitores

Há vários grupos de leitores dos relatórios contábeis. Como regra geral, o relatório da administração destina-se, em primeiro lugar, aos acionistas; portanto, esse é o foco da transmissão das informações. Contudo, sabemos que existe uma série de outros usuários dos relatórios contábeis e convém que, na elaboração do relatório da administração, eles também percebam a utilidade das informações transmitidas pela diretoria.

Os principais leitores a serem considerados são:

- acionistas e debenturistas;
- credores (bancos, governo);
- analistas de investimentos;
- órgãos reguladores (ANP, Aneel etc.);
- fornecedores;
- clientes;
- empregados;
- concorrentes;
- agências de classificação de risco.

## Conteúdo básico

O relatório deve abordar basicamente os seguintes pontos:

- Breve análise da conjuntura econômica do país e do exterior, se for o caso, que, na avaliação da diretoria, refletiu nos negócios da empresa, evidenciando quais foram esses reflexos e, eventualmente, até quantificando os impactos no resultado e no patrimônio empresarial.
- Avaliação tanto da participação dos diversos produtos e serviços dentro dos mercados de atuação da empresa, como dos impactos concorrenciais já existentes ou que ainda surgirão.
- Avaliação do desempenho dos produtos, dos mercados e dos investimentos nas principais unidades de negócio, não tratando genericamente negócios que possuem atuação distinta.
- Avaliação tanto do estado da arte da tecnologia dos produtos e serviços da empresa, como das estratégias adotadas ou a serem adotadas na atualização tecnológica.
- Atuação social da empresa.
- Avaliação tanto do desempenho dos títulos da empresa junto ao mercado de investimentos, como dos rendimentos gerados para os acionistas.

- Apresentação sumária dos investimentos e das perspectivas para o próximo ano, com ênfase nas estratégias a serem seguidas, dentro do cenário adotado para as conjunturas econômicas nacional e internacional.

---

**Exemplo de Relatório de Administração:
Empresa Serviços Financeiros Ltda.
Demonstrações Contábeis Combinadas
em 31 de dezembro de 2014 e 2013**

**Relatório da administração**

*Conjuntura econômica*

Pelo terceiro ano consecutivo, as projeções iniciais de crescimento da economia não se concretizaram. Similarmente aos anos de 2012 e 2013, as projeções dos analistas econômicos e as reunidas no boletim Focus do Banco Central apontavam para um crescimento geral do PIB do país para 2014 da ordem de 3,5%. Os dados preliminares indicam que o crescimento geral da economia não deverá ser superior a 0,5%. As decisões iniciais do governo federal tentando reduzir a taxa básica de juros do Banco Central – Selic – não surtiram efeito, prejudicando o controle da inflação. Assim, o IPCA de 2014 terminou em 7,15%, uma taxa superior às expectativas iniciais, da ordem de 5,5%. A Selic, que chegou a ser reduzida para 7,25% ao final de 2012, voltou para 12,5% ao final de 2014, para que a inflação não saísse definitivamente de controle.

A insegurança dos atores econômicos brasileiros com a condução geral da política econômica do governo federal teve impactos negativos na evolução do câmbio, nas bolsas de valores e afetou também significativamente a indústria, cujo crescimento para 2014 está estimado negativamente em 0,35%. Esses elementos deram o tom do ambiente econômico em 2014, de ritmo geral lento da economia e insegurança para o futuro. No geral, avaliamos que 2014 foi um ano em que as expectativas otimistas foram quebradas, e a economia brasileira teve um desempenho geral que pode ser caracterizado como insatisfatório.

*Evolução do crédito*

As expectativas de crescimento do crédito para 2014 indicavam uma variação de 14% no geral, com um crescimento ao redor de 18% nos créditos direcionados e de 13% nos créditos livres.

O fato não esperado foi a queda muito maior do crescimento dos créditos livres, que foi de apenas 7,8%, ou seja, o grande impulsionador do crédito foram os recursos direcionados pelo governo federal. Esses dados são importantes para entendimento do desempenho geral da companhia, uma vez que a quase totalidade de nossas receitas decorre da recuperação de créditos livres (98,7%).

## Desempenho da receita

A companhia trabalhou, em termos orçamentários, com a possibilidade de um aumento da receita operacional líquida em 2014, em relação ao exercício anterior, da ordem de 19,5%, uma vez que, historicamente, havia desempenhado sempre um acréscimo superior ao aumento geral do crédito no país. Nos últimos dois exercícios, houve um crescimento adicional das receitas da empresa, em relação ao crescimento do crédito, ao redor de 5,5%.

A receita operacional líquida de 2014 foi de 264,2 milhões de reais, um crescimento de 11,9% em relação ao exercício anterior, inferior ao crescimento geral do crédito, mas bastante superior ao crescimento dos créditos livres, que foi de 7,8%. É importante ressaltar que a empresa tem conseguido desempenhar sucessivos crescimentos da receita em níveis excelentes, nos últimos anos, de forma consecutiva.

O crescimento médio composto nos últimos cinco anos da receita operacional líquida da companhia foi de 24,5%, bastante superior ao crescimento composto do crédito nesse mesmo período.

O crescimento real, inferior ao crescimento orçado esperado e mesmo em relação aos crescimentos obtidos em anos anteriores, é justificado pela queda do crescimento do crédito, pelo pequeno crescimento do PIB e a maior variação inflacionária, que fizeram que as instituições financeiras fossem muito mais seletivas na concessão de créditos ao público em geral.

Outro fator relevante foi a queda geral da inadimplência. O volume de registros de inadimplência no país recuou −4,44% no último mês de dezembro em relação ao mesmo período de 2012. Trata-se da quarta queda consecutiva e da baixa mais acentuada desde o início da nova série histórica, calculada a partir de janeiro de 2012 pelo Serviço de Proteção ao Crédito (SPC Brasil) e pela Confederação Nacional de Dirigentes Lojistas (CNDL).

Especificamente em nosso segmento de atuação, esses fatores fizeram que a maior parte das instituições financeiras, nossos clientes, modificasse suas políticas de remuneração, reembolso de despesas e os acordos de nível de serviço (SLA – *Service Level Agreement*), com redução direta nas margens de contribuição dos nossos serviços prestados.

Não houve mudança significativa nos principais segmentos de atuação da empresa. A composição da carteira mostra um crescimento um pouco maior do segmento de créditos sem garantia e uma redução similar na participação de créditos com garantia.

## Resultados

O valor do EBITDA (*Earnings Before Interest, Taxes, Depreciation and Amortization*) de 2014, número que melhor reflete o resultado das operações, de 33 milhões de reais, apresentou um recuo de 5,6% em relação ao ano anterior.

O principal fator para essa redução foi o desempenho da receita operacional líquida em relação à receita orçada esperada, em função da reversão das expectativas que formaram as premissas para o planejamento operacional de 2014.

A empresa preparou-se, no início do ano, para um patamar de operações, contratando ao redor de 10% a mais de funcionários diretos, quantidade que teve de ser liberada em função do desempenho fraco da economia, evidenciado a partir do segundo trimestre de 2014.

Esse evento provocou um custo adicional que não foi possível recuperar até o final do exercício. O aumento geral do custo da mão de obra operacional foi de 13,5%, ligeiramente superior ao aumento da receita líquida.

Conjuntamente, o acordo coletivo fechado em 8% sobre os salários trouxe, contudo, um novo custo acordado de alimentação do trabalhador, que passou a custar ao redor de mais 60%, e a introdução do PLR – Participação nos Lucros e Resultados, eventos esses só finalizados em dezembro de 2013.

Os gastos administrativos também tiveram um aumento acima da variação da receita, um aumento médio de 36,2%, basicamente em função da estruturação do novo site de operações implantado na cidade de Conceição (SP), da reestruturação dos imóveis da cidade de Miracema e dos investimentos adicionais no setor de tecnologia de informação. Outro evento que ocasionou gastos adicionais foi a decisão da empresa de reestruturar sua unidade de negócios na esfera judicial, com a centralização de filiais em cada estado, desativando as unidades instaladas no interior. Esses aumentos de gastos superiores ao aumento da receita provocaram a redução da margem EBITDA, que foi de 12,5%, inferior aos 14,8% obtidos no exercício anterior.

O principal evento que ocasionou a melhora no lucro líquido, de 4,2 milhões para 7,1 milhões de reais, foi a contabilização do valor positivo do ajuste a valor justo das propriedades para investimentos, em conjunto com a revisão das estimativas de provisões feitas anteriormente.

As despesas financeiras líquidas apresentaram um crescimento compatível com o nível de endividamento e com a queda do resultado operacional, com um aumento médio geral de 8%.

## Investimentos e base operacional

Os investimentos em orçamento de capital do ano foram da ordem de 1,3 milhão de reais, montante similar ao exercício anterior, fundamentalmente para atividades de apoio, uma vez que a estratégia básica para expansão da capacidade operacional, a partir de 2013, centra-se na locação de imóveis e equipamentos.

A companhia figura atualmente como uma das maiores empregadoras das cidades de Miracema e Conceição, contando em 31.12.2014 com 6.537 funcionários, denominados clientes internos, ressaltando que em junho de 2013, em função da expectativa de crescimento da operação, o quadro chegou a 7.003 clientes internos.

Em termos operacionais, a empresa já tem instalados 6.500 postos de atendimento, número suficiente para garantir o planejamento de expansão para 2015.

A empresa conta com uma base operacional instalada que permite trabalhar com o crescimento geral esperado para os próximos exercícios sem necessidade de aumento físico adicional.

## Principais eventos de 2014

O principal evento de 2014 foi o início das operações do site na cidade de Conceição (SP), que conta com 2.000 PAs, dentro de uma nova estratégia de crescimento, que contempla a locação dos imóveis e equipamentos e não mais a imobilização de ativos operacionais.

Outro evento de relevância foi o início efetivo do processo de desmobilização programado pela companhia, no qual a controladora vendeu suas participações nos segmentos de saúde (hospital e operação de planos de saúde), com o objetivo de canalizar seus esforços para o segmento de serviços financeiros.

A companhia obteve em julho de 2013, pela primeira vez, o prêmio de excelência em ouvidoria, conferido às melhores ouvidorias do Brasil pela associação da Abrarec, ABO, Procon e Prodesp, numa iniciativa da revista *Consumidor Moderno*.

Outro evento de grande relevância foi a certificação ISO 27001/2005 de Segurança da Informação, conferido pela BSI.

## Planejamento estratégico

O planejamento estratégico da companhia tem como ponto central o crescimento das receitas superior ao crescimento geral do crédito no país.

Os principais objetivos estratégicos são:

a) permanência de atuação no segmento de prestação de serviços financeiros, com foco na recuperação de crédito;
b) crescimento da receita operacional líquida ao redor de 3 pontos percentuais a mais que o crescimento geral dos créditos livres do país, tendo como referência o *know-how* da empresa no setor, o qual tem permitido um aumento gradativo da participação no mercado;
c) utilização do modelo de *outsourcing* de investimentos de capital, em conjunto com parceria com os governos municipais das localidades identificadas;
d) utilização nas operações das melhores tecnologias de informação e comunicação existentes, em conjunto com as principais práticas de gestão da operação, como instrumentos gerais de ganhos permanentes de produtividade e de índices de eficiência;
e) entrada em outros segmentos de atuação como cobrança e em outros setores de atividades como saúde, indústria, varejo e educação, bem como no segmento de securitização de créditos.

## Perspectivas e premissas

As perspectivas da companhia estão alinhadas com as diretrizes do seu planejamento estratégico e as perspectivas gerais da economia para 2015, que não se afiguram auspiciosas. A empresa trabalha com a expectativa de um crescimento geral do PIB do país da ordem de apenas 1,0%, uma inflação com dificuldade de controle, que pode chegar a 8,0% em dezembro de 2015, medida pelo IPCA, a taxa de juros (Selic), que pode chegar a 11,5% e um crescimento geral do crédito no país da ordem de 10%.

A empresa imagina também que deverá haver um aumento ao redor de 10% da taxa de desemprego, que poderá trazer efeitos financeiros positivos para a companhia, com eventual redução da expectativa de aumentos salariais nos acordos coletivos e redução do *turn-over*.

Essas variáveis macroeconômicas em conjunto com o modelo de gestão da empresa permitem inferir um crescimento da receita ao redor de

> 12% para 2015, recuperando a margem EBITDA para 15%, com reflexos positivos adicionais para a margem líquida.
> Outra ação está encaminhada objetivando reduzir o endividamento financeiro e ajustar a estrutura de capital da companhia, que é a continuidade do processo de desmobilização já iniciado pela controladora em 2014, com a venda de alguns imóveis não operacionais.
> A diretoria da companhia expressa seus agradecimentos a todos os seus colaboradores internos e externos, entidades financeiras, clientes e fornecedores e outras entidades, que mais uma vez nos apoiaram de forma efetiva para a consecução dos objetivos da companhia.
>
> **A DIRETORIA**

## 5.16 Parecer de auditoria

As empresas sociedades anônimas de capital aberto são obrigadas a submeter suas demonstrações contábeis ao processo de auditoria externa. Os auditores são denominados auditores independentes porque não têm vínculo nenhum com a empresa auditada e devem emitir seu parecer de forma isenta.

O parecer de auditoria é um relatório final que conclui todo um processo de auditoria dos números da contabilidade, embasado em uma série de procedimentos de verificação dos controles internos da companhia. No Brasil, a regulamentação desses procedimentos é feita pelo Conselho Federal de Contabilidade (CFC), pelo Instituto dos Auditores Independentes (Ibracon) e pela Comissão de Valores Mobiliários (CVM).

O objetivo da auditoria externa em sociedades anônimas é dar uma garantia aos acionistas, com ênfase naqueles que não detêm o controle acionário da entidade. O parecer conclui as demonstrações financeiras publicadas, e sua leitura permite ao investidor complementar sua análise com o parecer dos auditores.

Os principais tipos de pareceres de auditoria (ou relatório dos auditores) são os seguintes:

1. Parecer sem ressalva;
2. Parecer sem ressalva e com ênfase;
3. Parecer com ressalva (limitação de escopo);
4. Parecer com ressalva;
5. Parecer adverso;
6. Parecer com abstenção de opinião.

# Exemplos de pareceres

## Parecer sem ressalva

Examinamos os balanços patrimoniais da Empresa Industrial S.A. e os balanços patrimoniais consolidados dessa empresa e de suas controladas levantados em 31 de dezembro de 2015 e 2014 e as respectivas demonstrações de resultados das mutações do patrimônio líquido e das origens e aplicações de recursos correspondentes aos exercícios findos naquelas datas, elaborados sob a responsabilidade de sua administração. Nossa responsabilidade é a de expressar uma opinião sobre essas demonstrações financeiras.

Nossos exames foram conduzidos de acordo com as normas de auditoria, geralmente aplicadas no Brasil, e compreenderam: (a) o planejamento dos trabalhos, considerando a relevância dos saldos, o volume de transações e os sistemas contábil e de controles internos da empresa; (b) a constatação, com base em testes, das evidências e dos registros que suportam os valores e as informações contábeis divulgados; e (c) a avaliação das práticas e das estimativas contábeis mais representativas adotadas pela administração da empresa, bem como da apresentação das demonstrações financeiras tomadas em conjunto.

Em nossa opinião, as demonstrações financeiras acima referidas representam, adequadamente em todos os aspectos relevantes, a posição patrimonial e financeira da Empresa Industrial S.A. e a posição patrimonial e financeira consolidada dessa empresa e suas controladas em 31 de dezembro de 2015 e 2014, os resultados de suas operações, as mutações de seu patrimônio líquido e as origens e aplicações de seus recursos, correspondentes aos exercícios findos naquelas datas, de acordo com as práticas contábeis adotadas no Brasil.

## Parecer sem ressalva e com ênfase

Examinamos o balanço patrimonial das Indústrias Brasileiras S.A. em 31 de dezembro de 2015 e as correspondentes demonstrações do resultado, das mutações do patrimônio líquido e das origens e aplicações de recursos do exercício findo nessa data, elaborados sob a responsabilidade de sua administração. Nossa responsabilidade é a de emitir parecer sobre essas demonstrações financeiras.

Nosso exame foi conduzido de acordo com as normas de auditoria aplicáveis no Brasil, que requerem que os exames sejam realizados com o objetivo de comprovar a adequada apresentação das demonstrações financeiras em todos os seus aspectos relevantes. Portanto, nosso exame compreendeu, entre outros procedimentos: a) o planejamento dos trabalhos, considerando a relevância dos saldos, o volume de transações e os sistemas contábil e de controles internos da empresa; b) a constatação, com base em testes, das evidências e dos registros que suportam os valores e as informações contábeis divulgados; c) a avaliação das práticas e estimativas contábeis mais representativas adotadas pela administração da empresa, bem como da apresentação das demonstrações financeiras tomadas em conjunto.

Nosso parecer é o de que as referidas demonstrações financeiras apresentam adequadamente, em todos os aspectos relevantes, a posição patrimonial e financeira das Indústrias Brasileiras S.A. em 31 de dezembro de 2015 e o resultado das operações, as mutações do patrimônio líquido e as origens e aplicações de recursos do exercício findo nessa data, de acordo com os princípios contábeis previstos na legislação societária brasileira.

Conforme mencionado nas notas explicativas 6, 7 e 8 às demonstrações financeiras, durante o primeiro semestre de 2016, a empresa renegociou parte dos saldos de suas dívidas no curto e longo prazos, bem como os acionistas efetuaram aporte de capital, visando equalizar o fluxo de caixa para o exercício de 2016.

O exame das demonstrações financeiras do exercício findo em 31 de dezembro de 2014, apresentado para fins de comparação, foi conduzido sob a responsabilidade de outros auditores independentes, que emitiram parecer com data de 15 de fevereiro de 2015, sem ressalva.

### Pareceres com ressalva – limitação de escopo

Examinamos os balanços patrimoniais do Banco de Investimento S.A. em 30 de junho de 2016 e de 2015 e as correspondentes demonstrações do resultado, das mutações do patrimônio líquido e das origens e aplicações de recursos dos semestres findos nessas datas, elaborados sob a responsabilidade da sua administração. Nossa responsabilidade é a de emitir parecer sobre essas demonstrações contábeis. O exame de auditoria das demonstrações contábeis das empresas coligadas – Brasil Participações S.A., Brasil Previdência Privada S.A., Brasil Capitalização S.A., Brasil Empresa de Seguros S.A. – registradas em investimentos permanentes pelo montante de R$ 374.904 (em 2013, R$ 668.195) e que geraram resultado de equivalência patrimonial nos semestres findos em 30 de junho de 2014 e de 2013 nos valores de R$ 61.696 e R$ 47.759, respectivamente, é de responsabilidade de outros auditores independentes. Nosso parecer, no que se refere a esses valores, está baseado exclusivamente nos relatórios e pareceres desses auditores independentes.

Exceto pelo assunto mencionado no parágrafo 3, nossos exames foram conduzidos de acordo com as normas de auditoria aplicáveis no Brasil que requerem que os exames sejam realizados com o objetivo de comprovar a adequada apresentação das demonstrações contábeis em todos os seus aspectos relevantes. Portanto, nossos exames compreenderam, entre outros procedimentos: (a) o planejamento dos trabalhos, considerando a relevância dos saldos, o volume de transações e os sistemas contábil e de controles internos da instituição; (b) a constatação, com base em testes, das evidências e dos registros que suportam os valores e as informações contábeis divulgados; (c) a avaliação das práticas e estimativas contábeis mais representativas adotadas pela administração da instituição, bem como da apresentação das demonstrações contábeis tomadas em conjunto.

O investimento permanente na empresa coligada no exterior Americas Holdings no valor de R$ 51.176 em 30 de junho de 2014, e o respectivo resultado negativo de equivalência patrimonial do semestre findo nessa data, no valor de R$ 41.257, não foram objeto de exame por auditores independentes até a data de emissão de nosso parecer. Não é praticável, portanto, concluirmos, nessa data, sobre a adequação desses valores.

Com base em nossos exames e nos relatórios e pareceres de outros auditores independentes, conforme mencionado no parágrafo 1, nosso parecer é o de que, exceto pelos eventuais efeitos que poderiam advir do assunto mencionado no parágrafo 3, as demonstrações contábeis apresentam adequadamente, em todos os aspectos relevantes, a posição patrimonial e financeira do Banco de Investimento S.A. em 30 de junho de 2016 e de 2015 e o resultado das operações, as mutações do patrimônio líquido e as origens e aplicações de recursos dos semestres findos nessas datas, de acordo com práticas contábeis adotadas no Brasil.

A demonstração do fluxo de caixa, que está sendo apresentada na nota explicativa 14 para propiciar informações suplementares sobre o Banco de Investimento S.A., não é requerida como parte integrante das demonstrações contábeis. Essa demonstração foi submetida aos mesmos procedimentos de auditoria descritos no segundo parágrafo e, em nossa opinião, está adequadamente apresentada em todos os seus aspectos relevantes em relação às demonstrações contábeis tomadas em conjunto.

**Parecer com ressalva**

Examinamos o balanço patrimonial do Banco do Estado S.A., levantado em 31 de dezembro de 2015, e a respectiva demonstração do resultado, das mutações do patrimônio líquido e das origens e aplicações de recursos correspondentes ao exercício findo naquela data, elaborado sob a responsabilidade de sua administração. Nossa responsabilidade é a de expressar uma opinião sobre essas demonstrações financeiras.

Nossos exames foram conduzidos de acordo com as normas de auditoria e compreenderam: (a) o planejamento dos trabalhos, considerando a relevância dos saldos, o volume de transações e o sistema contábil e de controles internos da Empresa; (b) a constatação, com base em testes, das evidências e dos registros que suportam os valores e as informações contábeis divulgados;

e (c) a avaliação das práticas e das estimativas contábeis mais representativas adotadas pela administração da Empresa, bem como da apresentação das demonstrações financeiras tomadas em conjunto.

As demonstrações financeiras da controlada S.A. Participações, cujo investimento é avaliado pelo método da equivalência patrimonial, foram por nós examinadas em 31 de dezembro de 2015 e nosso parecer datado de 11 fevereiro de 2016 possui uma ressalva relacionada ao não provisionamento total dos Sinistros Ocorridos e não Avisados (IBNR), pela controlada indireta Empresa de Seguros, ocasionando uma superavaliação do investimento mantido pela Empresa na investida S.A. Participações no valor de R$ 607.000 e uma subavaliação do resultado negativo de equivalência patrimonial nessa mesma investida, de R$ 442.000, líquido dos efeitos tributários.

Em nossa opinião, exceto quanto ao efeito do assunto mencionado no parágrafo 3, as demonstrações financeiras referidas no parágrafo 1 representam adequadamente, em todos os aspectos relevantes, a posição patrimonial e financeira do Banco do Estado S.A. em 31 de dezembro de 2015, o resultado de suas operações, as mutações de seu patrimônio líquido e as origens e as aplicações de seus recursos referentes ao exercício findo naquela data, de acordo com as práticas contábeis emanadas da legislação societária.

As demonstrações financeiras do exercício findo em 31 de dezembro de 2015 foram preparadas no pressuposto do sucesso das medidas em curso e da continuidade operacional.

As demonstrações financeiras do exercício findo em 31 de dezembro de 2014, apresentadas para fins de comparação, foram por nós examinadas *conforme parecer com abstenção de opinião* emitido em 21 de maio de 2015, o qual continha incertezas e ressalvas relacionadas com os seguintes assuntos: a) não haviam sido provisionados juros e multa sobre o Imposto de Renda e Contribuição Social não recolhidos no exercício de 2014, no valor de R$ 986.027. Adicionalmente, foi constituída provisão a menor do Imposto de Renda e Contribuição Social sobre o Lucro Líquido referente ao exercício de 2014, no valor de R$ 359.077; b) realização de crédito junto ao Fundo de Desenvolvimento Econômico relacionado com a alienação da participação societária indireta na Reflorestadora S.A.; c) realização de crédito junto a Leasing S.A. Arrendamento Mercantil; d) realização das aplicações financeiras da Empresa de Seguros (controlada indireta) em fundo de investimento em ações administrado por terceiros, cuja carteira era composta substancialmente por ações do Banco do Estado S.A., no valor de R$ 4.250.000. Em decorrência do distrato da venda de ações ao Fundo de Desenvolvimento Econômico (FDE) e da venda efetiva da participação na Reflorestadora S.A. ao governo do estado, mencionados nas notas explicativas 6 e 7, os quais geraram capital de giro para a companhia, os assuntos mencionados nos itens "a" e "b" foram resolvidos em

2010 e, em termos líquidos, provocaram o efeito – mencionado nas notas explicativas 6, 7 e 16 – no resultado do exercício findo em 31 de dezembro de 2014. O assunto relacionado com o item "c" permaneceu pendente de solução no exercício de 2014, sendo o recurso efetivamente recebido no exercício de 2015. O assunto relacionado no item "d" foi regularizado pela controlada indireta no exercício de 2014, sendo constituída provisão segundo as projeções de valor patrimonial das ações do Banco do Estado S.A. Adicionalmente, *nosso parecer conteve parágrafo de incerteza com relação à continuidade* da companhia e de suas controladas, tendo em vista o processo de saneamento no qual o principal investidor, o Banco do Estado S.A., encontrava-se inserido.

## Parecer adverso

> **Em um parecer adverso, a empresa e a auditoria declaram que, na sua opinião, as demonstrações financeiras não satisfazem os requisitos pertinentes.**

Examinamos os balanços patrimoniais da Empresa Industrial S.A. e os balanços patrimoniais consolidados dessa empresa e de suas controladas levantados em 31 de dezembro de 2015 e 2014 e as respectivas demonstrações de resultados, das mutações do patrimônio líquido e das origens e aplicações de recursos correspondentes aos exercícios findos naquelas datas, elaborados sob a responsabilidade de sua administração. Nossa responsabilidade é a de expressar uma opinião sobre essas demonstrações financeiras.

Nossos exames foram conduzidos de acordo com as normas de auditoria geralmente aplicadas no Brasil e compreenderam: a) o planejamento dos trabalhos, considerando a relevância dos saldos, o volume de transações e os sistemas contábil e de controles internos da empresa; b) a constatação, com base em testes, das evidências e dos registros que suportam os valores e as informações contábeis divulgados; c) a avaliação das práticas e das estimativas contábeis mais representativas adotadas pela administração da empresa, bem como da apresentação das demonstrações financeiras tomadas em conjunto.

A empresa não fez o inventário físico dos estoques demonstrados por R$ 45.501 e R$ 39.450 nas demonstrações financeiras dos exercícios findos, respectivamente, em 31 de dezembro de 2015 e 2014. Além disso, não foi localizada a documentação relativa à valorização do imobilizado adquirido antes de 31 de dezembro de 2014. Os registros e controles da empresa não permitem a aplicação de outros procedimentos de auditoria alternativos, tanto em relação aos estoques, como em relação à valorização do imobilizado.

Tendo em vista a relevância da questão acima referida, em nossa opinião, as demonstrações financeiras acima referidas *não* representam adequadamente, em todos os aspectos relevantes, a posição patrimonial e financeira da

Empresa Industrial S.A. e a posição patrimonial e financeira consolidada dessa empresa e suas controladas em 31 de dezembro de 2015 e 2014, os resultados de suas operações, as mutações de seu patrimônio líquido e as origens e aplicações de seus recursos, correspondentes aos exercícios findos naquelas datas, de acordo com as práticas contábeis adotadas no Brasil.

## Parecer com abstenção de opinião

> Em uma abstenção de opinião, a empresa de auditoria declara que está impossibilitada de formar uma opinião sobre as demonstrações financeiras.

Examinamos os balanços patrimoniais da Empresa Industrial S.A. e os balanços patrimoniais consolidados dessa empresa e suas controladas levantados em 31 de dezembro de 2015 e 2014 e as respectivas demonstrações de resultados, das mutações do patrimônio líquido e das origens e aplicações de recursos correspondentes aos exercícios findos naquelas datas, elaborados sob a responsabilidade de sua administração. Nossa responsabilidade é a de expressar uma opinião sobre essas demonstrações financeiras.

Nossos exames foram conduzidos de acordo com as normas de auditoria geralmente aplicadas no Brasil e compreenderam: a) o planejamento dos trabalhos, considerando a relevância dos saldos, o volume de transações e os sistemas contábil e de controles internos da empresa; b) a constatação, com base em testes, das evidências e dos registros que suportam os valores e as informações contábeis divulgados; c) a avaliação das práticas e das estimativas contábeis mais representativas adotadas pela administração da empresa, bem como da apresentação das demonstrações financeiras tomadas em conjunto.

A empresa não fez o inventário físico dos estoques demonstrados por R$ 45.501 e R$ 39.450 nas demonstrações financeiras dos exercícios findos, respectivamente, em 31 de dezembro de 2015 e 2014. Além disso, não foi localizada documentação relativa à valorização do imobilizado adquirido antes de 31 de dezembro de 2014. Os registros e os controles da empresa não permitem a aplicação de outros procedimentos de auditoria alternativos, tanto em relação aos estoques, como em relação à valorização do imobilizado.

Tendo em vista que a empresa não fez inventário físico dos estoques e não nos foi possível aplicar procedimentos de auditoria alternativos suficientes para nos satisfazermos quanto à adequação dos estoques e à valorização do imobilizado, como mencionado no parágrafo anterior, a extensão de nosso trabalho *não foi, portanto, suficiente para podermos expressar, como de fato não expressamos, uma opinião* sobre as demonstrações financeiras referidas no parágrafo 1.

# Apêndice 1
# Demonstrações contábeis consolidadas

Essas demonstrações contábeis são aplicáveis quando a empresa principal faz parte de um grupo de empresas e tem, sob seu controle, uma ou mais empresas desse grupo. Nessa condição, é muito mais importante a avaliação econômico-financeira do grupo, de forma aglutinada, do que a avaliação da empresa feita individualmente.

O objetivo da consolidação das demonstrações contábeis *é permitir uma visão global e geral do grupo, seus elementos patrimoniais e a capacidade de gerar receitas e lucros*. Para tanto, são necessários dois critérios básicos para efetuar a consolidação das demonstrações contábeis:

1) *Somar* todos os elementos patrimoniais do ativo e do passivo com as receitas e as despesas das demonstrações de resultados.

2) *Eliminar* todas as transações entre as empresas do grupo constantes da demonstração dos resultados, bem como os elementos patrimoniais do ativo e do passivo decorrentes de outras transações entre as empresas do grupo.

## Equivalência patrimonial

O valor resultante da aplicação do método da equivalência patrimonial em empresas controladas e coligadas já traz dentro de si um conceito de consolidação basicamente aplicável à demonstração de resultados e ao grupo dos investimentos no ativo permanente.

Contudo, a equivalência patrimonial consolida apenas o lucro líquido final e o valor do investimento na controladora, não consolidando as demais rubricas da demonstração de resultados e do balanço patrimonial. Para uma melhor visualização do grupo, é necessário o procedimento da consolidação.

O método da equivalência patrimonial consiste em aplicar ao valor do patrimônio líquido da controlada a participação percentual detida pela controladora, ajustando o valor do investimento no ativo da controladora. A diferença entre o valor anterior e o valor obtido pela aplicação do percentual de participação acionária (sem considerar aumentos ou diminuições de capital, reavaliações etc.) é a parcela do lucro da controlada, de direito da controladora, que será contabilizada como despesa ou receita.

No exemplo que estamos adotando para esse tópico, a Empresa A detém 80% da Empresa B, sendo que o valor anterior do investimento na Empresa A era de $ 2.200, e o valor atual do patrimônio líquido da controlada, $ 3.125. Assim, temos:

|  | $ |  |
|---|---|---|
| Valor do patrimônio líquido atual da empresa A | 3.125 | (a) |
| Participação da controladora | 80% | (b) |
| Valor patrimonial equivalente (a × b) | 2.500 | (c) |
| Valor patrimonial equivalente do exercício anterior | 2.200 | (d) |
| = Equivalência patrimonial (c – d) | 300 | |

## Participação minoritária

Quando a empresa *não* detém a totalidade da participação acionária da outra empresa, surge a participação minoritária, isto é, a participação de outros investidores na controlada. Portanto, esses valores não devem fazer parte do conjunto de valores consolidados, pois não são do grupo em questão. O valor dos minoritários tem o seguinte tratamento:

a) o valor patrimonial equivalente dos minoritários no investimento deve ser classificado no passivo, após o exigível a longo prazo e antes do patrimônio líquido. Esse valor não é dívida no sentido de uma obrigação financeira, nem faz parte do patrimônio líquido do grupo empresarial. No nosso exemplo, o valor patrimonial equivalente dos minoritários é de $ 625, que concerne ao valor do patrimônio líquido da empresa controlada menos o valor equivalente da controladora ($ 3.125 – $ 2.500);

b) o lucro líquido da controlada não é de inteiro direito da controladora, já que parte é de direito dos minoritários; a participação destes na empresa indica uma participação percentual idêntica no lucro. No nosso exemplo, de um lucro líquido total de $ 375, 20% desse valor é dos minoritários, $ 75 ($ 375 × 20%). Esse valor não deve ser considerado como lucro líquido do grupo.

## Principais ajustes para consolidação

São os seguintes:

- saldos devedores e credores intercompanhias do mesmo grupo, decorrentes de transações operacionais ou financeiras;
- investimentos em controladas;
- vendas intercompanhias;
- lucros em estoques decorrentes de compras intercompanhias;
- equivalência patrimonial;
- identificação da participação minoritária;
- identificação da participação minoritária no lucro da controlada;

- juros, comissões e outras receitas intercompanhias;
- dividendos distribuídos intercompanhias;
- lucros ou prejuízos não realizados nas vendas de ativos permanentes;
- ágio ou deságio na aquisição do investimento etc.

## Dados e exemplo numérico

Apresentamos nas tabelas 5.1 e 5.2 um balanço patrimonial e uma demonstração de resultados, consolidando os dados de duas empresas, a Empresa A, a controladora, com 80% de participação na Empresa B, a controlada. Para ilustrar as demonstrações consolidadas, além dos dados já evidenciados no tópico Equivalência Patrimonial, as seguintes informações foram consideradas:

a) a Empresa B deve à Empresa A $ 440 por compras de mercadorias;

b) a Empresa A vendeu $ 1.400 de mercadorias para a Empresa B, que as revendeu imediatamente;

c) não há estoques de mercadorias adquiridas da Empresa A;

d) a Empresa A fez um empréstimo (mútuo) de $ 500 para a Empresa B.

Ressaltamos que, nesse exemplo numérico, consideramos apenas os ajustes mais usuais, objetivando um exemplo simples e resumido.

**Tabela 5.1** Balanço patrimonial consolidado

| ATIVO | Empresa A $ | Empresa B $ | Ajustes Débito | Ajustes Crédito | Saldos Consolidados |
|---|---|---|---|---|---|
| **ATIVO CIRCULANTE** | | | | | |
| Caixa/Bancos/Aplicações Financeiras | 1.440 | 265 | | | 1.705 |
| Duplicatas a Receber (Clientes) | 3.050 | 1.150 | | 440 | 3.760 |
| (–) Ajuste a Valor Presente | (40) | (10) | | | (50) |
| Estoque de Mercadorias | 2.100 | 1.200 | | | 3.300 |
| Mútuo com Controlada | 500 | 0 | | 500 | 0 |
| Soma | 7.050 | 2.605 | 0 | 940 | 8.715 |
| **ATIVO NÃO CIRCULANTE** | | | | | |
| Realizável a longo prazo | 100 | 20 | | | 120 |
| Investimentos em Controladas | 2.500 | 0 | | 2.500 | 0 |
| Imobilizado Bruto | 9.000 | 4.000 | | | 13.000 |
| (–) Depreciações Acumuladas | (3.400) | (840) | | | (4.240) |
| Soma | 8.100 | 3.160 | 0 | 2.500 | 8.760 |
| ATIVO TOTAL | 15.250 | 5.785 | 0 | 3.440 | 17.595 |

(continua)

**Tabela 5.1** Balanço patrimonial consolidado (continuação)

| PASSIVO | Empresa A $ | Empresa B $ | Ajustes Débito | Ajustes Crédito | Saldos Consolidados |
|---|---|---|---|---|---|
| **PASSIVO CIRCULANTE** | | | | | |
| Duplicatas a Pagar (Fornecedores) | 1.070 | 600 | 440 | | 1.230 |
| Salários e Encargos a Pagar | 190 | 100 | | | 290 |
| Contas a Pagar | 80 | 40 | | | 120 |
| Impostos a Recolher sobre Mercadorias | 590 | 220 | | | 810 |
| Empréstimos/Mútuo | 0 | 500 | 500 | | 0 |
| Soma | 1.930 | 1.460 | 940 | 0 | 2.450 |
| **PASSIVO NÃO CIRCULANTE** | | | | | |
| Financiamentos | 5.600 | 1.200 | | | 6.800 |
| *PARTICIPAÇÃO MINORITÁRIA* | 0 | 0 | | 625 | 625 |
| **PATRIMÔNIO LÍQUIDO** | | | | | |
| Capital Social | 7.000 | 2.600 | 2.600 | | 7.000 |
| Reservas | 550 | 400 | 400 | | 550 |
| Lucros Acumulados | 170 | 125 | 125 | | 170 |
| Soma | 7.720 | 3.125 | 3.125 | 0 | 7.720 |
| **PASSIVO TOTAL** | 15.250 | 5.785 | 4.065 | 625 | 17.595 |

Observamos que:

- o valor de $ 440 é eliminado da conta Duplicatas a Receber, ao mesmo tempo que é eliminado da conta Duplicatas a Pagar;
- o valor de $ 500 é eliminado da conta Mútuo com Controlada no ativo em contrapartida à eliminação do mesmo valor como Empréstimos/Mútuo no passivo;
- o valor de Investimentos em Controladas é eliminado do ativo da Empresa A. A contrapartida é a total eliminação do Patrimônio Líquido da Empresa B, emergindo $ 625 no Passivo como Participação Minoritária;
- o valor de $ 1.400 de vendas de mercadorias da Empresa A para a Empresa B é eliminado do total de vendas em contrapartida à diminuição do Custo dos Produtos Vendidos;
- o valor da Equivalência Patrimonial é eliminado da Empresa A, pois se soma o lucro da Empresa B;
- deve ser evidenciada, como redutor do Lucro Consolidado, a participação minoritária no lucro de $ 75. Dessa forma, o Lucro Líquido Consolidado é exatamente o lucro líquido da empresa controladora, a Empresa A.

**Tabela 5.2** Demonstração do resultado consolidado do período

|  | Empresa A $ | Empresa B $ | Ajustes Débito | Ajustes Crédito | Saldos Consolidados |
|---|---|---|---|---|---|
| Receita Operacional Bruta | 23.800 | 7.000 | 1.400 |  | 29.400 |
| (–) Impostos sobre Vendas | (2.380) | (700) |  |  | (3.080) |
| RECEITA OPERACIONAL LÍQUIDA | 21.420 | 6.300 | 1.400 | 0 | 26.320 |
| (–) Custo das Mercadorias Vendidas | (14.500) | (4.000) |  | 1.400 | (17.100) |
| LUCRO BRUTO | 6.920 | 2.300 | 1.400 | 1.400 | 9.220 |
| Despesas Operacionais |  |  |  |  |  |
| (Administrativas e Comerciais) |  |  |  |  |  |
| Salários e Encargos Sociais | (2.800) | (850) |  |  | (3.650) |
| Despesas Gerais | (1.400) | (400) |  |  | (1.800) |
| Depreciações | (900) | (240) |  |  | (1.140) |
| LUCRO OPERACIONAL | 1.820 | 810 | 1.400 | 1.400 | 2.630 |
| Receitas Financeiras | 20 | 5 |  |  | 25 |
| Despesas Financeiras | (300) | (190) |  |  | (490) |
| Equivalência Patrimonial | 300 | 0 | 300 |  | 0 |
| LUCRO ANTES DOS IMPOSTOS | 1.840 | 625 | 1.700 | 1.400 | 2.165 |
| Impostos sobre o Lucro | (700) | (250) |  |  | (950) |
| LUCRO LÍQUIDO APÓS IMPOSTOS | 1.140 | 375 | 1.700 | 1.400 | 1.215 |
| *Participação Minoritária no Lucro* |  | 75 |  | (75) |  |
| LUCRO LÍQUIDO CONSOLIDADO | 1.140 | 375 | 1.775 | 1.400 | 1.140 |

## Questões e exercícios

1. Com os dados a seguir, monte o balanço patrimonial da empresa ABC em 31.12.2000:

| | |
|---|---|
| Duplicatas a Receber | 700.000 |
| Duplicatas Descontadas | 200.000 |
| Provisão para Créditos de Liquidação Duvidosa | 21.000 |
| Prêmios de Seguros a Vencer | 700 |
| Juros Antecipados | 500 |
| Caixa | 26.000 |
| Bancos Conta Movimento | 245.000 |
| Estoque de Mercadorias | 281.000 |
| Estoque de Material de Embalagem | 29.000 |
| Amortização Acumulada | 1.800 |
| Participações em Empresas Coligadas | 50.000 |

(continua)

(continuação)

| | |
|---|---|
| Participações em Empresas Controladas | 160.000 |
| Imóveis | 390.000 |
| Veículos | 90.000 |
| Móveis e Utensílios | 120.000 |
| Depreciação Acumulada | 96.600 |
| Fornecedores | 215.000 |
| Impostos a Recolher | 96.100 |
| Contribuições de Previdência a Recolher | 20.500 |
| Empréstimos aos Sócios | 10.000 |
| Empréstimos a Empresas Coligadas | 20.000 |
| Provisão para Imposto de Renda | 210.070 |
| Capital Social | 200.000 |
| Participações de Empregados a Pagar | 41.213 |
| Participações de Administradores a Pagar | 37.091 |
| Dividendos a Pagar | 100.147 |
| Reserva de Capital | 100.000 |
| Financiamentos Bancários (Longo Prazo) | 210.000 |
| Títulos a Pagar (Longo Prazo) | 90.000 |
| Lucros Acumulados | 383.635 |
| Reserva para Investimento | 13.353 |
| Reserva Legal | 31.691 |

2. Responda às seguintes perguntas:
   a) Com base no balanço patrimonial, qual o valor dos recursos de terceiros?
   b) Com base no balanço patrimonial, qual o valor do capital de giro próprio?
   c) Qual é o grupo de contas que gera lucro para a empresa?
   d) Qual é o grupo de contas no balanço patrimonial que representa aplicações de recursos permanentes ou fixos, para atender à manutenção das atividades econômicas da empresa?
   e) De que forma a empresa remunera os capitais próprios?

3. Em 30.09.X2, uma empresa tomou um empréstimo por 36 meses, em parcelas iguais, com vencimento a partir de 31.10.X2, totalizando $ 23.400 nessa data. Apure o total de endividamento de curto e longo prazos no encerramento do balanço em 30.09.X2.

4. Considerando que a empresa citada no exercício anterior pague todas as parcelas do empréstimo nos seus respectivos vencimentos, apure o total de endividamento de curto e longo prazos nas seguintes datas, cujos

encerramentos de balanços periódicos ocorrerão em 31.12.X2, 28.02.X3, 31.07.X3 e 31.12.X3.

5. Em 31.12.X1, uma empresa contava com os seguintes elementos patrimoniais:

| Elementos Patrimoniais | Valor ($) | Vencimento / Utilização / Intenção |
|---|---|---|
| Utilitário | 3.000 | Entrega de mercadorias |
| Duplicatas a receber | 1.000 | 18.02.X2 |
| Ações de outras empresas | 500 | Revenda |
| Promissórias a receber | 2.000 | 31.03.X3 |
| Impostos a recolher | 200 | 15.01.X2 |
| Empréstimo | 700 | 31.10.X2 |
| Mercadorias | 4.000 | Revenda |
| Ações de outras empresas | 700 | Permanência |
| Imóveis | 3.500 | Operacional |
| Financiamento | 4.000 | 20 parcelas mensais a partir de 31.01.X2 |
| Duplicatas a pagar | 250 | 20.01.X2 |
| Aplicações financeiras | 840 | 30.06.X2 |
| Saldo bancário | 200 | – |
| Capital Social | 5.000 | – |
| Lucros Acumulados | ? | – |

Elabore o balanço patrimonial em 31.12.X1, classificando os elementos patrimoniais, segundo a estrutura da Lei nº 6.404/76. O valor da conta Lucros Acumulados será obtido por diferença.

6. A seguir é apresentada uma série de elementos patrimoniais com valores e vencimentos envolvidos:
   a) Empréstimo contraído em 31.10.X4, no valor de $ 2.000, para pagamento em uma parcela a 180 dias, com juros fixos de 18% para os 180 dias. Considerar, no cálculo, o conceito de juros simples;
   b) Mercadoria A adquirida para estoque no valor de $ 150, mais despesas com fretes $ 10;
   c) Mercadoria B existente em estoque no valor de $ 250, preço de venda de mercado, $ 220;
   d) Aplicação financeira efetuada em 15.12.X4, com vencimento para 15.03.X5, no valor de $ 500, juros fixos de 6% para o período contratado;

e) Exportação efetuada em 31.10.X4 por US$ 200, a receber em 30.04.X5; taxas de dólar, $ 2,80 em 31.10.X4, $ 3,20 em 30.04.X5 e $ 3 em 31.12.X4.

Apure ou identifique o valor que deverá ser apresentado no balanço patrimonial de 31.12.X4.

7. Uma empresa imobiliária de grande sucesso instala-se em uma cidade em crescimento. Recentemente, uma loteadora colocou à venda terrenos de ótima localização para fins residenciais. Como possui recursos disponíveis por tempo indeterminado, a empresa decidiu adquirir dois terrenos no valor de $ 30.000 cada; esse bem deve ser registrado no:
   a) Realizável a longo prazo;
   b) Imobilizado;
   c) Circulante;
   d) Investimento;
   e) Intangível.

8. Observe as seguintes demonstrações contábeis:
   I – Balanço patrimonial;
   II – Demonstração de resultado do exercício;
   III – Notas explicativas;
   IV – Demonstração de lucros ou prejuízos acumulados;
   V – Demonstração dos fluxos de caixa;
   VI – Demonstração das mutações do patrimônio líquido.
   As demonstrações contábeis obrigatórias para as companhias abertas são apenas:
   a) ( ) I, II, III e IV.
   b) ( ) I, II, IV e VI.
   c) ( ) I, II, V e VI.
   d) ( ) II, III, IV e V.
   e) ( ) III, IV, V e VI.

9. Demonstrações contábeis complementares:
   a) Dados:

| BALANÇOS PATRIMONIAIS | | | | | |
|---|---|---|---|---|---|
| ATIVO | 31.12.X0 $ | 31.12.X1 $ | PASSIVO | 31.12.X0 $ | 31.12.X1 $ |
| CIRCULANTE | 40.157 | 70.585 | CIRCULANTE | 16.157 | 8.539 |
| Caixa/Bancos | 4.014 | 7.848 | Duplicatas a Pagar | 5.330 | 6.000 |
| Aplicações Financeiras | 18.772 | 48.657 | Salários + Encargos | 1.102 | 900 |
| Duplicatas a Receber | 9.291 | 7.000 | Dividendos | 3.161 | 520 |
| Estoques | 8.080 | 7.080 | Provisão Imposto de Renda | 6.564 | 1.119 |
| ATIVO NÃO CIRCULANTE | 66.791 | 158.298 | PASSIVO NÃO CIRCULANTE | 20.575 | 47.265 |
| Realizável a longo prazo | 228 | 348 | | | |
| Investimento em Controlada | 11.634 | 30.400 | | | |
| Imobilizado | | | PATRIMÔNIO LÍQUIDO | 70.216 | 173.079 |
| Terrenos | 35.129 | 85.310 | Capital Social | 28.100 | 63.900 |
| Máquinas | 22.000 | 52.800 | Reserva de Lucros | 32.844 | 85.366 |
| (–) Depreciação Acumulada | (2.200) | (10.500) | Lucros Acumulados | 9.272 | 23.813 |
| TOTAL | 106.948 | 228.883 | TOTAL | 106.948 | 228.883 |

| Demonstração de Resultados (Ano X1) | |
|---|---|
| Vendas | 20.000 |
| (–) Custo das mercadorias vendidas | (10.000) |
| Lucro bruto | 10.000 |
| (–) Despesas operacionais | (3.780) |
| (–) Despesas financeiras | (24.990) |
| (+) Receitas financeiras | 29.885 |
| (–) Outras despesas | (7.094) |
| (+) Equivalência patrimonial | 2.478 |
| (–) Depreciação | (3.300) |
| Lucro líquido | 3.199 |
| (–) Provisão Imposto de Renda | (1.119) |
| Lucro líquido após Imposto de Renda | 2.080 |
| Dividendos (25%) | (520) |
| Lucro líquido após dividendos | 1.560 |

Outros dados:
- Aquisição de imobilizados = $ 1.000;
- Aumento de capital em dinheiro = $ 3.000;
- Novos empréstimos a longo prazo = $ 2.000.

b) Faça a demonstração das origens e das aplicações de recursos e do fluxo de caixa pelo método indireto.

10. Com os demonstrativos contábeis a seguir, faça a demonstração do fluxo de caixa pelos métodos direto e indireto. Para o método direto, utilize a técnica de reversão dos valores dos lançamentos contábeis, considerando os movimentos da demonstração de resultados e os dados iniciais e finais do balanço patrimonial; por exemplo, o valor recebido de duplicatas no fluxo de caixa é obtido por Vendas Brutas + Saldo Inicial de Clientes (–) Saldo Final de Clientes.

a) Balanço Patrimonial:

| ATIVO<br>CIRCULANTE | Inicial<br>$ | Final<br>$ |
|---|---|---|
| Caixa/Bancos/Aplicações Financeiras | 1.000 | 1.700 |
| Estoques | 5.000 | 6.000 |
| Clientes (Duplicatas a Receber) | 7.000 | 7.600 |
| ATIVO NÃO CIRCULANTE | | |
| Imobilizado | 12.000 | 13.500 |
| (–) Depreciação Acumulada | (2.000) | (3.000) |
| TOTAL | 23.000 | 25.800 |
| PASSIVO | | |
| CIRCULANTE | | |
| Fornecedores (Duplicatas a Pagar) | 2.700 | 3.080 |
| Contas a Pagar | 200 | 300 |
| Impostos a Recolher | 100 | 120 |
| PASSIVO NÃO CIRCULANTE | | |
| Empréstimos | 8.000 | 8.500 |
| PATRIMÔNIO LÍQUIDO | | |
| Capital Social | 10.000 | 11.000 |
| Lucro Acumulado | 2.000 | 2.800 |
| TOTAL | 23.000 | 25.800 |

b) Demonstração do resultado do período:

| | |
|---|---|
| Vendas brutas | 9.600 |
| (–) Impostos sobre vendas | (1.600) |
| Vendas líquidas | 8.000 |
| (–) Custo das mercadorias vendidas | (5.000) |
| = Lucro bruto | 3.000 |
| (–) Despesas operacionais | (700) |

| | |
|---|---:|
| (–) Juros | (200) |
| (–) Depreciação | (1.000) |
| = Lucro líquido | 1.100 |

c) Informações adicionais:
Impostos sobre compras = $ 1.200
Novos empréstimos = $ 800

# 6
## capítulo

# Conhecendo os principais elementos patrimoniais e sua dinâmica

O objetivo deste capítulo é reforçar os principais conceitos para entender os elementos patrimoniais, os critérios de avaliação e os procedimentos utilizados para apuração e registro dos eventos econômicos a eles relacionados. Tomaremos, como referencial, a estrutura do balanço patrimonial e, à medida que estudarmos cada um deles, indicaremos os eventos econômicos que afetam a demonstração de resultados.

## 6.1 Caixa e bancos

O saldo desses elementos patrimoniais decorre das movimentações financeiras efetuadas; não há nenhum critério de avaliação específico. Os valores são registrados pelo valor exato dos pagamentos e dos recebimentos efetuados.

## 6.2 Aplicações financeiras

Esse direito tem as seguintes movimentações:

a) aplicação financeira em instituição financeira, com saldos existentes em Caixa ou Bancos;
b) apropriação das receitas financeiras de juros ou variação monetária;
c) resgate parcial ou total das aplicações e dos juros apropriados.

São dois os principais tipos de aplicações financeiras: *prefixadas* e *pós-fixadas*.

### Aplicações financeiras prefixadas

Nesse caso, o rendimento financeiro contratado junto ao banco é fixo e resumido em uma única taxa de rendimento, sendo o valor do resgate já conhecido por ocasião da aplicação.

Vejamos o seguinte exemplo: se uma empresa aplica $ 10.000 para resgate a 60 dias, a uma taxa de 2,01% para o período, ela receberá $ 201 de juros ao final do período, sendo que o valor do resgate da aplicação será $ 10.201. Assim, temos as seguintes movimentações:

| | |
|---|---:|
| Valor da aplicação no banco | 10.000 |
| Valor dos juros | 201 |
| Valor do resgate da aplicação | 10.201 |

## Aplicações financeiras pós-fixadas

Nesse caso, o rendimento financeiro contratado normalmente é composto por duas parcelas: uma parcela fixa de juros e uma parcela em função de algum indicador financeiro, cujo resultado será conhecido apenas por ocasião do resgate. Atualmente, o indicador financeiro mais utilizado é a Taxa de Certificado de Depósito Interbancário (CDI), que reflete a taxa média diária cobrada pelos bancos no país. Nada impede, contudo, que se utilize outro indicador, como o Índice Geral de Preços (IGP) etc.

Por exemplo, se uma empresa aplica $ 10.000 para resgate a 30 dias, com taxa do CDI mais juros de 0,1%, ela saberá o valor do resgate após 30 dias, quando for publicada a taxa do CDI para aquele dia. Supondo que, passados esses 30 dias, a taxa mensal do CDI seja de 1%, a empresa adiciona à taxa do CDI mais 0,1%, recebendo rendimentos financeiros de 1,1%, tendo disponíveis para resgate $ 10.110. Desse modo, temos as seguintes movimentações:

| | | |
|---|---:|---|
| Valor da aplicação no banco | 10.000 | |
| Valor dos juros | 10 | (10.000 × 0,1% ou 0,001) |
| Valor do CDI | 100 | (10.000 × 1% ou 0,01) |
| Valor do resgate da aplicação | 10.110 | |

É possível que a empresa acerte com o banco que os juros sejam aplicados sobre o valor da aplicação corrigida pelo CDI. Nesse caso, os valores seriam os seguintes (adicionamos os centavos para comprovação matemática):

| | | |
|---|---:|---|
| Valor da aplicação no banco | 10.000,00 | |
| Valor do CDI | 100,00 | (10.000 × 1% ou 0,01) |
| Soma | 10.100,00 | |
| Valor dos juros | 10,10 | (10.100 × 0,1% ou 0,001) |
| Valor do resgate da aplicação | 10.110,10 | |

## Taxa dos rendimentos financeiros

De um modo geral, as taxas contratadas ou pactuadas são negociadas em período anual. O critério para tornar mensal ou diário uma taxa consiste em utilizar o método de juros compostos, fazendo sua radiciação levando em consideração o período utilizado. Dessa maneira, se a taxa pactuada for de 15,4%, a taxa mensal será de aproximadamente 1,2% ao mês, que é a aproximação da raiz de 12 de 15,4%:

$\sqrt[12]{15,4}$ ao ano = 1,2% ao mês (aproximadamente)

No exemplo prefixado, a taxa de 2,01% para dois meses é equivalente à taxa mensal de 1%, que corresponde à sua raiz quadrada. Assim:

1,01 x 1,01 = 1,0201 ou 2,01%.

## Contabilização

Para fazer a contabilização, vamos utilizar como exemplo a aplicação financeira prefixada. As observações principais são as seguintes:

a) a contabilização da receita financeira não pode ser feita apenas no resgate pelo regime de caixa;
b) a receita financeira deve ser contabilizada mensalmente pelo regime de competência;
c) o cálculo dos juros deve ser feito pelo método de juros compostos.

Supondo que a empresa tinha $ 10.000 em saldo bancário e fez a aplicação financeira com todo o saldo, temos a seguinte evidenciação nas contas contábeis:

| Evento 1 – Aplicação Financeira de $ 10.000 em cheque. | | | | | |
|---|---|---|---|---|---|
| Conta: APLICAÇÕES FINANCEIRAS | Valor ($) | Saldo ($) | Conta: BANCOS | Valor ($) | Saldo ($) |
| Saldo Inicial | | 0 | Saldo Inicial | | 10.000 |
| Aplicação Financeira | 10.000 | 10.000 | Aplicação Financeira | –10.000 | 0 |

| Evento 2 – Apropriação da receita financeira do mês 1 ($ 10.000 × 1%). | | | | | |
|---|---|---|---|---|---|
| Conta: APLICAÇÕES FINANCEIRAS | Valor ($) | Saldo ($) | Conta: RECEITA FINANCEIRA | Valor ($) | Saldo ($) |
| Saldo Anterior | | 10.000 | Saldo Inicial | | 0 |
| Aplicação Financeira | 100 | 10.100 | Receita Financeira do mês 1 | 100 | 100 |

| Evento 3 – Apropriação da receita financeira do mês 2 ($ 10.100 × 1%). | | | | | |
|---|---|---|---|---|---|
| Conta: APLICAÇÕES FINANCEIRAS | Valor ($) | Saldo ($) | Conta: RECEITA FINANCEIRA | Valor ($) | Saldo ($) |
| Saldo Anterior | | 10.100 | Saldo Anterior | | 100 |
| Aplicação Financeira | 101 | 10.201 | Receita Financeira do mês 2 | 101 | 201 |

| Evento 4 – Resgate da aplicação financeira ao final do mês 2. | | | | | |
|---|---|---|---|---|---|
| Conta: APLICAÇÕES FINANCEIRAS | Valor ($) | Saldo ($) | Conta: BANCOS | Valor ($) | Saldo ($) |
| Saldo Anterior | | 10.201 | Saldo Anterior | | 0 |
| Resgate da Aplicação Financeira | –10.201 | 0 | Resgate de Aplicação Financeira | 10.201 | 10.201 |

### Em conta T

```
APLICAÇÕES FINANCEIRAS           BANCOS                  RECEITAS FINANCEIRAS
SI*      0                   SI  10.000                              0      SI
(1)  10.000                          10.000  (1)
(2)    100                   (4) 10.201                            100    (2)
(3)    101    10.201  (4)                                          101    (3)
         0                       10.201                            201
```

* SI = Saldo Inicial.

## Risco financeiro

As aplicações financeiras são direitos sujeitos ao risco de não recebimento, que se caracteriza quando, por ocasião do resgate da aplicação, a instituição financeira não honra, total ou parcialmente, o seu compromisso de devolver o principal e os juros. O sistema financeiro brasileiro é considerado muito sólido, mas o gestor financeiro deve sempre ter em mente o risco financeiro inerente a esse tipo de ativo.

O principal conceito utilizado para minimizar o risco é não fazer a concentração das aplicações financeiras em apenas uma ou duas instituições financeiras. Dessa maneira, a diversificação das aplicações financeiras, aplicando valores equivalentes em vários bancos, é um procedimento recomendável para a gestão desses ativos.

## Instrumentos financeiros para negociação ou venda

Eventualmente a empresa pode procurar aplicações financeiras de maior risco, buscando maior rentabilidade, aplicando em fundos de investimentos, fundos multimercados, debêntures, ações de outras empresas etc., mas também pode buscar maior segurança aplicando em títulos do governo federal.

Esses títulos têm características de prazo de liquidação de longo prazo ou mesmo sem prazo definido de liquidação. De um modo geral, o valor desses títulos, além dos rendimentos financeiros, tem oscilação ao longo do tempo por preços de compra e venda no mercado.

Nesse caso, além dos rendimentos financeiros, as novas práticas contábeis exigem a contabilização, ao final do exercício contábil, da diferença do valor do título mais os juros, com o seu preço de mercado, que é denominado ajuste a valor justo ou marcação a mercado.

Se a intenção da empresa é obter rendimentos no curto prazo e vender tão logo haja uma boa oportunidade, o valor do ajuste a valor justo deve ser contabilizado diretamente na demonstração do resultado do período; se a intenção da empresa é revender sem prazo definido, o valor do ajuste a valor justo deve ser contabilizado diretamente no patrimônio líquido, na conta de ajustes de avaliação patrimonial, até a sua realização, quando, então, volta para a demonstração do resultado do exercício. Na Seção 6.18 apresentamos um exemplo de contabilização desse tipo de instrumento financeiro.

## 6.3 Contas a receber de clientes

Esses direitos são provenientes das vendas a prazo e representam os créditos ainda por receber; podem ser oriundos de vendas no mercado interno, bem como no mercado externo, transacionados em moeda estrangeira, obtidos pelas exportações com prazos para recebimentos. Os principais eventos que movimentam essa conta são:

a) descontos concedidos por antecipação do recebimento;
b) juros obtidos por recebimentos efetuados com atraso;
c) atualização cambial por alteração das taxas de câmbio.

## Juros e descontos

Quando o cliente não paga no vencimento, o título qualifica-se como duplicata em atraso.[1] Quando do pagamento, é lícito à empresa receber o valor acrescido de juros, calculados *pro rata*[2] dia, do vencimento até a data do pagamento. Normalmente, o valor dos juros por atraso de pagamento vem apresentado no boleto bancário representativo da duplicata. Algumas empresas, além dos juros, cobram também uma multa fixa.

O inverso também pode acontecer. O cliente tem um prazo para pagamento da duplicata, mas tem recursos para pagar antecipadamente; ele negocia com a empresa e obtém um desconto financeiro, também utilizando o conceito de juros *pro rata* dia.

Os juros recebidos por atraso são considerados receita financeira, e os descontos concedidos por antecipação de recebimento são considerados despesa financeira. Vejamos como esses eventos são registrados nas contas contábeis:

| Evento 1 – Recebimento de duplicata em atraso no valor de $ 5.000, mais juros de $ 50. | | |
|---|---|---|
| Conta: CONTAS A RECEBER | Valor ($) | Saldo ($) |
| Saldo Inicial | | 100.000 |
| Recebimento de Duplicata | –5.000 | 95.000 |
| Conta: BANCOS | Valor ($) | Saldo ($) |
| Saldo Inicial | | 0 |
| Duplicata Recebida mais Juros | 5.050 | 5.050 |
| Conta de Receita Financeira | | |
| Conta: JUROS DE ATRASOS | Valor ($) | Saldo ($) |
| Saldo Inicial | | 0 |
| Juros Recebidos de Duplicata Paga com Atraso | 50 | 50 |

---

[1] Juridicamente, o título a receber por vendas a prazo é denominado duplicata, que é uma cópia da fatura enviada ao cliente para aviso da cobrança. Hoje, utiliza-se mais o termo *boleto*, que é uma forma de representação da duplicata.
[2] Terminologia financeira que significa tomar uma taxa de juros (mensal ou anual) e transformá-la em taxa de juros diária. Soma-se a quantidade de dias do período em consideração (atraso ou antecipação) e multiplica-se pela taxa diária, obtendo-se os juros acumulados para o período em questão.

| Evento 2 – Recebimento de duplicata antecipadamente no valor de $ 4.000, menos desconto concedido de $ 30. |||
|---|---|---|
| Conta: CONTAS A RECEBER | Valor ($) | Saldo ($) |
| Saldo Anterior | | 95.000 |
| Recebimento da Duplicata | –4.000 | 91.000 |
| | | |
| Conta: BANCOS | Valor ($) | Saldo ($) |
| Saldo Anterior | | 5.050 |
| Duplicata Recebida menos Desconto | 3.970 | 9.020 |
| | | |
| Conta de Despesa Financeira | | |
| Conta: DESCONTOS CONCEDIDOS | Valor ($) | Saldo ($) |
| Saldo Inicial | | 0 |
| Desconto Concedido para Duplicata Paga Antecipadamente | 30 | 30 |

Em conta T

```
     CONTAS A RECEBER              BANCOS              JUROS DE RECEITAS
SI  100.000                  SI     0                          0    SI
              5.000  (1)     (1)  5.050                       50    (1)
              4.000  (2)     (2)  3.970
     ─────────                   ─────────                   ─────────
      91.000                      9.020                       50

   DESCONTOS CONCEDIDOS
SI      0
(2)    30
     ─────────
       30
```

# Variação cambial

Quando uma venda para o exterior é efetuada em moeda estrangeira, o critério utilizado para contabilizar a exportação é aplicar a taxa de câmbio da data do embarque à quantidade de moeda estrangeira da exportação, contabilizando o valor a receber e a receita em moeda nacional. A partir disso, as eventuais variações cambiais decorrentes das oscilações da taxa de câmbio da moeda negociada são consideradas receitas ou despesas financeiras.

Se a nova taxa de câmbio for maior do que aquela utilizada na data do embarque, será receita financeira de variação cambial, também denominada variação cambial ativa. Caso a nova taxa de câmbio seja inferior à taxa da data da contabilização, será considerada despesa financeira de variação cambial ou variação cambial passiva.

Enquanto o valor em moeda estrangeira não for recebido, mensalmente a contabilidade deverá apurar o valor do crédito em reais, aplicando a taxa da moeda estrangeira do final do mês sobre a quantidade de moeda estrangeira do crédito junto ao cliente estrangeiro. A diferença será receita ou despesa financeira de variação cambial. Esse procedimento deverá ser utilizado até o dia do recebimento, quando o valor for recebido em reais, obtendo-se, assim, a última variação cambial do crédito em moeda estrangeira.

Como exemplo, vamos considerar que foi feita uma exportação de US$ 4.000 no final do mês 1, para recebimento dentro de 30 dias. Na data do embarque, a taxa do dólar era de $ 2,80. Nesse momento, obtém-se o valor da exportação em moeda nacional:

US$ 4.000 x $ 2,80 = $ 11.200

Ao final do mês seguinte, o cliente pagou os US$ 4.000. A taxa de câmbio, no momento, estava em $ 3,00. A empresa recebeu em moeda nacional $ 12.000. A diferença em relação ao valor anterior é considerada receita financeira de variação cambial:

Valor recebido (final do mês 2): US$ 4.000 x $ 3,00 = $ 12.000
Valor anterior (final do mês 1): US$ 4.000 x $ 2,80 = $ 11.200
Variação Cambial – Receita Financeira         = $    800

Vejamos como fica no controle de contas contábeis:

| Evento 1 – Receita de exportação ($ 11.200). | | |
|---|---|---|
| Conta: CRÉDITOS DE EXPORTAÇÃO | Valor ($) | Saldo ($) |
| Saldo Inicial | | 0 |
| Valor da Exportação | 11.200 | 11.200 |
| Conta de Receita de Vendas | | |
| Conta: EXPORTAÇÕES | Valor ($) | Saldo ($) |
| Saldo Inicial | | 0 |
| Exportações do Mês | 11.200 | 11.200 |

| Evento 2 – Variação cambial do mês 2 ($ 800). | | |
|---|---|---|
| Conta: CRÉDITOS DE EXPORTAÇÃO | Valor ($) | Saldo ($) |
| Saldo Anterior | | 11.200 |
| Variação Cambial | 800 | 12.000 |
| Conta de Receita Financeira | | |
| Conta: VARIAÇÃO CAMBIAL | Valor ($) | Saldo ($) |
| Saldo Inicial | | 0 |
| Exportações do Mês | 800 | 800 |

| Evento 3 – Recebimento do crédito em moeda estrangeira ($ 12.000). | | |
|---|---|---|
| Conta: CRÉDITOS DE EXPORTAÇÃO | Valor ($) | Saldo ($) |
| Saldo Anterior | | 12.000 |
| Crédito Recebido | –12.000 | 0 |
| Conta: BANCOS | Valor ($) | Saldo ($) |
| Saldo Inicial | | 0 |
| Crédito de Exportação Recebido | 12.000 | 12.000 |

Caso a taxa de câmbio caia, ou seja, a taxa de câmbio futura seja inferior à taxa de câmbio da data do embarque da exportação, o valor a ser recebido em moeda nacional será menor que o valor da contabilização da receita de exportação. A diferença, uma variação cambial negativa, será despesa financeira em vez de receita financeira. Os demais procedimentos de registro continuam os mesmos.

## Em conta T

| CRÉDITOS DE EXPORTAÇÃO | | | | RECEITAS EXPORTAÇÕES | | RECEITAS VARIAÇÃO CAMBIAL | |
|---|---|---|---|---|---|---|---|
| SI | 0 | | | 0 | SI | 0 | SI |
| (1) | 11.200 | | | 11.200 | (1) | 800 | (2) |
| (2) | 800 | | | | | | |
| | | 12.000 | (3) | | | | |
| | 0 | | | 11.200 | | 800 | |

| BANCOS | |
|---|---|
| SI | 0 |
| (3) | 12.000 |
| | 12.000 |

## Prazo médio de recebimento das vendas

Um dos indicadores mais utilizados para a gestão de contas a receber dos clientes é o cálculo do prazo médio de recebimento das vendas. A fórmula é a seguinte, considerando um período anual de vendas:

$$\text{Prazo Médio de Recebimento das Vendas (PMR)} = \frac{\text{Saldo de Contas a Receber} \times 360 \text{ dias}}{\text{Vendas a Prazo}}$$

Imaginando que o saldo de contas a receber seja de $ 91.000 e que as vendas a prazo do ano tenham sido de $ 992.700, o prazo médio de recebimento é de 33 dias. Isso significa que a empresa demora, em média, quase 33 dias para receber suas vendas:

$$\text{PMR} = \frac{91.000 \times 360}{992.700} = 33 \text{ dias}$$

O prazo médio de recebimento das vendas deve refletir a política de vendas a prazo da empresa. Caso o prazo médio de recebimento seja superior ao estabelecido na política de vendas a prazo, isso é um indicativo de que existem duplicatas em atraso. Vamos imaginar que a empresa venda para pagamento a prazo em 28 dias; teríamos, em média, cinco dias de atraso. Significa, portanto, que cerca de $ 13.787 de duplicatas a receber estão vencidos.

O prazo médio de recebimento deve ser calculado com o valor da receita bruta de vendas, ou seja, o valor com impostos. Nas demonstrações financeiras publicadas, é muito difícil ser apresentado o valor das vendas a prazo separado do valor das vendas à vista. Dessa maneira, os analistas têm utilizado o critério de calcular o prazo médio de recebimento com todas as receitas de vendas. Desde que esse procedimento seja utilizado de modo uniforme, as análises serão igualmente significativas.

## Classificação da carteira por prazo de vencimento (*Aging*)

Outro procedimento importante para a gestão da carteira de contas a receber é classificar os títulos por prazos de vencimento, modelo esse denominado idade da carteira. O modelo mais utilizado separa os títulos vencidos e os títulos a vencer por prazos mensais (nada impede que sejam prazos menores), conforme apresentado a seguir:

| Aging | | |
|---|---|---|
| Prazos | Quantidade de títulos | Valor ($) |
| **Vencidos** | | |
| A mais de 120 dias | 2 | 1.000 |
| A mais de 90 dias | 3 | 1.200 |
| A mais de 60 dias | 5 | 4.000 |
| A mais de 30 dias | 10 | 7.500 |
| Soma | 20 | 13.700 |
| **A Vencer** | | |
| Em 30 dias | 50 | 28.000 |
| Entre 31 e 60 dias | 60 | 39.800 |
| Entre 61 e 90 dias | 6 | 7.000 |
| A mais de 91 dias | 4 | 2.500 |
| Soma | 120 | 77.300 |
| **Total** | 140 | 91.000 |

## Ajuste a valor presente

O mercado financeiro entende que as vendas a prazo devem ter um preço diferente das vendas à vista. A diferença mínima a ser considerada é uma taxa de juros de mercado que justifique por que a empresa recebe as vendas depois da entrega do produto ou serviço. Se a empresa vende à vista, o dinheiro recebido pode ser aplicado no mercado financeiro e render juros; se vende a prazo, ela deixa de receber os juros relativos ao período de demora do recebimento.

Denomina-se *ajuste a valor presente dos créditos* o valor dos juros que devem (ou deveriam) ter sido adicionados ao preço de venda por vender a prazo. Esse conceito é importante no aspecto gerencial de contas a receber e também é obrigatório para as empresas com ações cotadas nas bolsas. O critério mais utilizado é valer-se de uma taxa de juros do mercado financeiro (em nosso país, atualmente, é a taxa publicada pelo Selic – Sistema Especial de Liquidação e Custódia, do Banco Central) e aplicar em toda a carteira a receber, considerando os prazos de recebimento. Utilizando os dados da tabela anterior (*Aging*) e considerando uma taxa mensal de 1% ao mês, podemos calcular o ajuste a valor presente da carteira de clientes:

| Ajuste a Valor Presente | | | | |
|---|---|---|---|---|
| Prazos | Quantidade | Valor ($) de títulos | Índice | Valor Ajustado Taxa de Juros |
| **Vencidos** | | | | |
| A mais de 120 dias | 2 | 1.000 | 1,000 | 1.000 |
| A mais de 90 dias | 3 | 1.200 | 1,000 | 1.200 |
| A mais de 60 dias | 5 | 4.000 | 1,000 | 4.000 |
| A mais de 30 dias | 10 | 7.500 | 1,000 | 7.500 |
| Soma | 20 | 13.700 | | 13.700 |
| **A Vencer** | | | | |
| Em 30 dias | 50 | 28.000 | 1,010 | 27.723 |
| Entre 31 e 60 dias | 60 | 39.800 | 1,0201 | 39.016 |
| Entre 61 e 90 dias | 6 | 7.000 | 1,0303 | 6.794 |
| A mais de 91 dias | 4 | 2.500 | 1,0406 | 2.402 |
| Soma | 120 | 77.300 | | 75.935 |
| **Total** | 140 | 91.000 | | 89.635 |

Considerando o valor atual, a carteira de $ 91.000 vale no presente $ 89.635. A diferença é denominada ajuste a valor presente.

Valor nominal da carteira de duplicatas a receber     91.000
(–) Valor da carteira com desconto de juros     (89.635)
= Ajuste a valor presente     1.365

As novas práticas contábeis determinam que o ajuste a valor presente dos créditos e obrigações prefixadas de longo prazo deve ser obrigatoriamente contabilizado. Caso seja relevante, o mesmo procedimento deve ser feito para os créditos e obrigações prefixados de curto prazo.

## 6.4 Provisão para créditos duvidosos ou incobráveis

A experiência dos negócios tem mostrado que, nas vendas efetuadas a prazo, há, além dos atrasos, o risco de não recebimento das duplicatas ou crédito. Um crédito não recebido é classificado como um crédito incobrável, que, por sua vez, é considerado uma perda comercial, pois o valor da venda, ou parte do valor, não é recebido. A empresa que entregou uma mercadoria ou prestou um serviço não é recompensada pelo valor contratado.

Cada empresa tem um perfil da carteira de clientes, e a possibilidade de inadimplência ou perda é específica para cada uma. Empresas que vendem produtos de alto valor procuram cercar-se de garantias adicionais e proteger-se, o máximo possível, de eventuais perdas. Por exemplo, se um banco financia um carro, entrega o dinheiro em troca da proteção jurídica da alienação fiduciária; se o cliente não honrar seus compromissos, a legislação protege o banco, que toma o veículo do financiado. Outros tipos de empresas, como lojas de departamentos que vendem produtos de menor valor e em várias parcelas sem garantias adicionais, têm mais possibilidades de perdas com clientes.

Dentro do princípio do conservadorismo, a contabilidade desenvolveu um critério para antecipar o registro das perdas com duplicatas a receber. Em vez de contabilizar as perdas quando elas efetivamente ocorrem, faz-se a contabilização antecipada, estimando as perdas com duplicatas e créditos a receber, utilizando, para isso, algum critério de cálculo.

Essa antecipação é denominada *provisão*. Podemos definir genericamente *provisão* como *a estimativa de perdas potenciais ou prováveis despesas*. O conceito da provisão aplica-se, então, a perdas com créditos ou duplicatas a receber (denominada, gerencialmente, provisão para devedores duvidosos e, fiscalmente, de provisão para créditos incobráveis).

A antecipação da contabilização como despesa de eventuais perdas com duplicatas a receber faz sentido quando a empresa regularmente tem essas perdas, o que acontece na maioria absoluta dos casos. Os critérios mais utilizados são os seguintes:

1. *Critério contábil gerencial*: com base na média das perdas anuais já ocorridas (pelo menos nos últimos três anos), apura-se o percentual médio de perdas, aplicando-o sobre a carteira de duplicatas a receber sem garantia real e apurando-se a provisão para devedores duvidosos.
2. *Critério fiscal*: a Receita Federal determina um critério que tem, como base, combinar os valores com o tempo de atraso das duplicatas. Assim, listando-se a carteira de duplicatas a receber, classificam-nas por tempo de atraso e por faixa de valores de acordo com o disposto na legislação, sendo o valor apurado considerado como estimativa de perdas com duplicatas incobráveis.

A provisão deve ser aferida no ano seguinte. Se os valores reais perdidos forem superiores ao valor estimado, faz-se um complemento da provisão; se os valores das perdas reais forem inferiores, faz-se o estorno da diferença. Em seguida, faz-se a nova provisão para o ano seguinte. Assim, os eventos dessa conta são:

a) provisão inicial para créditos incobráveis ou duvidosos;
b) aferição da provisão no ano seguinte;
c) constituição da nova provisão para o próximo exercício.

O valor da provisão inicial é uma despesa comercial, ao mesmo tempo que reduz o valor estimado da conta de duplicatas a receber no ativo. Vejamos uma contabilização básica e teórica.

| Evento 1 – Provisão para créditos incobráveis (3% da carteira – $ 3.000). | | |
|---|---|---|
| Conta: CONTAS A RECEBER | Valor ($) | Saldo ($) |
| Saldo Inicial | | 100.000 |

| Conta de Despesa Comercial (Ano X1) | | |
|---|---|---|
| Conta: PROVISÃO – PERDAS COM CRÉDITOS INCOBRÁVEIS | Valor ($) | Saldo ($) |
| Saldo Inicial | | 0 |
| Perdas com Incobráveis Estimadas para X1 | 3.000 | 3.000 |

| Conta Retificadora de Duplicatas a Receber (Ano X1) | | |
|---|---|---|
| Conta: PERDAS ESTIMADAS | Valor ($) | Saldo ($) |
| Saldo Inicial | | 0 |
| Provisão para o Ano X1 | –3.000 | –3.000 |

| Evento 2 – Perdas efetivas em X2 ($ 2.800). | | |
|---|---|---|
| Conta: CONTAS A RECEBER | Valor ($) | Saldo ($) |
| Saldo Anterior | | 100.000 |
| Perdas Efetivas com Duplicatas em X2 | –2.800 | 97.200 |
| Saldo Inicial | | |

| Conta de Despesa Comercial (Ano X2) | | |
|---|---|---|
| Conta: PROVISÃO – PERDAS COM CRÉDITOS INCOBRÁVEIS | Valor ($) | Saldo ($) |
| Saldo Inicial | | 0 |
| Estorno de Estimativa de X1 de Provisão não Acontecida | –200 | –200 |

| Conta Retificadora de Duplicatas a Receber | | |
|---|---|---|
| Conta: PERDAS ESTIMADAS | Valor ($) | Saldo ($) |
| Saldo Anterior | | –3.000 |
| Perdas Efetivas em X2 | 2.800 | –200 |
| Estorno da Provisão de X1 | 200 | 0 |

## Em conta T

```
        CONTAS A RECEBER           PERDAS ESTIMADAS          DESPESAS – Ano X1
                                                             PROVISÃO DE PERDAS
 SI  100.000                                     0  SI       SI     0
                2.800  (2)                   3.000  (1)      (1)  3.000
                                 (2)  2.800
                                 (3)    200
     ─────────                            ─────
      97.200                                     0
```

```
   DESPESAS – Ano X2
   PROVISÃO DE PERDAS
SI      0
              200  (3)
        ─────
              200
```

## 6.5 Títulos descontados

O desconto de duplicatas é um instrumento financeiro de levantamento de recursos para fazer face a necessidades urgentes e temporárias de caixa. As duplicatas são títulos de crédito emitidos pelas empresas, fundamentados na emissão de notas fiscais das vendas a prazo. Portanto, a possibilidade de desconto de duplicatas decorre de a empresa ter uma carteira de duplicatas a receber de clientes.

O desconto de duplicatas é, na realidade, um empréstimo lastreado (garantido) por um título de crédito. A operação financeira caracteriza-se pela entrega da duplicata para o banco que, a partir desse momento, passa a ter os direitos de recebimento do seu valor, na data do vencimento do título. Em compensação, o banco antecipa o dinheiro para a empresa, cobrando juros por essa antecipação. Os juros são cobrados no ato da operação, e a empresa recebe o líquido já descontado dos juros.

Os eventos econômicos decorrentes dessa operação financeira são os seguintes:

a) envio das duplicatas ao banco com o crédito em conta movimento do valor das duplicatas menos os juros descontados;
b) liquidação da duplicata pelo cliente no vencimento, cujo dinheiro fica para o banco que envia um aviso informativo de liquidação da duplicata;
c) não liquidação da duplicata pelo cliente no vencimento, em que o banco devolve a duplicata e estorna o crédito inicial.

### Passivo contingencial

Um ponto fundamental nessa operação é que o banco adquire os direitos de receber o valor da duplicata no vencimento, mas não arca com a obrigação, caso o cliente falhe e não pague no vencimento, ou seja, caso isso aconteça, o banco exige a devolução do dinheiro cedido. Essa situação caracteriza, para a contabilidade, a existência de um *passivo contingencial*. Um passivo contingencial é aquele que pode ou não acontecer, existindo, no entanto, a possibilidade de ocorrer.

Assim, apesar de, no desconto de duplicatas, a empresa receber o valor antecipadamente, a existência de obrigação de devolução do dinheiro em caso de não pagamento do cliente obriga a contabilidade a registrar o total das duplicatas descontadas como uma obrigação, um passivo. Consequentemente, não haverá a possibilidade de baixa da duplicata descontada quando da operação do desconto. A baixa da duplicata só ocorrerá quando o banco receber o valor.

## Classificação no balanço patrimonial

As práticas contábeis vigentes até 31 de dezembro de 2007 determinavam a classificação da conta Títulos ou Duplicatas Descontadas como conta retificadora da conta Contas ou Duplicatas a Receber de Clientes, apresentando-a com sinal negativo no ativo circulante.

As novas práticas contábeis em linha com as práticas contábeis internacionais do IFRS determinam que a conta Títulos ou Duplicatas Descontadas deve ser demonstrada no passivo circulante.

## Contabilização

Vamos imaginar que uma empresa descontou no dia 15.12.X1 duas duplicatas, números 1 e 2, de $ 15.000 em banco, totalizando $ 30.000, ambas com vencimento para 15.01.X2. O banco cobrou uma taxa de 3% para o mês, inserindo, no saldo bancário da empresa, o líquido de $ 29.100.

| | |
|---|---|
| Valor das duplicatas descontadas | $ 30.000 |
| Valor dos juros cobrados | $ (900) |
| Valor do crédito bancário | $ 29.100 |

No dia 15.01.X2, o cliente da duplicata 1 pagou no vencimento e o banco mandou um aviso informativo da sua liquidação. Diferentemente, o cliente da duplicata 2 não efetuou o pagamento; o banco aguardou mais dez dias e, como não houve o pagamento, devolveu a duplicata para a empresa, cobrando, além do valor do título, mais $ 150 pelo atraso, o qual compreende o período que vai da data do vencimento à data da devolução. Vejamos como fica o controle nas contas contábeis:

### Evento 1 – Envio de duplicatas no total de $ 30.000 para desconto; líquido creditado $ 29.100.

| Conta: TÍTULOS DESCONTADOS | Valor ($) | Saldo ($) |
|---|---|---|
| Saldo Inicial | | 0 |
| Desconto de Duplicatas | 30.000 | 30.000 |

| Conta de Despesa Financeira | | |
|---|---|---|
| Conta: JUROS | Valor ($) | Saldo ($) |
| Saldo Inicial | | 0 |
| Juros de Desconto de Duplicatas | 900 | 900 |

| Conta: BANCOS | Valor ($) | Saldo ($) |
|---|---|---|
| Saldo Inicial | | 0 |
| Duplicatas Descontadas | 29.100 | 29.100 |

### Evento 2 – Duplicata número 1 paga no vencimento ($ 15.000).

| Conta: TÍTULOS DESCONTADOS | Valor ($) | Saldo ($) |
|---|---|---|
| Saldo Anterior | | 30.000 |
| Duplicata Número 1 Liquidada | –15.000 | 15.000 |

| Conta: CONTAS A RECEBER | Valor ($) | Saldo ($) |
|---|---|---|
| Saldo Inicial | | 100.000 |
| Duplicata Número 1 Liquidada | –15.000 | 85.000 |

### Evento 3 – Devolução da duplicata número 2 não paga, mais juros de $ 150; valor debitado $ 15.150.

| Conta: TÍTULOS DESCONTADOS | Valor ($) | Saldo ($) |
|---|---|---|
| Saldo Anterior | | 15.000 |
| Desconto de Duplicatas | –15.000 | 0 |

| Conta de Despesa Financeira | | |
|---|---|---|
| Conta: JUROS | Valor ($) | Saldo ($) |
| Saldo Anterior | | 900 |
| Juros pelo Atraso de Duplicata Descontada Não Paga | 150 | 1.050 |

| Conta: BANCOS | Valor ($) | Saldo ($) |
|---|---|---|
| Saldo Anterior | | 29.100 |
| Duplicatas Descontadas | –15.150 | 13.950 |

Em conta T

| TÍTULOS DESCONTADOS | | | | CONTAS A RECEBER | | | DESPESAS FINANCEIRAS JUROS | | |
|---|---|---|---|---|---|---|---|---|---|
| | | 0 | SI | SI | 100.000 | | SI | 0 | |
| | | 30.000 | (1) | | 15.000 | (2) | (1) | 900 | |
| (2) | 15.000 | | | | | | (3) | 150 | |
| (3) | 15.000 | | | | | | | | |
| | | 0 | | | 85.000 | | | 1.050 | |

| BANCOS | | | |
|---|---|---|---|
| SI | 0 | | |
| (1) | 29.100 | | |
| | | 15.150 | (3) |
| | 13.950 | | |

## Política de desconto de duplicatas

Não se recomenda a adoção de uma política permanente de desconto de duplicatas. A essência dessa operação financeira é a sua utilização eventual para suprir deficiências temporárias de caixa de curtíssimo prazo. Uma empresa deve fundamentar sua necessidade de capital de giro de duplicatas a receber com financiamentos de longo prazo, com taxas de juros compatíveis com a rentabilidade do investimento.

O custo dos juros do desconto de duplicatas é muito alto em nosso país. É muito difícil uma empresa obter lucro nas vendas que seja suficiente para pagar o custo de capital de desconto de duplicatas. Caso, porém, uma empresa fundamente sua política de recebimento de vendas a prazo por meio do desconto de duplicatas, deve, necessariamente, aumentar seu preço de venda para as vendas a prazo com um percentual suficiente para cobrir o custo posterior que terá ao descontar as duplicatas.

Se não houver um perfeito entendimento dessas questões, provavelmente as empresas que utilizam continuadamente desconto de duplicatas tenderão a ter problemas de liquidez decorrentes da dificuldade de obter lucro nas vendas suficiente para cobrir o custo dos juros do desconto das duplicatas.

## *Factoring*

O que diferencia legalmente o *factoring* do desconto de duplicatas é que, nessa operação, a empresa que desconta as duplicatas arca também com os prejuízos, caso não ocorra o pagamento pelo cliente (operação financeira genericamente denominada securitização de créditos). Em tese, no *factoring*, há a compra da carteira de duplicatas a receber da empresa pela instituição financeira. Apesar desse fundamento legal, sabe-se que, em nosso país, isso não ocorre na maior parte das operações de *factoring*, que termina por funcionar exatamente como o desconto de duplicatas.

## 6.6 Estoques e custo das mercadorias vendidas

Tomaremos como base para desenvolver esse tema os estoques de mercadorias de empresas comerciais. A expressão *mercadorias para revenda* e seu consequente estoque são oriundos das operações comerciais. Os estoques das indústrias e o custo dos produtos vendidos são objeto de um ramo específico da contabilidade, denominado Contabilidade de Custos ou Contabilidade Industrial, que será tratado de forma introdutória no Capítulo 8.

### Custo da mercadoria vendida como despesa

Denominamos Custo da Mercadoria Vendida (CMV) o valor de custo de mercadorias adquiridas para revenda que foram vendidas. Assim, é importante salientar que o CMV é uma despesa avaliada pelo *custo* ou valor de compra. É interessante analisar novamente por que o CMV é uma despesa. Vamos partir de um balanço – que será denominado fato 1 – extremamente simples e hipotético de uma empresa comercial revendedora de televisores, que tinha em estoque, para revenda, apenas um aparelho e que havia pago por ele $ 220.

| Fato 1 – Balanço em 01.01.X1 | | | |
|---|---|---|---|
| Ativo | | Passivo | |
| Estoque de Mercadorias | 220 | Patrimônio Líquido | 220 |
| Total | 220 | Total | 220 |

Vamos imaginar, em um segundo momento, que essa empresa compra mais um televisor para revenda, a ser pago depois de 30 dias, por $ 240, supondo que o televisor seja exatamente igual em modelo, marca etc. ao anterior, a ponto de não ser possível distingui-los fisicamente um do outro. O novo balanço, após esse fato, ficaria assim:

| Balanço após Fato 2 ||||
|---|---|---|---|
| Ativo || Passivo ||
| Estoque de Mercadorias | 460 | Fornecedores | 240 |
|  |  | Patrimônio Líquido | 220 |
| Total | 460 | Total | 460 |

Tivemos as seguintes alterações em relação ao balanço inicial: o valor do Estoque de Mercadorias passou de $ 220 para $ 460, porque compramos mais uma mercadoria no valor de $ 240. Como não efetuamos o pagamento à vista, criamos um passivo denominado Fornecedores, no valor de $ 240.

Vamos imaginar agora um fato novo, o fato 3, em que venderemos um dos televisores em estoque. O cliente recebe em casa e paga à vista $ 550 por um desses televisores. Vamos entregar para ele o televisor adquirido no fato 1, aquele pelo qual tínhamos pagado $ 220. Veremos como fica nosso novo balanço teórico:

| Balanço após Fato 3 ||||
|---|---|---|---|
| Ativo || Passivo ||
| Caixa | 550 | Fornecedores | 240 |
| Estoque de Mercadorias | 240 | Patrimônio Líquido | 550 |
| Total | 790 | Total | 790 |

Vejamos quais foram as alterações:

a) O Caixa passou de zero para $ 550, pois recebemos à vista.

b) O Estoque de Mercadorias passou de $ 460 para $ 240, porque o televisor de $ 220 saiu do estoque.

c) O Patrimônio Líquido aumentou de $ 220 para $ 550, ou seja, $ 330, pois tivemos lucro na venda do televisor.

Como já vimos anteriormente, aumenta-se o patrimônio líquido por receitas, diminuindo-o por despesas. No caso dessa operação, tivemos os dois eventos: uma receita de *venda* no valor de $ 550 e uma despesa de *custo de mercadoria vendida* no valor de $ 220, pois entregamos aquele televisor pelo qual havíamos pagado anteriormente $ 220. Resumindo:

Valor da venda              $ 550 – Receita
Custo da mercadoria vendida $ 220 – Despesas
Lucro na venda da mercadoria $ 330 – aumento do Patrimônio Líquido

Provamos, dessa forma, que o *custo de mercadoria vendida*, ou seja, o valor da compra inicial da mercadoria que estava em estoque é uma despesa contábil, pois diminui o patrimônio líquido imediatamente no ato de sua saída da empresa, o que acontece normalmente no caso das vendas.

### Fórmula prática para apuração do CMV

Vamos fazer, em conta T, os lançamentos do exemplo anterior, considerando unicamente a conta Estoque de Mercadorias, que nos interessa para montarmos uma fórmula que simplifique a apuração do CMV em determinadas circunstâncias, a qual será extremamente útil em todo o trabalho contábil, seja em nível introdutório, seja em nível avançado.

**Estoque de Mercadorias**

| | | | |
|---|---|---|---|
| Estoque Inicial | $ 220 | | |
| Compras do Período | $ 240 | | |
| | | $ 220 | Baixa do estoque por venda (CMV) |
| Estoque Final | $ 240 | | |

Colocando os elementos constantes da conta T em uma fórmula matemática, podemos montar uma equação de igualdade para obtermos o número final (o Valor do Estoque Final):

Estoque Inicial (+) Compras (–) Custo das Mercadorias Vendidas
= Estoque Final

Abreviando as nomenclaturas, teremos:

$$EI + C - CMV = EF$$

Como toda equação de igualdade se presta a diversas aplicações, caso tenhamos apenas o valor do Estoque Final, em vez do valor do CMV, poderemos obter o valor do CMV das vendas de um período com a seguinte fórmula:

$$CMV = EI + C - EF$$

## O porquê da utilização da fórmula

Basicamente, o controle de estoque é efetuado mediante fichas (ou tela *on--line*), nos quais se anotam *por item* do estoque de mercadorias as quantidades compradas e vendidas, bem como o saldo final.

Dentro da ficha de controle de estoques, elemento indispensável para um sistema de controle de estoques, temos duas variáveis a serem controladas: a quantidade estocada e o preço do produto.

O mais comum em uma ficha de controle de estoque é o controle unicamente da quantidade, por ser mais fácil e de utilização imediata. Temos notado que não são todas as empresas que, além das quantidades, anotam os preços dos produtos estocados. A razão é simples: é muito fácil o controle quantitativo e muito difícil, por ser operacionalmente trabalhoso, o controle dos preços das mercadorias em estoque.

## Sistema de inventário permanente

É denominado inventário permanente um sistema de controle de estoque que apura o saldo em *valor* das movimentações do item imediatamente após as suas transações. Isso significa que, permanentemente, temos o *valor final* dos itens em estoque na ficha de controle de estoques.

## Sistema de inventário periódico

O sistema de inventário periódico pressupõe que *não* seja feita uma ficha de controle de estoque para registrar todas as transações no exato momento em que ocorrem, mas apenas que seja feito um levantamento físico das quantidades estocadas em determinados períodos de tempo. Assim, as quantidades e os valores exatos estocados somente serão conhecidos após o levantamento e a contagem física dos itens estocados.

Vê-se facilmente que tal sistema deixa muito a desejar. Basicamente, o sistema de inventário periódico vem da época em que se fazia apenas um balanço anual, bem como o levantamento dos estoques. Em uma administração moderna, a gestão permanente dos estoques é imprescindível para o bom andamento da empresa.

Outrossim, dentro da teoria de inventário geral patrimonial, o conceito de inventário periódico é admissível ainda como conceito de auditoria e verificação física.

## Utilização da fórmula

A utilização da fórmula vem ao encontro da utilização do sistema de inventário periódico. Partindo do pressuposto de que as quantidades estocadas, tanto no início quanto no fim do período, são significativamente inferiores às quantidades compradas ou vendidas durante o ano, o sistema de inventário periódico é muito mais fácil de ser efetivado e muito menos custoso para a empresa.

Exemplificando, imaginemos a seguinte movimentação quantitativa de um item de estoque:

|  |  |
|---|---|
| Estoque inicial em 01.01.X1 | 25 unidades |
| (+) Compras do ano | 450 unidades |
| (–) Vendas do ano | 448 unidades |
| = Estoque final em 31.12.X1 | 27 unidades |

Sabemos que as informações de quantidades e de valores comprados (as compras do ano) são fáceis de obter porque temos os documentos de aquisição (as notas fiscais de entradas de mercadorias). O difícil é obtermos as quantidades e os custos das vendas; porém, sabemos que não é demorado contarmos, por meio de inventário de mercadorias, as quantidades que ficaram no estoque final ao fim do exercício. Assim, tendo um estoque inicial e sendo simples obtermos os dados das compras e do estoque final, obtêm-se, *por diferença*, as quantidades vendidas e, consequentemente, o *custo das mercadorias vendidas*. Ilustrando, temos:

|  |  |
|---|---|
| Estoque inicial em 01.01.X1 | 25 unidades |
| (+) Compras do ano | 450 unidades |
| (–) Estoque final em 31.12.X1 | 27 unidades |
| = Vendas do ano | 448 unidades |

## A dúvida: mercadorias estocadas com mais de um custo

É muito comum serem efetuadas aquisições de mercadorias para estoque em diversas vezes. Pelo fato de termos compras continuadamente, é perfeitamente normal que o preço da próxima compra já esteja diferente do da compra anterior e que o preço da compra seguinte já esteja diferente do da penúltima compra, e assim sucessivamente.

Quantitativamente, é muito fácil um controle de estoques; o mais trabalhoso é o controle do preço e do total estocado, exatamente em razão de termos mercadorias estocadas com mais de um custo. No exemplo inicial, mostramos que a empresa tinha em estoque inicial uma mercadoria pela qual havia pagado $ 220. Logo em seguida, ela adquiriu outra mercadoria para revenda por $ 240, mercadoria essa fisicamente igual à anterior estocada, ficando com duas quantidades em estoque disponível para venda.

Podemos, nesse momento, fazer a seguinte demonstração:

| | Estoque de Mercadorias | |
|---|---|---|
| | Quantidade | Valor ($) |
| Estoque inicial | 1 | 220 |
| Compra | 1 | 240 |
| Total | 2 | 460 |
| Preço médio de compra | | 230 (460 : 2) |

Para o empresário, é muito importante o conceito de preço médio de aquisição de mercadorias, porque ele fixa apenas *um único* preço de venda. Como tal empresário quer obter uma taxa básica de lucro, ele vê o quanto pagou pelos itens em estoque, faz uma média dos preços pagos e procura formar um preço único de venda para todas as mercadorias, de maneira que obtenha o lucro total almejado.

Dessa forma, quando se efetua a venda de uma daquelas duas mercadorias (que no nosso exemplo foi vendida por $ 550), fica a questão básica: *Qual é o custo da mercadoria vendida?*

No nosso exemplo, podemos verificar que temos três custos:

a) custo da mercadoria que estava no estoque inicial = $ 220;
b) custo da mercadoria adquirida no período = $ 240;
c) custo médio das duas mercadorias = $ 230.

Qual deve ser o custo dessa venda feita por $ 550? Fisicamente, é impossível distinguir, na realidade, qual delas foi entregue para o cliente, já que ambas são idênticas. Muitos argumentarão que deve ser a de $ 220, pois é lógico que a primeira saia antes da última; outros dirão que deve ser o preço médio, já que o empresário deve preocupar-se com a lucratividade total e não com a lucratividade individual; outros ainda acharão que deve ser a última, porque se deve apurar o lucro com o custo mais recente.

## Critérios de valorização de inventários

Os três critérios – pelas primeiras compras, pelas últimas compras ou pela média – são avaliações do estoque de mercadorias a preço de custo. Tais critérios são aceitos pela contabilidade dentro do princípio de custo como base de valor. Assim, vamos verificar como seria a aplicação dos três critérios, imaginando movimentação de um item de estoque e aplicando os três conceitos às mesmas movimentações, de forma que possamos avaliar as diferenças e as evidências, as vantagens e as desvantagens em adotar um ou outro critério.

Mais adiante, desenvolveremos o exemplo em cima de um resumo de uma ficha de controle de estoque comum, antigamente chamada ficha kardex.

## Primeiro a entrar, primeiro a sair (Peps)

Esse critério é aparentemente o mais lógico, por indicar o que deveria ser na realidade. Nesse critério, supõe-se que as mercadorias adquiridas em primeiro lugar devem sair primeiro, ficando sempre as mercadorias das compras posteriores em estoque, até se esgotarem as quantidades da primeira compra, e assim sucessivamente.

Vejamos um exemplo prático de escrituração na ficha de controle de estoque segundo esse critério:

| Entradas | | | Saídas | | | Saldo | | |
|---|---|---|---|---|---|---|---|---|
| Qtde. | Preço Unit. | Valor | Qtde. | Preço Unit. | Valor | Qtde. | Preço Unit. | Valor |
| 300 | 2,00 | 600 | | | | 300 | 2,00 | 600 |
| 320 | 2,50 | 800 | | | | 320 | 2,50 | 800 |
| | | | | | | 620 | | 1.400 |
| | | | 100 | 2,00 | 200 | 200 | 2,00 | 400 |
| | | | | | | 320 | 2,50 | 800 |
| | | | | | | 520 | | 1.200 |
| 250 | 3,00 | 750 | | | | 200 | 2,00 | 400 |
| | | | | | | 320 | 2,50 | 800 |
| | | | | | | 250 | 3,00 | 750 |
| | | | | | | 770 | | 1.950 |
| | | | 200 | 2,00 | 400 | | | |
| | | | 320 | 2,50 | 800 | | | |
| | | | 170 | 3,00 | 510 | | | |
| | | | 690 | | 1.710 | 80 | 3,00 | 240 |
| Totais | | 2.150 | | | 1.910 | | | 240 |

É sempre importante ressaltar que não existem problemas com a avaliação das entradas de mercadorias, pois os preços de entrada são fixados em nota fiscal e estão a preços de custo. O critério de valorização de estoque é importante apenas na definição do *custo da saída*. Vejamos a primeira saída: tínhamos, em estoque, 620 unidades, dos quais 300 haviam sido compradas por $ 2,00 cada unidade e 320, por $ 2,50. Para aplicarmos o custo nas 100 unidades que estão saindo (sendo vendidas), devemos considerar o critério de que as primeiras compras a entrarem são as que devem sair primeiro. Assim, valorizamos as 100 unidades que saíram ao preço unitário de $ 2,00, totalizando $ 200.

Na segunda saída, temos, em estoque, um total de 770 unidades, sendo 200 avaliadas no valor de $ 2,00 cada uma, 320 unidades ao preço de $ 2,50 e 250 ao preço de $ 3,00; temos de dar custo às baixas de 690 unidades. O processo consiste em esgotar as compras iniciais partindo para as compras posteriores somente depois que se tenha dado baixa na quantidade das primeiras. Assim, podemos baixar todas as quantidades da compra no valor de $ 2,00, todas as quantidades das compras de $ 2,50, e o restante será baixado a partir da compra que foi feita por último.

Os valores das colunas de valor, que totalizamos em reais, significam respectivamente:

        Total das entradas = Estoque inicial mais compras
        Total das saídas    = Custo das mercadorias vendidas
        Total do saldo     = Estoque final

Esses dados constantes das fichas de controle de estoque significam exatamente as componentes da fórmula de apuração do custo das mercadorias vendidas pelo método do inventário periódico.

## Último a entrar, primeiro a sair (Ueps)

Segundo esse critério, aparentemente ilógico, devem ser valorizadas as quantidades saídas pelos preços de compras mais recentes, ou seja, pelo preço unitário das últimas compras. Sabemos que, fisicamente, todas as quantidades em estoque estão juntas e não conseguimos distinguir quais são da primeira e quais são da segunda compra. Porém, em termos escriturais, podemos fazer a fixação e ditarmos que as quantidades que devem sair são as da última compra, no caso de adotarmos o Ueps.

| Entradas | | | Saídas | | | Saldo | | |
|---|---|---|---|---|---|---|---|---|
| Qtde. | Preço Unit. | Valor | Qtde. | Preço Unit. | Valor | Qtde. | Preço Unit. | Valor |
| 300 | 2,00 | 600 | | | | 300 | 2,00 | 600 |
| 320 | 2,50 | 800 | | | | 320 | 2,50 | 800 |
| | | | | | | 620 | | 1.400 |
| | | | 100 | 2,50 | 250 | 300 | 2,00 | 600 |
| | | | | | | 220 | 2,50 | 550 |
| | | | | | | 520 | | 1.150 |
| | | | | | | 300 | 2,00 | 600 |
| 250 | 3,00 | 750 | | | | 220 | 2,50 | 550 |
| | | | | | | 250 | 3,00 | 750 |
| | | | | | | 770 | | 1.900 |
| | | | 250 | 3,00 | 750 | | | |
| | | | 220 | 2,50 | 550 | | | |
| | | | 220 | 2,00 | 440 | | | |
| | | | 690 | | 1.740 | 80 | 2,00 | 160 |
| **Totais** | | 2.150 | | | 1.990 | | | 160 |

## Preço médio ponderado

Segundo esse critério, abandona-se totalmente o controle do saldo em estoque final por preços de compras. Contrariamente a isso, utiliza-se o conceito de ter, em estoque final, um único preço representativo para todas as quantidades, sejam elas adquiridas por qualquer preço. É óbvio que as quantidades compradas dos diversos preços acabam por influir no preço médio, via ponderação estatística das quantidades. Essa condição de um preço único e médio para as mercadorias estocadas é muitíssimo utilizada como elemento de medição da rentabilidade, já que as vendas de um ano basicamente significam também vendas a preço médio.

Outros fatores que fazem que esse critério seja muito utilizado são a sua operacionalidade e o conceito de arquivo. Enquanto os outros dois critérios obrigam a um controle rigoroso compra a compra, esse critério mantém uma única linha de controle das quantidades em estoques, simplificando sobremaneira os cálculos e também o arquivo computacional.

Particularmente no Brasil temos outro fator que determina a utilização desse critério: é o problema da inflação, com a qual os preços das mercadorias sofrem constante mutação, e a quantidade de compras de preços diferentes é relativamente muito maior que em outros países nos quais a economia é mais estabilizada.

No exemplo que desenvolvemos a seguir, consideramos alguns arredondamentos de números que o preço médio normalmente provoca:

| Entradas | | | Saída | | | Saldo | | |
|---|---|---|---|---|---|---|---|---|
| 300 | 2,00 | 600 | | | | 300 | 2,00 | 600 |
| 320 | 2,50 | 800 | | | | 620 (1) | 2,258 | 1.400 |
| | | | 100 | 2,258 | 226 | 520 | 2,258 | 1.174 |
| 250 | 3,00 | 750 | | | | 770 (2) | 2,4989 | 1.924 |
| | | | 690 | 2,4989 | 1.724 | 80 | 2,4989 | 200 |
| **Totais** | | **2.150** | | | **1.950** | | | **200** |

1) Nesse ponto, já começa a diferença operacional do preço médio com os outros dois critérios. Devemos necessariamente somar ao novo saldo as quantidades sem separar os dados de cada entrada.

   a) primeiro passo: somar as quantidades do saldo anterior com as quantidades da nova compra.
   300 + 320 = 620

b) segundo passo: somar o valor total do saldo anterior com o valor total da nova compra.
$ 600 + $ 800 = $ 1.400

c) terceiro passo: obter o preço médio ponderado, pela divisão do valor total em reais pelo total da quantidade em estoque.
$ 1.400 : 620 unidades = $ 2,258 por unidade (preço médio)

d) quarto passo: aplica-se o preço médio obtido nas próximas quantidades saídas.
A próxima saída é de 100 unidades a $ 2,258 = $ 225,80.

2) Cada vez que existir uma nova compra, esta alterará o preço médio. Isso significa que, cada vez que entram novas mercadorias, temos de calcular novo preço médio. Façamos todos os passos necessários:

a) primeiro passo: soma das quantidades = 520 + 250 = 770

b) segundo passo: soma do valor total = $ 1.174,20 + $ 750,00 = $ 1.924,20

c) terceiro passo: obtenção do novo preço médio = $ 1.924,20 : 770 = $ 2,4989

d) quarto passo: aplicação do novo preço médio às próximas saídas = $ 2,4989 x 690 = $ 1.724,24

*Diferenças e evidências entre os três critérios*

Da verificação do resultado dos cálculos entre os três critérios podemos deduzir o seguinte:

- O critério Peps termina por valorizar o estoque final a preços mais recentes e, consequentemente, o custo das saídas a preços mais antigos.

- O critério Ueps termina por valorizar o estoque final a preços mais antigos e, consequentemente, o custo das saídas a preços mais recentes.

- O *preço médio ponderado* equaliza tanto o estoque final como o custo das saídas a um preço médio único.

## Vantagens e desvantagens

O critério Peps traz, como vantagem, o fato de que os estoques finais são valorizados a preços mais recentes, fazendo que o balanço patrimonial, pelo qual apresentamos o estoque final, esteja mais perto de uma realidade de preços de mercado considerando a data do balanço; traz em si a desvantagem de que o custo das mercadorias vendidas está a preços antigos, prejudicando a demonstração de resultados.

O critério Ueps traz, como vantagem, o fato de que o custo das mercadorias vendidas está a preços mais recentes, mais próximos de uma realidade dos custos de mercado considerando a data do balanço, porém a desvantagem de trazer o estoque final a preços mais antigos evidencia, no balanço patrimonial, um número muito fora da realidade.

O preço médio ponderado não traz nenhuma vantagem teórica, pois nem o custo das mercadorias está a um valor perto da realidade, nem tampouco o valor do estoque final será apresentado no balanço. A sua vantagem é basicamente operacional.

## Resumo e importância dos critérios de valorização de inventários

Para fazermos um resumo dos valores expostos na demonstração dos cálculos dos três critérios, vamos supor que as quantidades vendidas da mercadoria hipotética do nosso exemplo foram comercializadas por $ 2.500, para que possamos apurar um lucro bruto na movimentação desse estoque.

A tabela a seguir apresenta como ficaria o balanço patrimonial e a demonstração de resultados, considerando que os eventos usados na apresentação dos critérios foram realizados à vista e que o capital social da empresa no valor de $ 2.150 também foi integralizado em dinheiro.

|  | Peps | Ueps | Preço Médio |
|---|---|---|---|
| **Balanço Patrimonial** | | | |
| *Ativo* | | | |
| Caixa | 2.500 | 2.500 | 2.500 |
| Estoque | 240 | 160 | 200 |
| **Total** | 2.740 | 2.660 | 2.700 |
| *Passivo* | | | |
| *Patrimônio Líquido* | | | |
| Capital Social | 2.150 | 2.150 | 2.150 |
| Lucros Acumulados | 590 | 510 | 550 |
|  | 2.740 | 2.660 | 2.700 |
| **Total** | 2.740 | 2.660 | 2.700 |

|  | Peps | Ueps | Preço Médio |
|---|---|---|---|
| **Demonstração de Resultados** | | | |
| Receita de Vendas | 2.500 | 2.500 | 2.500 |
| (–) Custo das Mercadorias Vendidas | (1.910) | (1.990) | (1.950) |
| = Lucro | 590 | 510 | 550 |

A importância dos critérios de valorização de inventários fica clara nesse resumo. *Dependendo do critério*, teremos a contabilização de um *valor diferente de lucro*.

O critério Peps contabiliza lucros maiores e o Ueps, lucros menores. O critério do preço médio ponderado faz apresentar um lucro médio, comparando-o com os resultados dos outros dois critérios.

A questão das diferenças resultantes da aplicação dos três critérios de avaliação dos estoques na demonstração de resultados é temporária e aparece enquanto existirem estoques em permanente movimentação. Considerando que no longo prazo todas as mercadorias do estoque sejam vendidas, não haverá diferença nenhuma na soma do lucro das demonstrações do resultado de todos os períodos.

## Preço de reposição

Existe já há algum tempo uma corrente teórica da contabilidade propugnando a adoção do *preço de reposição* como elemento de avaliação dos inventários, ou seja, do estoque final. Tal corrente entende que o balanço a ser efetuado deve ser apresentado com os ativos avaliados aos preços da próxima compra e que nem sempre o Peps traz dentro de si tais preços, mas sim apenas o último preço que a empresa pagou, podendo haver, portanto, outro preço na próxima compra.

Preço de reposição significa o preço da próxima compra, que poderá ser conhecido por intermédio das listas de preços dos fornecedores. Esse preço deverá fazer parte da formação do preço de venda das mercadorias vendidas pela empresa; assim, deveria ser adotado no custeamento dos inventários.

Dentro de aspectos puros de administração financeira, de estratégia de formação de preço de venda e de rentabilidade de ativos, é muito lógica a asserção desses argumentos. Acontece, porém, que a contabilidade ainda trabalha com o princípio de *custo como base de valor*; desse modo, o preço de reposição ainda não é um custo, pois não foi pago e não pode ser utilizado sob pena de infringir tal princípio. Além disso, temos a convenção da objetividade. A simples lista de preços do fornecedor não quer dizer que vamos aceitá-la e que será praticada, ficando o contador sem instrumentos objetivos para avaliar os estoques.

Outro argumento a ser considerado é que, valorizando a preços de reposição, estaremos produzindo *lucros* antes da venda da mercadoria, infringindo outro princípio contábil que é o da *realização da receita*.

## Contabilização

Os eventos constantes dos exemplos das movimentações do estoque estão relacionados a seguir. Consideraremos todos executados à vista, com movimentação em caixa; para a contabilização utilizaremos os dados obtidos do custo das mercadorias vendidas pelo preço médio ponderado.

| Evento 1 – Compra à vista de mercadorias para estoque $ 600. | | | | | |
|---|---|---|---|---|---|
| Conta: ESTOQUE DE MERCADORIAS | Valor ($) | Saldo ($) | Conta: CAIXA | Valor ($) | Saldo ($) |
| Saldo Inicial | | 0 | Saldo Inicial | | 2.150 |
| Compra de Mercadorias | 600 | 600 | Compra de Mercadorias | –600 | 1.550 |
| Evento 2 – Compra à vista de mercadorias para estoque $ 800. | | | | | |
| Conta: ESTOQUE DE MERCADORIAS | Valor ($) | Saldo ($) | Conta: CAIXA | Valor ($) | Saldo ($) |
| Saldo Anterior | | 600 | Saldo Anterior | | 1.550 |
| Compra de Mercadorias | 800 | 1.400 | Compra de Mercadorias | –800 | 750 |
| Evento 3 – Venda à vista de mercadorias por $ 316, de custo de $ 226. | | | | | |
| Conta: ESTOQUE DE MERCADORIAS | Valor ($) | Saldo ($) | Conta: CAIXA | Valor ($) | Saldo ($) |
| Saldo Anterior | | 1.400 | Saldo Anterior | | 750 |
| Baixa do Estoque por Venda | –226 | 1.174 | Vendas à Vista | 316 | 1.066 |
| Conta de Despesa | | | Conta de Receita | | |
| Conta: CUSTO DE MERCADORIAS VENDIDAS | Valor ($) | Saldo ($) | Conta: VENDAS | Valor ($) | Saldo ($) |
| Saldo Anterior | | 0 | Saldo Inicial | | 0 |
| Custo da Venda | 226 | 226 | Receita de Vendas | 316 | 316 |
| Evento 4 – Compra à vista de mercadorias para estoque $ 750. | | | | | |
| Conta: ESTOQUE DE MERCADORIAS | Valor ($) | Saldo ($) | Conta: CAIXA | Valor ($) | Saldo ($) |
| Saldo Anterior | | 1.174 | Saldo Anterior | | 1.066 |
| Compra de Mercadorias | 750 | 1.924 | Compra de Mercadorias | –750 | 316 |
| Evento 5 – Venda à vista de mercadorias por $ 2.184, de custo de $ 1.724. | | | | | |
| Conta: ESTOQUE DE MERCADORIAS | Valor ($) | Saldo ($) | Conta: CAIXA | Valor ($) | Saldo ($) |
| Saldo Anterior | | 1.924 | Saldo Anterior | | 316 |
| Baixa do Estoque por Venda | –1.724 | 200 | Vendas à Vista | 2.184 | 2.500 |
| Conta de Despesa | | | Conta de Receita | | |
| Conta: CUSTO DE MERCADORIAS VENDIDAS | Valor ($) | Saldo ($) | Conta: VENDAS | Valor ($) | Saldo ($) |
| Saldo Anterior | | 226 | Saldo Anterior | | 316 |
| Custo da Venda | 1.724 | 1.950 | Receita de Vendas | 2.184 | 2.500 |

1. Compra de mercadorias para estoque $ 600;
2. Compra de mercadorias para estoque $ 800;
3. Venda de mercadorias por $ 316, de custo de $ 226;
4. Compra de mercadorias para estoque $ 750;
5. Venda de mercadorias por $ 2.184, de custo de $ 1.724.

**Em conta T**

| ESTOQUE DE MERCADORIAS | | | | CAIXA | | | | DESPESAS DE CUSTO DE MERCADORIAS VENDIDAS | | |
|---|---|---|---|---|---|---|---|---|---|---|
| SI | 0 | | | SI | 2.150 | | | SI | 0 | |
| (1) | 600 | | | | | 600 | (1) | (3) | 226 | |
| (2) | 800 | 226 | (3) | (3) | 316 | 800 | (2) | (5) | 1.724 | |
| (4) | 750 | 1.724 | (5) | (5) | 2.184 | 750 | (4) | | | |
| | 200 | | | | 2.500 | | | | 1.950 | |

| RECEITAS VENDAS | | |
|---|---|---|
| | 0 | SI |
| | 316 | (3) |
| | 2.184 | (5) |
| | 2.500 | |

## Consideração fiscal

No Brasil, o critério Ueps não é aceito exatamente porque ele traz em si o conceito de *lucro menor* na comparação entre os três critérios. Como a maioria das empresas no Brasil tem a tributação do Imposto de Renda a partir de seu lucro contábil, quanto menor o lucro, menor o imposto, razão da proibição do fisco para a utilização do critério Ueps.

Sempre é importante lembrar que, *contabilmente*, a adoção desse critério é permitida. Se uma empresa assim o fizer, não estará infringindo nenhum princípio fundamental de contabilidade; ela terá apenas de fazer uma adaptação de sua demonstração de resultados para fins de recolhimento do Imposto de Renda.

Dentro desse aspecto de consideração fiscal, os empresários brasileiros praticamente abraçaram o critério de preço médio, tendo em vista que a inflação faz que a valorização do estoque pelo Peps eleve o lucro contábil, incidindo, portanto, em mais Imposto de Renda. Entre os dois, o preço médio traz mais vantagens de ordem fiscal.

## Custo ou mercado, obsolescência e provisão para retificação dos estoques

Os princípios contábeis admitem que o valor do estoque final seja inferior ao custo quando objetivamente o valor de mercado (valor de venda) for inferior. Nesse caso, é necessário fazer um lançamento de ajuste, denominado provisão para retificação dos estoques. Quando da efetiva venda, tal provisão é estornada, apurando-se o resultado real da venda.

Procedimento similar deve ser feito quando há estoques obsoletos ou de baixíssima mobilidade. Caso a empresa queira mantê-los como estoque, deverá ser feito um estudo e, caracterizando-se a obsolescência ou a impossibilidade de venda, deverá ser feito também um ajuste, reduzindo o valor total do estoque.

## Prazo Médio de Estocagem (PME)

Um dos indicadores mais utilizados para a gestão dos estoques é o cálculo do Prazo Médio de Estocagem (PME). A fórmula é a seguinte, considerando um período anual de vendas:

$$\text{Prazo Médio de Estocagem (PME)} = \frac{\text{Valor do Estoque Final} \times 360 \text{ dias}}{\text{Custo das Mercadorias Vendidas}}$$

$$\text{PME} = \frac{\$\ 200 \times 360}{\$\ 1.950} = 37 \text{ dias}$$

Esse número significa que a empresa tem, em média, estoque para 37 dias de venda desse item. O prazo médio de estocagem deve refletir a política de estoques da empresa: caso o prazo médio de recebimento seja superior ao estabelecido, é um indicativo de que existe estoque em demasia em relação ao volume atual de vendas.

As empresas industriais têm mais dois tipos de estoques: os estoques de produção em elaboração e o estoque de produtos acabados. O estoque de materiais, nas indústrias, equivale ao estoque de mercadorias do comércio; assim, esse indicador deve ser adaptado. Para calcular o prazo médio de estocagem de materiais das indústrias, deve-se utilizar o valor do estoque final e relacioná-lo com o consumo de materiais do período. Para os estoques de produtos em elaboração e produtos acabados, o valor final desses estoques deve ser relacionado com o total do custo dos produtos vendidos no período.

Alguns analistas preferem utilizar outro indicador para avaliar o tempo de permanência dos estoques em relação ao consumo, denominado *Giro dos*

*Estoques* (GE) ou *rotação dos estoques*. No caso do comércio, esse indicador tem a seguinte fórmula:

$$\text{Giro dos Estoques (GE)} = \frac{\text{Custo das Mercadorias Vendidas}}{\text{Valor do Estoque Final}}$$

Com os mesmos dados do exemplo, imaginando um período anual, temos:

$$GE = \frac{\$\ 1.190}{\$\ 200} = 9{,}75 \text{ vezes}$$

Portanto, o estoque é renovado 9,75 vezes ao ano.

## Administração dos estoques

A gestão financeira dos estoques sugere, em linhas gerais, que se deve estocar o mínimo possível. Dessa maneira, deve-se buscar o maior giro dos estoques ou o menor prazo médio de estocagem. O fundamento da manutenção do estoque no menor nível possível tem, como referência, o custo do dinheiro. Quanto mais estoque a empresa tiver, mais dinheiro ela investiu, que saiu de seu caixa. Assim, quanto mais demora para transformá-lo em vendas, mais a empresa deixa de ganhar.

Os conceitos de lote econômico de compra, classificação ABC, ponto de pedido, *Just-in-Time*, logística etc. são utilizados na administração da produção e de estoques com o intuito de minimizar o investimento nesse tipo de ativo.

A administração financeira considera válida a estocagem de materiais além do mínimo necessário somente em condições excepcionais de problemas de demanda ou quando a estocagem de algum tipo de material (normalmente ligada a recursos naturais, tais como petróleo, minerais, aço etc.) possa se transformar em um excelente investimento financeiro.

## 6.7 Despesas do exercício seguinte

Esse grupo de contas do ativo decorre da adoção, pela contabilidade, do regime de competência de exercícios, que diz que as despesas devem ser contabilizadas no momento de sua ocorrência, independentemente de seu pagamento. O mais comum é que as despesas ocorram em um mês e sejam pagas em meses seguintes, situações essas já consideradas até o momento. Esse grupo de despesas é necessário para ajustar a competência no caso de despesas pagas *antecipadamente*.

Por exemplo, o valor do aluguel de um imóvel que a empresa aluga referente ao mês de janeiro/X2; caso seja pago antes desse mês, deve ficar registrado como ativo (um direito), até a chegada de janeiro/X2. Em janeiro/X2, esse gasto será transferido para a despesa, alocando-se corretamente na competência de exercícios.

O termo *exercício* para contabilidade significa um ano; em uma contabilidade gerencial, o conceito de exercício é estendido para o período mensal. Assim, todos os gastos de um mês devem ser considerados no mês de ocorrência, e a nomenclatura mais adequada seria *despesas de períodos seguintes*.

Desenvolvendo um exemplo com aluguel, essa transação teria dois eventos:

a) o pagamento da despesa antes de sua ocorrência;
b) a contabilização em despesa quando do mês de sua ocorrência.

Imaginando que o aluguel de janeiro/X2, de $ 1.000, tenha sido pago em cheque em dezembro/X1, as contas contábeis teriam as seguintes movimentações:

| Evento 1 – Pagamento, em dezembro/X1, de aluguel de janeiro/X2 em cheque $ 1.000. | | | | | |
|---|---|---|---|---|---|
| Conta de Ativo Circulante | | | | | |
| Conta: DESPESAS DO EXERCÍCIO SEGUINTE | Valor ($) | Saldo ($) | Conta: BANCOS | Valor ($) | Saldo ($) |
| Saldo Inicial | | 0 | Saldo Inicial | | 1.000 |
| Pagamento do Aluguel de janeiro/X2 | 1.000 | 1.000 | Pagamento do Aluguel de janeiro/X2 | –1.000 | 0 |

| Evento 2 – Transferência, em janeiro/X2, de aluguel de janeiro/X2 para despesa de $ 1.000. | | | | | |
|---|---|---|---|---|---|
| Conta de Ativo Circulante | | | Conta de Despesa | | |
| Conta: DESPESAS DO EXERCÍCIO SEGUINTE | Valor ($) | Saldo ($) | Conta: ALUGUÉIS | Valor ($) | Saldo ($) |
| Saldo Anterior | | 1.000 | Saldo Inicial | | 0 |
| Transferência para Despesa jan./X2 | –1.000 | 0 | Aluguel de janeiro/X2 | 1.000 | 1.000 |

Nas demonstrações contábeis, esses eventos seriam assim apresentados: vamos imaginar que a empresa tenha como Capital Social exatamente os $ 1.000 da conta Bancos.

| Balanço patrimonial em 31.12.X1 (antes do pagamento do aluguel). | |
|---|---|
| Ativo Circulante | |
| Banco | 1.000 |
| Total | 1.000 |
| Passivo | |
| *Patrimônio Líquido* | |
| Capital Social | 1.000 |
| Lucros Acumulados | 0 |
| Total | 1.000 |

Com o pagamento antecipado do aluguel, mas que não se refere a dezembro/X1, esse valor não será considerado como despesa e, portanto, não afetará a demonstração de resultados e a conta de Lucros Acumulados. O balanço patrimonial apenas evidenciará uma transferência de contas, de um direito bancário para um direito em termos de despesas a serem incorridas.

| Balanço patrimonial em 31.12.X1 (depois do pagamento do aluguel). | |
|---|---|
| Ativo Circulante | |
| Bancos | 0 |
| Despesas do Exercício Seguinte (Aluguéis) | 1.000 |
| Total | 1.000 |
| Passivo | |
| *Patrimônio Líquido* | |
| Capital Social | 1.000 |
| Lucros Acumulados | 0 |
| Total | 1.000 |

O resultado do ano seguinte é que a empresa receberá o impacto da despesa. Como no nosso exemplo ainda não havia receitas, a despesa de aluguel irá configurar-se nos Prejuízos Acumulados:

| Balanço patrimonial em 31.01.X2 (transferindo para despesa). | |
|---|---|
| Ativo Circulante | |
| Bancos | 0 |
| Despesas do Exercício Seguinte (Aluguéis) | 0 |
| Total | 0 |
| Passivo | |
| *Patrimônio Líquido* | |
| Capital Social | 1.000 |
| Lucros (Prejuízos) Acumulados | (1.000) |
| Total | 0 |

### Em conta T

```
    DESPESAS DO                                      DESPESAS
 EXERCÍCIO SEGUINTE            BANCOS            (ANO X2) ALUGUÉIS
SI      0                  SI   1.000            SI      0
(1)   1.000                         1.000  (1)   (2)   1.000
            1.000  (2)
        0                          0                    1.000
```

## Principais despesas pagas antecipadamente

São as seguintes:

a) *Juros pagos antecipadamente, sendo o mais comum no desconto de duplicatas*: como já havíamos introduzido no tópico das aplicações financeiras (Seção 6.2), os juros devem ser contabilizados pelo regime de competência de exercícios, uma vez que sua incidência decorre da passagem do tempo. Dessa maneira, caso o vencimento do título ocorra nos meses subsequentes ao mês em que está havendo a operação do desconto, deve ser feito um cálculo alocando corretamente os juros para cada mês. Os juros relativos aos meses seguintes, enquanto ainda não ocorridos, deverão constar como despesa do exercício seguinte.

b) *Seguros*: as apólices contratadas normalmente cobrem o período de um ano. Se houver pagamentos antecipados, deverá haver o tratamento como despesa do exercício seguinte para a parte do valor da cobertura de seguro que concerne aos próximos períodos contábeis.

c) *Assinaturas de jornais e revistas*: da mesma forma que os seguros, também os pagamentos são comumente feitos antecipadamente, cobrindo o próximo ano. Assim, a contabilização deverá ser feita proporcionalmente aos períodos a que dizem respeito.

## 6.8 Investimentos

Dentro do ativo não circulante, os investimentos representam bens e direitos que a empresa não está utilizando diretamente no processo operacional de produzir e comercializar seus produtos e serviços, mas que são mantidos sem a intenção de venda, com o objetivo de produzir outros tipos de renda, manter vínculos societários ou visar a futuras necessidades.

Os bens e direitos mais comuns mantidos como investimentos são:

a) terrenos para futura expansão de atividades;
b) imóveis para locação e renda de aluguéis;
c) obras de arte para valorização;
d) ações de outras empresas para renda e valorização;
e) ações de empresas coligadas para renda e manutenção de vínculo corporativo;
f) ações de empresas controladas para lucro e organização do grupo corporativo.

De um modo geral, os ativos de maior relevância nesse grupo são as ações de empresas controladas, que serão objeto do desenvolvimento desta seção.

## Empresas controladas

Na legislação societária e contábil, considera-se empresa controlada aquela em que mais de 50% do seu capital social (mais de 50% da quantidade de ações ou cotas) são de propriedade de outra empresa, denominada controladora. Essa situação permite que a empresa controladora assuma legalmente, caso deseje, a administração geral e decida os destinos da controlada, razão da importância desse vínculo legal.

## Empresas coligadas

É comum uma empresa investidora adquirir ações ou cotas de outra empresa com intenções futuras de controle, até mesmo de maneira hostil,[3] razão por que a situação de coligação é reconhecida como importante nos vínculos societários. Na legislação brasileira, pessoas físicas, jurídicas ou grupos de pessoas físicas ou jurídicas que detiverem 10% ou mais do capital de uma sociedade anônima podem requerer a participação de um diretor por eles indicado no conselho de administração da investida.

Considera-se coligada quando a investidora tem 20% ou mais das ações ou cotas da investida, sem controlá-la. Também considera-se coligada quando a empresa tem entre 1% a 19% das ações ou cotas da investida, mas consegue ter *influência significativa* na administração da investida. Define-se como

---

[3] Denomina-se aquisição hostil quando a investidora quer assumir, direta ou indiretamente, via controle acionário, a gestão da investida, sem nenhum acordo preestabelecido, muitas vezes à revelia da empresa investida.

influência significativa a existência do poder de participar das decisões financeiras e operacionais da investida.

## Critério de avaliação de investimentos em controladas e coligadas

Os investimentos em coligadas e controladas devem ser avaliados inicialmente ao custo de aquisição, desdobrando o valor da aquisição em valor patrimonial equivalente, diferença em relação ao valor justo dos ativos e passivos da investida e o ágio ou deságio na aquisição. Após o reconhecimento inicial, os investimentos em coligadas e controladas devem ser avaliados pelo método de equivalência patrimonial.

## Método da equivalência patrimonial

A palavra *patrimonial* é utilizada para associar ao valor do *patrimônio líquido* da investida. Quando se adquirem ações ou cotas de uma empresa, está-se adquirindo parte proporcional no patrimônio líquido da investida, na proporção em que as quantidades das ações ou cotas adquiridas representam no total das quantidades das ações ou cotas da empresa objeto de compra.

Por exemplo, vamos supor que a Empresa B tenha um patrimônio líquido em uma determinada data, digamos 30.06.X1, de $ 400.000 e que seu controle acionário seja representado por 100.000 ações; agora suponha que uma outra empresa, a Empresa A, adquira 55.000 ações da empresa B. A nova configuração indica uma situação de controle, uma vez que a Empresa A terá mais de 50% do capital da Empresa B.

| | |
|---|---:|
| 1) Quantidade de ações da Empresa B | 100.000 |
| 2) Quantidade de ações adquiridas pela Empresa A | 55.000 |
| 3) Percentual de ações adquiridas (2 : 1) | 55% |

O método da equivalência patrimonial caracteriza-se ao associar o percentual das ações adquiridas ao valor do patrimônio líquido da controlada. Nesse caso, o valor patrimonial equivalente na aquisição é de $ 220.000:

| | |
|---|---:|
| 1) Valor do patrimônio líquido da investida (controlada) | $ 400.000 |
| 2) Percentual das ações adquiridas | 55% |
| 3) Valor patrimonial equivalente na aquisição (1 x 2) | $ 220.000 |

Esse cálculo caracteriza a avaliação pelo método da equivalência patrimonial, que servirá de base para a contabilização da aquisição do investimento.

## Valor justo da investida, ágio ou deságio na aquisição de investimentos

Dificilmente a negociação dar-se-á pelo valor patrimonial equivalente, em razão de um sem-número de outras variáveis. Provavelmente o pagamento da aquisição dos 55,0% será por um valor maior ou menor do que o valor patrimonial equivalente. Esse fato determinará que haverá um ágio (um pagamento a maior) ou deságio (um pagamento a menor) em relação ao valor patrimonial equivalente.

As normas contábeis brasileiras atuais determinam que a mensuração do valor do ágio ou deságio na aquisição de investimentos em coligadas e controladas seja determinada confrontando o valor justo dos ativos e passivos da investida com o valor de aquisição.

Dessa maneira, ao finalizar o processo de negociação de aquisição de investimentos em coligadas e controladas, a investidora deverá fazer uma avaliação individual de todos os ativos e passivos da investida a valor de mercado, obtendo um novo valor patrimonial equivalente, agora a valor justo. Esse novo valor patrimonial equivalente é que será confrontado com o valor pago.

A Tabela 6.1 mostra um exemplo de aquisição de investimento em controlada, com a compra da totalidade das ações ou cotas da investida (100%), gerando um ágio na aquisição do investimento.

**Tabela 6.1** Ágio na aquisição de investimento em controlada

|  | $ |
|---|---:|
| Valor de aquisição (a) | 100.000,00 |
| (–) Ativos e passivos da investida a valor justo | |
| Disponibilidades | 8.000,00 |
| Contas a receber de clientes | 25.000,00 |
| Estoques | 22.000,00 |
| Imobilizados | 44.000,00 |
| Intangível – marca | 10.000,00 |
| Intangível – patentes | 4.000,00 |
| Fornecedores | –8.000,00 |
| Empréstimos e financiamentos | –25.000,00 |
| Soma (b) | 80.000,00 |
| Ágio na aquisição do investimento (a – b)* | 20.000,00 |

* Também denominado *goodwill*

O valor pago a título de ágio ou *goodwill* será contabilizado como intangível na investidora.

Pode haver, outrossim, a ocorrência de uma aquisição gerando deságio, ou seja, a investidora paga um valor menor do que o valor justo dos ativos e passivos avaliados individualmente a preços de mercado, conforme mostra a Tabela 6.2.

**Tabela 6.2** Deságio na aquisição de investimento em controlada

| | $ |
|---|---:|
| Valor de aquisição (a) | 100.000,00 |
| (–) Ativos e passivos da investida a valor justo | |
| Disponibilidades | 20.000,00 |
| Contas a receber de clientes | 23.000,00 |
| Estoques | 25.000,00 |
| Imobilizados | 54.000,00 |
| Intangível – marca | 12.000,00 |
| Intangível – patentes | 13.000,00 |
| Fornecedores | –8.000,00 |
| Empréstimos e financiamentos | –25.000,00 |
| Soma (b) | 114.000,00 |
| Deságio na aquisição do investimento (a – b)* | –14.000,00 |

* Será denominado compra vantajosa

Caracterizada a situação de aquisição com deságio, o valor pago a menor é denominado *compra vantajosa* e deverá ser contabilizado como receita operacional na demonstração do resultado do exercício da aquisição.

## Mais ou menos valia na aquisição de investimentos em coligadas e controladas: a posição fiscal

A posição fiscal por meio da Lei nº 12.973/2014 inseriu o conceito de mais ou menos valia, complementando a posição contábil, obrigando a um terceiro desdobramento do custo de aquisição.

A mais ou menos valia na aquisição de investimentos em coligadas e controladas será obtida pelo confronto da somatória do valor justo dos ativos e passivos da investida contra seu valor patrimonial equivalente, o valor do patrimônio líquido da investida no momento da aquisição. Tanto a mais valia quanto a menos valia serão contabilizadas em conta distinta do grupo investimento. No caso da menos valia, será uma conta com saldo credor, portanto caracterizada como conta retificadora de ativo.

$$\text{Mais ou menos valia} = \text{valor justo da investida} (-) \text{valor patrimonial equivalente}$$

A mais ou menos valia poderá ser proporcional, caso a aquisição tenha sido de parte apenas do capital social. Assim, a participação percentual adquirida do capital social da investida será aplicada tanto no valor justo quanto no valor do patrimônio líquido da investida.

Dessa maneira, o desdobramento do custo de aquisição de investimentos em coligadas ou controladas deverá mensurar os seguintes três valores:

*Valor patrimonial equivalente*
*Mais ou menos valia*
*Ágio ou deságio na aquisição*
= *Valor de aquisição de investimento em coligadas e controladas*

Tomando como referência os dados das tabelas 6.1 e 6.2 e inserindo valores que representem o valor do patrimônio líquido da investida, teremos as seguintes situações.

**Tabela 6.3** Aquisição de investimento com *goodwill* e mais valia

| Aquisição de 100% da participação | $ |
|---|---|
| Valor do Patrimônio Líquido da Investida | 70.000,00 |
| Ativos e Passivos a Valor Justo | 80.000,00 |
| Mais Valia | 10.000,00 |
| Valor da Aquisição | 100.000,00 |
| *Goodwill* adquirido | 20.000,00 |

A Tabela 6.3 mostra um exemplo de aquisição com ágio e mais valia. Verifica-se que o valor patrimonial equivalente da investida de $ 70.000,00 é inferior ao valor justo dos ativos e passivos, gerando uma mais valia de $ 10.000,00. Confrontando o valor de aquisição de $ 100.000,00 com o valor justo dos ativos e passivos, evidencia-se o pagamento do *goodwill* (ágio na aquisição) de $ 20.000,00.

A Tabela 6.4 mostra a situação com menos valia.

**Tabela 6.4** Aquisição de investimento com *goodwill* e menos valia

| Aquisição de 100% da participação | $ |
|---|---|
| Valor do Patrimônio Líquido da Investida | 85.000,00 |
| Ativos e Passivos a Valor Justo | 80.000,00 |
| Menos Valia | –5.000,00 |
| Valor da Aquisição | 100.000,00 |
| *Goodwill* adquirido | 20.000,00 |

Nesse caso, a avaliação dos ativos e passivos a valor justo de $ 80.000,00 é inferior ao valor do patrimônio líquido da investida, gerando uma menos valia. O *goodwill* é o mesmo porque o valor justo e o valor de aquisição também são os mesmos da Tabela 6.3.

As situações de mais ou menos valia também podem acontecer quando a compra evidencia um deságio, que será tratado como receita de compra vantajosa, como mostra as tabelas 6.5 e 6.6.

**Tabela 6.5** Aquisição de investimento com compra vantajosa e menos valia

| Aquisição de 100% da participação | $ |
|---|---|
| Valor do Patrimônio Líquido da Investida | 120.000,00 |
| Ativos e Passivos a Valor Justo | 114.000,00 |
| Menos Valia | –6.000,00 |
| Valor da Aquisição | 100.000,00 |
| Compra vantajosa | –14.000,00 |

No caso evidenciado na Tabela 6.5, ocorreu a menos valia porque os ativos e passivos avaliados a valor justo têm um valor total inferior ao valor do patrimônio líquido da investida.

No caso evidenciado na Tabela 6.6, observamos o caso de mais valia.

**Tabela 6.6** Aquisição de investimento com compra vantajosa e mais valia

| Aquisição de 100% da participação | $ |
|---|---|
| Valor do Patrimônio Líquido da Investida | 85.000,00 |
| Ativos e Passivos a Valor Justo | 114.000,00 |
| Mais Valia | 29.000,00 |
| Valor da Aquisição | 100.000,00 |
| Compra vantajosa | –14.000,00 |

O valor da compra vantajosa sempre será o mesmo, pois é a confrontação do total do valor justo dos ativos e passivos com o valor de aquisição.

## Contabilização da aquisição de investimentos em coligadas e controladas

Com os dados das tabelas 6.1 a 6.6, vamos exemplificar a contabilização das quatro alternativas determinadas pela posição fiscal. É importante ressaltar que, mesmo que as práticas contábeis internacionais e nacionais não tenham se posicionado a respeito dos conceitos de mais ou menos valia, será necessário adotar a posição fiscal para a contabilização desse tipo de investimento.

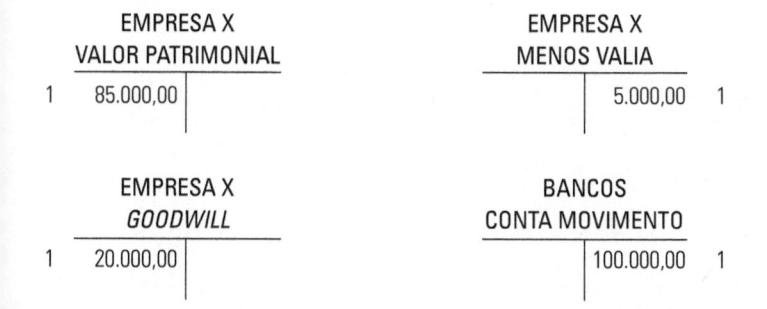

| Aquisição de investimento em coligadas e controladas com *goodwill* e mais valia | | | | |
|---|---|---|---|---|
| Lançamentos | | | | |
| Nº | Lançamento | Conta Contábil | Valor – $ | Conta de: |
| 1 | Débito | Empresa X – Valor patrimonial equivalente | 70.000,00 | Investimento |
| 1 | Débito | Empresa X – Mais valia | 10.000,00 | Investimento |
| 1 | Débito | Empresa X – *Goodwill* adquirido | 20.000,00 | Intangível |
| 1 | Crédito | Bancos conta movimento | 100.000,00 | Ativo circulante |

**Em conta T**

```
        EMPRESA X                          EMPRESA X
     VALOR PATRIMONIAL                     MAIS VALIA
 1    70.000,00 |                    1    10.000,00 |


        EMPRESA X                           BANCOS
         GOODWILL                       CONTA MOVIMENTO
 1    20.000,00 |                                | 100.000,00   1
```

| Aquisição de investimento em coligadas e controladas com *goodwill* e menos valia | | | | |
|---|---|---|---|---|
| Lançamentos | | | | |
| Nº | Lançamento | Conta Contábil | Valor – $ | Conta de: |
| 1 | Débito | Empresa X – Valor patrimonial equivalente | 85.000,00 | Investimento |
| 1 | Crédito | Empresa X – Menos valia | 5.000,00 | Investimento |
| 1 | Débito | Empresa X – *Goodwill* adquirido | 20.000,00 | Intangível |
| 1 | Crédito | Bancos conta movimento | 100.000,00 | Ativo circulante |

**Em conta T**

```
        EMPRESA X                          EMPRESA X
     VALOR PATRIMONIAL                     MENOS VALIA
 1    85.000,00 |                                | 5.000,00    1


        EMPRESA X                           BANCOS
         GOODWILL                       CONTA MOVIMENTO
 1    20.000,00 |                                | 100.000,00   1
```

## Aquisição de investimento em coligadas e controladas com compra vantajosa e mais valia

### Lançamentos

| Nº Lançamento | Lançamento | Conta Contábil | Valor – $ | Conta de: |
|---|---|---|---|---|
| 1 | Débito | Empresa X – Valor patrimonial equivalente | 85.000,00 | Investimento |
| 1 | Débito | Empresa X – Mais valia | 29.000,00 | Investimento |
| 1 | Crédito | Compra vantajosa | 14.000,00 | Receita |
| 1 | Crédito | Bancos conta movimento | 100.000,00 | Ativo circulante |

### Em conta T

```
    EMPRESA X                         EMPRESA X
 VALOR PATRIMONIAL                    MAIS VALIA
1   85.000,00 |                    1   29.000,00 |


    RECEITA DE                         BANCOS
 COMPRA VANTAJOSA                  CONTA MOVIMENTO
            | 14.000,00   1                  | 100.000,00   1
```

## Aquisição de investimento em coligadas e controladas com compra vantajosa e menos valia

### Lançamentos

| Nº Lançamento | Lançamento | Conta Contábil | Valor – $ | Conta de: |
|---|---|---|---|---|
| 1 | Débito | Empresa X – Valor patrimonial equivalente | 120.000,00 | Investimento |
| 1 | Crédito | Empresa X – Menos valia | 6.000,00 | Investimento |
| 1 | Crédito | Compra vantajosa | 14.000,00 | Receita |
| 1 | Crédito | Bancos conta movimento | 100.000,00 | Ativo circulante |

### Em conta T

```
    EMPRESA X                         EMPRESA X
 VALOR PATRIMONIAL                   MENOS VALIA
1  120.000,00 |                                 | 6.000,00   1


    RECEITA DE                         BANCOS
 COMPRA VANTAJOSA                  CONTA MOVIMENTO
            | 14.000,00   1                  | 100.000,00   1
```

## Método de equivalência patrimonial na mensuração após o reconhecimento inicial

Após o reconhecimento inicial, periodicamente deverá ser aplicado o método de equivalência patrimonial para incorporar o resultado (lucro ou prejuízo) da investida, na demonstração do resultado da investidora, como despesa ou receita de equivalência patrimonial. Essa mensuração deverá ser feita pelo menos anualmente por todas as empresas e trimestralmente pelas companhias abertas.

Tomando como referência os dados iniciais da Tabela 6.1, vamos supor que a investida, ao final do exercício social após a aquisição, apresentava um patrimônio líquido de $ 82.000,00 e que o lucro da investida no período tenha sido de $ 12.000,00, não existindo nenhum outro evento que alterasse as demais contas do patrimônio líquido da investida.

O valor patrimonial equivalente contabilizado no momento da aquisição havia sido de $ 70.000,00. A quantidade de ações ou cotas do capital social era de 500.000 cotas, sendo todas elas de propriedade da controladora.

O procedimento básico para a apuração do resultado da equivalência patrimonial é o seguinte:

a) Obter o valor do patrimônio líquido da investida ao final do exercício;

b) Verificar se não houve aumento ou redução do capital social da investida e se houve ou não distribuição de lucros ou dividendos;

c) Verificar se houve aumento ou redução da participação da investidora no capital social da investida;

d) Aplicar sobre o patrimônio líquido da investida a participação percentual atual no capital social da investida;

e) Obter o novo valor patrimonial equivalente;

f) Confrontar o valor patrimonial equivalente obtido ao final do exercício com o valor patrimonial equivalente inicial;

g) Contabilizar a diferença como resultado de equivalência patrimonial na demonstração do resultado do exercício como receita, se a diferença for positiva, ou despesa, se a diferença for negativa.

Esse procedimento está refletido na Tabela 6.7, com os valores considerados para esse exemplo.

**Tabela 6.7** Apuração do resultado de equivalência patrimonial

| | | |
|---|---|---|
| Quantidade de ações ou cotas da investida | 500.000 | ações ou cotas |
| Quantidade de ações da investida de propriedade da investidora | 500.000 | ações ou cotas |
| Percentual das ações ou cotas da investidora | 100,0% | |
| Valor do patrimônio líquido da investida ao final do exercício – $ | 82.000,00 | a |
| Percentual das ações ou cotas de propriedade da investidora | 100,0% | b |
| Valor patrimonial equivalente atual | 82.000,00 | c = a x b |
| Valor patrimonial equivalente anterior | 70.000,00 | d |
| **Resultado da equivalência patrimonial – lucro** | **12.000,00** | e = c – d |

O resultado de equivalência patrimonial é igual ao lucro da investida por dois motivos:

a) A controladora tem 100% do capital social da investida; portanto, tem direito ao lucro total do exercício da investida;

b) Não houve nenhum evento, além do lucro do exercício, entre o patrimônio líquido inicial e final da investida.

Este é de fato o objetivo da mensuração do resultado de equivalência patrimonial de controladas e coligadas: trazer para a demonstração do resultado do exercício da investidora o valor do lucro proporcional a que tem direito na investida, por ter a propriedade total ou parcial das ações ou cotas do capital social da investida.

| Resultado de equivalência patrimonial | | | |
|---|---|---|---|
| *Lançamentos* | | | |
| Nº Lançamento | Conta Contábil | Valor – $ | Conta de: |
| 1 Débito | Empresa X – Valor patrimonial equivalente | 12.000,00 | Investimento |
| 1 Crédito | Equivalência patrimonial | 12.000,00 | Receita |

Em conta T

```
      EMPRESA X                        RECEITA DE EQUIVALÊNCIA
   VALOR PATRIMONIAL                       PATRIMONIAL
SI   70.000,00      |                                   | 12.000,00   1
1    12.000,00      |                                   |
     ──────────
     82.000,00      |
```

## 6.9 Imobilizado e depreciação

Nesse grupo, devemos classificar os bens e direitos adquiridos para fazer face à operacionalidade da empresa. Isso quer dizer que todos aqueles itens necessários para que a empresa desenvolva as atividades para as quais ela foi criada devem ser imobilizados.

O conceito de imobilização (o antigo ativo fixo técnico) vem do fato de que os bens e os direitos adquiridos não são objeto de revenda e, portanto, ficam "parados" na empresa, sendo úteis para suas atividades operacionais.

Uma loja de comércio de tecidos necessita de prateleiras, balcões, telefone, cadeiras, armários, mesas, máquina de costura, prédio etc. para atender bem seus clientes; esses bens e direitos são os ativos imobilizados da empresa. Os tecidos e as confecções que ela compra para revender são classificados no ativo circulante como mercadorias em estoque.

### Bens imobilizados

A visão mais comum de imobilizados é realmente com os bens. São os itens mais comuns:

a) Terrenos

b) Edifícios

c) Pátios e caminhos

d) Instalações

e) Máquinas

f) Móveis e utensílios

g) Veículos

h) Obras em andamento

i) Jazidas

### Critério geral de avaliação

O critério geral de avaliação do imobilizado no reconhecimento inicial é o mesmo dos demais ativos, ou seja, o custo total do bem até ele entrar em operação, incluindo todas as despesas de fretes, seguros, armazenagem mais os tributos não recuperáveis, menos os tributos recuperáveis permitidos pela legislação tributária (ICMS, PIS e Cofins em determinadas situações).

As normas contábeis brasileiras determinam que as empresas de capital aberto e as companhias de grande porte também *incorporem ao valor do imobilizado os juros dos empréstimos e financiamentos* que se relacionam, direta ou indiretamente, com a aquisição ou construção de imobilizados, até o momento de o bem entrar em operação.

Assim, como exemplo, se a empresa está construindo uma fábrica e financia direta ou indiretamente a construção desse ativo, os juros e demais encargos financeiros desse financiamento deverão ser incorporados ao custo de construção até o momento em que a fábrica entre em operação. A partir daí, os juros voltarão a ser normalmente considerados como despesas financeiras.

Outrossim, com exceção dos direitos e dos terrenos, que se supõe não ter desgaste e sem término de vida útil determinado, os demais itens do ativo imobilizado sofrem o processo de depreciação ou exaustão, que consiste em uma diminuição de seu valor, que será agregado aos custos e às despesas operacionais da empresa.

### Definição de imobilizar

É comum adquirir bens que têm durabilidade média e que não são consumidos imediatamente no processo produtivo ou comercial da empresa (ferramentas e utensílios, por exemplo). O critério básico a ser observado é o de vida útil: se o bem tiver vida útil superior a um ano, deverá ser imobilizado e posteriormente depreciado segundo essa estimativa de vida útil; caso o bem tenha a vida útil inferior a um ano, deverá ser lançado como despesa ou custo.

Pode-se utilizar, também, a convenção da materialidade. Bens de vida útil superior a um ano, mas de valor imaterial (irrelevante), podem ser lançados diretamente como despesa ou custo. É o caso de utensílios de escritório, como algumas calculadoras de bolso, grampeadores etc., cujos pequenos valores não justificam controle de imobilizado.

## Depreciação e exaustão

Podemos conceituar depreciação sob três aspectos.

### Contábil

Podemos definir que, contabilmente, depreciação é a perda de valor dos bens pelo uso, desgaste ou obsolescência.

Por exemplo, se uma máquina, no início de um determinado ano, valia $ 4.000, porque a tínhamos comprado nova e, ao final do ano, pelo fato de a termos usado nos negócios, o seu valor caiu para $ 3.500, o valor de $ 500, que é a diferença entre o valor inicial e o valor final, representa a depreciação desse bem. Em outras palavras, a queda do valor representou o custo com que a empresa precisou arcar pelo uso do bem. Essa perda do valor do bem é considerada uma despesa contábil.

O conceito contábil de depreciação está ligado aos fundamentos da teoria contábil de *avaliação de ativos*. Desse modo, a depreciação é uma forma de diminuir o valor dos bens imobilizados, portanto uma avaliação redutora de ativos.

## Financeiro

Sob esse aspecto, podemos definir depreciação como a forma de recuperar os valores gastos a título de investimento no negócio. O custo do investimento equivale à depreciação, que é considerada na análise do retorno do investimento.

Por exemplo, se uma empresa adquire um terreno de $ 3.000 para fazer um estacionamento de automóveis, ela precisa recuperar esse investimento inicial. Essa recuperação ocorrerá via depreciação, incorporando no custo, para efeito de formação do preço de venda, um valor adicional, a título de depreciação, de modo que, ao longo do período determinado, digamos cinco anos, o valor inicial investido seja recuperado via cobrança de serviços de estacionamento.

## Custos

Esse enfoque é muito importante, pois significa entender a natureza diversa dos dois tipos de gastos principais que uma empresa faz para gerir suas atividades operacionais e colocar ou obter os produtos para revenda ou venda.

Para colocar um produto à venda no caso de empresas comerciais, ou produzir um produto para posterior venda no caso de empresas industriais, as empresas devem efetuar gastos basicamente em dois tipos de bens ou serviços:

a) bens ou serviços que serão imediatamente consumidos;
b) bens ou serviços que *não* serão imediatamente consumidos.

O primeiro tipo de gastos refere-se às *despesas*. À medida que as empresas estão recebendo/pagando esses itens, estão utilizando tais serviços ou consumindo tais bens.

Exemplos de gastos que são imediatamente consumidos são os serviços de mão de obra dos funcionários, as despesas de aluguel, a energia elétrica, o material de escritório, o material auxiliar, as matérias-primas, os fretes etc. Tais gastos são tratados como despesas (ou custos, no caso de indústrias).

O segundo tipo de gastos concerne aos *imobilizados*. A empresa tem de, financeiramente, *pagar* tais bens (eventualmente serviços), mas ela *não consome* esses bens de uma só vez. Normalmente, os imobilizados têm vida útil que atinge vários anos.

Para exemplificar, considere que o balcão do comerciante foi pago de uma só vez; é um bem absolutamente necessário para a loja de tecidos. Foi um gasto, já que houve o desencaixe financeiro, mas o balcão deverá durar por vários anos, até ser destruído ou substituído por novas necessidades comerciais. Esse gasto não deverá ser lançado como despesa contábil, já que não haverá o consumo imediato, sendo, portanto, ativado como imobilizado.

Porém, o comerciante deve recuperar esse gasto nas vendas que fará ao longo dos anos; a recuperação desses gastos será feita pela depreciação. Assim, o gasto feito de uma só vez será convertido em despesa de forma proporcional e gradativa ao longo dos anos (ou dos meses) em que se estima que esse bem (o balcão) deverá ser útil para a loja.

Resumindo, no enfoque de custos, depreciação é a forma de transformar os valores dos imobilizados (gastos não consumidos imediatamente) em despesas (gastos consumidos imediatamente), à medida que os bens forem utilizados (consumidos).

## Conceitos a prazos de depreciação

Os prazos em que se devem depreciar os bens do imobilizado podem não ser os mesmos dentro dos três conceitos. Contabilmente, as taxas de depreciação são determinadas por lei fiscal ou por costume, levando-se em conta os prazos de vida útil estimados por especialistas ou aceitos genericamente pelo mercado. Adicione-se também que determinados bens ou direitos imobilizados não são objeto de depreciação contábil.

No aspecto financeiro, cada empresa tem entendimentos particulares de prazos de retorno de investimento. Provavelmente, ao considerar a depreciação dos imobilizados, a empresa não fará distinção entre bens e direitos sujeitos contabilmente/legalmente à depreciação ou não. Ela simplesmente quer reaver todos os investimentos do ativo permanente no número estipulado de anos que considera viável como retorno do investimento.

No enfoque de custos pode ocorrer até um entendimento intermediário entre os outros dois conceitos. Na formação do preço de venda dos produtos, os elementos que contabilmente não sofrem depreciação também não são depreciados para efeito de custo do produto. O prazo, porém, pode ser o utilizado no cálculo do retorno do investimento. Em princípio, os enfoques financeiros e de custos são bastante semelhantes.

## Depreciação como fundo

Tendo como base o postulado contábil da *continuidade*, os bens imobilizados, com uma vida útil estimada e, por conseguinte, com um fim estimado, devem ser repostos para que a empresa não sofra solução de continuidade. Dentro desse aspecto, muitas pessoas entendem que os valores contabilizados a título de depreciação não devem ser apresentados no ativo, reduzindo o imobilizado, mas no passivo, como fundo de depreciação, para evidenciar para a empresa quais os valores que estão sendo "consumidos" contabilmente e que devem ser repostos no futuro, para que a empresa se prepare financeiramente para novos gastos em reposição de equipamentos.

Tal forma de contabilização não está sendo mais adotada no país, porém o conceito de depreciação como fundo é válido.

## Depreciação como despesa

A depreciação contabilmente é uma despesa porque ela é um dos elementos que diminuem o valor do patrimônio líquido. Por exemplo, vamos supor um balanço inicial decomposto: Caixa = $ 300, Máquina = $ 400, Fornecedores = $ 170, Patrimônio Líquido = $ 530, em 01.01.X1. Como hipótese, vamos admitir que a Máquina tenha sido adquirida também no dia 01.01; portanto, é uma máquina nova, e o valor de $ 400 representa o valor dessa máquina sem uso nenhum, a preço de fábrica. Para simplificar, vamos deixar de lado a eventual inflação que tenha ocorrido, imaginando um ano sem correção monetária. Após um ano, fatalmente essa máquina, depois do período em que foi utilizada, deve valer menos, digamos $ 360. Basicamente, isso acontece com todos os bens: em estado novo, eles valem mais do que os mesmos bens já usados; à medida que se tornam mais velhos, menos valem. É uma regra normal de mercado. Imaginando que os outros itens não tiveram movimentação, os dois balanços ficariam assim:

| Balanço Inicial em 01.01.X1 | | | | Balanço Final em 31.12.X1 | | | |
|---|---|---|---|---|---|---|---|
| Ativo | | Passivo | | Ativo | | Passivo | |
| Caixa | 300 | Fornecedores | 170 | Caixa | 300 | Fornecedores | 170 |
| Máquina | 400 | Patrimônio Líquido | 530 | Máquina | 360 | Patrimônio Líquido | 490 |
| Total | 700 | | 700 | Total | 660 | | 660 |

Verificamos que o valor da Máquina reduziu de $ 400 para $ 360. A diferença, $ 40, é a depreciação, ou seja, a perda de valor pelo uso. O mesmo valor de $ 40 impactou o patrimônio líquido, que obteve exatamente a mesma redução. Isso significa que a depreciação é uma despesa, porque diminui o patrimônio líquido.

## Conceito de vida útil do bem

Como o conceito contábil de depreciação faz menção à sua queda de valor pelo uso, desgaste ou obsolescência, isso traz à tona a questão de quantos anos deverá durar o bem adquirido. Considera-se a duração dos bens em *condições normais de uso*. Isso porque determinados bens podem ainda ser utilizados depois de vários anos de trabalho, contudo de maneira precária e não eficiente. Uma maneira de analisar as condições normais de utilização de um bem inclui os gastos relativos à sua manutenção. Quando os gastos para manutenção do bem em operação são relevantes e atingem valores iguais ou maiores do que obteríamos pela revenda do bem no seu estado atual, podemos dizer que não está havendo condições normais de uso. A vida útil do bem, então, é determinada em número de anos ou de horas de trabalho, em que o bem opera em condições normais de uso.

Outra maneira de medir as condições normais de uso ocorre em função da obsolescência. Com as mudanças rápidas de tecnologia, com o custo dos novos equipamentos ficando cada vez mais acessíveis e com as necessidades de ganhos de produtividade e de menores preços, gera-se a necessidade de abandonar equipamentos fisicamente em bom estado, em virtude de tais processos de produção ou operação já terem se tornado antieconômicos.

Para fins de cálculo das taxas de depreciação e exaustão, para fins contábeis, o conceito de vida útil do bem que deverá ser utilizado é a quantidade de tempo (anos) em que se espera utilizar o bem ou a quantidade ou volume de produção em que se espera que o bem seja utilizado dentro da empresa até a sua venda ou baixa.

## Critérios de cálculos

Existem diversos critérios para calcular a depreciação dos bens do imobilizado, todos eles partindo do desgaste pelo seu uso em função da vida útil do bem. Vamos arrolar apenas os principais com um breve comentário, pois utilizaremos, para desenvolver o tema, o critério usual das taxas constantes em função da vida útil estimada do bem.

a) *Critério das cotas constantes*: esse critério tradicional determina uma taxa anual de depreciação em função da vida útil estimada do bem;
b) *Critério das quantidades produzidas*: em vez de anos de vida útil, considera como base para a construção das taxas de depreciação a quantidade de produtos que serão fabricados utilizando-se o referido bem;
c) *Critério das horas de trabalho*: uma variação do critério de cotas constantes, utilizando-se número de horas estimadas de vida útil em vez de anos de vida útil;
d) *Critério da depreciação decrescente*: esse critério supõe que o desgaste dos bens, assim como a perda de valor, é muito maior nos primeiros anos do que nos últimos, criando-se então taxas de depreciação maiores para os

primeiros anos, decrescendo gradativamente até os últimos anos da vida útil estimada.

## Taxas de depreciação e método de cálculo

Tomando como base o critério das cotas constantes, que é o mais utilizado, as taxas de depreciação anuais são determinadas em função da vida útil estimada dos bens. Como já vimos, a vida útil estimada dos bens é obtida basicamente por lei ou costume. Porém, se temos certeza de que determinado bem tem vida útil superior ou inferior ao que costumeiramente se utiliza, um laudo técnico de profissional ou empresa especializada é suficiente para adotarmos nova vida útil para aquele bem ou bens específicos.

Exemplificando, sabemos que os veículos têm comumente uma vida útil estimada de cinco anos. No entanto, determinados veículos utilizados na construção de usinas hidrelétricas e outras obras de grande porte não conseguem suportar mais do que dois anos de uso em condições normais. Nesse caso, temos de utilizar esse novo prazo como vida útil para esses bens, diferentemente dos demais veículos da empresa.

Outrossim, de acordo com as novas práticas contábeis, a vida útil a ser considerada para o cálculo da depreciação é o tempo que a empresa espera utilizar o bem em suas operações ou a quantidade ou volume que o bem deverá operar por esse período de tempo.

### Exemplo de cálculo de taxa de depreciação

Continuamos com o caso dos veículos. O processo de depreciação contábil deverá transformar o valor desses bens em despesas em um prazo de cinco anos a partir da data de sua aquisição ou uso efetivo.

Assim, para transformar em taxa anual (percentual) a depreciação, basta dividir o total, isto é, 100%, pelo número de anos da vida útil estimada do bem – no caso de veículos, cinco anos –, ou seja:

$$\text{Taxa de depreciação de veículos} = \frac{100\%}{X \text{ anos de vida útil}}$$

$$\text{Taxa de depreciação de veículos} = \frac{100\%}{5 \text{ anos}}$$

$$\text{Taxa de depreciação de veículos} = 20\% \text{ ao ano}$$

## Taxas fiscais *versus* taxas contábeis de depreciação

A seguir são apresentadas as taxas de depreciação utilizadas para fins fiscais e suas respectivas vidas úteis estimadas. Contudo, as taxas de depreciação para fins contábeis devem ser calculadas em cima do novo conceito de vida útil, que é o tempo que a empresa espera utilizar o bem.

| Imobilizado | Vida Útil Estimada | Taxa Anual de Depreciação |
|---|---|---|
| Terrenos | Indeterminada | Não existe |
| Edifícios | 25 anos | 4% |
| Instalações | 10 anos | 10% |
| Pátios e Caminhos | 10 anos | 10% |
| Máquinas | 10 anos | 10% |
| Móveis e Utensílios | 10 anos | 10% |
| Veículos | 5 anos | 20% |
| Equipamentos de Informática | 5 anos | 20% |

## Valor residual

A depreciação não deverá ser calculada sobre o valor residual do bem. Define-se valor residual do bem como valor provável de venda do bem ao final da vida útil estimada de utilização do bem.

Isso fará que, ao final da vida útil, o valor líquido contábil do bem esteja próximo do valor residual, caso a estimativa do valor residual tenha sido feita com razoável acurácia. Dessa maneira, caso haja valor residual do bem, seu valor líquido contábil ao final da vida útil nunca será zero.

Um dos objetivos de não depreciar o valor residual é estar em linha com a teoria financeira de avaliação de investimentos, que considera como fluxo de entrada de caixa, no cálculo do projeto do investimento, o valor residual dos ativos.

O outro objetivo está alinhado com a provável venda ao final da vida útil; se o valor residual estiver razoavelmente adequado, em tese, o valor líquido da baixa do bem será próximo a zero, não havendo apuração de ganho ou perda de capital na alienação do bem.

Caso o bem ou conjunto de bens não tenha valor residual, como o de muitas linhas de produção que viram sucatas, ou de equipamentos de tecnologia de informação, móveis, utensílios etc. que não têm mais valor econômico de negociação ao final da sua vida útil, a depreciação será feita sempre sobre o valor total contabilizado.

## Valor depreciável

O valor depreciável será então o valor contabilizado do bem inicialmente menos o valor residual. Se tiver sido feita ao longo do tempo a provisão para desvalorização para o valor justo, será utilizado o valor do bem já deduzido da provisão para desvalorização.

*Valor depreciável*
Valor de aquisição do bem
(–) Valor residual
= Valor depreciável

ou

*Valor depreciável*
Valor justo do bem após provisão de desvalorização
(–) Valor residual
= Valor depreciável

O valor periódico da depreciação será calculado em cima da vida útil e do valor depreciável.

## Valor líquido contábil

Denomina-se valor líquido contábil o valor do bem imobilizado diminuído de sua depreciação acumulada e da perda provável por desvalorização, se houver. A depreciação acumulada compreende todas as depreciações contabilizadas em despesas em todos os períodos até a data em que se verifica o valor líquido contábil ou nas datas de balanço. Assim, o valor líquido contábil é a expressão dos seguintes valores em determinada data:

*Valor de aquisição ou construção do imobilizado*
(–) Depreciação acumulada até a data
(–) Provisão para desvalorização do ativo (se houver)
= Valor líquido contábil

Caso o valor da depreciação acumulada faça que o valor líquido contábil seja igual a zero, o bem deverá ser mantido nos registros contábeis até a sua baixa. Caso o bem tenha um valor residual estimado, e essa estimativa corresponda à realidade observada, o valor líquido contábil deverá ser o valor residual, que será o valor da baixa do bem, quando esta ocorrer.

## Exemplo e contabilização

Vamos supor a aquisição de um veículo no dia 01.01.X1 por $ 50.000 e considerar a depreciação de 20% ao ano. Isso significa que a depreciação anual a ser contabilizada como despesa ao custo será de $ 10.000 ($ 50.000 a 20%). Faremos primeiro uma apresentação da forma teórica do lançamento da despesa de depreciação, depois uma demonstração completa da forma definitiva de contabilização e apresentação.

### Método teórico

**Evento 1 – Aquisição de um veículo por $ 50.000, em cheque.**

| Conta: VEÍCULOS | Valor ($) | Saldo ($) | Conta: BANCOS | Valor ($) | Saldo ($) |
|---|---|---|---|---|---|
| Saldo Inicial | | 0 | Saldo Inicial | | 50.000 |
| Aquisição de um Veículo | 50.000 | 50.000 | Aquisição de um Veículo | –50.000 | 0 |

**Evento 2 – Depreciação do ano X1 do veículo $ 10.000.**

Conta de Despesa

| Conta: VEÍCULOS | Valor ($) | Saldo ($) | Conta: DEPRECIAÇÃO | Valor ($) | Saldo ($) |
|---|---|---|---|---|---|
| Saldo Anterior | | 50.000 | Saldo Inicial | | 0 |
| Depreciação do Ano X1 | –10.000 | 40.000 | Depreciação de Veículos (Ano X1) | 10.000 | 10.000 |

### Em conta T

```
         VEÍCULOS              CAIXA/BANCOS         DEPRECIAÇÃO
                                                   DESPESA (ANO X1)
(1)  50.000 |                        50.000  (1)   (2)  10.000 |
            | 10.000  (2)
    ─────────────                  ─────────────         ─────────────
     40.000 |
```

### Método prático

O fato de lançarmos a contrapartida da despesa de depreciação do ano X1 diretamente contra a conta Veículos no ativo imobilizado, apesar de teoricamente correto, traz uma série de problemas de ordem operacional que prejudicará os cálculos posteriores, pois, lançando tudo em uma única conta, perderemos o controle das depreciações acumuladas. Assim, a contabilidade providenciou a criação de *contas retificadoras* ou subcontas, dentro do próprio ativo imobilizado, de forma que preservem as duas informações básicas dos bens imobilizados: a) o seu valor original de aquisição e a subsequente correção monetária; b) o valor da depreciação acumulada de todos os anos.

Assim, continuando o exemplo anterior, em vez de o crédito do segundo lançamento ser lançado contra a conta Veículos, criaremos uma subconta denominada Veículos-Depreciação Acumulada, que receberá o crédito de todas as contrapartidas dos lançamentos da depreciação em despesa de todos os anos, até o final da vida útil estimada dos bens.

**Evento 1 – Aquisição de um veículo por $ 50.000, em cheque.**

| Conta: VEÍCULOS | Valor ($) | Saldo ($) | Conta: BANCOS | Valor ($) | Saldo ($) |
|---|---|---|---|---|---|
| Saldo Inicial | | 0 | Saldo Inicial | | 50.000 |
| Aquisição de um Veículo | 50.000 | 50.000 | Aquisição de um Veículo | –50.000 | 0 |

**Evento 2 – Depreciação do ano X1 do veículo $ 10.000.**

Conta de Despesa

| Conta: VEÍCULOS – DEPRECIAÇÃO ACUMULADA | Valor ($) | Saldo ($) | Conta: DEPRECIAÇÃO | Valor ($) | Saldo ($) |
|---|---|---|---|---|---|
| Saldo Inicial | | 0 | Saldo Inicial | | 0 |
| Depreciação do Ano X1 | 10.000 | 10.000 | Depreciação de Veículos (Ano X1) | 10.000 | 10.000 |

*Contabilização completa em conta T*

|   |   |   | Conta de |
|---|---|---|---|
| 1. | Débito = Veículos | = $ 50.000 | Ativo Imobilizado |
|   | Crédito = Caixa/Bancos | = $ 50.000 | Ativo Circulante |
|   | pela aquisição em 01.01.X1 | | |
| 2. | Débito = Depreciação – Ano X1 | = $ 10.000 | Despesa |
|   | Crédito = Veículos – Depreciação Acumulada | = $ 10.000 | Ativo Imobilizado |
|   | pela depreciação (despesa) do ano X1 em 31.12.X1 | | |
| 3. | Débito = Depreciação – Ano X2 | = $ 10.000 | Despesa |
|   | Crédito = Veículos – Depreciação Acumulada | = $ 10.000 | Ativo Imobilizado |
|   | pela depreciação (despesa) do ano X2 em 31.12.X2 | | |
| 4. | Débito = Depreciação – Ano X3 | = $ 10.000 | Despesa |
|   | Crédito = Veículos – Depreciação Acumulada | = $ 10.000 | Ativo Imobilizado |
|   | pela depreciação (despesa) do ano X3 em 31.12.X3 | | |

5. Débito = Depreciação – Ano X4         = $ 10.000   Despesa
   Crédito = Veículos – Depreciação Acumulada   = $ 10.000   Ativo Imobilizado
   pela depreciação (despesa) do ano X4 em 31.12.X4
6. Débito = Depreciação – Ano X5         = $ 10.000   Despesa
   Crédito = Veículos – Depreciação Acumulada   = $ 10.000   Ativo Imobilizado
   pela depreciação (despesa) do ano X5 em 31.12.X5

### Em contas T

| VEÍCULOS | | VEÍCULOS DEPRECIAÇÃO ACUMULADA | | |
|---|---|---|---|---|
| (1) 50.000 | | 10.000 | (2) | = Saldo em 31.12.X1 |
| | | 10.000 | (3) | |
| | | 20.000 | | = Saldo em 31.12.X2 |
| | | 10.000 | (4) | |
| | | 30.000 | | = Saldo em 31.12.X3 |
| | | 10.000 | (5) | |
| | | 40.000 | | = Saldo em 31.12.X4 |
| | | 10.000 | (6) | |
| | | 50.000 | | = Saldo em 31.12.X5 |

| DEPRECIAÇÃO DESPESA (ANO X1) | DEPRECIAÇÃO DESPESA (ANO X2) | DEPRECIAÇÃO DESPESA (ANO X3) |
|---|---|---|
| (2) 10.000 | (3) 10.000 | (4) 10.000 |

| DEPRECIAÇÃO DESPESA (ANO X4) | DEPRECIAÇÃO DESPESA (ANO X5) | CAIXA/BANCOS |
|---|---|---|
| (5) 10.000 | (6) 10.000 | 50.000 (1) |

## Apresentação no balanço

Quando da apresentação no balanço patrimonial, ao final de cada ano, o ativo imobilizado deverá ser assim evidenciado:

| Ativo Imobilizado em 31.12.X1 | $ |
|---|---|
| Veículos – Valor Original | (50.000) |
| (–) Depreciação acumulada | (10.000) |
| Valor residual contábil (ou Imobilizado Líquido) | (40.000) |

| | |
|---|---|
| **Ativo Imobilizado em 31.12.X2** | **$** |
| Veículos – Valor Original | (50.000) |
| (–) Depreciação acumulada | (20.000) |
| Valor residual contábil | (30.000) |
| (ou Imobilizado Líquido) | |

| | |
|---|---|
| **Ativo Imobilizado em 31.12.X3** | **$** |
| Veículos – Valor Original | (50.000) |
| (–) Depreciação acumulada | (30.000) |
| Valor residual contábil | (20.000) |
| (ou Imobilizado Líquido) | |

| | |
|---|---|
| **Ativo Imobilizado em 31.12.X4** | **$** |
| Veículos – Valor Original | (50.000) |
| (–) Depreciação acumulada | (40.000) |
| Valor residual contábil | (10.000) |
| (ou Imobilizado Líquido) | |

| | |
|---|---|
| **Ativo Imobilizado em 31.12.X5** | **$** |
| Veículos – Valor Original | (50.000) |
| (–) Depreciação acumulada | (50.000) |
| Valor residual contábil | –0– |
| (ou Imobilizado Líquido) | |

# Provisão para desvalorização de imobilizados (*impairment*)

Anualmente deverá ser feito o teste de recuperabilidade dos elementos do imobilizado, denominado teste de *impairment*. *Impairment* significa literalmente dano, prejuízo, deterioração, depreciação. Em termos contábeis, podemos definir *impairment* como declínio no valor de um ativo ou dano econômico.

A norma contábil denomina o valor justo de um ativo imobilizado, para fins do cálculo do valor da provisão para desvalorização, como *valor recuperável do ativo*. O valor recuperável do ativo pode ser o valor justo determinado a preços de realização líquida no mercado ou pode ser o valor em uso, decorrente da aplicação do critério do fluxo de caixa descontado.

Se na data do encerramento do balanço patrimonial, ou em qualquer momento em que há essa evidência, o valor líquido contábil for superior ao valor justo (o maior valor entre o preço de mercado e o valor em uso), deverá ser feito o lançamento da provisão da desvalorização, contabilizando essa provisão como custo ou despesa na demonstração do resultado do período.

A contrapartida do lançamento em despesa será efetuada numa conta retificadora do imobilizado.

A provisão para desvalorização, segundo as normas brasileiras, poderá ser revertida em exercícios seguintes, até o valor da provisão feita anteriormente. A perda de provisão por desvalorização não precisa ser aplicada aos bens imobilizados de maneira individual. Pode ser aplicada a um conjunto de ativos que provoca entradas de caixa de forma separada de outro conjunto de ativos, denominado unidade geradora de caixa.

Para fins de exemplificação, vamos supor que ao final do exercício social o valor líquido contábil de um ativo é $ 70.000,00 e o valor líquido de mercado está estimado em $ 55.000,00. Para verificar se há necessidade do *impairment*, deve-se também calcular o valor em uso. Vamos supor que o valor em uso calculado pelo critério de fluxo de caixa descontado alcance $ 58.000,00. O valor da provisão para desvalorização (*impairment*) será de $ 12.000,00, pois deverá ser utilizado o maior dos dois valores justos.

*Exemplo numérico:*

1. Valor de aquisição de uma máquina em 01.01.X1 – $ 100.000,00
2. Valor da depreciação anual $ 30.000,00 do ano de X1
3. Valor da provisão para desvalorização – $ 12.000,00.

Todas as movimentações foram feitas com saldo bancário

*Lançamentos*

| Nº | Lançamento | Conta Contábil | Valor – $ | Conta de: |
|---|---|---|---|---|
| 1 | Débito | Máquinas e equipamentos | 100.000,00 | Imobilizado |
| 1 | Crédito | Bancos conta movimento | 100.000,00 | Ativo circulante |
| 2 | Débito | Despesa de depreciação – Ano X1 | 30.000,00 | Despesa |
| 2 | Crédito | Depreciação acumulada | 30.000,00 | Imobilizado |
| 3 | Débito | Provisão para desvalorização de ativo | 12.000,00 | Despesa |
| 3 | Crédito | Provisão para desvalorização de ativo | 12.000,00 | Imobilizado |

**Em contas T**

```
        MÁQUINAS                            BANCOS
     E EQUIPAMENTOS                    CONTA MOVIMENTO
  1  100.000,00                                100.000,00  1


       DEPRECIAÇÃO                         DESPESAS DE
        ACUMULADA                      DEPRECIAÇÃO – ANO X1
              30.000,00   2         2   30.000,00
```

```
  PROVISÃO PARA              DESPESA DE PROVISÃO PARA
  DESVALORIZAÇÃO             DESVALORIZAÇÃO (IMPAIRMENT) – ANO X1
      12.000,00   3            3    12.000,00
```

A apresentação no balanço patrimonial ficará como mostra a Tabela 6.8.

**Tabela 6.8** Apresentação do imobilizado no balanço patrimonial

| ATIVO NÃO CIRCULANTE | em 01.01.X1 $ | em 31.12.X1 $ |
|---|---|---|
| Imobilizado | | |
| Valor histórico ou de aquisição | 100.000,00 | 100.000,00 |
| (–) Depreciação acumulada | 0,00 | (30.000,00) |
| (–) Provisão para desvalorização | 0,00 | (12.000,00) |
| Valor líquido contábil | 100.000,00 | 58.000,00 |

## Ativos biológicos

Conforme o pronunciamento técnico CPC 29, do Comitê de Pronunciamentos Contábeis, *ativo biológico* é um animal e/ou uma planta, vivos, decorrentes de atividades agrícolas. As normas desse pronunciamento devem ser aplicadas tanto aos ativos biológicos quanto aos produtos agrícolas deles decorrentes, mas não devem ser aplicadas aos produtos finais resultantes da utilização de ambos. As normas devem ser aplicadas à produção agrícola, assim considerada aquela obtida no momento e no ponto de colheita dos produtos advindos dos ativos biológicos da entidade. A Tabela 6.9 mostra exemplos dessas três categorias de bens.

**Tabela 6.9** Ativos biológicos e produtos agrícolas

| Ativos biológicos | Produtos agrícolas | Produtos resultantes |
|---|---|---|
| Árvore de plantação florestal | Troncos | Madeiras |
| Carneiros | Lã | Fios de lã e carpetes |
| Plantas | Cana colhida e algodão | Açúcar, roupas e fios |
| Gado produtor de leite | Leite | Queijo |
| Árvores de frutos | Frutos colhidos | Frutos processados |

Os ativos biológicos devem ser classificados no imobilizado. A mensuração inicial e em cada balanço patrimonial deve feita pelo valor justo menos os custos estimados no ponto de venda, desde que o valor justo possa ser mensurado com segurança. Se o valor justo não puder ser mensurado com segurança, a mensuração ou avaliação deverá ser feita pelo custo menos depreciação e *impairment*.

A mensuração pelo valor justo fará que em cada exercício contábil a diferença resultante seja tratada como despesa e receita operacional da demonstração do resultado. Assim, o critério de contabilização do valor justo é igual ao das propriedades para investimento, e os critérios de cálculo e contabilização da depreciação e do *impairment* são iguais ao do imobilizado.

## Venda e baixa de bens do imobilizado

As baixas dos bens do ativo imobilizado devem ser feitas pelo seu valor líquido contábil no mês da baixa. O valor de venda menos o valor líquido contábil significa lucro na venda de bens do ativo imobilizado.

Existem muitos casos de baixa de bens do imobilizado que não ocorrem por venda; são os casos de doações, sucateamento, perdas etc. Quando isso acontece, deverá ser feito um registro interno ou, se for o caso, uma comunicação a entidades fiscais, e a baixa ocorrerá do mesmo modo, só que representará prejuízo direto, pois não terá valor de venda.

## Resultados não operacionais

Tanto o valor da venda como o valor das baixas dos bens são considerados resultados não operacionais para a contabilidade, já que se entende que não é objetivo operacional da empresa a venda de bens do ativo imobilizado. O valor das baixas é considerado despesa não operacional, e o valor da venda é considerado receita não operacional.

Na nova estrutura da demonstração do resultado do exercício, os valores de venda e de baixa dos ativos imobilizados são classificados como *outras receitas e outras despesas*, contas que são evidenciadas após o lucro operacional.

## Exaustão

Exaustão é a aplicação de todos os conceitos que discutimos sobre a depreciação em cima dos valores imobilizados para exploração de recursos naturais (jazidas, florestas etc.). Em vez de utilizar o conceito de vida útil estimada para obtenção de uma taxa para a apropriação do ativo imobilizado como despesa, emprega-se o conceito de *potencial* do recurso natural imobilizado.

No caso mais comum de recursos minerais, o potencial significa a capacidade da mina de extrair o minério; essa capacidade potencial da mina é denominada possança. Desse modo, a taxa de exaustão da jazida é obtida dividindo-se o total gasto para iniciar a exploração e prospecção do minério pela possança da mina estimada em anos. Outro método utilizado é calcular a exaustão com base nas quantidades extraídas em cada período.

Após a conclusão do processo de exaustão, não havendo mais valor comercial, procede-se à baixa do imobilizado. Os gastos com exaustão deverão ser adicionados aos demais gastos correntes de produção para obtenção do custo dos recursos naturais extraídos que serão vendidos. Esses custos serão estocados, como estoques industriais, enquanto não vendidos.

## 6.10 Intangível e amortização

O grupo intangível forma na nova formatação contábil um grupo exclusivo dentro do ativo não circulante. Antes da nova formatação da Lei nº 11.638/07 e Lei nº 11.941/09, os intangíveis existentes deveriam ser classificados no ativo imobilizado, mas algumas empresas, inadequadamente, os classificavam no antigo ativo diferido.

A identificação de um intangível se dá quando a empresa faz gastos para adquirir, desenvolver ou construir alguma coisa que possa ser objeto de venda, renda ou negociação futura. O reconhecimento na contabilidade só poderá acontecer se realmente for caracterizada a possibilidade de negociação ou ganhos com os direitos oriundos dos gastos ativados.

São considerados ativos intangíveis os direitos que tenham por objeto bens incorpóreos destinados à manutenção da companhia ou exercidos com essa finalidade. Portanto, não são bens físicos, que são tangíveis, mas, sim, direitos incorpóreos (sem corpo, sem físico) que têm valor econômico para a empresa e que produzem resultados futuros. *Um ativo intangível é um ativo não monetário identificável sem substância física.*

O que deixa claro o conceito de ativo intangível é que ele tenha substância econômica e que sua posse permita auferir ganhos futuros, seja por venda, renda ou uso.

### Ativo diferido *versus* ativo intangível

É importante ressaltar a diferença desses dois conceitos. Apesar de não ser mais previsto em nossas práticas contábeis, o conceito de ativo diferido é um conceito contábil ainda discutível e pode ser mantido dentro do arcabouço teórico da contabilidade.

O ativo diferido pela Lei 6.404/76, antes das alterações das leis n$^{os}$ 11.638/07 e 11.941/09, compreendia as aplicações de recursos em despesas que contribuíam para a formação do resultado de mais de um exercício social.

Basicamente, a característica do ativo diferido é o *ativamento de uma despesa*, postergando seu lançamento como despesa para exercícios futuros. É um processo de amortização de uma despesa em mais de um exercício contábil, de forma que distribui ao longo de vários anos esse gasto, no pressuposto de que ele gerou parte das receitas futuras.

Já o ativo intangível representa um bem incorpóreo que tem condições de gerar ganhos para a empresa, tendo, por isso, substância econômica como os demais ativos da entidade.

## Vida útil do ativo intangível e mensuração após o reconhecimento inicial

Um ativo intangível pode ter vida útil definida ou indefinida. Quando o ativo tiver vida útil indefinida, ele não será amortizado. Quando o ativo intangível tiver vida útil definida, a amortização será em função da vida útil estimada.

Há uma exceção de tratamento para as pequenas e médias empresas – PMEs em relação ao conceito de vida útil indefinida para intangíveis. A norma contábil específica das PMEs determina que qualquer intangível deva ser amortizado em pelo menos dez anos.

A vida útil pode ser estimada tanto em termos da passagem do tempo, semelhante ao método de depreciação linear do imobilizado, como com base no volume de produção ou unidades semelhantes que foram essa vida útil.

Identicamente ao imobilizado, a vida útil do ativo intangível deve ser revista anualmente e, se alterada, o prazo de amortização também deverá ser modificado a partir da vida útil modificada.

A mensuração após o reconhecimento inicial que é ao custo constará, então, dos seguintes critérios:

a) revisão da vida útil;

b) identificação de eventual valor residual;

c) amortização do ativo intangível em cima da vida útil considerada;

d) provisão para desvalorização ao valor recuperável do ativo, se for o caso (*impairment*).

No caso do ativo intangível com vida útil indefinida, a empresa deve fazer o teste do *impairment*, ou seja, testar a perda de valor do ativo intangível comparando o seu valor recuperável com o seu valor contábil, anualmente ou sempre que houver indícios de que o ativo intangível possa ter perdido valor.

A amortização do ativo intangível deve ser feita pelos gastos menos o valor residual do intangível. Contudo, deve-se presumir que o valor residual de um ativo intangível é zero, a não ser em circunstâncias específicas.

O ativo intangível deve ser baixado quando for alienado (vendido) ou quando não há expectativa de benefícios econômicos futuros com a sua utilização. Caso seja alienado, o ganho ou perda decorrente da baixa é o valor líquido da alienação menos o valor contábil residual, devendo ser contabilizado como outras receitas ou despesas, após o lucro operacional.

No caso de o ativo intangível ser totalmente amortizado ao final da vida útil estimada, sua baixa não afetará a demonstração do resultado do exercício porque o saldo será zero, mas a baixa terá de ser efetuada, não sendo necessária sua manutenção no balancete da empresa.

## Tipos de intangíveis

Poderão dar origem a ativos intangíveis os seguintes custos e aquisições:

a) gastos com propaganda e criação de marcas e títulos comerciais ou de publicações;
b) gastos com desenvolvimento de produtos, licenças e patentes;
c) *goodwill* adquirido em aquisições de empresas;[4]
d) lista de clientes adquirida;
e) patente adquirida;
f) direitos autorais adquiridos;
g) direitos autorais gerados internamente;
h) licença de transmissão adquirida;
i) marca comercial adquirida;
j) gastos internos com desenvolvimento de softwares comercializáveis;
k) gastos internos com desenvolvimento de web sites comercializáveis;
l) direitos sobre filmes;
m) licenças de pescas;

---

[4] Já estudado na Seção 6.8 – Investimentos. O *goodwill* não adquirido, denominado ágio derivado da expectativa de rentabilidade futura gerado internamente, oriundo de uma avaliação interna, mas sem ter havido transação de compra e venda de empresas, não deve ser reconhecido como ativo, porque não é um recurso identificável controlado pela entidade que pode ser mensurado com segurança ao custo.

n) gastos com geração ou aquisição de franquias;
o) gastos com direitos de comercialização etc.

Os gastos com softwares desenvolvidos internamente não devem ser caracterizados como intangíveis porque não há condições objetivas de identificar possíveis ganhos com esse tipo de operação.

## Gastos com pesquisa e desenvolvimento

Um tema relevante é a separação entre gastos com pesquisa e desenvolvimento de novos produtos, novos conhecimentos ou qualquer outro projeto que pode gerar um intangível que tenha condições de ser reconhecido. Os gastos com a fase de pesquisa não devem fazer parte do custo do intangível porque a empresa não está apta a demonstrar a existência do ativo intangível que gerará prováveis benefícios econômicos futuros. Portanto, devem ser reconhecidos como despesa do período.

Os gastos com a fase de desenvolvimento podem ser reconhecidos para mensurar o ativo intangível se a empresa demonstrar todos os aspectos apresentados a seguir:

a) viabilidade técnica para concluir o ativo intangível de forma que ele seja disponibilizado para uso ou venda;
b) intenção de concluir o ativo intangível e de usá-lo ou vendê-lo;
c) capacidade para usar ou vender o ativo intangível;
d) forma como o ativo intangível deve gerar benefícios econômicos futuros.

Além disso, a empresa deve demonstrar a existência de mercado para os produtos do ativo intangível ou, caso se destinem ao uso interno, a sua utilidade.

Nosso entendimento é que não devem ser considerados como intangíveis gastos com desenvolvimento de produtos e serviços em empresas em que o processo de inovação é impositivo sob pena de perder mercado ou não se manter competitiva. Como exemplo, podemos citar a indústria de máquinas e equipamentos, a indústria de eletroeletrônicos, celulares, a indústria automobilística, em que a inovação é uma necessidade de sobrevivência e esses gastos devem ser considerados como despesas operacionais. Reconhecemos, contudo, que essa nossa posição é discutível.

## Amortização do intangível e exemplo de contabilização

A título de exemplificação, vamos supor que a empresa adquiriu os direitos de explorar a patente de um determinado produto por 5 anos, pagando $ 100.000,00 por esse direito, e que não haja valor residual ao final da utilização da patente.

Nesse caso, a vida útil a ser considerada para o cálculo da amortização é de 5 anos, gerando uma taxa anual de amortização de 20% ao ano.

*Exemplo numérico:*
1. Valor pago por direito de explorar a patente por 5 anos – $ 100.000,00 em 01.01.X1
2. Valor da amortização do ano de X1 – $ 20.000,00
3. Valor da amortização do ano de X2 – $ 20.000,00
4. Valor da amortização do ano de X3 – $ 20.000,00
5. Valor da amortização do ano de X4 – $ 20.000,00
6. Valor da amortização do ano de X5 – $ 20.000,00

Todas as movimentações foram feitas com saldo bancário

**Lançamentos**

| Nº | Lançamento | Conta Contábil | Valor – $ | Conta de: |
|---|---|---|---|---|
| 1 | Débito | Patentes | 100.000,00 | Intangível |
| 1 | Crédito | Bancos conta movimento | 100.000,00 | Ativo circulante |
| 2 | Débito | Despesa de amortização – Ano X1 | 20.000,00 | Despesa |
| 2 | Crédito | Amortização acumulada | 20.000,00 | Intangível |
| 3 | Débito | Despesa de amortização – Ano X2 | 20.000,00 | Despesa |
| 3 | Crédito | Amortização acumulada | 20.000,00 | Intangível |
| 4 | Débito | Despesa de amortização – Ano X3 | 20.000,00 | Despesa |
| 4 | Crédito | Amortização acumulada | 20.000,00 | Intangível |
| 5 | Débito | Despesa de amortização – Ano X4 | 20.000,00 | Despesa |
| 5 | Crédito | Amortização acumulada | 20.000,00 | Intangível |
| 6 | Débito | Despesa de amortização – Ano X5 | 20.000,00 | Despesa |
| 6 | Crédito | Amortização acumulada | 20.000,00 | Intangível |

## Em contas T

```
         PATENTES                       BANCOS CONTA MOVIMENTO
1   100.000,00 |                                   | 100.000,00   1


  AMORTIZAÇÃO ACUMULADA              DESPESAS DE AMORTIZAÇÃO – ANO X1
           | 20.000,00   2            2   20.000,00 |
           | 20.000,00   3
           | 20.000,00   4
           | 20.000,00   5            DESPESAS DE AMORTIZAÇÃO – ANO X2
           | 20.000,00   6            3   20.000,00 |
           |100.000,00

                                      DESPESAS DE AMORTIZAÇÃO – ANO X3
                                      4   20.000,00 |
```

```
         DESPESAS DE AMORTIZAÇÃO – ANO X4
       5   20.000,00


         DESPESAS DE AMORTIZAÇÃO – ANO X5
       6   20.000,00
```

Ao final do período de amortização, os valores da conta de patentes e o saldo da amortização acumulada devem ser baixados e gerarão resultado nulo, uma vez que não foi considerado nenhum valor residual do intangível.

## Ajuste a valor justo do intangível e procedimentos gerais de contabilização

Anualmente deverá ser feito o teste de recuperabilidade do valor dos intangíveis (*impairment*) se houver indicações para tal procedimento, confrontando o valor líquido contábil com o valor justo de mercado do intangível ou do seu valor em uso, dos dois o maior.

O teste de *impairment* é feito sempre para reduzir o valor do ativo, sendo proibido contabilizar o aumento do valor do ativo, caso o valor justo seja superior ao valor líquido contábil. Os procedimentos gerais de contabilização dos intangíveis são os mesmos dos imobilizados.

## 6.11 Contas a pagar a fornecedores

Essas obrigações são provenientes das compras a prazo e representam os passivos de fornecedores de materiais e serviços ainda por pagar. Podem ser oriundas de compras tanto no mercado interno como no mercado externo, transacionadas em moeda estrangeira, decorrentes das importações com prazos para pagamento. Os principais eventos que movimentam essa conta são:

a) descontos obtidos por antecipação do pagamento;
b) juros pagos por pagamentos efetuados com atraso;
c) atualização cambial por alteração das taxas de câmbio.

### Juros e descontos

Quando, por algum motivo, a empresa não paga o fornecedor no vencimento, o título qualifica-se como duplicata em atraso. Quando do pagamento, é lícito o fornecedor receber o valor acrescido de juros, calculados *pro rata* dia, do vencimento até a data do pagamento. O inverso também pode acontecer. A empresa tem um prazo para pagamento da duplicata, mas tem recursos para pagar antecipadamente; assim, negocia com o fornecedor e obtém um desconto financeiro, também utilizando o conceito de juros *pro rata* dia.

Os juros pagos por atraso são considerados despesas financeiras, e os descontos obtidos por antecipação do pagamento são considerados receita. Vejamos como esses eventos são registrados nas contas contábeis:

| Evento 1 – Pagamento de duplicatas em atraso no valor de $ 2.000, mais juros de $ 12, totalizando $ 2.012. | | |
|---|---|---|
| Conta: FORNECEDORES | Valor ($) | Saldo ($) |
| Saldo Inicial | | 40.000 |
| Pagamento de Duplicatas | –2.000 | 38.000 |
| Conta: BANCOS | Valor ($) | Saldo ($) |
| Saldo Inicial | | 3.002 |
| Pagamento de Duplicatas mais Juros | –2.012 | 990 |

| Conta de Despesa Financeira | | |
|---|---|---|
| Conta: JUROS DE ATRASOS | Valor ($) | Saldo ($) |
| Saldo Inicial | | 0 |
| Juros de Duplicatas Pagas com Atraso | 12 | 12 |

| Evento 2 – Pagamento de duplicatas antecipado no valor de $ 1.000, menos desconto obtido de $ 10, líquido, $ 990. | | |
|---|---|---|
| Conta: FORNECEDORES | Valor ($) | Saldo ($) |
| Saldo Anterior | | 38.000 |
| Recebimento das Duplicatas | –1.000 | 37.000 |
| Conta: BANCOS | Valor ($) | Saldo ($) |
| Saldo Anterior | | 990 |
| Duplicatas Pagas com Desconto | –990 | 0 |

| Conta de Receita Financeira | | |
|---|---|---|
| Conta: DESCONTOS CONCEDIDOS | Valor ($) | Saldo ($) |
| Saldo Inicial | | 0 |
| Descontos Obtidos pelo Pagamento Antecipado de Duplicatas | 10 | 10 |

**Em contas T**

```
    FORNECEDORES                BANCOS              DESCONTOS OBTIDOS
              40.000  SI    SI  3.002                            0  SI
(1)    2.000                         2.012  (1)                 10  (2)
(2)    1.000                           990  (2)
              37.000                     0                      10

                              JUROS – DESPESAS
                         SI         0
                         (1)       12
                                   12
```

## Variação cambial

Quando uma compra é feita no exterior, em moeda estrangeira, o critério utilizado para contabilizar a importação é aplicar a taxa de câmbio da data da internação no país (normalmente se utiliza a data constante dos documentos fiscais aduaneiros, tendo como referência principal a declaração de importação) à quantidade de moeda estrangeira da importação, contabilizando o valor a pagar, bem como o estoque ou despesa em moeda nacional. A partir disso, as eventuais variações cambiais decorrentes das oscilações da taxa de câmbio da moeda negociada são consideradas receitas ou despesas financeiras.

Enquanto o valor em moeda estrangeira não for pago mensalmente, a contabilidade deverá apurar o valor da obrigação em reais, aplicando a taxa da moeda estrangeira do final do mês sobre a quantidade de moeda estrangeira do crédito junto ao cliente estrangeiro; a diferença será receita ou despesa financeira de variação cambial. Esse procedimento deverá ser utilizado até o dia do pagamento (o fechamento do câmbio), quando o valor é pago em reais, obtendo-se a última variação cambial do crédito em moeda estrangeira.

Como exemplo, vamos considerar que foi feita uma importação de mercadoria para estoque no valor de 2.000 euros, no final do mês 1, para serem pagos depois de 30 dias. Na data da internação, a taxa do euro era de $ 3,40. Nesse momento, obtém-se o valor da importação em moeda nacional:

$$€ 2.000 \times \$ 3,40 = \$ 6.800$$

Ao final do mês seguinte, a empresa pagou os € 2.000. A taxa de câmbio, nesse momento, estava em $ 3,468. A empresa pagou em moeda nacional $ 6.936. A diferença com o valor anterior é considerada despesa financeira de variação cambial:

```
Valor Pago – Final do Mês 2 – € 2.000 × $ 3,468    = $ 6.936
Valor Anterior – Final do Mês 1 – € 2.000 × $ 3,40 = $ 6.800
Variação Cambial – Despesa Financeira              = $   136
```

Vejamos como fica no controle de contas contábeis:

| Evento 1 – Importação de mercadoria $ 6.800. | | | | | | |
|---|---|---|---|---|---|---|
| Conta: CONTAS A PAGAR (EXTERIOR) | Valor ($) | Saldo ($) | Conta: ESTOQUE DE MERCADORIAS | | Valor ($) | Saldo ($) |
| Saldo Inicial | | 0 | Saldo Inicial | | | 0 |
| Valor da Importação | 6.800 | 6.800 | Importação de Mercadorias | | 6.800 | 6.800 |
| Evento 2 – Variação cambial do mês 2 ($ 136). | | | Conta de Despesa Financeira | | | |
| Conta: CONTAS A PAGAR (EXTERIOR) | Valor ($) | Saldo ($) | Conta: VARIAÇÃO CAMBIAL | | Valor ($) | Saldo ($) |
| Saldo Anterior | | 6.800 | Saldo Inicial | | | 0 |
| Variação Cambial | 136 | 6.936 | Variação Cambial sobre Fornecedores do Exterior | | 136 | 136 |
| Evento 3 – Pagamento da obrigação em moeda estrangeira – $ 6.936. | | | | | | |
| Conta: CONTAS A PAGAR (EXTERIOR) | Valor ($) | Saldo ($) | Conta: BANCOS | | Valor ($) | Saldo ($) |
| Saldo Anterior | | 6.936 | Saldo Inicial | | | 6.936 |
| Pagamento Efetuado ao Exterior | –6.936 | 0 | Pagamento de Fornecedor Externo | | –6.936 | 0 |

No caso de a taxa de câmbio cair, ou melhor, no caso de a taxa de câmbio futura ser inferior à taxa de câmbio da data da contabilização da importação, o valor a ser pago em moeda nacional será menor que o valor da contabilização da mercadoria importada. A diferença, uma variação cambial negativa, será receita financeira, em vez de despesa financeira, uma vez que o valor a pagar será menor que o valor da entrada do bem ou despesa. Os demais procedimentos de registro continuam os mesmos.

### Em conta T

```
    CONTAS A PAGAR              ESTOQUE DE                 DESPESA
      (EXTERIOR)                MERCADORIAS          VARIAÇÃO CAMBIAL
              0    SI      SI        0              SI        0
          6.800   (1)     (1)    6.800             (2)      136
            136   (2)
 (3)  6.936
              0                    6.800                     136

                                    BANCOS
                              SI    6.936
                                           6.936   (3)
                                        0
```

## Prazo médio de pagamento das compras (PMP)

O indicador mais utilizado para a gestão das contas a pagar aos fornecedores é o cálculo do Prazo Médio de Pagamento das Compras (PMP). A fórmula é a seguinte, considerando um período anual de compras:

$$\text{Prazo Médio de Pagamento das Compras (PMP)} = \frac{\text{Saldo de Duplicatas a Pagar} \times 360 \text{ dias}}{\text{Compras a Prazo}}$$

Imaginando que o saldo das contas a pagar é de $ 37.000 e que as compras a prazo do ano tenham sido de $ 666.000, o prazo médio de pagamento é de 20 dias. Isso significa que a empresa demora, em média, quase 20 dias para pagar suas compras.

$$\text{PMP} = \frac{\$\, 37.000 \times 360}{\$\, 666.000} = 20 \text{ dias}$$

O prazo médio de pagamento das compras reflete as condições de negociação que a empresa tem com seus fornecedores. Caso o prazo médio de pagamento seja superior ao negociado, é um indicativo de que existem duplicatas em atraso. O prazo médio de pagamento deve ser calculado com o valor das compras brutas, ou seja, o valor com impostos, que é o valor pago nas duplicatas.

O valor das compras brutas – e muito menos a parcela das compras à vista – não é apresentado, normalmente, nas demonstrações financeiras publicadas. Dessa maneira, os analistas utilizam o critério de calcular o prazo médio de pagamento das compras com o custo das mercadorias vendidas, no caso do comércio, e com o custo dos produtos vendidos, no caso de indústrias.

No caso de indústrias, o critério utilizado não é tecnicamente o correto, pois o custo dos produtos vendidos inclui gastos com despesas, com mão de obra e com depreciação, além do consumo de materiais. O analista tem a possibilidade de determinar um critério de ajuste, tendo algum conhecimento da participação do custo dos materiais no custo dos produtos da empresa analisada.

Assim, esse indicador deve ser analisado com cuidado. De qualquer forma, a utilização de determinado critério de cálculo do prazo médio de pagamento, feita de forma uniforme ao longo do tempo, serve como parâmetro de comparação.

## Ciclo econômico e ciclo financeiro

Associando-se os três principais indicadores de atividade (prazos médio de recebimento, de estocagem e de pagamento), pode-se medir o ciclo médio de dias das atividades gerais da empresa. O prazo que vai da data da compra da mercadoria (ou matérias-primas) até a data da venda é denominado ciclo econômico.

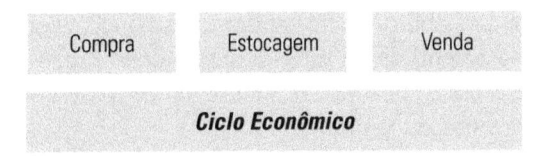

```
   Compra      Estocagem      Venda
         Ciclo Econômico
```

Assim, o ciclo econômico compreende o prazo médio de estocagem e o prazo médio da produção,[5] considerando que a compra e a venda são datas referenciais e, em tese, não ocupam nenhum dia.

O ciclo financeiro restringe-se ao período das datas da efetivação financeira das transações. Assim, consideram-se o prazo da data do pagamento da compra e a data do recebimento das vendas para calcular o ciclo financeiro em dias.

```
   Pagamento da Compra    Recebimento da Venda
              Ciclo Financeiro
```

É importante avaliar continuadamente os dois ciclos: o ciclo econômico é o ciclo de geração do produto ou serviço, elemento principal para a criação de valor empresarial; o ciclo financeiro mede a rapidez com que os lucros se transformam em caixa. Devem-se buscar o menor ciclo econômico e o menor ciclo financeiro, tentando obter o maior giro nas operações. Quanto maior o giro, mais vezes poderão ser efetuadas as vendas e maior a possibilidade de acumulação de lucros. A figura a seguir associa os dois ciclos:

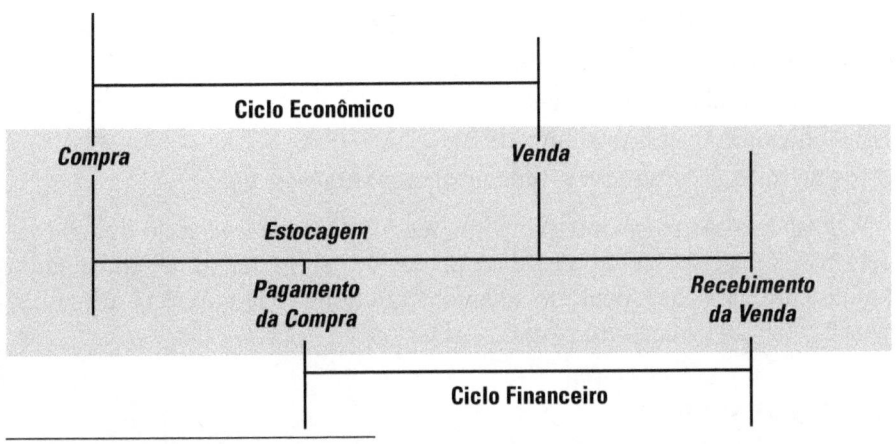

```
                Ciclo Econômico
  Compra                      Venda
                Estocagem
              Pagamento              Recebimento
              da Compra                da Venda
                    Ciclo Financeiro
```

---

[5] Na indústria, além dos estoques de materiais, há os estoques de produção em processo e de produtos acabados. O tempo de permanência do estoque de produtos em processo equivale ao prazo médio de produção.

Com os dados do nosso exemplo, o ciclo econômico é de 37 dias, que corresponde ao prazo médio de estocagem. O ciclo financeiro é a diferença entre o prazo médio de recebimento e o prazo médio de pagamento. Essa fórmula decorre da possibilidade de vender no mesmo dia em que se compra. Se uma mercadoria é vendida na mesma data da compra, a empresa efetuará o pagamento daí a 20 dias, ficando seu ciclo financeiro descoberto em 13 dias, quando receberá o valor da venda:

| Prazo Médio de Recebimento | 33 dias |
|---|---|
| (–) Prazo Médio de Pagamento | (20) dias |
| = Ciclo Financeiro | 13 dias |

## 6.12 Salários e encargos sociais a pagar

Essa conta do passivo aglutina as obrigações temporárias com a remuneração (salários) dos empregados e os encargos sociais inerentes e decorrentes da folha de pagamento. A distinção entre verbas classificadas como salários e encargos sociais nem sempre é a mesma para todas as empresas. Mesmo a classificação de algumas despesas relacionadas com a folha de pagamento como encargos sociais não é pacífica para todas as empresas.

### Salários

O salário é a contraprestação por serviço prestado. Assim, as férias pagas e o décimo terceiro não são considerados salários. De um modo geral, classificam-se como salários:

a) o salário propriamente dito;
b) o descanso semanal remunerado dos horistas;
c) o valor recebido pelas horas extras;
d) os abonos salariais eventuais;
e) os adicionais pagos por força de lei;
f) os prêmios de produção e venda (salários variáveis) etc.

Os salários são pagos mensalmente, sendo que, pela legislação trabalhista, devem ser pagos até o quinto dia útil do mês subsequente ao trabalhado. Muitas empresas concedem um adiantamento quinzenal, cuja data mais utilizada é o dia 20 do mês em pauta.

### Encargos sociais

Todos os demais encargos decorrentes da folha de pagamento são denominados encargos sociais, que podem ser classificados como:

a) encargos salariais;
b) encargos legais;
c) encargos sociais ou benefícios espontâneos.

## Encargos salariais

São aqueles que se transformam em remuneração adicional direta para os empregados:

a) décimo terceiro salário;
b) remuneração das férias;
c) participação nos lucros ou resultados (PLR).

A característica mais importante desses encargos é que são pagos anualmente. O trabalhador tem direito a cada um deles, na razão de 1/12 por mês trabalhado. Considerando um exercício civil, tanto o décimo terceiro salário como as férias tendem a ser pagos no fim do ano.

Em consequência disso e em função da contabilização pelo regime de competência, a conta de encargos e salários a pagar cresce de forma cumulativa, 1/12 da folha ao mês, até chegar em dezembro, quando, normalmente, esses encargos são quitados; essa característica é importante para a análise financeira de balanços. De posse de balanços intermediários (abril, junho, setembro), o passivo de encargos a pagar cresce, ficando reduzido substancialmente em dezembro.

## Encargos legais

São os encargos impostos pela legislação, tanto para a empresa contratante, como para o depósito do Fundo de Garantia do Tempo de Serviço (FGTS). São eles:

a) contribuições ao INSS (considerando todo o conjunto de recolhimentos, incluindo Sesi, Sesc, Sest, Seguro Acidente, Salário Educação etc.) sobre os salários;[6]
b) contribuição ao FGTS dos funcionários;
c) INSS e FGTS sobre décimo terceiro salário e férias;
d) PIS sobre folha de pagamento para algumas empresas;

---

[6] A partir de 2012, para algumas atividades, o encargo de INSS para as empresas pode ser calculado sobre o faturamento bruto.

e) taxas sindicais;
f) indenizações trabalhistas.

## Encargos sociais ou benefícios espontâneos

Alguns têm formato mínimo obrigatório (vale-transporte etc.) e outros ficam em formato próprio a critério de cada empresa. Os principais são:

a) gastos com alimentação do trabalhador;
b) gastos com transporte de empregados;
c) gastos com creches;
d) assistência médica e odontológica a empregados e seus dependentes;
e) seguro-saúde;
f) previdência privada complementar.

### Impacto dos encargos sociais

A tabela a seguir mostra um exemplo teórico do impacto dos encargos sociais. Pode-se dizer que, em nosso país, para cada $ 1 de salário pago, as empresas têm de bancar pelo menos mais $ 1 de encargos sociais gerais:

|  | Dados Anuais | |
|---|---|---|
| **SALÁRIO** | 11.000,00 | 100,00% |
| **Encargos Salariais** | | |
| Décimo terceiro salário (13º) | 1.000,00 | 9,09% |
| Férias (incluindo adicional de 1/3) | 1.333,33 | 12,12% |
| PLR (valor aleatório) | 1.000,00 | 9,09% |
| Soma (a) | | 30,30% |
| **Encargos Legais** | | |
| INSS sobre salários | 3.190,00 | 29,00% |
| INSS sobre 13º e Férias | 580,00 | 5,27% |
| FGTS | 880,00 | 8,00% |
| FGTS sobre 13º e Férias | 186,67 | 1,70% |
| Taxas sindicais | 150,00 | 1,36% |
| Indenizações | 150,00 | 1,36% |
| Soma (b) | | 46,70% |
| **Encargos Sociais** | | |
| Alimentação | 800,00 | 7,27% |
| Transporte | 500,00 | 4,55% |
| Assistência Médica e Social | 1.200,00 | 10,91% |
| Previdência Privada | 1.200,00 | 10,91% |
| Soma (c) | | 33,64% |
| **Participação Total de Encargos Sociais (a + b + c)** | | **110,64%** |

# Evolução do saldo da conta Salários e Encargos a Pagar

A tabela a seguir mostra como evolui, na maior parte das empresas, o saldo da conta Salários e Encargos a Pagar, considerando as características de pagamento de salários e dos encargos salariais. Tal tabela tem as seguintes premissas:

1) A empresa concede férias de 30 dias a todos os empregados, sendo que, no mês de janeiro, trabalha-se 25% de um mês e no mês de dezembro, 75%;
2) A empresa paga 40% da folha de pagamento como adiantamento salarial;
3) Os encargos salariais tipo II (13º, Férias e PLR e seus encargos) são pagos integralmente em dezembro.

| Evolução mensal de Salários e Encargos a Pagar | | | | | | | | |
|---|---|---|---|---|---|---|---|---|
| | Despesas Mensais | | | | Pagamentos | | | Salários e Encargos a Pagar |
| | Salários | Encargos I | Encargos II | Total | Salários | Encargos I | Encargos II | |
| Janeiro/X1 | 8.000 | 5.869 | 2.982 | 8.851 | 3.200 | 0 | 0 | 13.651 |
| Fevereiro/X1 | 20.000 | 14.673 | 7.455 | 22.127 | 12.800 | 5.869 | 0 | 37.109 |
| Março/X1 | 20.000 | 14.673 | 7.455 | 22.127 | 20.000 | 14.673 | 0 | 44.564 |
| Abril/X1 | 20.000 | 14.673 | 7.455 | 22.127 | 20.000 | 14.673 | 0 | 52.018 |
| Maio/X1 | 20.000 | 14.673 | 7.455 | 22.127 | 20.000 | 14.673 | 0 | 59.473 |
| Junho/X1 | 20.000 | 14.673 | 7.455 | 22.127 | 20.000 | 14.673 | 0 | 66.927 |
| Julho/X1 | 20.000 | 14.673 | 7.455 | 22.127 | 20.000 | 14.673 | 0 | 74.382 |
| Agosto/X1 | 20.000 | 14.673 | 7.455 | 22.127 | 20.000 | 14.673 | 0 | 81.836 |
| Setembro/X1 | 20.000 | 14.673 | 7.455 | 22.127 | 20.000 | 14.673 | 0 | 89.291 |
| Outubro/X1 | 20.000 | 14.673 | 7.455 | 22.127 | 20.000 | 14.673 | 0 | 96.745 |
| Novembro/X1 | 20.000 | 14.673 | 7.455 | 22.127 | 20.000 | 14.673 | 0 | 104.200 |
| Dezembro/X1 | 12.000 | 8.804 | 4.473 | 13.276 | 16.800 | 14.673 | 82.000 | 16.004 |
| Soma | 220.000 | 161.400 | 82.000 | 243.400 | 212.800 | 152.596 | 82.000 | |

Encargos I = INSS, FGTS, Encargos Sociais
Encargos II = 13º, Férias, PLR e INSS/FGTS sobre 13º/Férias

Observe que o saldo da conta Salários e Encargos a Pagar cresce até o mês de novembro/X1, exatamente na razão dos Encargos II, reduzindo drasticamente o saldo no mês de dezembro. Os eventos econômicos dessa conta são:

a) contabilização mensal das despesas de salários e encargos sociais (regime de competência de exercícios);

b) pagamento dos salários;
c) pagamento dos encargos sociais.

Em contas contábeis, esses números apresentam a seguinte contabilização:

| Conta: DESPESAS DE SALÁRIOS | Valor ($) | Saldo ($) | Conta: DESPESAS DE ENCARGOS SOCIAIS | Valor ($) | Saldo ($) |
|---|---|---|---|---|---|
| Saldo Inicial | | 0 | Saldo Inicial | | 0 |
| Salários de janeiro/X1 | 8.000 | 8.000 | Encargos de janeiro/X1 | 8.851 | 8.851 |
| Salários de fevereiro/X1 | 20.000 | 28.000 | Encargos de fevereiro/X1 | 22.127 | 30.978 |
| Salários de março/X1 | 20.000 | 48.000 | Encargos de março/X1 | 22.127 | 53.106 |
| Salários de abril/X1 | 20.000 | 68.000 | Encargos de abril/X1 | 22.127 | 75.233 |
| Salários de maio/X1 | 20.000 | 88.000 | Encargos de maio/X1 | 22.127 | 97.360 |
| Salários de junho/X1 | 20.000 | 108.000 | Encargos de junho/X1 | 22.127 | 119.487 |
| Salários de julho/X1 | 20.000 | 128.000 | Encargos de julho/X1 | 22.127 | 141.615 |
| Salários de agosto/X1 | 20.000 | 148.000 | Encargos de agosto/X1 | 22.127 | 163.742 |
| Salários de setembro/X1 | 20.000 | 168.000 | Encargos de setembro/X1 | 22.127 | 185.869 |
| Salários de outubro/X1 | 20.000 | 188.000 | Encargos de outubro/X1 | 22.127 | 207.996 |
| Salários de novembro/X1 | 20.000 | 208.000 | Encargos de novembro/X1 | 22.127 | 230.124 |
| Salários de dezembro/X1 | 12.000 | 220.000 | Encargos de dezembro/X1 | 13.276 | 243.400 |

| Conta: SALÁRIOS E ENCARGOS SOCIAIS A PAGAR | Valor ($) | Saldo ($) |
|---|---|---|
| Saldo Inicial | | 0 |
| Salários e encargos de janeiro/X1 | 16.851 | 16.851 |
| Pagamentos de salários e encargos | –3.200 | 13.651 |
| Salários e encargos de fevereiro/X1 | 42.127 | 55.778 |
| Pagamentos de salários e encargos | –18.669 | 37.109 |
| Salários e encargos de março/X1 | 42.127 | 79.237 |
| Pagamentos de salários e encargos | –34.673 | 44.564 |
| Salários e encargos de abril/X1 | 42.127 | 86.691 |
| Pagamentos de salários e encargos | –34.673 | 52.018 |
| Salários e encargos de maio/X1 | 42.127 | 94.146 |
| Pagamentos de salários e encargos | –34.673 | 59.473 |
| Salários e encargos de junho/X1 | 42.127 | 101.600 |
| Pagamentos de salários e encargos | –34.673 | 66.927 |
| Salários e encargos de julho/X1 | 42.127 | 109.055 |
| Pagamentos de salários e encargos | –34.673 | 74.382 |
| Salários e encargos de agosto/X1 | 42.127 | 116.509 |
| Pagamentos de salários e encargos | –34.673 | 81.836 |
| Salários e encargos de setembro/X1 | 42.127 | 123.964 |
| Pagamentos de salários e encargos | –34.673 | 89.291 |
| Salários e encargos de outubro/X1 | 42.127 | 131.418 |

(continua)

(continuação)

| Conta: SALÁRIOS E ENCARGOS SOCIAIS A PAGAR | Valor ($) | Saldo ($) |
|---|---|---|
| Pagamentos de salários e encargos | –34.673 | 96.745 |
| Salários e encargos de novembro/X1 | 42.127 | 138.873 |
| Pagamentos de salários e encargos | –34.673 | 104.200 |
| Salários e encargos de dezembro/X1 | 25.276 | 129.476 |
| Pagamentos de salários e encargos | –113.472 | 16.004 |

| Conta: BANCOS | Valor ($) | Saldo ($) |
|---|---|---|
| Saldo Inicial | | 447.396 |
| Pagamento de salários em jan./X1 | –3.200 | 444.196 |
| Pagamento de encargos em jan./X1 | 0 | 444.196 |
| Pagamento de salários em fev./X1 | –12.800 | 431.396 |
| Pagamento de encargos em fev./X1 | –5.869 | 425.527 |
| Pagamento de salários em mar./X1 | –20.000 | 405.527 |
| Pagamento de encargos em mar./X1 | –14.673 | 390.854 |
| Pagamento de salários em abr./X1 | –20.000 | 370.854 |
| Pagamento de encargos em abr./X1 | –14.673 | 356.182 |
| Pagamento de salários em maio/X1 | –20.000 | 336.182 |
| Pagamento de encargos em maio/X1 | –14.673 | 321.509 |
| Pagamento de salários em jun./X1 | –20.000 | 301.509 |
| Pagamento de encargos em jun./X1 | –14.673 | 286.836 |
| Pagamento de salários em jul./X1 | –20.000 | 266.836 |
| Pagamento de encargos em jul./X1 | –14.673 | 252.163 |
| Pagamento de salários em ago./X1 | –20.000 | 232.163 |
| Pagamento de encargos em ago./X1 | –14.673 | 217.491 |
| Pagamento de salários em set./X1 | –20.000 | 197.491 |
| Pagamento de encargos em set./X1 | –14.673 | 182.818 |
| Pagamento de salários em out./X1 | –20.000 | 162.818 |
| Pagamento de encargos em out./X1 | –14.673 | 148.145 |
| Pagamento de salários em nov./X1 | –20.000 | 128.145 |
| Pagamento de encargos em nov./X1 | –14.673 | 113.472 |
| Pagamento de salários em dez./X1 | –16.800 | 96.672 |
| Pagamento de encargos em dez./X1 | –96.673 | 0 |

## Em conta T

| DESPESAS DE SALÁRIOS | | DESPESAS DE ENCARGOS SOCIAIS | | SALÁRIOS E ENCARGOS SOCIAIS A PAGAR | | |
|---|---|---|---|---|---|---|
| SI | 0 | SI | 0 | | 0 | SI |
| Jan. | 8.000 | Jan. | 8.851 | Jan. 3.200 | 16.851 | |
| Fev. | 20.000 | Fev. | 22.127 | Fev. 18.669 | 42.127 | |
| Mar. | 20.000 | Mar. | 22.127 | Mar. 34.673 | 42.127 | |
| Abr. | 20.000 | Abr. | 22.127 | Abr. 34.673 | 42.127 | |
| Maio | 20.000 | Maio | 22.127 | Maio 34.673 | 42.127 | |
| Jun. | 20.000 | Jun. | 22.127 | Jun. 34.673 | 42.127 | |
| Jul. | 20.000 | Jul. | 22.127 | Jul. 34.673 | 42.127 | |
| Ago. | 20.000 | Ago. | 22.127 | Ago. 34.673 | 42.127 | |
| Set. | 20.000 | Set. | 22.127 | Set. 34.673 | 42.127 | |
| Out. | 20.000 | Out. | 22.127 | Out. 34.673 | 42.127 | |
| Nov. | 20.000 | Nov. | 22.127 | Nov. 34.673 | 42.127 | |
| Dez. | 12.000 | Dez. | 13.276 | Dez. 113.473 | 25.276 | |
| | 220.000 | | 243.400 | | 16.004 | |

| BANCOS | |
|---|---|
| SI 447.396 | |
| Jan. | 3.200 |
| Jan. | 0 |
| Fev. | 12.800 |
| Fev. | 5.869 |
| Mar. | 20.000 |
| Mar. | 14.673 |
| Abr. | 20.000 |
| Abr. | 14.673 |
| Maio | 20.000 |
| Maio | 14.673 |
| Jun. | 20.000 |
| Jun. | 14.673 |
| Jul. | 20.000 |
| Jul. | 14.673 |
| Ago. | 20.000 |
| Ago. | 14.673 |
| Set. | 20.000 |
| Set. | 14.673 |
| Out. | 20.000 |
| Out. | 14.673 |
| Nov. | 20.000 |
| Nov. | 14.673 |
| Dez. | 16.800 |
| Dez. | 96.673 |
| (0) | |

## 6.13 Contas a pagar

Esse passivo é utilizado para absorver as demais despesas que ainda serão pagas; são as despesas que não são classificadas como fornecedores nem como salários e encargos. É comum que sejam controladas, nessa conta, as obrigações com o fornecimento de serviços de energia elétrica, telefone, prestadores de serviços etc., razão pela qual tendem a apresentar valores menos relevantes que as obrigações de duplicatas a pagar e salários e encargos a pagar.

## 6.14 Empréstimos e financiamentos

Essas duas terminologias são utilizadas de forma indistinta para representar as obrigações da empresa com outras empresas, pessoas ou instituições financeiras que cedem ou aportam recursos financeiros, que deverão ser pagos nas datas pactuadas e remunerados por juros em função do tempo de seu uso.

De um modo geral, a terminologia *financiamento* é utilizada para recursos financeiros obtidos para financiar projetos específicos, ou seja, há uma ligação entre os recursos obtidos e as aplicações em investimentos. A terminologia *empréstimo* é mais utilizada para recursos obtidos sem um vínculo específico com determinado investimento a ser feito, sendo apenas um reforço de capital financeiro para as empresas.

### Capital de terceiros

Na teoria das finanças, os empréstimos e os financiamentos representam o capital de terceiros. A palavra *terceiros* quer dizer que são recursos obtidos de outras entidades que não os donos da empresa em questão. Dessa maneira, enquanto os empréstimos e os financiamentos representam capital de terceiros aportado na empresa, o capital social e os lucros acumulados (todo o grupo do patrimônio líquido) representam o capital próprio.

A distinção está na obrigatoriedade da devolução dos recursos. O capital de terceiros deve ser devolvido nos prazos contratados junto com os juros remuneratórios, enquanto não há nenhuma obrigatoriedade de devolução do capital próprio (salvo por decisão dos sócios ou assembleia de acionistas de redução parcial do capital ou encerramento da empresa).

### Debêntures

Um tipo de empréstimo muito utilizado por empresas de médio e grande portes são as debêntures. O que diferencia as debêntures de um empréstimo normal é que elas são títulos lançados pelas empresas e colocados no mercado para quem quer comprar papéis de dívidas. Muitas pessoas físicas ou jurídicas possuem reservas financeiras e desejam aplicá-las fora dos bancos e instituições financeiras. As debêntures rendem juros e prêmios e, por apresentarem taxas interessantes, atraem muitos investidores.

Por serem capital de terceiros, elas devem ser pagas nos vencimentos pactuados. Para garantia dos investidores, normalmente esse tipo de empréstimo tem garantias reais e é objeto de escritura pública lavrada em cartório.

É muito comum as empresas lançarem uma modalidade de debênture denominada debênture conversível em ações. Nesse caso, os investidores podem, no vencimento, em vez de retomarem o dinheiro, transformar o valor das debêntures em ações da companhia, tornando-se, assim, acionistas. Nesse momento, as debêntures deixam de ser capital de terceiros para se transformarem em capital próprio.

## Juros e atualização monetária

Assim como as aplicações financeiras, a remuneração dos empréstimos e dos financiamentos pode ser contratada com taxas de juros fixas (prefixadas) ou taxas de juros mais uma atualização monetária (pós-fixadas). Empréstimos prefixados são mais comuns quando os vencimentos são de curto prazo (até um ano); os empréstimos e os financiamentos de longo prazo normalmente têm, como base de remuneração, algum indicador de variação monetária/inflação mais uma taxa de juros sobre o valor atualizado.

## Variação cambial

No caso de empréstimos e de financiamentos em moeda estrangeira, normalmente obtidos no exterior, a atualização monetária tende a ser a própria variação da taxa de câmbio da moeda estrangeira contratada. Em linhas gerais, o capital de terceiros em moeda estrangeira é contratado na base do câmbio, adicionando uma taxa interbancária internacional (Libor,[7] Prime Rate[8]) mais uma taxa de juros específica para o banco emprestador.

---

[7] Libor – London Interbank Offered Rate.
[8] Enquanto a Libor reflete uma taxa de juros oferecida pelos grandes bancos para empresas de primeira linha na Europa, a Prime Rate faz esse papel nos bancos norte-americanos.

## Contabilização

Esse tipo de obrigação apresenta as seguintes movimentações básicas:

a) tomada do recurso financeiro junto a uma instituição financeira;
b) atualização monetária ou cambial, se houver;
c) apropriação dos juros em função do tempo transcorrido;
d) pagamento do principal e dos juros (os pagamentos de empréstimos e financiamentos são denominados *amortização* no mercado financeiro).

Vamos supor que uma empresa tomou emprestados, em 01.07.X1, US$ 30.000 para serem pagos em seis parcelas semestrais, com juros de 3% ao semestre mais Libor, que serão pagos juntamente com as parcelas semestrais. Na data da contratação, o dólar valia $ 2,80.

A Libor a ser aplicada é aquela da data do vencimento das parcelas. A tabela apresentada a seguir mostra as taxas de câmbio e a Libor em cada vencimento, bem como todos os cálculos para contabilização. Os valores futuros estão sendo calculados, nesse momento, para fins de exemplificação:

| Data | Taxa de Câmbio | Libor Semestral | Data | Taxa de Câmbio | Libor Semestral |
|---|---|---|---|---|---|
| 01.07.X1 | 2,80 | 2,0% | 01.01.X3 | 3,00 | 2,5% |
| 31.12.X1 | 2,85 | 2,0% | 30.06.X3 | 3,06 | 2,5% |
| 01.01.X2 | 2,85 | 2,0% | 01.07.X3 | 3,06 | 2,5% |
| 30.06.X2 | 2,90 | 2,0% | 31.12.X3 | 3,15 | 2,2% |
| 01.07.X2 | 2,90 | 2,0% | 01.01.X4 | 3,15 | 2,2% |
| 31.12.X2 | 3,00 | 2,5% | 30.06.X3 | 3,20 | 2,2% |
|  |  |  | 01.07.X4 | 3,20 | 2,2% |
| Juros Semestrais além da Libor = 3,0% | | | | | |

A tabela a seguir apresenta um modelo de planilha que pode ser utilizado tanto para a contabilização como para o controle de cada empréstimo:

## Planilha de controle de empréstimo e contabilização.

| Data | Eventos Econômicos | Saldo Inicial | | Variação Cambial | Encargos Financeiros | | | Amortização | | | | Saldo Final | |
|---|---|---|---|---|---|---|---|---|---|---|---|---|---|
| | | Moeda Estrangeira | Moeda Nacional | | Libor | Juros | Total | Principal US$ | Principal R$ | Encargos Financeiros | Total | Moeda Estrangeira | Moeda Nacional |
| 01.07.X1 | 1. Empréstimo Efetuado | 30.000 | 84.000 | | | | | | | | | – | – |
| 31.12.X1 | 2. Variação Cambial | 30.000 | 84.000 | 1.500 | | | | | | | | 30.000 | 85.500 |
| 31.12.X1 | 3. Encargos Financeiros | 30.000 | 85.500 | | 1.710 | 2.565 | 4.275 | | | | | 30.000 | 89.775 |
| 01.01.X2 | 4. Amortização (1ª Parcela) | 30.000 | 89.775 | | | | | 5.000 | 14.250 | 4.275 | 18.525 | 25.000 | 71.250 |
| 30.06.X2 | 5. Variação Cambial | 25.000 | 71.250 | 1.250 | | | | | | | | 25.000 | 72.500 |
| 30.06.X2 | 6. Encargos Financeiros | 25.000 | 72.500 | | 1.450 | 2.175 | 3.625 | | | | | 25.000 | 76.125 |
| 01.07.X2 | 7. Amortização (2ª Parcela) | 25.000 | 76.125 | | | | | 5.000 | 14.500 | 3.625 | 18.125 | 20.000 | 58.000 |
| 31.12.X2 | 8. Variação Cambial | 20.000 | 58.000 | 2.000 | | | | | | | | 20.000 | 60.000 |
| 31.12.X2 | 9. Encargos Financeiros | 20.000 | 60.000 | | 1.500 | 1.800 | 3.300 | | | | | 20.000 | 63.300 |
| 01.01.X3 | 10. Amortização (3ª Parcela) | 20.000 | 63.300 | | | | | 5.000 | 15.000 | 3.300 | 18.300 | 15.000 | 45.000 |
| 30.06.X3 | 11. Variação Cambial | 15.000 | 45.000 | 900 | | | | | | | | 15.000 | 45.900 |
| 30.06.X3 | 12. Encargos Financeiros | 15.000 | 45.900 | | 1.148 | 1.377 | 2.525 | | | | | 15.000 | 48.425 |
| 01.07.X3 | 13. Amortização (4ª Parcela) | 15.000 | 48.425 | | | | | 5.000 | 15.300 | 2.525 | 17.825 | 10.000 | 30.600 |
| 31.12.X3 | 14. Variação Cambial | 10.000 | 30.600 | 900 | | | | | | | | 10.000 | 31.500 |
| 31.12.X3 | 15. Encargos Financeiros | 10.000 | 31.500 | | 693 | 945 | 1.638 | | | | | 10.000 | 33.138 |
| 01.01.X4 | 16. Amortização (5ª Parcela) | 10.000 | 33.138 | | | | | 5.000 | 15.750 | 1.638 | 17.388 | 5.000 | 15.750 |
| 30.06.X4 | 17. Variação Cambial | 5.000 | 15.750 | 250 | | | | | | | | 5.000 | 16.000 |
| 30.06.X4 | 18. Encargos Financeiros | 5.000 | 16.000 | | 352 | 480 | 832 | | | | | 5.000 | 16.832 |
| 01.07.X4 | 19. Amortização (6ª Parcela) | 5.000 | 16.832 | | | | | 5.000 | 16.000 | 832 | 16.832 | 0 | 0 |

A seguir a contabilização nos dois modelos de contas contábeis:

| Conta: EMPRÉSTIMOS | Valor ($) | Saldo ($) | Conta: BANCOS | Valor ($) | Saldo ($) |
|---|---|---|---|---|---|
| Saldo Inicial | | 0 | Saldo Inicial | | 22.995 |
| 1. Tomada de Empréstimo de US$ 30.000 | 84.000 | 84.000 | 1. Tomada de Empréstimo de US$ 30.000 | 84.000 | 106.995 |
| 2. Variação Cambial | 1.500 | 85.500 | 4. Amortização (1ª Parcela) | −18.525 | 88.470 |
| 3. Encargos Financeiros | 4.275 | 89.775 | 7. Amortização (2ª Parcela) | −18.125 | 70.345 |
| 4. Amortização (1ª Parcela) | −18.525 | 71.250 | 10. Amortização (3ª Parcela) | −18.300 | 52.045 |
| 5. Variação Cambial | 1.250 | 72.500 | 13. Amortização (4ª Parcela) | −17.825 | 34.220 |
| 6. Encargos Financeiros | 3.625 | 76.125 | 16. Amortização (5ª Parcela) | −17.388 | 16.832 |
| 7. Amortização (2ª Parcela) | −18.125 | 58.000 | 19. Amortização (6ª Parcela) | −16.832 | 0 |
| 8. Variação Cambial | 2.000 | 60.000 | | | |
| 9. Encargos Financeiros | 3.300 | 63.300 | | | |
| 10. Amortização (3ª Parcela) | −18.300 | 45.000 | | | |
| 11. Variação Cambial | 900 | 45.900 | | | |
| 12. Encargos Financeiros | 2.525 | 48.425 | | | |
| 13. Amortização (4ª Parcela) | −17.825 | 30.600 | | | |
| 14. Variação Cambial | 900 | 31.500 | | | |
| 15. Encargos Financeiros | 1.638 | 33.138 | | | |
| 16. Amortização (5ª Parcela) | −17.388 | 15.750 | | | |
| 17. Variação Cambial | 250 | 16.000 | | | |
| 18. Encargos Financeiros | 832 | 16.832 | | | |
| 19. Amortização (6ª Parcela) | −16.832 | 0 | | | |

| Conta de Despesa Financeira | | | Conta de Despesa Financeira | | |
|---|---|---|---|---|---|
| Conta: VARIAÇÃO CAMBIAL (Ano X1) | Valor ($) | Saldo ($) | Conta: JUROS E LIBOR (Ano X1) | Valor ($) | Saldo ($) |
| Saldo Inicial | | 0 | Saldo Inicial | | 0 |
| 2. Variação Cambial | 1.500 | 1.500 | 3. Encargos Financeiros | 4.275 | 4.275 |

| Conta de Despesa Financeira | | | Conta de Despesa Financeira | | |
|---|---|---|---|---|---|
| Conta: VARIAÇÃO CAMBIAL (Ano X2) | Valor ($) | Saldo ($) | Conta: JUROS E LIBOR (Ano X2) | Valor ($) | Saldo ($) |
| Saldo Inicial | | 0 | Saldo Inicial | | 0 |
| 5. Variação Cambial | 1.250 | 1.250 | 6. Encargos Financeiros | 3.625 | 3.625 |
| 8. Variação Cambial | 2.000 | 3.250 | 9. Encargos Financeiros | 3.300 | 6.925 |

| Conta de Despesa Financeira | | | Conta de Despesa Financeira | | |
|---|---|---|---|---|---|
| Conta: VARIAÇÃO CAMBIAL (Ano X3) | Valor ($) | Saldo ($) | Conta: JUROS E LIBOR (Ano X3) | Valor ($) | Saldo ($) |
| Saldo Inicial | | 0 | Saldo Inicial | | 0 |
| 11. Variação Cambial | 900 | 900 | 12. Encargos Financeiros | 2.525 | 2.525 |
| 14. Variação Cambial | 900 | 1.800 | 15. Encargos Financeiros | 1.638 | 4.163 |

| Conta de Despesa Financeira | | | Conta de Despesa Financeira | | |
|---|---|---|---|---|---|
| Conta: VARIAÇÃO CAMBIAL (Ano X4) | Valor ($) | Saldo ($) | Conta: JUROS E LIBOR (Ano X4) | Valor ($) | Saldo ($) |
| Saldo Inicial | | 0 | Saldo Inicial | | 0 |
| 17. Variação Cambial | 250 | 250 | 18. Encargos Financeiros | 832 | 832 |

```
                                      DESPESAS (ANO X1)      DESPESAS (ANO X1)
         EMPRÉSTIMOS                  VARIAÇÃO CAMBIAL         JUROS E LIBOR
              0    SI       SI              0              SI        0
         84.000   (1)
          1.500   (2)      (2)          1.500             (3)      4.275
  (4) 18.525      4.275   (3)
                  1.250   (5)           1.500                       4.275
  (7) 18.125      3.625   (6)
                  2.000   (8)
 (10) 18.300      3.300   (9)         DESPESAS (ANO X2)      DESPESAS (ANO X2)
                    900  (11)         VARIAÇÃO CAMBIAL         JUROS E LIBOR
 (13) 17.825      2.525  (12)  SI           0              SI        0
                    900  (14)  (5)       1.250            (6)      3.625
 (16) 17.388      1.638  (15)  (8)       2.000            (9)      3.300
                    250  (17)
 (19) 16.832        832  (18)            3.250                      6.925
                      0
                                      DESPESAS (ANO X3)      DESPESAS (ANO X3)
                                      VARIAÇÃO CAMBIAL         JUROS E LIBOR
           BANCOS              SI           0              SI        0
  SI  22.995                  (11)         900           (12)      2.525
  (1) 84.000                  (14)         900           (15)      1.638
                 18.525   (4)
                 18.125   (7)            1.800                      4.163
                 18.300  (10)
                 17.825  (13)
                 17.388  (16)         DESPESAS (ANO X4)      DESPESAS (ANO X4)
                 16.832  (19)         VARIAÇÃO CAMBIAL         JUROS E LIBOR
               0               SI           0              SI        0
                              (17)         250           (18)        832

                                           250                        832
```

## Passivo não circulante

Todas as parcelas dos empréstimos, tanto do principal como dos juros, cujos vencimentos ultrapassem 12 meses devem ser classificadas no passivo não circulante. As parcelas do principal e juros que vencem dentro dos próximos 12 meses são classificadas no passivo circulante.

Tendo como referência os dados do nosso exemplo, a tabela a seguir evidencia os valores que devem ser classificados entre curto e longo prazos e que devem ser apresentados no balanço patrimonial nos grupos respectivos do passivo.

| Data do Encerramento do Balanço Patrimonial | Total do Empréstimo | Curto Prazo Vencimentos até um Ano Passivo Circulante | Longo Prazo Vencimentos após um Ano Passivo não Circulante |
|---|---|---|---|
| | $ | $ | $ |
| 31.12.X1 | 89.775 | 32.775 | 57.000 |
| 31.12.X2 | 63.300 | 33.300 | 30.000 |
| 31.12.X3 | 33.138 | 33.138 | 0 |

Em 31.12.X1, as quatro últimas parcelas têm vencimentos superiores a 12 meses, pois a terceira parcela vence em 01.01.X3. Como cada parcela custa US$ 5.000 e a taxa de câmbio em 31.12.X1 é de $ 2,85, o total de longo prazo é de $ 57.000 (4 parcelas x US$ 5.000 x $ 2,85). As duas primeiras parcelas, mais os juros e a variação cambial até 31.12.X1, são classificadas no curto prazo (2 parcelas x US$ 5.000 x $ 2,85 + $ 4.275).

Em 31.12.X2, as duas últimas parcelas são de longo prazo, pois vencem no ano X4, totalizando $ 30.000 (2 parcelas x US$ 5.000 x $ 3,00).

## 6.15 Provisões

A provisão é uma técnica contábil de antecipar a contabilização de despesas potenciais. Como introduzimos no tópico Provisão para Créditos Duvidosos, a provisão é uma estimativa de uma provável despesa ou perda.

Sempre que a administração identifica causas ou eventos que possam deixar claras possíveis perdas ou despesas, deve-se constituir a provisão. Não existe uma periodicidade específica para a contabilização. Em tese, pelo menos mensalmente, o setor de contabilidade deve questionar a validade de todos os ativos e dos passivos potenciais e constituir as provisões necessárias. Há casos em que até no momento da aquisição de algum ativo são verificadas perdas potenciais, não havendo necessidade de esperar outro momento para fazer a provisão.

## Provisão *versus* obrigação

A diferença entre provisão e obrigação está em que a obrigação decorre de um gasto efetivamente ocorrido ou de um investimento feito, cujos valores e prazos são conhecidos. Algumas despesas são contabilizadas sob a terminologia de provisão, mas não o são na realidade; são despesas com valores já conhecidos, com prazos de pagamento também estipulados. Mas, por tradição ou por necessidade de revisão dos valores, existe o hábito de tratá-las como provisão. Os casos mais conhecidos são:

1) *Provisão para Imposto de Renda e Contribuição Social sobre o Lucro*: essa terminologia vem de um passado recente, quando se pagavam esses tributos por estimativa e, por ocasião da declaração de rendimentos, fazia-se a aferição do valor exato. Havia uma questão de exatidão de valor, mas não de vencimento. Atualmente as disposições legais são bastante claras e o conceito de recolhimento por estimativa praticamente é inexistente. Assim, essas despesas tributárias não são tecnicamente provisões, mas, sim, despesas conhecidas, pagas nos períodos seguintes, sendo, portanto, passivos de obrigações normais.

2) *Provisão para Férias e 13º Salário*: também se constitui como passivo normal, já que os direitos dos empregados são exatos e conhecidos a cada mês, acumulando-se 1/12 por mês desses direitos empregatícios, que são dívidas para as empresas.

## Provisões para constituição de passivos

Devem ser contabilizadas como provisões despesas que têm grande probabilidade de ocorrer, sendo também denominadas passivos contingentes. Os principais exemplos são:

1) *Provisão para riscos fiscais*: quando a empresa assume determinadas posturas tributárias, nos casos em que os órgãos governamentais têm interpretação diferente da empresa, deve-se fazer a contabilização, provisionando o valor dos tributos como despesa, uma vez que há um risco claro de autuação pelo fisco e, consequentemente, de pagamento dos tributos.

2) *Provisão para autuações fiscais e contenciosos*: quando a empresa sofre autuação fiscal, determinando pagamento de tributos mais multas, quando está discutindo em juízo o pagamento ou crédito de algum tributo, deve-se fazer o provisionamento, desde que as chances de perda sejam efetivas. Não deve ser feita provisão se as possibilidades de ganho de causa pela empresa são claras.

3) *Provisão para processos trabalhistas*: muito comum em nosso país; a grande maioria das empresas sempre está às voltas com reclamações trabalhistas. Havendo possibilidades normais de perdas dos processos, deve-se fazer também o lançamento dos valores estimados das perdas como despesas.

4) *Provisão para perdas no período de garantia dos produtos e serviços*: em alguns casos, justifica-se esse tipo de provisão. Assim, faz-se um cálculo das prováveis despesas que poderão ocorrer para cumprir as obrigações de garantia ao consumidor.

A classificação das provisões pode ser tanto no passivo circulante como no exigível a longo prazo, dependendo da expectativa que se tenha do tempo da possível realização das provisões efetuadas.

## Provisão para retificação de ativos

Nesse caso, as provisões justificam-se quando há evidências claras de que o valor contábil de algum ativo não se realizará ao menos pelo valor constante na contabilidade. As provisões mais conhecidas são:

1) *Provisões para perdas com estoques*: eventualmente as empresas podem ter, em seus estoques, materiais e produtos que já se encontram obsoletos, ou em fase de deterioração, ou com perda de prazo de validade, ou mesmo com dificuldade de venda há muito tempo. Deve-se estimar qual o valor possível de realização (normalmente vendidos como sucata), e contabiliza-se a diferença como despesa. Quando da venda, baixa-se a provisão.

2) *Provisão para redução ao valor de mercado*: também relacionada com os estoques de materiais e produtos. Mesmo que os materiais não estejam obsoletos, pode-se configurar uma situação em que o preço de venda esteja abaixo do custo. Nesse caso, o valor de mercado líquido realizável (excluindo as despesas com vendas e impostos) será a base para o cálculo da provisão.

3) *Provisão para retificação de ativos circulantes e não circulantes*: similar à provisão anterior, existem casos de ativos, bens ou direitos, cujo valor atual é muito inferior ao valor de aquisição. Com indicações claras de que o valor atual configura uma perda com esses ativos, deve-se fazer a provisão, ajustando o valor ao mercado.

No caso desse tipo de provisão, o mais adequado é fazer o lançamento em uma conta retificadora para manter o controle dos valores originais.

## Contabilização

Os eventos das provisões são:

a) a provisão, quando detecta haver necessidade de sua constituição;
b) a realização da provisão, quando o ativo ou o passivo objeto da provisão é realizado ou pago.

Vamos apresentar dois exemplos; no primeiro, a empresa foi acionada por um processo trabalhista, pois um ex-empregado mensalista, não claramente de cargo de confiança, reivindica determinado montante de horas extras por trabalhar frequentemente fora do expediente. A importância solicitada no processo é de $ 30.000. A empresa verifica que provavelmente o juiz dará ganho de mérito para o empregado, mas o valor mais provável será de $ 18.000. Resolve, então, constituir uma provisão nesse valor, aguardando o julgamento.

Por ocasião do julgamento, o valor acordado entre as partes foi de $ 19.500, pago em dinheiro.

| Evento 1 – Reconhecimento do passivo contingente, fazendo a provisão de $ 18.000. | | | | | |
|---|---|---|---|---|---|
| Conta: PROVISÕES DE PASSIVOS | Valor ($) | Saldo ($) | Conta: DESPESAS DE ENCARGOS SOCIAIS | Valor ($) | Saldo ($) |
| Saldo Inicial | | 0 | Saldo Inicial | | 0 |
| Processo Trabalhista de Fulano de Tal | 18.000 | 18.000 | Provisão de Despesas com Processo Trabalhista de Fulano de Tal | 18.000 | 18.000 |

| Evento 2 – Realização do processo trabalhista $ 19.500. | | | | | |
|---|---|---|---|---|---|
| Conta: PROVISÕES DE PASSIVOS | Valor ($) | Saldo ($) | Conta: DESPESAS DE ENCARGOS SOCIAIS | Valor ($) | Saldo ($) |
| Saldo Anterior | | 18.000 | Saldo Anterior | | 18.000 |
| Baixa da Provisão do Processo Trabalhista de Fulano de Tal (liquidado) | –18.000 | 0 | Complemento de Despesa com Processo Trabalhista de Fulano de Tal | 1.500 | 19.500 |
| Conta: CAIXA | Valor ($) | Saldo ($) | | | |
| Saldo Anterior | | 19.500 | | | |
| Pagamento do Processo Trabalhista de Fulano de Tal | –19.500 | 0 | | | |

**Em conta T**

| PROVISÕES DE PASSIVOS | | | | DESPESAS DE ENCARGOS SOCIAIS | | CAIXA | |
|---|---|---|---|---|---|---|---|
|  | 0 | SI | SI | 0 | SI | 19.500 |  |
|  | 18.000 | (1) | (1) | 18.000 |  |  | 19.500 |
| (2) 18.000 |  |  | (2) | 1.500 |  |  |  |
|  | 0 |  |  | 19.500 |  | 0 |  |

Um segundo exemplo pode ser dado com estoques: uma empresa identificou diversos itens de materiais estocados por $ 25.000 que, em função da obsolescência tecnológica, só serão vendidos como sucata. O valor estimado de venda como sucata é de $ 2.000. Após algum tempo, é feito um leilão geral e se consegue obter $ 2.200, em dinheiro.

| Evento 1 – Reconhecimento da perda provável de $ 23.000. | | | | | | | |
|---|---|---|---|---|---|---|---|
| Conta: PROVISÃO PARA PERDAS | Valor ($) | Saldo ($) | | Conta: DESPESAS – PERDAS COM ESTOQUES | Valor ($) | Saldo ($) | |
| Saldo Inicial | | 0 | | Saldo Inicial | | 0 | |
| Valor da Provável Perda com Estoques Obsoletos | 23.000 | 23.000 | | Provisão para Perdas com Estoques Obsoletos | 23.000 | 23.000 | |

| Evento 2 – Venda dos estoques obsoletos como sucata $ 2.200. | | | | | | | |
|---|---|---|---|---|---|---|---|
| Conta: PROVISÕES PARA PERDAS | Valor ($) | Saldo ($) | | Conta: CUSTO DAS MERCADORIAS VENDIDAS | Valor ($) | Saldo ($) | |
| Saldo Anterior | | 23.000 | | Saldo Inicial | | 0 | |
| Baixa da Provisão para Perdas com Estoques Obsoletos | –23.000 | 0 | | Valor Original dos Estoques Obsoletos Baixa da Provisão para Perdas com Estoques Obsoletos | 25.000<br>–23.000 | 25.000<br>2.000 | |
| Conta: CAIXA | Valor ($) | Saldo ($) | | Conta: VENDA DE SUCATA | Valor ($) | Saldo ($) | |
| Saldo Inicial<br>Venda de Sucata | 2.200 | 0<br>2.200 | | Saldo Inicial<br>Venda de Sucata em Dinheiro | 2.200 | 0<br>2.200 | |

## Em conta T

| PROVISÕES PARA PERDAS COM ESTOQUES | | | DESPESAS DE PERDAS PROVÁVEIS | | CAIXA | |
|---|---|---|---|---|---|---|
| | 0 SI | SI | 0 | SI | 0 | |
| | 23.000 (1) | (1) | 23.000 | (2) | 2.200 | |
| (2) 23.000 | | | | | | |
| | 0 | | 23.000 | | 2.200 | |

| VENDA DE SUCATA | | | CUSTO DAS MERCADORIAS VENDIDAS | |
|---|---|---|---|---|
| | 0 SI | SI | 0 | |
| | 2.200 (2) | (2) | 25.000 | |
| | | | | 23.000 (2) |
| | 2.200 | | 2.000 | |

## Evidenciação nas demonstrações contábeis

A constituição da provisão para perdas com estoques evidencia um impacto na demonstração de resultados, adicionando um prejuízo específico pela constituição da provisão. No balanço patrimonial, demonstram-se o valor bruto e o valor líquido do estoque.

Quando da venda dos estoques, baixam-se os estoques e sua provisão, apurando-se o resultado da venda com o valor líquido dos estoques.

**Ativo Circulante – Evento 1**
| | |
|---|---|
| Estoques | 25.000 |
| (–) Provisão para perdas | (23.000) |
| Estoques – Valor Líquido | 2.000 |

**Demonstração de Resultados – Evento 1**
| | |
|---|---|
| Provisão para perdas com estoques | (23.000) |
| Resultado Operacional | (23.000) |

**Ativo Circulante – Evento 2**
| | |
|---|---|
| Estoques | 0 |
| (–) Provisão para perdas | 0 |
| Estoques – Valor Líquido | 0 |

**Demonstração de Resultados – Evento 2**
| | |
|---|---|
| Receita de Vendas | 2.200 |
| (–) Custo das Mercadorias Vendidas | (2.000) |
| Resultado Operacional | 200 |

Supondo que os eventos aconteçam no mesmo exercício contábil, a somatória dos dados das demonstrações de resultados dos Eventos 1 e 2 evidencia o prejuízo líquido entre o valor obtido pela venda e o valor original do estoque:

**Demonstração de Resultados – Evento 1 + Evento 2**
| | |
|---|---:|
| Receita de Vendas | 2.200 |
| (–) Provisão para perdas | (23.000) |
| (–) Custo das Mercadorias Vendidas | (2.000) |
| Resultado Operacional | (22.800) |

## 6.16 Reservas

Dentro do estudo da teoria contábil, poderia ser eliminada a figura das reservas como necessária para entender o patrimônio líquido. Como, em essência, o patrimônio líquido é composto de capital social (inicial e suas posteriores integralizações em dinheiro, bens e direitos) e dos lucros acumulados de todos os exercícios desde a fundação da companhia, não haveria necessidade de criar outra figura para dar nomes diferentes às partes do capital social e às partes dos lucros acumulados. Assim, podemos dizer que reservas são destaques do patrimônio líquido, basicamente com fins fiscais e comerciais, já que o patrimônio líquido é a ligação legal entre a entidade jurídica, a empresa e os sócios ou acionistas que a compõem. *As reservas são destaques do patrimônio líquido oriundas de*:

a) entradas de capital em bens, direitos ou dinheiro não contabilizadas na conta de Capital Social (ágio na integralização de capital por novos acionistas ou sócios);

b) correção monetária do capital social;

c) doações ou subsídios governamentais para investimentos contabilizados como doações na demonstração do resultado do exercício;

d) ganhos por valorização de elementos patrimoniais, além dos valores já habitualmente contabilizados como receita que não transitam por Lucros e Perdas (reavaliação de imobilizados);

e) lucros acumulados não distribuídos aos donos do capital da companhia, ficando retidos na pessoa jurídica e sendo reclassificados com outros nomes em novas contas, para atendimento de formalidades fiscais ou comerciais, de forma compulsória ou espontânea.

## Classificação das reservas

A classificação das reservas tem sentido para atendimento de solicitações da legislação fiscal e comercial. Compreende:

- reservas de capital;
- reservas de reavaliação;
- reservas de lucros.

### Reservas de capital

Compreende ágio na integralização do capital e correção monetária do capital social.

#### *Ágio na integralização de capital*

Consideremos que uma empresa fez uma chamada de capital vendendo 50.000 ações. O preço nominal das antigas ações era de $ 10 cada, mas os novos acionistas pagarão um ágio de $ 2 por ação, que não será escriturado como capital social. Esse valor adicional (50.000 ações × $ 2 = $ 100.000) não será tratado como receita, e sim como reserva de capital, denominada Capital Excedente:

| Integralização de capital social no valor de $ 500.000 mais ágio de $ 100.000, total $ 600.000. | | | | | |
|---|---|---|---|---|---|
| Conta: CAPITAL SOCIAL | Valor ($) | Saldo ($) | Conta: BANCOS | Valor ($) | Saldo ($) |
| Saldo Anterior | | 500.000 | Saldo Anterior | | 0 |
| Aumento de Capital Social com Emissão de Novas Ações | 500.000 | 1.000.000 | Integralização de Capital Social com Emissão de Novas Ações | 600.000 | 600.000 |
| Conta: CAPITAL EXCEDENTE | Valor ($) | Saldo ($) | | | |
| Saldo Anterior | | 0 | | | |
| Ágio na Integralização de Capital | 100.000 | 100.000 | | | |

**Em conta T**

| CAPITAL SOCIAL | | | RESERVA DE CAPITAL EXCEDENTE | | | BANCOS | |
|---|---|---|---|---|---|---|---|
| | 500.000 | SI | | 0 | SI | SI | 0 |
| | 500.000 | (1) | 100.000 | | (1) | (1) 600.000 | |
| | 1.000.000 | | 100.000 | | | 600.000 | |

## Correção monetária do capital social

Pela legislação fiscal brasileira, até 31 de dezembro de 1995, todas as contas do patrimônio líquido eram corrigidas, o que incluía a correção do capital social. Entretanto, o contador somente poderia alterar o valor contábil do capital social baseado em um documento de publicação da Assembleia Geral dos Acionistas ou em uma cópia da alteração do contrato social da empresa. Assim, o valor da correção monetária do capital, enquanto não formalizado juridicamente, era contabilizado em conta distinta do capital social, no grupo reservas de capital. Quando de posse da documentação autorizadora, o contador transferia tais valores para a conta de Capital Social.

## Reserva de incentivos fiscais

A reserva de incentivos fiscais é uma reserva de lucros decorrente de a empresa ter recebido doações governamentais para investimentos. Caso ela queira que o valor recebido, seja em dinheiro ou em bens, não sofra tributação do imposto de renda, deverá transferir o valor que transitou pela demonstração do resultado do exercício para uma reserva de lucros denominada reserva de incentivos fiscais.

Na legislação e práticas contábeis vigentes até 31 de dezembro de 2007, as doações governamentais recebidas para investimentos eram debitadas no realizável a longo prazo em contrapartida direta à reserva de capital no patrimônio líquido. Essa possibilidade não existe mais, e todas as doações governamentais recebidas devem ser contabilizadas como receita na demonstração de resultados e seu valor não será classificado como reserva de capital, mas, sim, como reserva de lucros.

Vamos supor que a empresa tenha recebido o valor de $ 20.000,00 para um projeto de pesquisa a fundo perdido, ou seja, não haverá a necessidade de devolver o dinheiro para o governo. Os lançamentos seriam os seguintes:

| *Exemplo numérico:* | | | | |
|---|---|---|---|---|
| 1. Recebimento de doação governamental em dinheiro | | | | |
| 2. Transferência do valor constante da demonstração do resultado para reserva | | | | |
| Todas as movimentações foram feitas com saldo bancário | | | | |
| **Lançamentos** | | | | |
| Nº | Lançamento | Conta Contábil | Valor – $ | Conta de: |
| 1 | Débito | Bancos conta movimento | 20.000,00 | Ativo circulante |
| 1 | Crédito | Receita de doações | 20.000,00 | Receita |
| 2 | Débito | Lucros acumulados | 20.000,00 | Patrimônio líquido |
| 2 | Crédito | Reserva de incentivos fiscais | 20.000,00 | Patrimônio líquido |

**Em conta T**

| BANCO CONTA MOVIMENTO | LUCROS ACUMULADOS | RESERVA DE INCENTIVOS FISCAIS |
|---|---|---|
| 1  20.000,00 | 2  20.000,00 | 20.000,00  2 |

| RECEITA DE DOAÇÕES |
|---|
| 20.000,00  1 |

## Reservas de reavaliação

Os valores que podem ser lançados nessa conta provêm de valorizações de ativos imobilizados, em valores superiores aos valores residuais corrigidos monetariamente. A contabilidade e a própria legislação de IR entendem e admitem que tais valores, que aumentam o valor dos ativos, não devem transitar pela demonstração de lucros e perdas, visto não significarem ganhos ou perdas nas operações normais da empresa. Essa valorização adicional normalmente é ratificada após número razoável de anos que confirma que os bens têm seu valor de mercado substancialmente superior ao contabilizado.

Esse procedimento não está mais previsto nas práticas contábeis brasileiras atuais desde 1º de janeiro de 2008, sendo proibidas novas reavaliações. As empresas poderiam manter as reavaliações efetuadas até 31 de dezembro de 2007.

Outrossim, pela interpretação ICPC 10 – Interpretação sobre a Aplicação Inicial ao Ativo Imobilizado e à Propriedade para Investimento dos Pronunciamentos Técnicos CPCs 27, 28, 37 e 43, houve a possibilidade de em 1º de janeiro de 2010 a empresa fazer um ajuste dos valores dos elementos patrimoniais de imobilizado e propriedades para investimentos, denominado custo atribuído. Se o valor do custo atribuído fosse superior ao valor contábil, havia a possibilidade de fazer um novo ajuste para mais desses elementos, caracterizando, na essência, uma reserva de reavaliação. A conta a ser utilizada como contrapartida é a conta ajustes de avaliação patrimonial no patrimônio líquido.

Para exemplificar, considere que os ativos imobilizados de máquinas, prédios e terrenos sofreram uma reavaliação a preço de mercado, por pessoa jurídica ou física, habilitada para dar laudos de avaliações (corretores inscritos). Demonstraremos a seguir os valores que estavam na contabilidade e os novos valores obtidos pelos laudos de avaliação:

|  | Valor Residual Contábil Corrigido | Valor da Avaliação | Diferença (a lançar) |
|---|---|---|---|
| Terrenos | 120.000 | 255.000 | 135.000 |
| Prédios | 215.000 | 420.000 | 205.000 |
| Máquinas | 330.000 | 970.000 | 640.000 |
| Total | 665.000 | 1.645.000 | 980.000 |

*Contabilização*

| Reavaliação de imobilizados, sendo $ 135.000 em terrenos, $ 205.000 em prédios, $ 640.000 em máquinas, total $ 980.000. | | | | | | | |
|---|---|---|---|---|---|---|---|
| Conta: TERRENOS | Valor ($) | Saldo ($) | | Conta: PRÉDIOS | Valor ($) | Saldo ($) | |
| Saldo Anterior | | 120.000 | | Saldo Inicial | | 215.000 | |
| Valor do Excesso da Avaliação sobre o Valor Contábil | 135.000 | 255.000 | | Valor do Excesso da Avaliação sobre o Valor Contábil | 205.000 | 420.000 | |
| Conta: MÁQUINAS | Valor ($) | Saldo ($) | | Conta: RESERVA DE REAVALIAÇÃO | Valor ($) | Saldo ($) | |
| Saldo Inicial | | 330.000 | | Saldo Inicial | | 0 | |
| Valor do Excesso da Avaliação sobre o Valor Contábil | 640.000 | 970.000 | | Valor do Excesso da Avaliação sobre o Valor Contábil do Imobilizado | 980.000 | 980.000 | |

Em contas T

```
    TERRENOS              PRÉDIOS              MÁQUINAS
SI  120.000          SI   215.000          SI   330.000
(1) 135.000          (1)  205.000          (1)  640.000
    255.000               420.000               970.000

                    RESERVA DE
                    REAVALIAÇÃO
                         980.000  (1)
                         980.000
```

*Realização da reserva de reavaliação*

A redução dessa reserva até a sua total extinção decorrerá de eventos que baixem os valores da reavaliação contabilizados no ativo permanente. Os dois eventos principais que reduzem a reserva de reavaliação são a depreciação ou a baixa dos bens reavaliados.

Dessa maneira, a contabilização da depreciação dos valores da reavaliação como custo ou despesa implica, necessariamente, baixa do valor correspondente na conta de Reserva. Da mesma forma, a contabilização do valor da reavaliação de um bem – quando baixado – por venda, doação ou deterioração, como resultado não operacional, implica a contabilização de baixa do mesmo valor na conta de Reserva. A contrapartida da baixa de reserva será contra os lucros acumulados, uma vez que a contabilização dos efeitos no ativo permanente vai para a conta Lucro do Exercício e, posteriormente, para Lucros Acumulados.

## Reservas de lucros

Reservas de lucros significam lucros não distribuídos; após a apuração do lucro e sua destinação primária para dividendos, se for sociedade anônima, ou retirada de lucros, se for sociedade limitada, o restante dos lucros pode ou não ser distribuído. Caso a diretoria ou assembleia de acionistas decida pela manutenção de tais lucros na empresa, deverão ser constituídas reservas de lucros.

### *Reservas compulsórias*

Por força de lei, alguns valores necessariamente não devem ser distribuídos: são as reservas compulsórias. Como exemplo, podemos mencionar a reserva legal (5% do lucro líquido após o Imposto de Renda) e as reservas oriundas da realização de reservas de reavaliação.

### *Reserva legal*

A justificativa para a compulsoriedade da reserva legal baseia-se no entendimento de que é necessário um mínimo de retenção de lucros na empresa, para que ela não sofra descapitalização e, consequentemente, tenha condições de manter seu poder competitivo e a sua continuidade no mercado. Sabemos que, no Brasil, tendo-se em vista o ambiente inflacionário, 5% dos lucros são insuficientes para a empresa manter o seu capital de giro atualizado; ainda assim, é esse o percentual adotado. Saliente-se que a compulsoriedade dessa reserva é de exclusividade das sociedades anônimas.

### *Reservas livres*

Nesse caso, a criação das reservas fica a critério da empresa: ela que deve ou não criar. O contador deverá fazer a contabilização dessas reservas após a formalização pela diretoria da sociedade anônima e por meio da Assembleia Geral Extraordinária ou conforme alteração contratual, em outros tipos de sociedades.

## Exemplo: *reserva legal e reservas livres*

Qualquer reserva de lucro deve ser lançada debitando-se os lucros acumulados (ou mesmo diretamente lucros e perdas) e creditando-se reservas de lucros no patrimônio líquido. Para exemplificar, considere que temos um lucro de $ 400.000 em Lucros Acumulados e que faremos uma reserva livre de $ 150.000, para fazer face a futuros investimentos, além da reserva legal de 5% no valor de $ 20.000, restando $ 230.000 em Lucros Acumulados.

Essa movimentação pode ser mais bem visualizada mostrando o total do patrimônio líquido antes e depois da constituição das reservas de lucros, deixando claro que não há alteração do seu total, sendo essas reservas apenas uma questão de nomenclatura.

**Patrimônio Líquido – Antes da Constituição de Reservas de Lucros**

| | |
|---|---|
| Capital Social | 1.000.000 |
| Reserva de Capital Excedente | 100.000 |
| Reserva de Reavaliação | 980.000 |
| Lucros Acumulados | 400.000 |
| Total do Patrimônio Líquido | 2.480.000 |

**Em contas T**

| Lucros Acumulados | Reserva Legal | Reserva para Investimentos |
|---|---|---|
| 400.000 | | |
| (1) 170.000 | 20.000 (1) | 150.000 (1) |

**Patrimônio Líquido – Depois da Constituição de Reservas de Lucros**

| | |
|---|---|
| Capital Social | 1.000.000 |
| Reserva de Capital Excedente | 100.000 |
| Reserva de Reavaliação | 980.000 |
| Reservas de Lucros | |
|   Reserva Legal | 20.000 |
|   Reserva para Investimentos | 150.000 |
| Lucros Acumulados | 230.000 |
| Total do Patrimônio Líquido | 2.480.000 |

**Utilização e limite das reservas para as S.A.**

Basicamente, as reservas de capital só poderão ser utilizadas para:

a) absorver prejuízos que ultrapassem os lucros acumulados e as reservas de lucros;

b) resgatar, reembolsar ou comprar ações;
c) incorporar o capital social.

As reservas de reavaliação deverão ser utilizadas para incorporação ao capital, quando oriundas de imóveis não depreciados. Quando oriundas de bens móveis e imóveis que têm depreciação, poderão ser também capitalizadas. A empresa, porém, pode optar por sua transformação em lucros acumulados, na proporção da depreciação do ano e das baixas que acontecerem nesse ano em questão, a partir da qual, então, terá o mesmo tratamento que os demais lucros acumulados.

A reserva legal somente poderá ser utilizada para compensar prejuízos ou aumentar o capital. Portanto, não há possibilidade de distribuição desse valor aos acionistas. A empresa poderá deixar de constituir reserva legal quando o saldo dessa reserva, acrescido do montante das reservas de capital, exceder em 30% do capital social corrigido.

O saldo de todas as reservas de lucros, incluindo a reserva legal, não poderá ultrapassar o valor do capital social e sua correção. Atingindo esse limite, a Assembleia deliberará sobre a aplicação do excesso para aumento de capital social ou na distribuição de dividendos.

## 6.17 Ações em tesouraria

Essa conta é destinada a absorver o evento de recompra de ações da própria empresa, relativamente comum no mercado acionário de companhias abertas. Não é considerado um evento recorrente, mas de acontecimento eventual em determinadas situações específicas, uma vez que o normal é a empresa emitir ações e receber dinheiro por elas e não recomprar suas próprias ações, reduzindo seu caixa.

A legislação brasileira e a CVM – Comissão de Valores Mobiliários disciplinam essa questão, e só poderá haver a recompra de ações aprovada por essa entidade. Normalmente é restrita ao percentual de 10% das ações em circulação. Os principais motivos para esse tipo de procedimento são:

a) intenção de fechar o capital social, deixando de ser companhia aberta, e voltar a ser uma companhia fechada ou limitada;

b) em caso de queda brusca do preço das ações nas bolsas de valores, dar uma demonstração de confiança na própria empresa, recomprando-as para posterior revenda ou cancelamento;

c) aproveitar preço baixo de suas ações, por algum momento econômico não favorável, fazendo que as ações dos acionistas remanescentes passem a ter maior valor econômico e patrimonial.

As ações recompradas poderão ser revendidas ou canceladas. Vamos fazer um exemplo com ações recompradas e posteriormente canceladas, considerando que não há valor nominal das ações em circulação. A empresa tem um capital social de $ 300.000,00 e recompra 1.000 ações por $ 14,00, num total de $ 14.000,00. Os lançamentos seriam os seguintes:

*Exemplo numérico:*
1. Compra de 1.000 ações da própria empresa por $ 14.000,00.
2. Cancelamento das ações recompradas.

Todas as movimentações foram feitas com saldo bancário

### Lançamentos

| Nº | Lançamento | Conta Contábil | Valor – $ | Conta de: |
|---|---|---|---|---|
| 1 | Débito | Ações em tesouraria | 14.000,00 | Patrimônio líquido |
| 1 | Crédito | Bancos conta movimento | 14.000,00 | Ativo circulante |
| 2 | Débito | Capital social | 14.000,00 | Patrimônio líquido |
| 2 | Crédito | Ações em tesouraria | 14.000,00 | Patrimônio líquido |

**Em conta T**

| BANCO CONTA MOVIMENTO | | CAPITAL SOCIAL | | RESERVA DE CAPITAL | |
|---|---|---|---|---|---|
| | 14.000,00  1 | | 300.000,00  SI | 1  14.000,00 | |
| | | 2  14.000,00 | | | 14.000,00  2 |
| | | | 286.000,00 | | 0,00 |

SI = Saldo inicial

Essa possibilidade também pode ser estendida às empresas limitadas recomprando parte de suas cotas, mas, em princípio, dificilmente haverá motivação para isso.

## 6.18 Ajustes de avaliação patrimonial

O texto da Lei nº 6.404/76 diz que "serão classificadas como ajustes de avaliação patrimonial, enquanto não computadas no resultado do exercício em obediência ao regime de competência, as contrapartidas de aumentos ou diminuições de valor atribuídos a elementos do ativo e do passivo, em decorrência da sua avaliação a valor justo, nos casos previstos nesta Lei ou em normas expedidas pela Comissão de Valores Mobiliários, com base na competência conferida pelo § 3º do art. 177 desta Lei".

As situações previstas são basicamente duas:

a) ajuste a valor justo de instrumentos financeiros destinados à venda;
b) variação cambial de investimentos em coligadas e controladas do exterior.

Fundamentalmente, essa é uma conta com saldo provisório. São despesas ou receitas, ainda não realizadas (não recebidas ou pagas) que não transitaram (não passaram) pela demonstração do resultado do exercício.

Quando os elementos patrimoniais que originaram essas receitas ou despesas forem realizados, os valores dessa conta retornarão e passarão pela demonstração do resultado do exercício em que os ativos ou passivos foram realizados. A Figura 6.1 mostra um esquema básico para diferenciar os lançamentos que caminharão para a conta de ajustes de avaliação patrimonial.

**Ajustes de avaliação patrimonial**

Balanço patrimonial inicial → DRE Receitas Despesas → Balanço patrimonial final

↓ Lucros acumulados

→ Receitas e Despesas fora da DRE provisoriamente → Ajustes de avaliação patrimonial PL

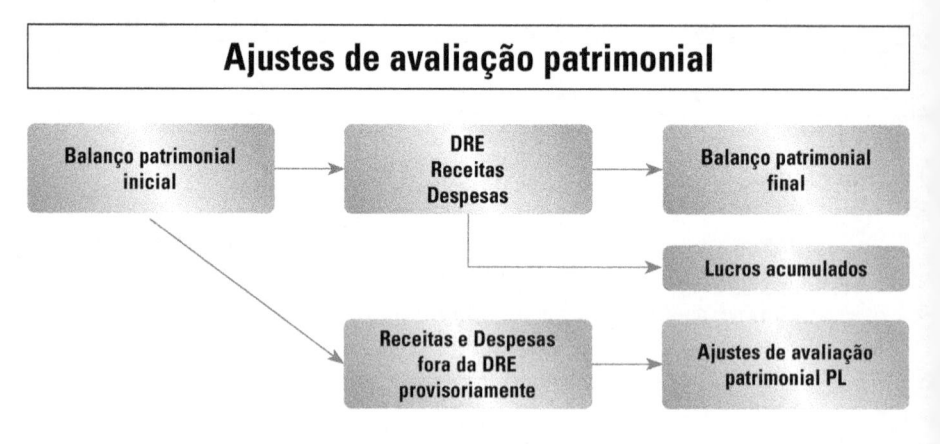

**Figura 6.1** Ajustes de avaliação patrimonial.

O objetivo da figura é mostrar que as receitas e despesas normais seguem para a demonstração do resultado do exercício (DRE) e em seguida vão para a conta de lucros acumulados.

A conta de ajustes de avaliação patrimonial é para absorver, provisoriamente, receitas e despesas especificamente definidas pelas normas contábeis, que ficarão, temporariamente, nessa conta, até a realização dos ativos e passivos que as originaram.

Vamos tomar como referência para exemplificação a avaliação a valor justo de instrumentos financeiros destinados à venda. Esse tipo de instrumento financeiro é raro em empresas industriais, comerciais e de serviços, mas é comum em instituições financeiras. Um exemplo são os títulos governamentais comprados pelos bancos, que ficam à espera para revenda, mas sem comprador ou prazo conhecido para a transação de venda.

O reconhecimento inicial do instrumento financeiro é ao custo. O reconhecimento posterior terá as seguintes destinações:

a) o valor dos rendimentos financeiros será contabilizado como receita financeira;

b) o valor do ajuste a valor justo será contabilizado na conta de ajustes de avaliação patrimonial, até a sua realização.

Vamos supor para exemplificação que uma instituição financeira aplicou em 01.01.X1 em títulos do governo brasileiro $ 200.000,00, com rendimentos pela Selic. Vamos supor que a Selic ao final do ano estava em 8%. Assim, a empresa tem uma receita financeira assegurada de $ 8.000,00. Porém, em função da expectativa da variação da Selic, o valor de mercado (marcação a mercado) do título indica que ele poderá ser vendido por $ 209.000,00. A diferença de $ 1.000,00 é o ganho por ajuste a valor justo. Vamos supor também que em X2 a instituição vendeu o título por 210.500,00, sendo a diferença nova receita financeira. Os lançamentos seriam os seguintes:

*Exemplo numérico:*

1. Aplicação financeira em títulos do governo
2. Receita financeira do título em X1
3. Ajuste a valor justo por valor da marcação a mercado
4. Receita financeira do ano em X2
5. Venda do título do governo
6. Transferência da conta ajustes de avaliação patrimonial para resultado

*Lançamentos*

| Nº | Lançamento | Conta Contábil | Valor – $ | Conta de: |
|---|---|---|---|---|
| 1 | Débito | Títulos financeiros para revenda | 200.000,00 | Realizável a longo prazo |
| 1 | Crédito | Bancos conta movimento | 200.000,00 | Ativo circulante |
| 2 | Débito | Títulos financeiros para revenda | 8.000,00 | Realizável a longo prazo |
| 2 | Crédito | Receita financeira | 8.000,00 | Receita |
| 3 | Débito | Títulos financeiros para revenda | 1.000,00 | Realizável a longo prazo |
| 3 | Crédito | Ajustes de avaliação patrimonial | 1.000,00 | Patrimônio líquido |
| 4 | Débito | Títulos financeiros para revenda | 1.500,00 | Realizável a longo prazo |
| 4 | Crédito | Receita financeira | 1.500,00 | Receita |
| 5 | Débito | Bancos conta movimento | 210.500,00 | Ativo circulante |
| 5 | Crédito | Títulos financeiros para revenda | 210.500,00 | Realizável a longo prazo |
| 6 | Débito | Ajustes de avaliação patrimonial | 1.000,00 | Patrimônio líquido |
| 6 | Crédito | Receita financeira | 1.000,00 | Receita |

## Em contas T

| TÍTULOS PARA REVENDA | | BANCOS CONTA MOVIMENTO | | AJUSTES DE AVALIAÇÃO PATRIMONIAL | |
|---|---|---|---|---|---|
| 1 200.000,00 | | | 200.000,00  1 | | 1.000,00  3 |
| 2 8.000,00 | | 5 210.500,00 | | 6 1.000,00 | |
| 3 1.000,00 | | | | | 0,00 |
| 4 1.500,00 | | | | | |
| | 210.500,00  5 | **RECEITA FINANCEIRA – ANO X1** | | **RECEITA FINANCEIRA – ANO X2** | |
| | 0,00 | | 8.000,00  2 | | 1.500,00  4 |

**RECEITA – AJUSTE A VALOR JUSTO – ANO X2**

| | 1.000,00  6 |
|---|---|

# Questões e exercícios

1. Movimentação com mercadorias e duplicatas a receber e a pagar: uma empresa comercial, que compra e revende um único produto, apresenta o seguinte balanço inicial:

| Ativo | | Passivo | |
|---|---|---|---|
| Circulante | | | |
| Bancos | 5.000 | | |
| Não circulante | | Patrimônio Líquido | |
| Imobilizado | 45.000 | Capital Social | 50.000 |
| Total | 50.000 | Total | 50.000 |

Agora, considere estas transações ocorridas no período seguinte:
1. Compra a prazo de 80 unidades da Mercadoria A para revenda no valor de $ 30, totalizando $ 2.400;
2. Compra a prazo de 100 unidades da Mercadoria A para revenda no valor de $ 36 cada, totalizando $ 3.600;
3. Vendas a prazo de 120 unidades da Mercadoria A por $ 6.000.
4. Compra a prazo de 100 unidades da Mercadoria A para revenda no valor de $ 34 cada, totalizando $ 3.400;
5. Vendas a prazo de 90 unidades da Mercadoria A por $ 4.590;
6. Recebimento antecipado de duplicata no valor de $ 4.590, concedendo desconto de $ 110; líquido creditado em banco $ 4.480;

7. Recebimento em atraso de duplicata no valor de $ 3.500, mais juros de $ 70; valor total de $ 3.570 creditado em banco;
8. Pagamento antecipado de duplicata no valor de $ 3.400, obtendo desconto de $ 100; líquido pago em cheque, $ 3.300;
9. Pagamento de duplicata no valor de $ 3.600 com atraso, mais juros de $ 90; total pago em cheque no valor de $ 3.690.

A partir de todos esses dados, pede-se:

a) fazer a apuração do valor do estoque final da Mercadoria A pelos três critérios de valorização (Peps, Ueps e preço médio ponderado);
b) com os dados obtidos pelo cálculo do estoque final pelo critério do preço médio ponderado, apurar o saldo das contas movimentadas, utilizando o *modelo financeiro* de controle das contas contábeis;
c) apurar o lucro obtido no período com as transações efetuadas e fazer a demonstração de resultados do período;
d) levantar o balanço patrimonial final.

2. Gastos com mão de obra e depreciação: uma empresa prestadora de serviços apresenta o seguinte balanço inicial em 31.12.X0:

| Ativo | | Passivo | |
|---|---|---|---|
| Circulante | $ | Circulante | $ |
| Bancos | 6.000 | Salários e Encargos a Pagar | 4.000 |
| Não circulante | | Patrimônio Líquido | |
| Imobilizado | | Capital Social | 70.000 |
| Terreno | 10.000 | | |
| Prédio | 30.000 | | |
| Móveis | 8.000 | | |
| Equipamentos | 20.000 | | |
| Total | 74.000 | Total | 74.000 |

Agora, considere que foram feitas as seguintes transações nos próximos três meses:

1) 10.01.X1 – Pagamento em cheque no valor de $ 4.000 com salários e encargos sociais;
2) 31.01.X1 – Receitas de prestação de serviços no mês de janeiro/X1, totalizando $ 15.000 pagos à vista, com crédito bancário;
3) 31.01.X1 – Salários de $ 6.000 e encargos sociais de $ 6.500 referentes ao mês de janeiro/X1;
4) 10.02.X1 – Pagamento em cheque no valor de $ 11.000 de salários e encargos sociais;

5) 28.02.X1 – Receitas de prestação de serviços no mês de fevereiro/X1, totalizando $ 20.000 pagos à vista, com crédito bancário;
6) 28.02.X1 – Salários de $ 6.200 e encargos sociais de $ 6.700 referentes ao mês de fevereiro/X1;
7) 10.03.X1 – Pagamento em cheque no valor de $ 11.350 com salários e encargos sociais;
8) 31.03.X1 – Receitas de prestação de serviços no mês de março/X1, totalizando $ 17.000 pagos à vista, com crédito bancário;
9) 31.03.X1 – Salários de $ 6.200 e encargos sociais de $ 6.700 referentes ao mês de março/X1.

Pede-se:

a) calcular, mês a mês, para os meses de janeiro, fevereiro e março, a depreciação dos imobilizados depreciáveis, considerando as taxas anuais de 4% para prédio, 10% para móveis, 20% para equipamentos e 1/12 de depreciação por mês;

b) considerando os valores obtidos das depreciações, bem como os eventos de 1 a 9, apurar o saldo de todas as contas movimentadas, utilizando o *modelo financeiro* de controle das contas contábeis;

c) apurar o lucro obtido em cada mês, com as transações efetuadas, e fazer a demonstração de resultados para cada mês;

d) apurar também o lucro obtido, somando o resultado dos três meses e elaborando uma demonstração de resultados do trimestre;

e) levantar o balanço patrimonial final no fim de cada mês;

f) apresentar um quadro com todos os balanços obtidos de forma sequencial e, utilizando o mesmo procedimento, demonstrar tanto os resultados de cada mês como o total do trimestre.

3. Aplicações financeiras e empréstimos: considere os seguintes eventos econômicos de uma empresa em seu início de atividades:

1) Em 30.11.X1, foi feita a abertura de uma conta-corrente bancária, tendo os sócios integralizado capital social no valor de $ 100.000, creditado em tal conta na mesma data;

2) Em 30.11.X1, a empresa aplicou, no mercado financeiro, $ 90.000, com rendimento de 1,5% ao mês;

3) Em 30.11.X1, a empresa obteve um financiamento de US$ 20.000, creditado em reais na taxa de câmbio no valor de $ 2,90, para pagamento em oito parcelas semestrais, com custo financeiro de 0,5% ao mês, a serem pagas ao final de cada mês, mais a variação da taxa de câmbio. O valor em reais do financiamento foi utilizado para aquisição de equipamentos;

4) Em 31.12.X1, os rendimentos das aplicações financeiras foram creditados;
5) Em 31.12.X1, a empresa resgatou $ 50.000 das aplicações financeiras, ficando o restante aplicado. O valor de $ 50.000 foi utilizado para aquisição de um imóvel;
6) Em 31.12.X1, a taxa do dólar foi para $ 3, taxa base para cálculo dos juros devidos em dezembro e da variação cambial a ser contabilizada, sendo que o valor dos juros foi pago nessa data, com débito bancário.

Pede-se:
a) apurar o saldo das contas movimentadas, utilizando o *modelo financeiro* de controle das contas contábeis;
b) apurar o resultado obtido no período com as transações efetuadas e fazer a demonstração de resultados do período;
c) levantar o balanço patrimonial final em 31.12.X1, identificando as parcelas do financiamento do passivo circulante e do exigível a longo prazo.

4. Provisões, reservas e investimentos: uma empresa apresenta as seguintes demonstrações contábeis preliminares, antes do fechamento definitivo do balanço patrimonial.

Balanço Patrimonial em 31.12.X1 – dados preliminares:

| Ativo | $ | Passivo | $ |
|---|---|---|---|
| Circulante | | Circulante | |
| Bancos | 5.000 | Salários e Encargos a Pagar | 4.000 |
| Duplicatas a Receber | 10.000 | Fornecedores | 6.000 |
| Estoques | 15.000 | | |
| Não circulante | | Patrimônio Líquido | |
| Investimento em Controladas | 30.000 | Capital Social | 70.000 |
| Imobilizado | | Lucros Acumulados | 50.000 |
| Terrenos | 30.000 | | |
| Prédios | 40.000 | | |
| Total | 130.000 | Total | 130.000 |

Demonstração de resultados de 01.01.X1 a 31.12.X1 – dados preliminares:

| | $ |
|---|---|
| Receita Operacional Bruta | 200.000 |
| (–) Impostos sobre Vendas | (40.000) |
| Receita Operacional Líquida | 160.000 |
| (–) Custo das Mercadorias Vendidas | (90.000) |

= Lucro Bruto 70.000
(–) Despesas Comerciais e Administrativas (38.000)
(–) Despesas Financeiras Líquidas (1.000)
= Lucro Operacional 31.000

Para o encerramento definitivo, a administração e o contador devem incorporar as seguintes informações, bem como considerar os seguintes eventos econômicos:

1) Foi feita uma análise da conta Duplicatas a Receber e constatou-se a possibilidade efetiva de perdas com duplicatas incobráveis da ordem de 2% do total da carteira de clientes;
2) Uma análise detalhada dos estoques de mercadorias constatou que determinados produtos, estocados no valor de $ 2.500, têm seu valor de venda líquido no mercado estipulado apenas em $ 1.370, havendo a necessidade de fazer uma provisão para retificação a valor de mercado;
3) O Departamento Jurídico fez uma análise de riscos de processos trabalhistas contra a empresa e detectou a probabilidade significativa de vir a perder dois processos que, em caso de perda, devem obrigar a empresa a desembolsar $ 940;
4) As demonstrações contábeis da empresa controlada, da qual a empresa controladora detém 80% das ações, apresentam um lucro líquido, em 31.12.X1, de $ 4.500 e um patrimônio líquido total de $ 42.000, dados esses necessários para fazer a equivalência patrimonial;
5) Foi feita uma reavaliação dos imobilizados em dezembro X1, com os laudos apontando que os terrenos da empresa têm valor de mercado de $ 38.000 e os prédios, $ 51.000. A empresa decidiu fazer o lançamento do novo valor, constituindo reserva de reavaliação da diferença do valor do laudo com o valor contábil;
6) A administração da empresa aprovou, em 30.12.X1, a transferência do valor de $ 40.000, constante na conta de Lucros Acumulados, para a conta de Capital Social, aumentando o valor do capital social;
7) Para concluir a demonstração de resultados, considere 24% de impostos sobre o lucro, que serão pagos no ano seguinte, observando que, além do lucro operacional, a única provisão dedutível é a de créditos incobráveis e que a equivalência patrimonial não é tributada.

Para concluir o balanço patrimonial, além de considerar os efeitos dos itens de 1 a 7, considere também que:

a) a administração propõe a distribuição de metade do lucro líquido após os impostos sobre o lucro, a serem pagos também no ano seguinte;

b) se constitua a reserva legal com o valor equivalente a 5% do lucro líquido após os impostos sobre o lucro.

Pede-se:

a) apresentar a demonstração de resultados completa;
b) o balanço patrimonial final em 31.12.X1, considerando todas as observações já feitas.

5. Juros e variações monetárias de financiamentos e aplicações financeiras:
1) Balancete em 30.09.X7:

|  | Saldo ($) | |
| --- | --- | --- |
|  | Devedor | Credor |
| Caixa | 2.000 |  |
| Empréstimos |  | 3.100 |
| Encargos a pagar |  | 1.600 |
| Aluguéis | 800 |  |
| Vendas |  | 32.000 |
| Prestação de serviços |  | 160 |
| Salários | 1.760 |  |
| Bancos | 5.600 |  |
| Duplicatas a receber | 12.800 |  |
| Mercadorias | 2.800 |  |
| Capital social |  | 7.800 |
| Duplicatas a pagar |  | 2.500 |
| Aplicações financeiras | 900 |  |
| Ações de controladas | 300 |  |
| Terrenos | 20.000 |  |
| Encargos sociais | 800 |  |
| Veículos | 3.000 |  |
| Salários a pagar |  | 400 |
| Títulos descontados |  | 1.800 |
| Lucros acumulados |  | 1.400 |
| Total | 50.760 | 50.760 |

2) Lançamentos de outubro a dezembro/X7:

a) em 31.10.X7, resgate de aplicações financeiras de $ 600, mais juros de $ 60;
b) aplicação em 01.11.X7 de $ 350, com vencimento para 15.01.X8 e juros simples de 144% ao ano (12% ao mês);
c) aplicação em 31.10.X7 de $ 250, com vencimento para 31.01.X8 e variação monetária da Unidade de Referência (UR) mais juros de 1% ao mês;

d) contratação de empréstimo, em 01.12.X7, no valor de $ 200, com vencimento para 01.01.X8, mais juros descontados no ato; líquido creditado de $ 180;
e) contratação de empréstimo, em 01.11.X7, no valor de $ 300 a vencer em 01.02.X8, com juros prefixados de 360% ao ano;
f) contratação de empréstimo, em 30.11.X7, no valor de US$ 100;
g) juros de 12% ao ano; vencimento em 30.11.X9;
h) o empréstimo constante do balancete deve ser utilizado pela variação da UR, mais juros de 24% ao ano e vencimento em 31.12.X9;
i) estoque final em 31.12.X7 = $ 910;
j) outros dados:

| Valor da UR (Unidade de Referência) | Taxa (US$) |
|---|---|
| 09.X7 – $ 20 | 11.X7 – $ 30 |
| 10.X7 – $ 22 | 12.X7 – $ 34 |
| 11.X7 – $ 25 | |
| 12.X7 – $ 28 | |

Pede-se:
a) fazer os lançamentos em conta T;
b) apurar o lucro líquido na conta Lucros e Perdas, fazendo o encerramento das contas de resultado (contas de despesas e receitas);
c) levantar o balanço patrimonial em 31.12.X7;
d) fazer a demonstração de resultados de 01.01 a 31.12.X7.

6. Recebimentos e pagamentos com juros ou descontos.
1) Balancete em 28.02.X7:

| | Saldo ($) | |
|---|---|---|
| | Devedor | Credor |
| Caixa | 1.000 | |
| Empréstimos | | 1.400 |
| IPI a recolher | | 100 |
| ICMS a recolher | | 200 |
| Encargos a pagar | | 500 |
| Aluguéis | 400 | |
| Vendas líquidas | | 16.000 |
| Prestação de serviços | | 80 |
| Salários | 880 | |
| Bancos | 2.800 | |
| Duplicatas a receber | 6.400 | |

(continua)

(continuação)

|  | Saldo ($) | |
| --- | --- | --- |
|  | Devedor | Credor |
| Mercadorias (estoque) | 1.400 |  |
| Capital social |  | 3.900 |
| Salários a pagar |  | 200 |
| Duplicatas a pagar |  | 1.200 |
| Aplicações financeiras | 600 |  |
| Terrenos | 9.470 |  |
| Encargos sociais | 530 |  |
| Adiantamento a fornecedores | 120 |  |
| Veículos | 1.380 |  |
| Juros | 400 |  |
| Lucros acumulados (12/X6) |  | 1.800 |
| Total | 25.380 | 25.380 |

2) Lançamentos em março/X7:

a) recebida duplicata no valor de $ 50, em dinheiro, mais juros de $ 4 pelo atraso;

b) recebida duplicata no valor de $ 830, concedendo desconto de $ 33, com crédito bancário;

c) pagamento de duplicata no valor de $ 44, obtendo desconto de $ 7, em dinheiro;

d) pagamento de duplicata, com cheque no valor de $ 300, mais juros de $ 19 pelo atraso;

e) estoque final em 30.03.X7 = $ 620.

Pede-se:

a) fazer os lançamentos em conta T;

b) apurar o lucro líquido na conta Lucros e Perdas, fazendo o encerramento das contas de resultado (contas de despesas e receitas);

c) levantar o balanço patrimonial em 31.03.X7;

d) fazer a demonstração de resultados de 01.01.X7 a 31.03.X7.

7. O contador de uma empresa comercial verificou o que aconteceu nos últimos três anos em termos de perdas com os valores a receber e fez a seguinte demonstração:

|  | Saldo de Valores a Receber (A) | Valores com Garantia Real (B) | Perdas efetivas | | % (D : C) |
|---|---|---|---|---|---|
|  |  |  | Líquido (C) | de crédito (D) |  |
| 31.12.X1 | 18.000 | 5.300 | 12.700 | 518 | 4,1 |
| 31.12.X2 | 19.400 | 6.800 | 12.600 | 610 | 4,8 |
| 31.12.X3 | 22.700 | 9.400 | 13.300 | 650 | 4,9 |
| 31.12.X4 | 25.300 | 9.800 | 15.500 | – | – |

Pede-se:

a) calcular a nova provisão para devedores duvidosos em 31.12.X4, considerando a posição contábil utilizando o percentual de perdas em cima do efetivamente ocorrido (média dos últimos 3 anos);

b) fazer os lançamentos em conta T.

8. Operações Financeiras com Duplicatas:
1) Balancete em 30.04.X7:

|  | Saldo ($) | |
|---|---|---|
|  | Devedor | Credor |
| Caixa | 1.000 |  |
| Empréstimos |  | 1.400 |
| IPI a recolher |  | 100 |
| ICMS a recolher |  | 200 |
| Encargos a pagar |  | 500 |
| Aluguéis | 400 |  |
| Vendas |  | 16.000 |
| Prestação de serviços |  | 80 |
| Salários | 880 |  |
| Bancos | 2.800 |  |
| Duplicatas a receber | 6.400 |  |
| Mercadorias (estoque) | 1.400 |  |
| Capital social |  | 3.900 |
| Salários a pagar |  | 200 |
| Duplicatas a pagar |  | 1.200 |
| Aplicações financeiras | 600 |  |
| Terrenos | 9.470 |  |
| Encargos sociais | 530 |  |
| Adiantamento a fornecedores | 120 |  |
| Veículos | 1.380 |  |
| Juros | 400 |  |
| Lucros acumulados (12/X6) |  | 1.800 |
| Total | 25.380 | 25.380 |

2) Lançamentos de maio/X7 e junho/X7:

a) envio, em 01.05.X7, de borderô para cobrança simples no valor de $ 400; débito de despesas de cobrança no valor de $ 22;

b) envio, em 01.05.X7, de borderô para desconto de duplicatas no valor de $ 500; desconto de juros de $ 60; líquido creditado no banco de $ 440;

| Composição do Borderô | | |
|---|---|---|
| Duplicatas | Vencimento | $ |
| A | 31.05.X7 | 200 |
| B | 20.06.X7 | 250 |
| C | 30.06.X7 | 50 |

c) recebido, em 31.05.X7, o aviso de *liquidação* de duplicata *descontada* no valor de $ 200;

d) recebido, em 27.06.X7, o aviso de *débito* de duplicata *descontada* no valor de $ 250, mais juros de prazo adicional de $ 12;

e) recebido, em 31.05.X7, o aviso de crédito referente ao recebimento de duplicatas em cobrança no valor de $ 250;

f) recebido, em 30.06.X7, o aviso de crédito de $ 157, referente ao aviso de recebimento de duplicatas em cobrança no valor de $ 150 mais juros de $ 7, pelo atraso;

g) estoque final em 30.06.X7 no valor de $ 580.

Pede-se:

a) fazer os lançamentos em conta T;

b) apurar o lucro líquido na conta Lucros e Perdas, fazendo o encerramento das contas de resultado (contas de despesas e receitas);

c) levantar o balanço patrimonial em 30.06.X7;

d) fazer a demonstração de resultados de 01.01.X7 a 30.06.X7.

9. Para apurar o resultado da Companhia Verde Mar Ltda. em 31.12.X1, o contador levantou os seguintes dados que estavam registrados na contabilidade:

Compras de mercadorias no período X1    $ 1.200
Mercadorias em 31.12.X0                 $ 360
Receita de vendas em 31.12.X1           $ 2.600

Considerando que o estoque existente em 31.12.X1 é de $ 480, pode-se afirmar que:

a) (  ) o lucro bruto do período foi de $ 1.520;

b) (  ) o lucro bruto do período foi de $ 1.080;

c) ( ) o prejuízo no período foi de $ 1.080;
d) ( ) o custo das mercadorias vendidas foi de $ 1.400;
e) ( ) o custo das mercadorias vendidas foi de $ 1.200.

10. Uma loja de móveis surgiu em meados de X0 e obteve grande sucesso devido à capacidade gerencial do proprietário, que decidiu contratar um contador para atuar na empresa. O profissional constatou, ao analisar o sistema contábil e de controle interno, que o controle de estoques era efetuado pelo critério Peps (primeiro a entrar, primeiro a sair). Considerando as condições atuais do mercado, com tendência de leve aumento nos preços, ele achou melhor mudar o critério de controle dos estoques para a média ponderada. Qual o efeito dessa alteração em relação ao valor dos estoques e ao lucro, respectivamente?

11. Custo das mercadorias vendidas e critérios de valorização de estoques:

    1) Balancete em 30.06.X7:

|  | Saldo ($) | |
|---|---|---|
|  | Devedor | Credor |
| Caixa | 1.000 |  |
| Empréstimos |  | 1.400 |
| Encargos a pagar |  | 800 |
| Aluguéis | 400 |  |
| Vendas |  | 16.000 |
| Prestação de serviços |  | 80 |
| Salários | 880 |  |
| Bancos | 2.800 |  |
| Duplicatas a receber | 6.400 |  |
| Mercadorias | 1.400 |  |
| Capital social |  | 3.900 |
| Duplicatas a pagar |  | 1.400 |
| Aplicações financeiras | 600 |  |
| Terrenos | 10.000 |  |
| Encargos sociais | 400 |  |
| Veículos | 1.500 |  |
| Salários a pagar |  | 900 |
| Títulos descontados |  | 200 |
| Lucros acumulados |  | 700 |
| Total | 25.380 | 25.380 |

2) Movimentação de item de estoque – calcule pelos critérios Peps, Ueps e preço médio ponderado:
   1. Compra de 100 unidades a $ 2 cada, totalizando $ 200;
   2. Compra de 120 unidades a $ 2,50 cada, totalizando $ 300;
   3. Saída (venda) de 95 unidades;
   4. Compra de 150 unidades a $ 3 cada, totalizando $ 450;
   5. Compra de 10 unidades a $ 5 cada, totalizando $ 50;
   6. Saída (venda) de 168 unidades;
   7. Compra de 100 unidades a $ 4 cada, totalizando $ 400;
   8. Saída (venda) de 90 unidades.
   Nota: não faça os lançamentos dessa movimentação nas contas T.

3) Lançamentos do segundo semestre/X7:
   a) recebido aviso de débito de duplicata descontada no valor de $ 150 mais juros de $ 18;
   b) folha de pagamento do período = $ 400;
   c) pagamento da conta de energia elétrica em cheque = $ 322;
   d) encargos sociais sobre a folha do período = $ 245.
   Pede-se:
   a) calcular o valor do estoque final (item b);
   b) fazer os lançamentos em conta T;
   c) apurar o lucro líquido da conta Lucros e Perdas, fazendo o encerramento das contas de resultado, considerando, como estoque final, o valor apurado no item b, pelo critério preço médio ponderado;
   d) levantar o balanço patrimonial em 31.12.X7, separando nos principais agrupamentos de contas;
   e) fazer a demonstração de resultados de 01.01.X7 a 31.12.X7;
   f) apurar quanto daria o lucro líquido, o ativo total e o patrimônio líquido se fossem adotados os outros dois critérios.

12. Em 1º de outubro de X1, o consultório dentário do dr. Alvarenga fez um contrato de assinatura de jornal por um período de um ano, no valor total de $ 564 a serem pagos em seis parcelas iguais vencíveis no último dia de cada mês. A consequência dessa operação, por ocasião do encerramento do exercício pelo regime de competência, em 31.12.X1, em termos de resultado, será:
    a) ( ) obrigação de $ 564;
    b) ( ) despesa de $ 141;
    c) ( ) despesa de $ 564;

d) ( ) despesa antecipada de $ 564;
e) ( ) receita antecipada de $ 282.

13. Uma empresa fez os seguintes gastos em abril/X1:
    1) pagou, em 15.04.X1, $ 1.800 em cheque referente ao seguro contra incêndio de seu prédio, com apólice válida por nove meses;
    2) fez um empréstimo no total de $ 4.000, sendo que os juros de $ 800 foram cobrados no ato da contratação;
    3) creditou no banco, em 30.04.X1, valor líquido de $ 3.200, sendo que o empréstimo será resgatado em 30.09.X1;
    4) pagou, com cheque, $ 600 de aluguéis dos meses de maio a agosto/X1, em 30.04.X1.
    Nota: o exercício social da empresa termina em 31.07.X1.

    Pede-se:
    a) fazer os cálculos proporcionais das despesas antecipadas, considerando períodos quinzenais, se for o caso;
    b) fazer os lançamentos, em conta T, do ano encerrado em 31.07.X1;
    c) fazer os lançamentos, em conta T, do ano a ser iniciado em 01.08.X1.

14. Considere uma empresa que tenha apenas $ 4.000 em caixa e capital social de $ 4.000 no início de X1, além de uma receita anual, nos anos de X1 e X2, de $ 500. Em 31.08.X1, tal empresa pagou à vista uma apólice de seguro contra incêndio no valor de $ 540, válida por um ano. Considerando apenas esses eventos, pede-se:
    a) o valor do lucro de X1;
    b) o valor do lucro de X2;
    c) o valor do ativo circulante e do patrimônio líquido de 31.12.X1;
    d) o valor do ativo circulante e do patrimônio líquido de 31.12.X2.

15. A Empresa A adquiriu, em 30.11.X4, 55% das ações da Empresa B, por $ 0,30 cada ação. O total de ações da Empresa B é de 10.000. O valor do patrimônio da Empresa B em 30.11.X4 era de $ 2.400 e, em 31.12.X4, de $ 2.600. Pede-se:
    a) fazer a contabilização do investimento em 30.11.X4;
    b) fazer a contabilização da equivalência patrimonial em 31.12.X4.

16. Considere, como critério de relevância para tomada de decisão de imobilizar ou não, o referencial de $ 300, bem como os gastos acima desse

valor serem considerados relevantes. Classifique os eventos do ano de X1, dados a seguir, como imobilizado ou despesas:

a) aquisição de veículo para revenda de $ 3.500;

b) aquisição de dispositivo de fixação com durabilidade prevista para três anos no valor de $ 260;

c) aquisição de impressora de $ 400;

d) aquisição de uma máquina de calcular comum de $ 40;

e) aquisição de veículo para a equipe de vendas de $ 4.700;

f) aquisição de dispositivo de fixação com durabilidade prevista para dez anos no valor de $ 700;

g) aquisição de dispositivo de fixação com durabilidade prevista para três anos no valor de $ 500;

h) aquisição de uma máquina de calcular financeira no valor de $ 700.

17. Com os dados do exercício anterior, considere também que a empresa, no início do ano, tenha apenas os seguintes elementos patrimoniais: caixa de $ 10.000 e capital social de $ 10.000. Considerando também uma receita anual de $ 10.000, sem outros custos, e que todos os eventos sejam à vista, pede-se:

a) qual o valor do ativo circulante em 31.12.X1?

b) qual o valor do ativo permanente em 31.12.X1?

c) qual o valor do patrimônio líquido em 31.12.X1?

18. Uma empresa apresentou o seguinte imobilizado em 31.12.X1:

| Imobilizado | Valor Histórico $ | Depreciação Acumulada $ | Líquido $ |
|---|---|---|---|
| Terrenos | 8.500 | – | 8.500 |
| Prédios | 19.000 | 9.120 | 9.880 |
| Máquinas e Instalações | 28.000 | 15.400 | 12.600 |
| Móveis e Utensílios | 2.800 | 2.520 | 280 |
| Veículos | 8.300 | 4.980 | 3.320 |
| Total | 66.600 | 32.020 | 34.580 |

Foram feitas as seguintes aquisições a prazo em X2:

1) uma máquina em 01.08.X2 por $ 15.000;

2) três máquinas de calcular para o escritório por $ 1.500 em 01.05.X2;

3) um veículo utilitário em 15.10.X2 por $ 12.000.

Pede-se:

a) identificar, com base em 31.12.X1, o número médio de anos de cada tipo de imobilizado já depreciado;
b) calcular as depreciações do ano de X2 pelo critério das cotas constantes;
c) fazer os lançamentos em conta T;
d) apresentar o imobilizado em 31.12.X2.

19. Uma empresa apresentou o seguinte imobilizado em 31.12.X0:

| Imobilizado | Valor Histórico $ | Depreciação Acumulada $ | Líquido $ |
|---|---|---|---|
| Terrenos | 5.000 | – | 5.000 |
| Prédios | 20.000 | 8.000 | 12.000 |
| Móveis | 10.000 | 6.000 | 4.000 |
| Total | 35.000 | 14.000 | 21.000 |

Fatos de X1:

1) Aquisição, em 01.11.X1, de um barracão comercial no valor de $ 8.000, a prazo. Considere todo o valor como prédio;
2) Venda de uma mesa em 30.06.X1 por $ 100, a prazo; o valor histórico registrado na contabilidade era de $ 200 e a sua depreciação acumulada era de $ 130;
3) Conforme avaliação do setor de patrimônio em 01.01.X1, uma máquina de calcular estava completamente avariada, sem condições de uso ou de conserto; valor histórico contábil no valor de $ 200, depreciação acumulada em $ 160.

Pede-se:

a) apurar o resultado não operacional na venda e na baixa dos fatos 2 e 3;
b) calcular as depreciações do ano de X1, considerados os fatos de 1 a 3;
c) fazer os lançamentos em conta T;
d) apresentar o novo imobilizado em 31.12.X1.

20. Uma empresa gastou $ 12.000 até 31.12.X1 para operacionalizar uma área para exploração mineral. Espera-se produzir 4.000 toneladas de minério, sendo 20% no primeiro ano (X2), 45% no segundo (X3) e o restante no terceiro ano (X4). Considerando que os valores gastos foram feitos à vista, faça os lançamentos de contabilização da aquisição e da exaustão para todos os períodos. Indique também, em 31.12 de cada ano, como será apresentado o ativo permanente e em que valor.

21. Considere uma empresa que, no início do exercício de X1, tem apenas dois elementos patrimoniais: Caixa/Bancos de $ 4.000 e Capital Social de $ 4.000. Considere os seguintes eventos do ano, todos realizados à vista.
    1) Receitas de serviços no valor de $ 1.700;
    2) Pagamento de despesas com seguro de incêndio no valor de $ 480 em 01.09.X1, com apólice válida para um ano;
    3) Pagamento de despesas com desenvolvimento de novos produtos no valor de $ 900, de produtos a serem vendidos nos próximos cinco anos a partir de 01.07.X1.

    Pede-se:
    a) apurar o valor do ativo circulante, do ativo não circulante e do patrimônio líquido, considerando que os gastos de desenvolvimento sejam contabilizados como intangível;
    b) apurar o valor do ativo circulante, do ativo não circulante e do patrimônio líquido, considerando que os gastos de desenvolvimento sejam contabilizados como despesa.

22. Uma empresa adquiriu em 01.01.X4, à vista, um software de gestão empresarial no valor de $ 2.400, com utilização prevista para cinco anos, contabilizado como ativo imobilizado. Considerando um saldo em Caixa/Bancos de $ 10.000, um Capital Social no mesmo valor e receitas anuais de $ 2.000, apresente o valor do patrimônio líquido e do ativo não circulante para todos os anos de utilização previstos.

23. Apure os valores a serem apresentados em 31.12.X1 como despesa financeira, no passivo circulante e no exigível a longo prazo, dos seguintes empréstimos contratados de X1:
    1) Empréstimo contratado em 31.08.X1, de $ 3.000, a serem pagos em seis parcelas iguais, com juros prefixados de 12% ao ano. Os juros não são acumulados e são pagos também semestralmente junto com as parcelas de amortização do principal da dívida;
    2) Financiamento contratado em 30.06.X1 de US$ 1.200, para serem pagos em 60 parcelas, sem carência, sendo o custo financeiro de variação cambial mais taxa de juros anual de 6%; os juros são pagos semestralmente e as taxas de câmbio são de $ 2,50 em 30.06.X1 e de $ 2,75 em 31.12.X1.

24. Salários e encargos sociais:
    1) Balancete em 31.10.X7:

|  | Saldo ($) | |
| --- | --- | --- |
|  | Devedor | Credor |
| Caixa | 1.000 |  |
| Empréstimos |  | 1.400 |
| IPI a recolher |  | 100 |
| ICMS a recolher |  | 200 |
| Encargos a pagar |  | 500 |

|  | Saldo ($) | |
| --- | --- | --- |
|  | Devedor | Credor |
| Aluguéis | 400 |  |
| Vendas |  | 16.000 |
| Prestação de serviços |  | 80 |
| Salários | 880 |  |
| Bancos | 2.800 |  |
| Duplicatas a receber | 6.400 |  |
| Mercadorias (estoque) | 1.400 |  |
| Capital social |  | 3.900 |
| Salários a pagar |  | 200 |
| Duplicatas a pagar |  | 1.200 |
| Aplicações financeiras | 600 |  |
| Terrenos | 9.470 |  |
| Encargos sociais | 530 |  |
| Adiantamento a fornecedores | 120 |  |
| Veículos | 1.380 |  |
| Juros | 400 |  |
| Lucros acumulados (12/X6) |  | 1.800 |
| Total | 25.380 | 25.380 |

2) Lançamentos de novembro e dezembro/X7:
a) 10.11.X7 – pagamento de salários, com cheque de $ 200;
b) 28.11.X7 – pagamento de INSS, com cheque de $ 60;
c) 30.11.X7 – folha de pagamento de novembro de $ 260;
d) 30.11.X7 – encargos sobre a folha de novembro de $ 164;
e) 10.12.X7 – pagamento de salários, com cheque de $ 258;
f) 10.12.X7 – pagamento de 13º e férias de $ 550 em cheque;
g) 30.12.X7 – folha de pagamento de dezembro de $ 189;
h) 30.12.X7 – encargos sobre a folha de dezembro de $ 120;
i) Estoque final em 31.12.X7 de $ 820.

Pede-se:

a) fazer os lançamentos em conta T e apurar o lucro líquido na conta Lucros e Perdas, fazendo o encerramento das contas de resultado (contas de despesas e receitas);
b) levantar o balanço patrimonial em 30.06.X7;
c) fazer a demonstração de resultados de 01.01.X7 a 31.12.X7.

25. Uma empresa recebeu antecipadamente em 01.11.X2, em dinheiro, $ 720 referentes ao aluguel de um imóvel dos meses de novembro e dezembro de X2 e janeiro de X3. Faça os lançamentos desse evento para os anos de X2 e X3.

26. Uma empresa emprestou a uma controlada sua, em 31.10.X1, $ 1.200 para serem pagos em seis meses, descontando, antecipadamente, juros de 5% cobrados por todo esse período e remetendo o líquido de $ 1.140. Apure os valores e faça os lançamentos desse evento para os anos de X1 e de X2.

27. Uma empresa tem o seguinte balanço patrimonial em 31.12.X1:

| Ativo | $ | Passivo | $ |
|---|---|---|---|
| **Circulante** | | **Passivo Circulante** | |
| Caixa/Bancos | 3.000 | Duplicatas a pagar | 3.000 |
| Estoques | 5.000 | Salários e encargos a pagar | 2.000 |
| Duplicatas a receber | 6.000 | Empréstimos | 4.000 |
| **Não circulante** | | **Patrimônio Líquido** | |
| Imobilizado | | Capital social | 10.000 |
| *Terrenos* | 1.000 | Reserva legal | 1.000 |
| *Prédios* | 2.000 | Lucros acumulados | 4.000 |
| *Máquinas* | 7.000 | | |
| Total | 24.000 | Total | 24.000 |

Em X2 ocorreram os seguintes eventos:

1) Vendas do ano no valor de $ 20.000 à vista;
2) Compras do ano no valor de $ 10.000 à vista;
3) Estoque final em 31.12.X2 no valor de $ 4.200;
4) Despesas de salários e encargos do ano no valor de $ 3.000 à vista;
5) Subscrição de 1.000 novas ações no valor de $ 2 cada, mais $ 0,50 de ágio por ação, à vista;
6) Uma reavaliação do ativo permanente, e o laudo indicou que o valor atual dos terrenos é de $ 2.300, o valor atual dos prédios é de $ 4.000

e o valor atual das máquinas é de $ 10.800. A empresa decidiu contabilizar a reavaliação.

Pede-se:

a) fazer os lançamentos em conta T;
b) apurar o lucro líquido do exercício; não há necessidade de fazer depreciação nem provisão de IR/CSLL; destine 5% do lucro líquido para reserva legal.

# 7
## capítulo

# Introdução à contabilidade tributária

O Sistema Tributário Nacional classifica os tributos nas seguintes categorias:

1. *Impostos*: tributos de caráter genérico, exigidos sem contraprestação e sem indicação prévia sobre sua destinação.
2. *Taxas*: tributos relacionados com a prestação de algum serviço público, como as taxas municipais de lixo etc.
3. *Contribuições sociais*: tributos destinados à coleta de recursos para financiar atividades do poder público especificadas em lei.
4. *Contribuições de melhoria*: tributos sobre valorização de imóveis particulares em decorrência de obras públicas realizadas.
5. *Empréstimos compulsórios*: tributos qualificados pela promessa de restituição.

Este capítulo abordará basicamente os impostos e as contribuições sociais, que são os tributos que mais interferem nas transações e nos negócios das empresas, com ênfase nos principais aspectos de apuração e de contabilização.

Convém lembrar, outrossim, que o melhor entendimento acerca da apuração e da contabilização conduz, seguramente, a uma adequada visão sobre a gestão dos tributos, na busca do menor impacto para a empresa. É dever do contribuinte pagar o menor tributo possível (o justo), dentro da lei, procedimento este denominado planejamento tributário ou elisão fiscal.

## 7.1 Classificação dos tributos para fins contábeis e gerenciais

Objetivando o processo de apuração e de contabilização, podemos classificar os principais tributos relacionando-os com as transações ou eventos econômicos mais comuns das empresas.

I – *Tributos sobre Compra e Venda de Mercadorias:*
   IPI – Imposto sobre Produtos Industrializados
   ICMS – Imposto sobre Circulação de Mercadorias e Serviços (imposto estadual)
   PIS – Programa de Integração Social[1]
   Cofins – Contribuição para o Financiamento da Seguridade Social[2]
   ISS – Imposto sobre Serviços (imposto municipal)
   II – Imposto sobre Importações
   IE – Imposto sobre Exportações

II – *Tributos sobre a Mão de Obra:*
   INSS – Contribuição ao Instituto Nacional de Seguro Social
   FGTS – Fundo de Garantia do Tempo de Serviço
   Contribuição Sindical Patronal

III – *Tributos sobre o Lucro:*
   IR – Imposto de Renda
   CSLL – Contribuição Social sobre o Lucro Líquido

IV – *Tributos sobre Gastos Operacionais:*
   ICMS sobre Energia Elétrica e Telecomunicações
   IRF – Imposto de Renda na Fonte (normalmente sobre remessas ao exterior)
   Cide – Contribuição de Intervenção de Domínio Econômico

V – *Tributos sobre Movimentação Financeira:*
   CPMF – Contribuição Provisória sobre Movimentação Financeira
   IOF – Imposto sobre Operações Financeiras
   IOC – Imposto sobre Operações de Câmbio

VI – *Outros:*
   IPTU – Imposto Predial e Territorial Urbano
   ITR – Imposto Territorial Rural
   IPVA – Imposto sobre Propriedade de Veículos Automotores
   ITIV – Imposto de Transmissão *Inter Vivos* (transmissão de imóveis)

---

[1,2] A tributação do PIS e da Cofins alcança também quaisquer outras receitas operacionais além das vendas de produtos e serviços, em que a empresa não emite notas fiscais (recuperações de despesas, aluguéis etc.); incide também sobre as receitas de juros sobre o capital próprio (um tipo de distribuição de lucros), não incidindo sobre as demais receitas financeiras, vendas de imobilizados, dividendos e lucros de equivalência patrimonial.

Abordaremos, neste capítulo, os tributos sobre compra e venda de mercadorias e sobre o lucro. Os tributos sobre a mão de obra já foram abordados sumariamente no Capítulo 6, na Seção 6.12.

## 7.2 Tributos sobre compra e venda de mercadorias

São os que ocupam a maior parte do tempo dos profissionais ligados a tributos, já que a base de toda a economia são as transações de aquisição e de venda de produtos e serviços. O conceito principal para fins de contabilização e apuração desses tributos é o conceito de cumulatividade ou não cumulatividade. A base para apurar e recolher esses tributos é a nota fiscal, no caso de operações entre empresas do país, e as declarações de importação e exportação, quando as transações ocorrem com empresas estrangeiras.

### Tributação cumulativa ou não recuperável

Denomina-se tributo cumulativo quando o valor do tributo declarado ou implícito na documentação fiscal não é recuperável (passível de aproveitamento). Dessa maneira, esse imposto é suportado pelo emissor do documento, que o recolhe, sendo que o recebedor da mercadoria não aproveita como crédito os tributos da transação.

Os impostos de importação, exportação e sobre serviços são cumulativos. O IPI, o ICMS, o PIS e a Cofins podem ser ou não cumulativos, dependendo do tipo de empresa, tipo de consumo, tipo de operação etc., de acordo com as disposições legais.

Quando o tributo é cumulativo para a empresa, ele deve fazer parte do custo para fins de formação de preço de venda, pois o valor dos tributos dentro das compras não pode ser recuperado via tributação, devendo ser recuperado via preços de venda.

### Tributação não cumulativa ou recuperável

Nesse caso, o conceito base é a teoria do imposto sobre o valor agregado (aplicada na maior parte dos países europeus com o nome de IVA – Imposto sobre o Valor Agregado), quando a empresa só recolhe os tributos sobre o lucro bruto da operação.

Nesse tipo de tributação, a empresa credita os tributos sobre as suas compras, descontando seu valor dos tributos gerados pelas vendas. Em outras palavras, ela recupera os tributos pagos dentro das compras, abatendo-os dos tributos calculados nas suas vendas.

Essa situação caracteriza a empresa como não contribuinte dos tributos, uma vez que ela apenas repassa o resultado das operações. O cliente paga os tributos na venda, a empresa recupera os tributos na compra e recolhe a diferença. Em outras palavras, o papel da empresa é funcionar apenas como agente arrecadador.

O exemplo a seguir ilustra que não há impacto de custo para a empresa no caso de tributos não cumulativos. Vamos imaginar que tanto a venda quanto a compra foram executadas à vista, da mesma forma que o recolhimento dos tributos.

Uma empresa adquiriu uma mercadoria por $ 1.000, creditando $ 250 de tributos não cumulativos. No mesmo dia, vendeu a mercadoria por $ 2.500, destacando nos livros fiscais $ 625 de tributos sobre a venda. Nesse caso, a empresa recolherá aos cofres governamentais apenas $ 375, que é a diferença entre os tributos debitados (na venda) e os tributos creditados (na compra):

*Tributos a recolher*

| | |
|---|---:|
| Tributos sobre o valor da venda | 625 |
| (−) Tributos sobre o valor da compra | (250) |
| Valor a recolher | 375 |

Apesar de recolher aos governos $ 375, a empresa não arca com o ônus dos tributos não cumulativos, porque, na realidade, quem paga e é onerado é o cliente, o consumidor final. Vejamos o fluxo de caixa da empresa desses eventos econômicos:

| | |
|---|---:|
| Valor recebido pela venda da mercadoria | 2.500 |
| (−) Valor pago pela compra da mercadoria | (1.000) |
| (−) Valor do recolhimento dos tributos | (375) |
| Fluxo de caixa gerado | 1.125 |

Vejamos agora a apuração do lucro na transação. O custo da compra da mercadoria para a empresa é o custo líquido dos impostos:

| | |
|---|---:|
| Valor bruto da compra da mercadoria | 1.000 |
| (−) Tributos recuperáveis (creditados) | (250) |
| Valor líquido da compra | 750 |

A receita efetiva da empresa é a receita líquida dos tributos, já que devem ser entregues (recolhidos) aos governos:

| | |
|---|---:|
| Valor bruto da venda da mercadoria | 2.500 |
| (−) Tributos a serem recolhidos (debitados) | (625) |
| Valor líquido da venda | 1.875 |

Com isso, podemos apurar o lucro obtido nas transações de compra e venda da mercadoria:

| | |
|---|---|
| Valor da venda líquida dos tributos | $ 1.875 |
| (–) Valor da compra líquida dos tributos | (750) |
| Lucro nas operações | 1.125 |

Como se vê, o fluxo de caixa gerado é exatamente o valor do lucro das transações de compra e de venda sem os tributos, caracterizando que, na situação de não cumulatividade, os tributos não oneram a empresa, e sim o contribuinte final. A questão, em termos de carga tributária, é que, quanto maior a alíquota dos tributos, maior será o preço de venda para o consumidor final, sendo elemento inibidor da economia. Mas, considerando isoladamente a empresa, ou seja, fora do ciclo completo da cadeia produtiva, ela não é onerada efetivamente.

## Alíquotas e recolhimento

As alíquotas de IPI são as mais variadas possíveis, pois, na sua essência, esse imposto se caracteriza pela seletividade, ou seja, é instrumento para o governo administrar os produtos. Assim, em linhas gerais, produtos considerados mais supérfluos tendem a ter alíquotas maiores e produtos considerados básicos, alíquotas menores ou até alíquota zero.

O ICMS parte de uma alíquota base de 17% ou 18%, mas já existem diversas exceções, seja por produtos ou serviços, seja por unidade federativa (estado) remetente ou unidade federativa recebedora, e até alíquota zero, no caso da maior parte das exportações.

O PIS tem duas alíquotas: 0,65% para situações de cumulatividade e 1,65% para não cumulatividade.

A Cofins também tem duas alíquotas: 3% para situações de cumulatividade e 7,6% para situações de não cumulatividade.

O ISS depende de cada município, não podendo ser menor do que 2% e maior do que 5%.

Em linhas gerais, o recolhimento de todos esses tributos é mensal, sendo recolhidos no mês seguinte os tributos apurados sobre todas as operações do mês anterior.

## Nota fiscal

O documento legal base para a tributação sobre mercadorias é a nota fiscal, que evidencia os dados da mercadoria vendida e os impostos de IPI, ICMS e ISS (se houver). Em diversas operações, o ICMS também é cobrado sobre o

IPI.[3] As contribuições para o PIS e a Cofins não são explicitadas na nota fiscal, sendo seu valor deduzido aplicando-se sobre o valor da mercadoria (que, por sua vez, já contém o ICMS).

A figura a seguir representa sumariamente um exemplo de nota fiscal:

| Nota Fiscal Número: XXXX | | | | Data: XXXX | | | |
|---|---|---|---|---|---|---|---|
| Cliente/Endereço: XXXX | | | | Operação: XXXX | | | |
| Descrição da Mercadoria | Classificação Fiscal | Quantidade | Valor Unitário | Valor Total | Alíquotas | | Valor do IPI |
| | | | | | ICMS | IPI | |
| Mercadoria X | yy.yy.yy.yy | 100 | 10,00 | 1.000,00 | 18% | 10% | 100,00 |
| Mercadoria N | yy.yy.yy.yy | 50 | 40,00 | 2.000,00 | 18% | 5% | 100,00 |
| | | Soma | | 3.000,00 | | | 200,00 |
| | | Total da Nota Fiscal | | | | | 3.200,00 |
| | | Base de Cálculo do ICMS | | 3.000,00 | | | |
| | | Valor do ICMS | | 540,00 | | | |

**Figura 7.1** Exemplo de nota fiscal.

O valor total da transação é de $ 3.200, que é o valor total das mercadorias mais o IPI. Portanto, esse é o valor pago pelo comprador e recebido pelo vendedor. É importante notar que as contribuições de PIS e de Cofins não estão declaradas, mas elas existem e incidem sobre o valor total das mercadorias, sem o IPI.

## Apuração e contabilização – situação de não cumulatividade

Vamos supor que os dados da nota fiscal já apresentada foram de compra de mercadorias por uma empresa que está na situação de não cumulatividade e que, portanto, credita os tributos das aquisições. Para creditar as contribuições de PIS e de Cofins, deve-se fazer um cálculo à parte. O valor líquido dos tributos dessa compra é de $ 2.182,50, valor esse que vai para o estoque de mercadorias. Vamos imaginar que a compra é a prazo, paga no mês seguinte:

---

[3] Um caso típico é quando a empresa adquire materiais para uso ou para o consumo próprio.

| Custo Líquido da Compra | $ |
|---|---|
| Valor Total da Nota Fiscal | 3.200,00 |
| (–) IPI | (200,00) |
| (–) ICMS | (540,00) |
| (–) PIS ($ 3.000 x 1,65%) | (49,50) |
| (–) Cofins ($ 3.000 x 7,6%) | (228,00) |
| Compra Líquida de Tributos | 2.182,50 |

As mercadorias adquiridas sofreram um processo simplificado de industrialização e transformaram-se nos produtos X e M, que foram imediatamente vendidos a prazo, para serem recebidos também no mês seguinte. As alíquotas de ICMS são as mesmas, e o IPI é de 6% para ambos os produtos. A nota fiscal de venda teria a seguinte figuração sumária:

| Nota Fiscal Número: XXXX | | | | | Data: XXXX | | | |
|---|---|---|---|---|---|---|---|---|
| Cliente/Endereço: XXXX | | | | | Operação: XXXX | | | |
| Descrição da Mercadoria | Classificação Fiscal | Quantidade | | Valor Unitário | Valor Total | Alíquotas | | Valor do IPI |
| | | | | | | ICMS | IPI | |
| Produto X | ZZ.ZZ.ZZ.ZZ | 100 | | 20,00 | 2.000,00 | 18% | 6% | 120,00 |
| Produto M | ZZ.ZZ.ZZ.ZZ | 50 | | 60,00 | 3.000,00 | 18% | 6% | 180,00 |
| | Soma | | | | 5.000,00 | | | 300,00 |
| | Total da Nota Fiscal | | | | | | | 5.300,00 |
| | Base de Cálculo do ICMS | | | | 5.000,00 | | | |
| | Valor do ICMS | | | | 900,00 | | | |

**Figura 7.2** Exemplo de nota fiscal de venda.

A receita a ser considerada para a empresa é o valor da venda líquida dos tributos. Da mesma forma que na compra, o PIS e a Cofins têm de ser calculados à parte:

| Valor Líquido da Venda | $ |
|---|---|
| Valor Total da Nota Fiscal | 5.300,00 |
| (–) IPI | (300,00) |
| (–) ICMS | (900,00) |
| (–) PIS ($ 5.000 x 1,65%) | (82,50) |
| (–) Cofins ($ 5.000 x 7,6%) | (380,00) |
| Venda Líquida de Tributos | 3.637,50 |

O valor total a ser recolhido de todos os tributos é a diferença entre os impostos gerados na venda e os impostos pagos na compra:

| Apuração dos Tributos a Serem Recolhidos | | | |
|---|---|---|---|
| Tributo | Valor Debitado na Venda (A) | Valor Creditado na Compra (B) | Valor a Recolher (A – B) |
| IPI | 300,00 | 200,00 | 100,00 |
| ICMS | 900,00 | 540,00 | 360,00 |
| PIS | 82,50 | 49,50 | 33,00 |
| Cofins | 380,00 | 228,00 | 152,00 |
| Total | 1.662,50 | 1.017,50 | 645,00 |

Os eventos identificados nessas transações são:

1. Compra a prazo de mercadorias com crédito de tributos;
2. Venda a prazo de produtos com débito de tributos, com a baixa do estoque das mercadorias vendidas;
3. Recebimento da venda;
4. Pagamento da compra;
5. Recolhimento dos tributos.

Os lançamentos em conta T são os seguintes:

```
      ESTOQUE DE                                              IMPOSTOS A
      MERCADORIAS                FORNECEDORES                 RECOLHER[4]
SI    0                                       0    SI                      0    SI
                                       (1) 1.017,50
(1) 2.182,50                       3.200,00  (1)             1.662,50  (2)
              2.182,50  (2)  (4) 3.200,00                (5)  645,00
      0                                       0                            0

      CONTAS                                              CUSTO DAS MERCADORIAS
      A RECEBER                   VENDAS                       VENDIDAS
SI    0                                              SI       0
(2) 5.300,00                              3.637,50  (2)  (2) 2.182,50
              5.300,00  (3)
      0                                   3.637,50              2.182,50
```

---

[4] Recomenda-se a criação de uma conta para cada tributo.

```
                BANCOS
         SI    0
         (3) 5.300,00
                      3.200,00  (4)
                        645,00  (5)
              1.455,00
```

Observe-se que o saldo bancário remanescente das operações é exatamente o lucro das transações de compra e venda:

| | |
|---|---|
| Valor líquido da venda | 3.637,50 |
| (–) Custo dos produtos vendidos | (2.182,50) |
| Lucro | 1.455,00 |

## Apuração e contabilização – situação de cumulatividade

Essa condição de tributação depende do tamanho da empresa, do tipo de operações, dos enquadramentos legais etc., assim como pode ser aplicado apenas um ou outro tributo, ou seja, determinada condição indica que, para um tributo, há a condição de cumulatividade, mas, para outros tributos, a condição é de não cumulatividade.

No caso do IPI, imposto específico para indústrias e para empresas importadoras, a não cumulatividade é naturalmente interrompida quando o produto chega ao comerciante. Este, como não é industrial, não tem IPI; portanto, não credita esse imposto, pois não sofrerá o seu débito na venda. Desse modo, o IPI faz parte do custo da mercadoria para o comerciante.

Para a maior parte das empresas prestadoras de serviços, o ICMS dentro das mercadorias adquiridas também é custo, pois elas não têm tributação de ICMS nas suas vendas. Assim, para elas, tanto o IPI quanto o ICMS fazem parte do custo dos materiais consumidos.

A situação de cumulatividade mais diferenciada é a do PIS e a da Cofins, porque, quando a empresa ou a operação se enquadram nessa situação, a alíquota incidente sobre as receitas muda, reduzindo-se para 0,65% e 3%, respectivamente.

Como exemplo, considerando os dados das notas fiscais do tópico "Apuração e contabilização – situação de não cumulatividade", vamos supor que a empresa em questão seja uma prestadora de serviço e que a compra de mercadorias será para consumo nas suas atividades para realizar os serviços. A receita será de serviços, tributada a 2%. Vejamos uma figuração da nota fiscal:

| Nota Fiscal Número: XXXX | | | | Data: XXXX | | | |
|---|---|---|---|---|---|---|---|
| Cliente/Endereço: XXXX | | | | Operação: XXXX | | | |
| Descrição do Serviço | Classificação do Serviço | Quantidade | Valor Unitário | Valor Total | Alíquotas | | Valor do IPI |
| | | | | | ICMS | IPI | |
| Serviço 1 | ZZ.ZZ.ZZ.ZZ | 100 | 20,00 | 2.000,00 | | | 0,00 |
| Serviço 2 | ZZ.ZZ.ZZ.ZZ | 50 | 60,00 | 3.000,00 | | | 0,00 |
| | Soma | | | 5.000,00 | | | 0,00 |
| | Total da Nota Fiscal | | | | | | 5.300,00 |
| | Base de Cálculo do ISS (2%) | | | 5.000,00 | | | |
| | Valor do ISS | | | 100,00 | | | |

**Figura 7.3** Figuração da nota fiscal.

A receita líquida de impostos é a seguinte:

| | |
|---|---|
| Valor líquido da receita | $ |
| Valor total da nota fiscal | 5.000,00 |
| (−) ISS | (100,00) |
| (−) PIS ($ 5.000 × 0,65%) | (32,50) |
| (−) Cofins ($ 5.000 × 3%) | (150,00) |
| Venda líquida de tributos | 4.717,50 |

O custo da aquisição das mercadorias será de $ 3.200, pois, nesse caso, a empresa não creditará nenhum tributo. Os tributos a serem recolhidos são:

| Apuração dos tributos a serem recolhidos | | | |
|---|---|---|---|
| Tributo | Valor Debitado na Venda (A) | Valor Creditado na Compra (B) | Valor a Recolher (A − B) |
| IPI | − | − | − |
| ICMS | − | − | − |
| ISS | 100,00 | 0,00 | 100,00 |
| PIS | 32,50 | 0,00 | 32,50 |
| Cofins | 150,00 | 0,00 | 150,00 |
| Total | 282,50 | 0,00 | 282,50 |

Os eventos identificados nessas transações são:

1. Compra a prazo de mercadorias sem crédito de tributos, considerando os materiais adquiridos como despesas de materiais de consumo;

2. Venda a prazo de serviços com débito de tributos;
3. Recebimento do serviço;
4. Pagamento da compra;
5. Recolhimento dos tributos.

Os lançamentos em conta T são os seguintes:

| CONSUMO DE MATERIAIS | | FORNECEDORES | | IMPOSTOS A RECOLHER | |
|---|---|---|---|---|---|
| SI 0 | | | 0 SI | | 0 SI |
| (1) 3.200,00 | | | 3.200,00 (1) | | 282,50 (2) |
| | | (4) 3.200,00 | | (5) 282,50 | |
| 3.200,00 | | | 0 | | 0 |

| CONTAS A RECEBER | | VENDAS | | BANCOS | |
|---|---|---|---|---|---|
| SI 0 | | | SI 0 | | |
| | | | (3) 5.000,00 | | |
| (2) 5.000,00 | | | 4.717,50 (2) | | 3.200,00 (4) |
| | 5.000,00 (3) | | | | 282,50 (5) |
| 0 | | | 4.717,50 | 1.517,50 | |

Observe-se que o saldo bancário remanescente das operações é exatamente o lucro das transações de compra e de venda:

| | |
|---|---|
| Valor líquido do serviço | 4.717,50 |
| (–) Custo de materiais aplicados nos serviços vendidos | (3.200,00) |
| Lucro | 1.517,50 |

## Tributos a recuperar

Várias situações podem resultar em tributos a recuperar, ou seja, o valor dos tributos creditados é superior ao valor dos tributos debitados. De um modo geral, essas são situações temporárias, pois o valor das receitas é superior ao valor das compras. Existem situações específicas (empresas fortemente exportadoras), quando os créditos acumulados são sempre superiores aos débitos das saídas.

Os tributos a recuperar são direitos e devem ser classificados no ativo circulante, decorrentes de qualquer situação, até a sua realização, seja por aproveitamento futuro, seja por devolução dos órgãos governamentais.

## Não incidência, isenções e suspensões

As diversas legislações preveem situações nas quais determinados tributos não incidem sobre determinadas transações, operações, produtos, empresas, regiões etc. Os tipos de não incidência apoiam-se em diversos conceitos tributários, como não tributação, isenções, suspensões etc.

São elementos importantes para o planejamento tributário. É comum empresas deslocarem suas plantas para regiões favorecidas por exceções ou redução de tributação.

## Substituição tributária

Esse conceito de tributação, empregado para o IPI, para o ICMS e para determinados produtos, é utilizado pelo governo como forma de antecipação do recolhimento de tributos, bem como para inibir a sonegação ao longo da cadeia produtiva, normalmente de produtos de grande consumo e de extensa rede varejista.

Em linhas gerais, quem recolhe os tributos é o produtor inicial para toda a cadeia produtiva, tendo, como referência, não o preço de venda de seu produto ao cliente, mas, sim, o preço de venda que será obtido pelo consumidor final.

Exemplificando, um produtor de bebidas alcoólicas vende cervejas, por $ 0,40 a lata, para uma grande rede atacadista. Esta, por sua vez, revenderá para outros atacadistas, que revenderão para bares, que revenderão para o consumidor final ao preço médio de $ 1,00, preço esse que será arbitrado para fins de base de cálculo.

Se o ICMS sobre a cerveja for de 18%, o produtor recolherá $ 0,18 para o governo, mesmo que seu preço de venda seja de $ 0,40, sobre o qual, se fosse aplicada a alíquota de 18%, o recolhimento seria de apenas $ 0,072. O produtor substitui todos os demais contribuintes, ficando como o único responsável.

Existem outras modalidades de substituição tributária: veículos, pneus, bebidas, combustíveis, tintas e vernizes, transporte rodoviário de cargas, fumo, cimento, algumas frutas são exemplos de produtos e serviços que têm esse tipo de tributação.

## Transportes

Os serviços de transporte incorporados nas vendas de mercadorias, bem como os de natureza interestadual e intermunicipal, são tributados pelo ICMS. Os serviços de transporte dentro do município são considerados somente serviços e sofrem a tributação apenas do ISS.

## 7.3 Tributos sobre o lucro

São tributos denominados diretos porque a responsabilidade e o ônus ficam restritos à empresa, não sendo repassados diretamente para o consumidor final. Os dois tributos sobre o lucro são:

1) Imposto de Renda (IR).
2) Contribuição Social sobre o Lucro Líquido (CSLL).

O fisco oferece duas alternativas de critérios de tributação para as empresas dentro de determinadas condições: a tributação pelo lucro real e a tributação pelo lucro presumido.

Existe ainda uma terceira alternativa de tributação sobre o lucro que é denominada *lucro arbitrado*, situação essa a ser aplicada apenas quando o próprio fisco, em uma condição de penalidade, desautoriza a escrituração fiscal e contábil do contribuinte, arbitrando a base para o recolhimento dos tributos.

### Alíquotas

A alíquota da CSLL é de 9%, não sendo dedutível para o IR.

O IR tem duas alíquotas: a alíquota base é de 15% até $ 240.000 no ano ou de $ 20.000 por mês. O lucro tributável que exceder esses valores será tributado adicionalmente em mais 10%, valor esse denominado *adicional de IR*. Para a maioria das empresas, a alíquota total termina por ser de 25%.

Em resumo, para a maior parte das empresas, o impacto dos tributos sobre o lucro é de 34%.

| | |
|---|---:|
| IR | 15% |
| Adicional de IR | 10% |
| CSLL | 9% |
| Total | 34% |

### Lucro real

Em tese, é a situação normal, na qual a base de cálculo para os tributos é o lucro contábil ajustado por exclusões fiscais permitidas e adições fiscais determinadas. A nomenclatura mais correta seria de lucro tributável, já que o lucro real deveria ser sinônimo de lucro contábil.

> **LUCRO CONTÁBIL**
> (+) Adições determinadas pela legislação
> (–) Exclusões permitidas pela legislação
> = **LUCRO REAL** (Tributável)

As adições, de modo geral, são despesas contabilizadas que o fisco não aceita como dedutíveis para fins de tributação; alguns exemplos são doações acima do limite permitido, multas por autuação, a maior parte das provisões retificadoras e de passivos etc.

As exclusões representam tanto receitas ou ganhos aceitos pelo fisco que não sejam tributados, como despesas que podem ser deduzidas duas vezes; exemplos são lucro na equivalência patrimonial, dividendos recebidos, determinadas doações ou incentivos culturais, depreciação acelerada inventivada etc.

## Lucro presumido

A legislação federal oferece, a cada exercício, uma alternativa de base de cálculo para recolhimento do IR e da CSLL para as empresas que têm receita bruta anual inferior a $ 24.000.000, ou $ 2.000.000 por mês, denominada lucro presumido. Para as empresas que podem enquadrar-se nessa legislação, a base de cálculo deixa de ser o lucro contábil, que determina o lucro real, e a tributação desses dois impostos dá-se baseada simplesmente na receita bruta. A intenção da legislação não é, na realidade, a redução da carga tributária, mas, sim, a simplificação do processo de cálculo e arrecadação.

A base de cálculo passa a ser um lucro presumido fixo sobre a receita bruta. No caso geral, o lucro presumido é de 8% sobre o total da receita bruta; existem outras alíquotas para setores ou atividades específicas (1,6%, 16%, 32%). As receitas financeiras e os ganhos de capital não se incluem na possibilidade de lucro presumido, devendo ser tributados pelo seu total. As alíquotas dos impostos são as mesmas do lucro real, ou seja, 15% de IR mais adicional de 10% e 9% de CSLL.

No caso da adoção do lucro presumido, o conceito de provisão desaparece, uma vez que a condição de cálculo exato dos impostos a serem recolhidos é clara, não havendo necessidade de estorno ou de complemento dos impostos a serem recolhidos. Outra questão importante a salientar é que, apesar de a base de cálculo ser a receita bruta, os valores de IR e CSLL não podem ser considerados impostos sobre vendas, devendo ser contabilizados como impostos sobre o lucro, identicamente às empresas tributadas tradicionalmente pelo lucro real.

Outro aspecto importante, de cunho gerencial, é que o planejamento tributário se impõe nesse caso, pois a empresa poderá ter prejuízo. Caso a empresa vislumbre que terá prejuízo, não deveria optar pelo lucro presumido nesse exercício, e sim, pelo sistema de lucro real. Caso também a empresa estime que a margem de lucro líquido antes dos impostos sobre o lucro seja inferior a 8%, também a opção pelo lucro real é mais interessante que a do lucro presumido.

## Recolhimento por estimativa

O regime base de tributação pelo lucro real é trimestral, porém o fisco admite o recolhimento mensal por estimativa, apurando-se os resultados mensais e consolidando-os no fim do exercício; tem sido o procedimento mais utilizado pelas empresas tributadas por essa modalidade. O recolhimento pelo critério do lucro presumido é mensal.

## Apuração e contabilização

Imaginando um período anual, com a seguinte demonstração de resultados, faremos um exemplo simplificado dos dois tipos de apuração de tributos sobre o lucro:

**Demonstração resumida de resultados**
Receitas                                           3.000.000
(–) Custos e despesas                             (2.000.000)
= Lucro líquido antes dos impostos sobre o lucro   1.000.000

As empresas que optarem ou forem obrigadas a pagar os tributos sobre o lucro real devem fazer um cálculo com a seguinte estrutura básica. Os valores das adições e das exclusões são aleatórios:

| IR/CSLL sobre Lucro Real – Período Anual | | | |
|---|---|---|---|
| Lucro Líquido antes dos Impostos sobre o Lucro | | | 1.000.000 |
| (+) Adições | | | 200.000 |
| (–) Exclusões | | | (100.000) |
| = Lucro Real | | | 1.100.000 |
| Imposto | Alíquota | Base do Imposto | |
| IR | 15% | 1.100.000 | 165.000 |
| IR – Adicional | 10% | 860.000 | 86.000 |
| Soma | | | 251.000 |
| CSLL | 9% | 1.100.000 | 99.000 |
| Total dos Tributos sobre o Lucro | | | 350.000 |

Complementando a demonstração de resultados, temos o seguinte:

| Demonstração Resumida de Resultados | |
|---|---:|
| Receitas | 3.000.000 |
| (−) Custos e Despesas | (2.000.000) |
| = Lucro Líquido antes dos Impostos sobre o Lucro | 1.000.000 |
| (−) Impostos sobre o Lucro | (350.000) |
| = Lucro Líquido após os Impostos sobre o Lucro | 650.000 |

O lucro presumido não leva em consideração o lucro contábil, atendo-se apenas às receitas, classificando-as de acordo com a legislação, já que as alíquotas de lucro presumido são várias. Os valores das receitas do exemplo dado a seguir são aleatórios:

| Lucro Presumido por Receita | | | |
|---|---:|---:|---:|
| Tipo de Receita | Valor | Alíquota | Base de Cálculo |
| Receita Bruta de Vendas | 2.150.000 | 8% | 172.000 |
| Receita de Serviços | 700.000 | 32% | 224.000 |
| Receitas Financeiras | 100.000 | 100% | 396.000 |
| Lucro na Venda de Imobilizado | 50.000 | 100% | 50.000 |
| Total | 3.000.000 | | 842.000 |

A alíquota presumida de CSLL sobre a Receita Bruta de Vendas é de 12%, que resultaria numa base de cálculo desse tipo de receita de $ 258.000 e uma base de cálculo total para a CSLL de $ 928.000.

A base de cálculo apurada a partir das receitas substitui o lucro real. As alíquotas dos tributos sobre o lucro passam a ser aplicadas em cima dessa base de cálculo que é a presunção do lucro. Como já salientamos, provavelmente o lucro da empresa será diferente – maior ou menor – que o apurado pelo critério fiscal. Caso a empresa esteja em prejuízo, essa situação não será levada em consideração pelo fisco, devendo ocorrer o recolhimento dos tributos mesmo assim.

| IR/CSLL sobre Lucro Presumido – Período Anual | | | |
|---|---:|---:|---:|
| Imposto | Alíquota | Base | Imposto |
| IR | 15% | 842.000 | 126.300 |
| IR – Adicional | 10% | 602.000 | 60.200 |
| Soma | | | 186.500 |
| CSLL | 9% | 928.000 | 83.520 |
| Total dos Tributos sobre o Lucro | | | 270.020 |

Complementando a demonstração de resultados, ficaria como segue:

| Demonstração Resumida de Resultados | |
|---|---|
| Receitas | 3.000.000 |
| (–) Custos e Despesas | (2.000.000) |
| = Lucro Líquido antes dos Tributos sobre o Lucro | 1.000.000 |
| (–) Impostos sobre o Lucro | (270.020) |
| = Lucro Líquido após os Tributos sobre o Lucro | 729.980 |

A contabilização dos tributos sobre o lucro é igual à contabilização de qualquer despesa.

## Tributos a recuperar sobre prejuízos fiscais

As empresas que se enquadraram ou que optaram pela sistemática do lucro real podem apresentar, em determinado período, a situação de prejuízo. A legislação permite o aproveitamento de bases negativas de prejuízos, tanto para fins de IR como de CSLL, nos períodos seguintes. Isso significa que, havendo prejuízos contábil e fiscal, deve-se fazer a contabilização desse direito em cima desse crédito tributário junto ao governo, no ativo circulante ou realizável a longo prazo, dependendo da previsão de utilização. Normalmente, é classificado no ativo circulante.

Em uma situação de lucro, considerando os dados já apresentados pelo lucro real, o balanço patrimonial evidencia o lucro e a obrigação dos tributos sobre o lucro da seguinte maneira, considerando apenas os grupos e as contas que interessam aos eventos:

| Balanço Patrimonial | Antes da Apuração dos Tributos | Depois da Apuração dos Tributos |
|---|---|---|
| *Ativo Circulante* | | |
| Total dos Ativos Circulantes | 6.000.000 | 6.000.000 |
| Total | 6.000.000 | 6.000.000 |
| | | |
| *Passivo* | | |
| *Passivo Circulante* | | |
| IR/CSLL a Pagar | – | 350.000 |
| *Patrimônio Líquido* | | |
| Capital Social | 5.000.000 | 5.000.000 |
| Lucros Acumulados | 1.000.000 | 650.000 |
| | 6.000.000 | 5.650.000 |
| Total | 6.000.000 | 6.000.000 |

Imaginando uma situação de prejuízo contábil no valor de $ 700.000, bem como as mesmas exclusões e adições do exemplo inicial, temos:

| Demonstração Resumida de Resultados | |
|---|---:|
| Receitas | 3.000.000 |
| (−) Custos e Despesas | (3.700.000) |
| = Prejuízo Líquido antes dos Impostos sobre o Lucro | (700.000) |

| IR/CSLL sobre Lucro Real − Período Anual | |
|---|---:|
| Prejuízo Líquido antes dos Impostos sobre o Lucro | (700.000) |
| (+) Adições | 200.000 |
| (−) Exclusões | (100.000) |
| = Lucro (Prejuízo) Real | (600.000) |

Procede-se com os cálculos dos tributos, utilizando-se as mesmas alíquotas. Não se recomenda o uso da alíquota do adicional de IR, uma vez que, na utilização do estoque de prejuízo fiscal para o período seguinte, é possível a base de cálculo não ser superior aos $ 240.000, não devendo ser feita, portanto, a contabilização de um direito de que não se tenha certeza de realização. Com os dados do nosso exemplo, o prejuízo fiscal do período atribui um direito líquido e certo para a empresa aproveitar os créditos tributários nos períodos seguintes, no valor de $ 144.000:

| Imposto | Alíquota | Base | Imposto |
|---|---|---|---:|
| IR | 15% | (600.000) | (90.000) |
| IR − Adicional | 10% | 0 | 0 |
| Soma | | | (90.000) |
| CSLL | 9% | (600.000) | (54.000) |
| **Total dos Tributos sobre o Lucro** | | | (144.000) |

Esse valor deve ser jogado contra o resultado do período. Como é um prejuízo, tal crédito tributário é uma *receita contábil*, reduzindo, então, o prejuízo líquido da empresa:

| Demonstração Resumida de Resultados | |
|---|---|
| Receitas | 3.000.000 |
| (–) Custos e Despesas | (3.700.000) |
| = Prejuízo Líquido antes dos Impostos sobre o Lucro | (700.000) |
| (–) Impostos sobre o Lucro | 144.000 |
| = Prejuízo Líquido após os Impostos sobre o Lucro | (556.000) |

Por ser um direito, o valor de $ 144.000 deve ser contabilizado no ativo circulante. O balanço patrimonial evidencia assim esse evento:

| Balanço Patrimonial | Antes da Apuração dos Tributos | Depois da Apuração dos Tributos |
|---|---|---|
| *Ativo Circulante* | | |
| IR e CSLL sobre Prejuízos Fiscais | 0 | 144.000 |
| Demais Ativos Circulantes | 4.300.000 | 4.300.000 |
| Total | 4.300.000 | 4.444.000 |
| *Passivo* | | |
| *Passivo Circulante* | | |
| *IR e CSLL a pagar* | 0 | |
| *Patrimônio Líquido* | | |
| Capital Social | 5.000.000 | 5.000.000 |
| Prejuízos Acumulados | (700.000) | (556.000) |
| | 4.300.000 | 4.444.000 |
| Total | 4.300.000 | 4.444.000 |

No período seguinte em que houver IR e CSLL a pagar, que serão lançados no Passivo Circulante, transfere-se o valor do ativo circulante de IR e CSLL sobre Prejuízos Fiscais para o Passivo Circulante de IR e CSLL a pagar.

## Tributos sobre diferenças temporárias

Quando as exclusões e adições forem temporárias, ou melhor, quando seu valor for objeto de utilização para o cálculo do IR e da CSLL de períodos seguintes, os valores do IR e da CSLL deverão ser objeto de cálculo e contabilização, como ativo circulante ou realizável a longo prazo, para as adições, e como passivo circulante ou passivo não circulante, para as exclusões.

## Enquadramento nos tributos sobre o lucro e a cumulatividade de contribuições

A complexidade e a incongruência da legislação fiscal brasileira criaram algumas situações em que o contribuinte, enquadrado para fins de tributos sobre o lucro presumido, deve apurar o PIS e a Cofins segundo o critério de cumulatividade. Outras situações fiscais indicam que só é possível a utilização da apuração do PIS e da Cofins no critério da não cumulatividade caso a empresa esteja enquadrada na sistemática de lucro real.

## 7.4 Sistema Simples[5]

Em 14 de dezembro de 2006, com validade a partir de 1º de janeiro de 2007, a Lei Complementar nº 123 instituiu o Regime Especial Unificado de Arrecadação de Tributos e Contribuições devidos pelas Microempresas e Empresas de Pequeno Porte, um novo regime tributário denominado Supersimples, que substituiu as legislações anteriores sobre o Simples Federal, ao mesmo tempo que provocou a eliminação do Simples Estadual. No regime antigo, o ICMS e o ISS não compunham os tributos abrangidos pelo Simples Federal. Pela nova legislação, feita em conjunto com todos os estados da federação, o ICMS e o ISS passaram a fazer parte do Simples Nacional ou Supersimples, o qual denominaremos Simples, uma vez que não existe mais o Simples Estadual.

O objetivo continua o mesmo das legislações anteriores, que é de reduzir a carga tributária e simplificar os procedimentos de recolhimento desses tributos aos pequenos empreendimentos, estimulando novos negócios, o que, em nosso entendimento, realmente acontece. A legislação brasileira caracteriza como microempresas as empresas e empresários (pessoa jurídica individual) que auferem, anualmente, receita bruta igual ou inferior a R$ 360.000,00 e como empreendimentos de pequeno porte as empresas e empresários com receita bruta anual superior a R$ 360.000,00 e igual ou inferior a R$ 3.600.000,00. Não há diferença de tratamento entre esses dois tipos de empresas para fins de tributação do Simples, valendo apenas as alíquotas específicas para cada faixa de receita bruta anual. É importante ressaltar que é facultativa a adoção desse regime tributário pelas microempresas e empresas de pequeno porte que atendem às regras necessárias para usufruir dessa opção. A adoção é irretratável dentro do ano-calendário da formalização da opção pelo Simples.

---

[5] Adaptado de PADOVEZE, Clóvis Luís; MARTINS, Miltes Angelita M. *Contabilidade e gestão para micro e pequenas empresas*. Curitiba: Intersaberes, 2014.

Os oito tributos abrangidos pelo Simples são os seguintes:

I – Imposto sobre a Renda da Pessoa Jurídica – IRPJ
II – Imposto sobre Produtos Industrializados – IPI
III – Contribuição Social sobre o Lucro Líquido – CSLL
IV – Contribuição para o Financiamento da Seguridade Social – Cofins
V – Contribuição para o PIS/Pasep – PIS
VI – Contribuição para a Seguridade Social a cargo da pessoa jurídica – INSS
VII – Imposto sobre a Circulação de Mercadorias e Serviços – ICMS
VIII – Imposto sobre Serviços – ISS

É importante ressaltar que as empresas que optarem pelo Simples não precisarão mais fazer a apuração do IPI e do ICMS das entradas e saídas, nem do PIS e da Cofins e tampouco do ISS, quando enquadradas nessa legislação.

Não são cobertos pelo Simples os seguintes tributos e obrigações, que devem ser recolhidos à parte:

- O INSS de responsabilidade dos empregados da empresa;
- A contribuição ao FGTS dos empregados da empresa;
- O IR sobre aplicações financeiras e ganhos de capital;
- O IR retido de pagamentos às pessoas físicas;
- O II e o IE – Imposto de Importação e Imposto de Exportação;
- O ITR – Imposto sobre Propriedade Territorial Rural;
- O IOC e o IOF – Imposto sobre Operações de Câmbio e Imposto sobre Operações Financeiras;
- O ICMS e o ISS em situações específicas, como de substituição tributária.

O recolhimento é mensal, no mês seguinte ao da apuração da receita, e feito em uma única guia de recolhimento, denominada Documento de Arrecadação do Simples Nacional – DAS. O governo federal é que se encarrega da redistribuição dos tributos para os governos estaduais e municipais. São várias alíquotas de recolhimento, dependendo da faixa de receita bruta anual e do tipo de empresa (se indústria, comércio ou serviço). A Lei Complementar nº 139/11 divulgou cinco anexos, nos quais constam as faixas e alíquotas de recolhimento. Os três principais anexos têm 20 faixas de receita bruta anual e as respectivas alíquotas de recolhimento, que variam de 4% até 16,85%, como podemos ver no quadro a seguir.

| Alíquotas do Simples<br>Exemplos de Faixa de Renda Bruta Anual | Comércio<br>Anexo I | Indústria<br>Anexo II | Serviços<br>Anexo IV |
|---|---|---|---|
| Até $ 180.000,00 | 4,00% | 4,50% | 4,50% |
| De $ 180.000,01 a $ 360.000,00 | 5,47% | 5,97% | 6,54% |
| ... | | | |
| De $ 1.620.000,01 a $ 1.800.000,00 | 9,12% | 9,62% | 12,00% |
| ... | | | |
| De $ 3.420.000,01 a $ 3.600.000,00 | 11,61% | 12,11% | 16,85% |

Fonte: BRASIL, 2011.

Por se tratar de tributação exclusivamente sobre a receita bruta, que basicamente é a receita bruta de vendas e prestação de serviços, o Simples deve ser contabilizado como despesa de tributos redutora da conta de receita de vendas ou prestação de serviços e classificado no grupo de receitas. Assim, teremos o valor da receita bruta, o valor do Simples e o valor da receita líquida. Dessa maneira, o Simples não deve ser contabilizado como despesa operacional tributária.

## Exemplo e contabilização

1. Venda de mercadorias a prazo no mês de $ 55.000. Enquadramento no Anexo I, na faixa de 9,12%

**Conta de**

Débito = Duplicatas a receber = $ 55.000 Ativo Circulante
Crédito = Vendas = $ 55.000 Receita
*Pelo valor das vendas do mês*

Débito = Tributos sobre $ 5.016 Despesa – Redutora de
    Vendas – Simples     Vendas
Crédito = Tributos a Recolher $ 5.016 Passivo Circulante
    – Simples
*Pelo valor do Simples do mês ($ 55.000 × 9,12%)*

2. Recolhimento do Simples no mês seguinte

Débito = Tributos a Recolher $ 5.016 Passivo Circulante
    – Simples
Crédito = Caixa/Bancos $ 5.016 Ativo Circulante

Em contas T:

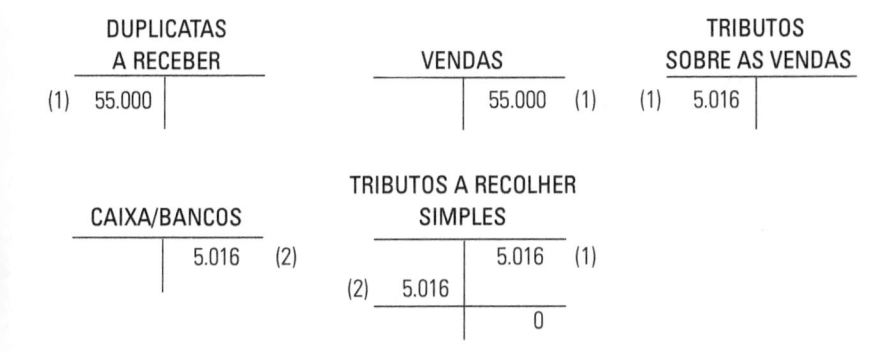

```
     DUPLICATAS                                           TRIBUTOS
     A RECEBER              VENDAS                     SOBRE AS VENDAS
(1)   55.000                         55.000   (1)   (1)   5.016


                          TRIBUTOS A RECOLHER
   CAIXA/BANCOS                 SIMPLES
           5.016   (2)                   5.016   (1)
                          (2)   5.016
                                   0
```

## Questões e exercícios

1. Uma empresa comercial adquire de uma indústria mercadorias para revenda no valor de $ 2.000 mais IPI de 10%, totalizando $ 2.200 a serem pagos em 30 dias. A alíquota de ICMS sobre o valor das mercadorias é de 18%. Em seguida, vende todas as mercadorias, no mesmo dia, por $ 5.000, também com ICMS de 18%, a serem recebidos em 30 dias. Ela está sujeita ao regime de não cumulatividade para o PIS e para o Cofins. Considere que os impostos também são recolhidos na data do recebimento da venda.
   Pede-se:
   a) apurar o valor da compra líquida dos impostos recuperáveis;
   b) apurar o valor da venda líquida dos impostos;
   c) apurar o valor dos impostos a serem recolhidos;
   d) apurar o lucro da empresa obtido nessas transações.

2. Após os cálculos efetuados no Exercício 1, faça a contabilização em contas T de todos os eventos, incluindo o recebimento da venda e o pagamento dos fornecedores e de impostos.

3. Uma empresa industrial adquire matérias-primas no valor de $ 1.500 para transformação de outra indústria, mais IPI de 8%, totalizando $ 1.620 a serem pagos em 30 dias. Após o processo de transformação, que dura cinco dias, vende o produto originado das matérias-primas por $ 3.000, mais IPI de 5%, totalizando $ 3.150, para outra indústria transformadora, a serem recebidos em 25 dias. O ICMS, em ambas as operações, é de 18%. Considere que os impostos são recolhidos na data do recebimento da venda e que o regime de tributação é não cumulativo.

Pede-se:
a) apurar o valor da compra líquida dos impostos recuperáveis;
b) apurar o valor da venda líquida dos impostos;
c) apurar o valor dos impostos a serem recolhidos;
d) apurar o lucro da empresa obtido nessas transações.

4. Após os cálculos efetuados no Exercício 3, faça a contabilização em contas T de todos os eventos, incluindo o recebimento da venda e o pagamento dos fornecedores e de impostos.

5. Uma empresa industrial adquire matérias-primas no valor de $ 2.500 para transformação de outra indústria, mais IPI de 10%, totalizando $ 2.750, com ICMS de 18%, a serem pagos dentro de 20 dias. Após o processo de transformação, vende o produto originado das matérias-primas por $ 3.500, mais IPI de 6%, totalizando $ 3.710, para outra indústria transformadora, à vista. O ICMS na venda é de 12%. Considere que os impostos são recolhidos na data do recebimento da venda e que o regime de tributação é não cumulativo.

Pede-se:
a) apurar o valor da compra líquida dos impostos recuperáveis;
b) apurar o valor da venda líquida dos impostos;
c) apurar o valor dos impostos a serem recolhidos;
d) apurar o valor dos impostos a serem recuperados;
e) apurar o lucro da empresa obtido nessas transações.

6. Após os cálculos efetuados no Exercício 5, faça a contabilização em contas T de todos os eventos, incluindo o recebimento da venda e o pagamento dos fornecedores e de impostos, separando, em contas distintas, os impostos que serão recolhidos e os impostos que serão recuperados.

7. Uma empresa prestadora de serviços adquire mercadorias para consumo em suas atividades de uma indústria no valor de $ 2.000, mais IPI de 10%, totalizando $ 2.200 a serem pagos em 30 dias. A alíquota de ICMS sobre o valor das mercadorias é de 18%. Em seguida, presta um serviço pelo qual essas mercadorias são consumidas, no mesmo dia, por $ 5.000, valor este sobre o qual incide ISS de 2%, que será recolhido pela empresa, sem cobrar do cliente, a serem recebidos em 30 dias. Ela está sujeita ao regime de cumulatividade para PIS e Cofins. Considere que os impostos também são recolhidos na data do recebimento da venda.

Pede-se:
a) apurar o valor de custo da compra;
b) apurar o valor da venda líquida dos impostos;

c) apurar o valor dos impostos a serem recolhidos;

d) apurar o lucro da empresa obtido nessas transações.

8. Após os cálculos efetuados no Exercício 7, faça a contabilização em contas T de todos os eventos, incluindo o recebimento da venda e o pagamento dos fornecedores e de impostos.

9. Uma empresa apurou o resultado anual de $ 4.000.000, com receitas de $ 40.000.000 e custos e despesas de $ 36.000.000, sendo o lucro real seu regime de apuração de impostos sobre o lucro. O contador identificou adições fiscais de $ 2.000.000 e exclusões fiscais de $ 500.000. Pede-se:

   a) apurar o valor do IR e da CSLL a serem recolhidos em cima desses dados;

   b) concluir a demonstração de resultados, apurando o lucro líquido após os impostos sobre o lucro.

10. Uma empresa apurou o resultado anual de $ 1.000.000, com receitas de $ 40.000.000 e custos e despesas de $ 39.000.000, sendo o lucro real seu regime de apuração de impostos sobre o lucro. O contador identificou adições fiscais de $ 200.000 e exclusões fiscais de $ 2.500.000. Pede-se:

    a) apurar o valor do IR e da CSLL em cima desses dados;

    b) concluir a demonstração de resultados, apurando o resultado líquido após os impostos sobre o lucro.

11. Uma empresa está projetando um resultado anual de $ 3.000.000, com receitas de $ 20.000.000 e custos e despesas de $ 17.000.000. O contador identifica adições fiscais de $ 100.000 e nenhuma exclusão fiscal. A empresa pode optar pelo lucro presumido ou pelo lucro real. Para tomar a decisão sobre qual enquadramento tributário é mais vantajoso, o contador fez uma análise e identificou três classes de receitas para fins de lucro presumido. Do total das receitas, 70% terão base de cálculo presumido a 8%, 20% a 32% e os restantes a 100%.

    Pede-se:

    a) apurar o valor do IR e da CSLL a serem recolhidos nas duas condições de tributação;

    b) concluir a demonstração de resultados, apurando o lucro líquido após os impostos sobre o lucro, com a menor carga tributária estimada.

12. Uma empresa está projetando um resultado anual de $ 200.000, com receitas de $ 1.000.000 e custos e despesas de $ 800.000. O contador não identifica nenhuma adição ou exclusão fiscal. A empresa pode optar pelo lucro presumido ou pelo lucro real. Para tomar a decisão sobre qual

enquadramento tributário é mais vantajoso, o contador fez uma análise e identificou três classes de receitas para fins de lucro presumido. Do total das receitas, 85% terão base de cálculo presumida a 8%, 12% a 32% e os restantes a 100%.

Pede-se:

a) apurar o valor do IR e da CSLL a serem recolhidos nas duas condições de tributação;

b) concluir a demonstração de resultados, apurando o lucro líquido após os impostos sobre o lucro, com a menor carga tributária estimada.

# 8 capítulo

# Introdução à contabilidade de custos[1]

A contabilidade de custos foi desenvolvida, inicialmente, para as empresas industriais, com o objetivo básico de mensurar o custo dos produtos produzidos e estocados, para, em seguida, apurar o lucro bruto obtido na venda desses produtos. Posteriormente foi possível aproveitar os diversos conceitos de custos industriais para aplicação gerencial nas empresas dos setores comerciais, agrícolas e de serviços.

Não há problemas de aplicação do objetivo básico da contabilidade de custos em uma empresa comercial, uma vez que seu principal (e único) elemento de custo, o custo da mercadoria vendida, tem seu custo unitário conhecido no ato da compra. Vejamos, novamente, a estrutura básica da demonstração de resultados de uma empresa comercial, com valores aleatórios:

| Demonstração de Resultados – Empresa Comercial | |
|---|---:|
| | $ |
| Receita de Vendas | 2.000.000 |
| (–) Custo das Mercadorias Vendidas | (1.400.000) |
| = Lucro Bruto | 600.000 |
| (–) Despesas Operacionais | |
| Comerciais | (200.000) |
| Administrativas | (160.000) |
| Financeiras | (40.000) |
| Soma | (400.000) |
| = Lucro Operacional | 200.000 |

Não há dificuldade em obter o custo de cada mercadoria vendida, pois esse valor é obtido por ocasião da compra e, consequentemente, pelo critério de valorização de inventários.

---

[1] Um material mais abrangente e detalhado sobre custos pode ser encontrado no livro do mesmo autor, *Contabilidade de custos*, desta editora.

A caracterização da empresa comercial decorre da essência das transações de compra e venda de mercadorias (produtos) sem transformação, ou seja, elas são vendidas sem alterar nenhuma de suas características como produto.

**Processo de Venda – Empresa Comercial**

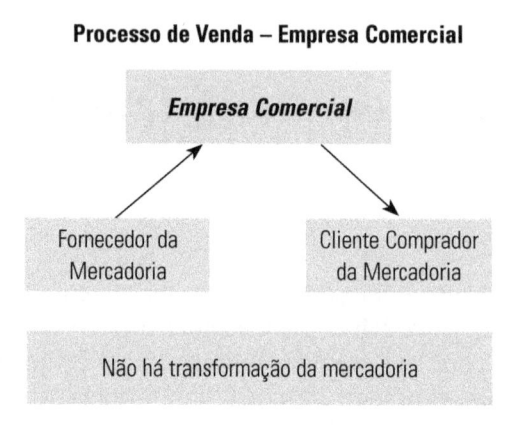

*Empresa Comercial*

Fornecedor da Mercadoria

Cliente Comprador da Mercadoria

Não há transformação da mercadoria

Na empresa industrial, o conceito de *mercadoria* evolui para o conceito de *produto* quando uma ou mais matérias-primas, materiais ou componentes (denominações de mercadorias utilizadas para o processo de transformação) são transformados em outros produtos, no mais das vezes, totalmente diferentes das mercadorias originais.

**Processo de Produção e de Venda – Empresa Industrial**

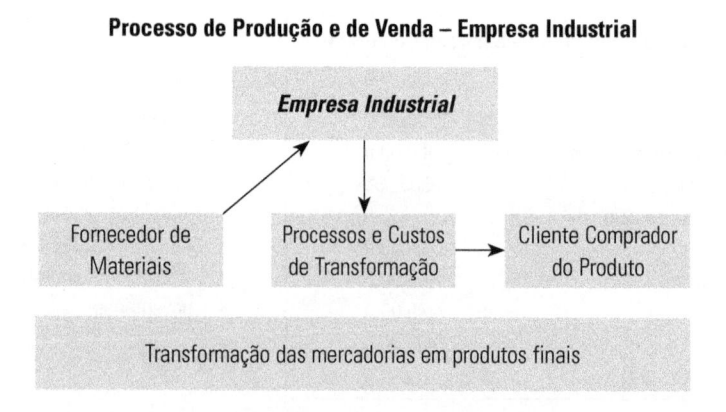

*Empresa Industrial*

Fornecedor de Materiais

Processos e Custos de Transformação

Cliente Comprador do Produto

Transformação das mercadorias em produtos finais

O processo de transformação caracteriza-se pela agregação de uma série de outros gastos sobre os materiais adquiridos e adentrados no processo geral de transformação. Assim, além do custo dos materiais adquiridos, a indústria acrescenta custos com mão de obra e outros gastos. Os gastos acrescentados normalmente são classificados em mão de obra direta, mão de obra indireta, gastos gerais de fabricação e depreciação.

Dessa maneira, as indústrias têm três tipos de estoques:

a) os estoques de materiais, que representam os materiais adquiridos e não requisitados pela fábrica e sem processo de transformação;
b) os estoques de materiais e produtos em processo, que representam os itens e produtos ainda não terminados;
c) os estoques de produtos concluídos, denominados estoques de produtos acabados.

Esse fluxo pode ser visualizado na figura a seguir:

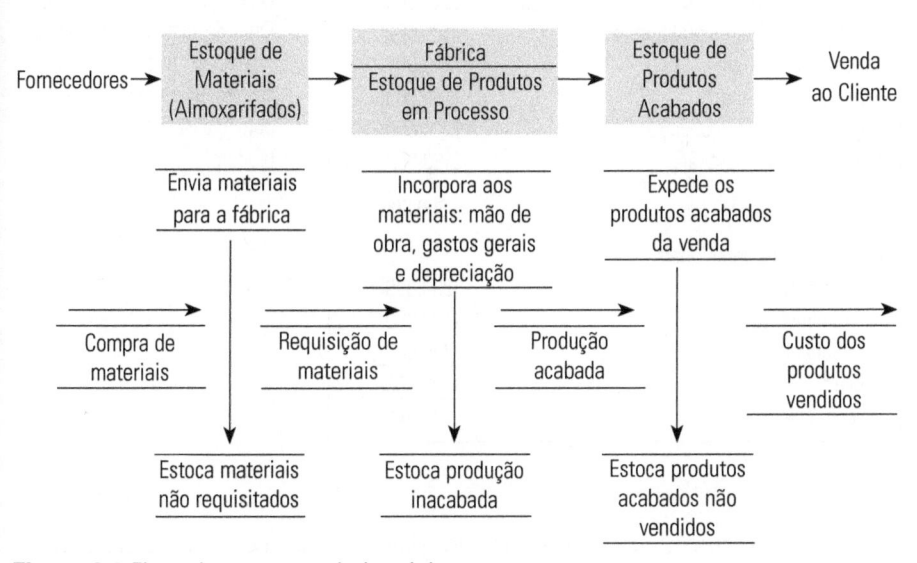

**Figura 8.1** Fluxo dos estoques industriais.

## 8.1 Fundamentos da contabilidade de custos

O referencial para a contabilidade de custos é a apuração do *custo unitário* de cada produto.[2] A apuração do custo total da empresa já é feita normalmente pela contabilidade financeira, na qual todos os gastos (custos e despesas) são

---

[2] Trataremos genericamente tanto dos produtos quanto dos serviços industriais.

contabilizados nas contas contábeis. Nas indústrias, contudo, uma série de gastos não é vinculada diretamente aos produtos, razão da necessidade de haver metodologias para apurar o custo unitário de cada um dos produtos produzidos pela empresa, que, quando vendidos, serão classificados como custo dos produtos vendidos.

A demonstração de resultados de uma empresa industrial pode ser assim visualizada, sendo os valores aleatórios:

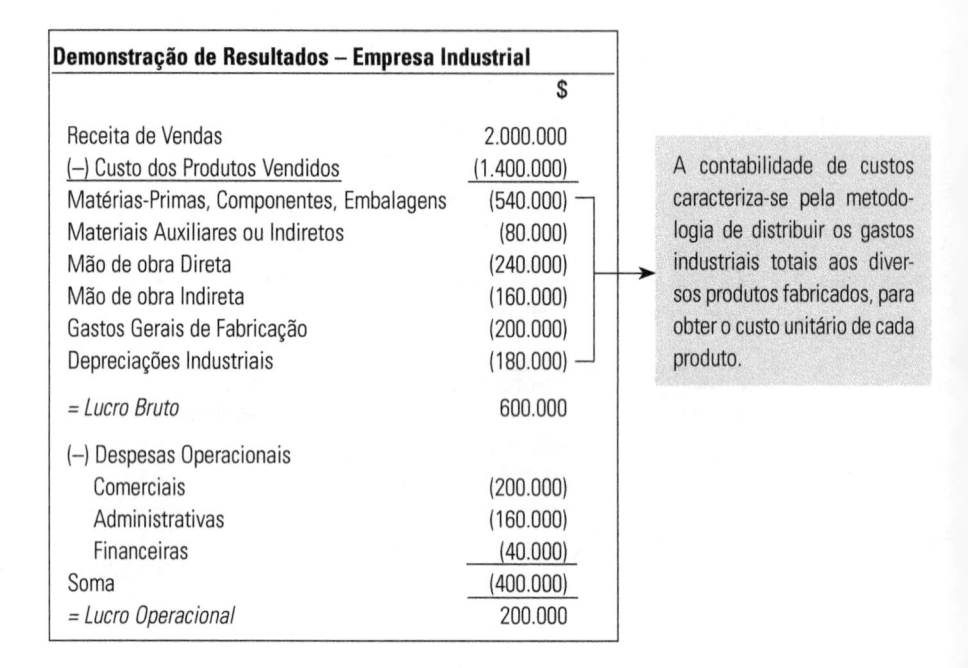

| Demonstração de Resultados – Empresa Industrial | |
|---|---:|
| | $ |
| Receita de Vendas | 2.000.000 |
| (–) Custo dos Produtos Vendidos | (1.400.000) |
| Matérias-Primas, Componentes, Embalagens | (540.000) |
| Materiais Auxiliares ou Indiretos | (80.000) |
| Mão de obra Direta | (240.000) |
| Mão de obra Indireta | (160.000) |
| Gastos Gerais de Fabricação | (200.000) |
| Depreciações Industriais | (180.000) |
| = Lucro Bruto | 600.000 |
| (–) Despesas Operacionais | |
| Comerciais | (200.000) |
| Administrativas | (160.000) |
| Financeiras | (40.000) |
| Soma | (400.000) |
| = Lucro Operacional | 200.000 |

A contabilidade de custos caracteriza-se pela metodologia de distribuir os gastos industriais totais aos diversos produtos fabricados, para obter o custo unitário de cada produto.

Como se verifica, o custo das mercadorias vendidas pelas empresas comerciais é substituído pelo custo dos produtos vendidos nas indústrias. Enquanto o comércio tem apenas um elemento de custo, as mercadorias, as indústrias têm vários elementos de custos. Um resumo das diferenças entre as empresas comerciais e as industriais é apresentado a seguir:

| Empresa Comercial | Empresa Industrial |
|---|---|
| INSUMOS (Custos)<br>Mercadorias Adquiridas | INSUMOS (Custos)<br>Matérias-Primas e Componentes<br>Materiais de Embalagem<br>Materiais Auxiliares ou Indiretos<br>Mão de obra Industrial<br>Gastos Gerais Fabris<br>Depreciações Industriais |
| ESTOQUES<br>de Mercadorias | ESTOQUES<br>de Materiais<br>de Produção em Processo<br>de Produtos Acabados |
| CUSTO DAS VENDAS<br>Custo das Mercadorias Vendidas | CUSTO DAS VENDAS<br>Custo dos Produtos e Serviços Industriais Vendidos |

**Figura 8.2** Custo nas empresas comerciais × empresas industriais.

A contabilidade de custos nasceu do desenvolvimento de métodos e critérios para distribuir os custos gerais aos diversos produtos, para calcular o custo unitário de cada um. O primeiro fundamento para apurar o custo unitário dos produtos é classificá-los entre custos diretos e indiretos.

## Custos diretos e indiretos

A primeira classificação necessária para estruturar uma contabilidade de custos está em separar os custos diretamente vinculados a cada produto dos custos que não possuem vinculação direta a determinado produto, mas são de caráter geral, servindo para toda a área fabril.[3]

*Custos diretos* são os gastos industriais que podem ser alocados direta e objetivamente aos produtos. Um custo é direto se:

a) for possível verificar ou estabelecer uma ligação direta com o produto final;

---

[3] Outra classificação fundamental está em separar os custos entre fixos e variáveis, para o processo de orçamentação dos gastos e para desenvolver modelos decisórios com o conceito de margem de contribuição.

b) for possível de ser visualizado física ou economicamente no produto final;
c) for clara e objetivamente específico no produto final, não se confundindo, portanto, com os outros produtos;
d) for possível ser medida objetivamente sua participação no produto final etc.

Os principais custos são os materiais diretos (matérias-primas, materiais, componentes, embalagens) e a mão de obra direta. A mão de obra direta representa os gastos com salários e encargos sociais dos trabalhadores que manipulam, diretamente ou por meio de equipamentos, todos os materiais e o produto final, até a sua conclusão para condições de venda.

Todos os demais gastos não considerados diretos são classificados como indiretos. *Custos indiretos* são os gastos que não podem ser alocados de forma direta e objetiva aos produtos finais, sendo necessário desenvolver critérios de distribuição (apropriação, alocação, absorção, rateio) para incorporá-los ao custo unitário dos produtos, já que se caracterizam por ser gastos genéricos da fábrica.

Os gastos indiretos são os materiais auxiliares ou indiretos que servem a todos os produtos (ferramentas, dispositivos, manutenção, de expediente), a mão de obra de chefia e setores de apoio (indireta) que trabalham para as atividades e não diretamente para os produtos, os gastos gerais (energia elétrica, viagens, aluguéis etc.) e a depreciação dos prédios, máquinas, equipamentos e veículos industriais.

Considerando esses exemplos, bem como os dados apresentados na demonstração de resultados de uma empresa industrial, os gastos de $ 540.000 (matérias-primas etc.) e de $ 240.000 (mão de obra direta) têm condições de serem identificados a cada um dos produtos fabricados.

Os demais gastos serão considerados indiretos. Para fins de apuração do custo unitário de cada produto, os gastos com materiais auxiliares ($ 80.000), com mão de obra indireta ($ 160.000), com gastos gerais ($ 200.000) e com depreciações ($ 180.000) deverão ser rateados por meio de algum ou de alguns critérios e incorporados ao custo unitário dos produtos, ao qual já estarão alocados diretamente os materiais e a mão de obra direta.

## Terminologias

Palavras como custo, despesa, consumo, gasto e dispêndio são utilizadas largamente como sinônimos. Não há nenhum mal nisso, porque, de fato, elas tendem a querer expressar as mesmas coisas. Convém, contudo, fazer uma distinção técnica entre as principais terminologias, objetivando clarear os significados na utilização em modelos de decisão de caráter empresarial.

Muitas das diferenças entre as diversas terminologias nasceram das necessidades contábeis, legais e fiscais, tendo, por isso, um significado importante e podendo ser mantidas para o escopo de custos gerenciais.

## Custo ou despesa?

Essas duas terminologias são as mais utilizadas de forma indistinta, mas podem, contabilmente, ser entendidas de modo diferente. A *despesa* é um gasto ocorrido em um determinado período e que é lançado contabilmente nesse mesmo período, para fins de apuração do resultado periódico da empresa. Portanto, a despesa é lançada diretamente na demonstração de resultados de um período e significa, no momento de sua ocorrência, uma redução da riqueza da empresa.

Vejamos um exemplo: partamos de um balanço patrimonial inicial em que tenhamos no ativo $ 500 apenas na conta Caixa e no passivo apenas a conta Capital Social dos sócios, também de $ 500.

| Balanço Patrimonial Inicial | | | |
|---|---|---|---|
| Ativo | $ | Passivo | $ |
| Caixa | 500 | Capital Social | 500 |
| Total | 500 | Total | 500 |

Vamos supor, em um momento seguinte (o Período 1), um pagamento de $ 35 para despesas com a viagem de algum funcionário ou diretor. Esse gasto *é uma despesa porque trará uma redução da riqueza dos sócios*. Vejamos como fica o balanço patrimonial após essa transação:

| Balanço Patrimonial após Despesa de Viagem de $ 35 | | | |
|---|---|---|---|
| Ativo | $ | Passivo | $ |
| Caixa | 465 | Capital Social | 500 |
|  |  | Prejuízo | (35) |
|  |  | Patrimônio Líquido | 465 |
| Total | 465 | Total | 465 |

Nota-se que o Caixa diminui em $ 35, e o efeito imediato da despesa foi na riqueza dos sócios, pois a soma do Capital Social inicial como prejuízo resultante da única transação, que foi uma despesa, resultou também em $ 465, valor esse inferior ao Capital Social inicial de $ 500, ficando evidente que, nesse momento, houve uma redução no valor do investimento líquido dos donos da empresa.

A demonstração de resultados desse período, que apresenta apenas um fato, é assim apresentada:

| Demonstração de Resultado – Período 1 | |
|---|---:|
| | $ |
| Receitas | -0- |
| (–) Despesas | |
| Despesas com Viagem | (35) |
| = Prejuízo do Período 1 | (35) |

O *custo*, tecnicamente para fins contábeis, está ligado à aquisição de mercadorias para estoque (no caso de empresas comerciais) ou de insumos para fabricação de produtos (no caso de empresas industriais). Enquanto está em estoque, seja como mercadorias ou materiais, seja como produtos acabados ou em processo, o valor pago ou incorrido para obtenção de mercadorias e insumos *não é despesa*, e sim custo.

Vejamos um exemplo, prosseguindo com os dados do exemplo anterior: vamos supor que a empresa adquira, à vista, duas unidades de mercadorias para estoque, para, posteriormente, revendê-las, pagando em dinheiro $ 120 pelas duas ($ 60 cada). Nesse momento, o custo pago não é despesa, pois as mercadorias serão estocadas, não reduzindo, portanto, a riqueza efetiva dos sócios.

| Balanço Patrimonial após Aquisição de Mercadorias de $ 120 | | | |
|---|---:|---|---:|
| Ativo | $ | Passivo | $ |
| Caixa | 345 | Capital Social | 500 |
| Estoque de Mercadorias | 120 | Prejuízo | (35) |
| | | Patrimônio Líquido | 465 |
| Total | 465 | Total | 465 |

Nota-se que o Patrimônio Líquido não foi alterado nesse momento. Assim, a ocorrência de custo não afeta, de modo imediato, a riqueza e, portanto, não faz parte da demonstração de resultados.

## Quando o custo se transforma em despesa

O custo transforma-se em despesa quando o bem ou serviço que representa é *consumido*. Em outras palavras, o custo transforma-se em despesa quando o bem ou serviço que estava estocado sai da empresa para ser entregue ao cliente. Assim, a saída do produto ou serviço é uma perda para a empresa, uma despesa, afetando, pois, a riqueza dos sócios.

Obviamente, quando a empresa entrega um produto ou serviço, ela o faz, em condições normais, se receber um valor superior ao custo, de forma que obtém lucro. Portanto, no ato imediato ao consumo do bem, há o recebimento de dinheiro ou de um direito, mediante o preço de venda do produto ou serviço vendido.

Continuando com o exemplo anterior, vamos supor que, no momento seguinte, uma das mercadorias estocadas seja vendida, também em dinheiro, por $ 150. Como o custo de aquisição foi $ 60, a venda gera um lucro de $ 90. Essa transação tem dois lançamentos: a) um lançamento da receita de $ 150, aumentando a riqueza dos sócios e o ativo Caixa; b) uma baixa no estoque de mercadorias de $ 60, pois há o consumo de um bem entregue ao cliente, gerando um prejuízo aos sócios. O valor líquido é o lucro de $ 90 obtido na transação.

| Balanço Patrimonial após Venda de uma Mercadoria por $ 150 | | | |
|---|---|---|---|
| Ativo | $ | Passivo | $ |
| Caixa | 495 | Capital Social | 500 |
| Estoque de Mercadorias | 60 | Lucro | 55 |
| | | Patrimônio Líquido | 555 |
| Total | 555 | Total | 555 |

Nota-se que a riqueza dos sócios, medida pelo Patrimônio Líquido, aumentou agora em $ 90, valor proveniente do lucro obtido com a venda da mercadoria ($ 90 – $ 35 = $ 55). A demonstração de resultados, englobando todos os fatos mencionados até o momento, fica da seguinte maneira:

| Demonstração de Resultado | |
|---|---|
| | $ |
| Receitas de Venda | 150 |
| (–) Despesas | |
| Custo das Mercadorias Vendidas | (60) |
| Despesas com Viagens | (35) |
| = Lucro dos Períodos 1 e 2 | 55 |

Concluindo, o custo transforma-se em despesa quando o produto ou mercadoria que ele representa é vendido e seu valor passa a ser confrontado com a receita na demonstração de resultados.

## Gastos

*Gastos* são todas as ocorrências de pagamentos ou recebimentos de ativos, custos ou despesas; significa receber tanto os serviços e produtos para serem consumidos em todo o processo operacional, como os pagamentos efetuados e recebimentos de ativos. Como se pode verificar, gastos são ocorrências de grande abrangência e generalização. Gasto também é sinônimo de *dispêndio*, o ato de despender.

## Investimentos

*Investimentos* são os gastos efetuados em ativos ou despesas e custos que serão imobilizados ou diferidos; são gastos ativados em função de sua vida útil ou de benefícios futuros.

## Custos

Como já vimos, *custos* são os gastos que não dizem respeito a investimentos e que são necessários para produzir os produtos da empresa; são os gastos efetuados pela empresa que farão nascer os seus produtos. Portanto, podemos dizer que os custos são os gastos relacionados aos produtos, posteriormente ativados quando os produtos objeto desses gastos forem gerados. De um modo geral, são os gastos ligados à área industrial da empresa.

## Despesas

*Despesas* são os gastos necessários para vender e distribuir os produtos. De maneira geral, são os gastos ligados às áreas administrativas e comerciais. Os custos dos produtos, quando vendidos, transformam-se em despesas.

Como também já havíamos afirmado, a grande diferenciação conceitual entre custos e despesas decorre da separação primária entre empresas industriais e comerciais, classificação essa adotada universalmente pelas contabilidades societária e fiscal, com enfoque básico de custear os estoques de produtos. Custos são gastos obtidos para conseguir um produto (adquirir ou fabricar), e despesas são gastos obtidos para vender esses produtos; contudo, é comum utilizar as terminologias de custos e despesas tanto para a área industrial quanto para as demais áreas, o que não chega a comprometer a gestão econômica.

Pode-se definir também custo como o valor econômico dos recursos utilizados para produzir produtos e serviços. Nessa linha de raciocínio, as despesas também são custos, pois são recursos e serviços utilizados e têm valor econômico. A visão tradicional de custos e despesas é que, enquanto custo, os gastos são ativáveis e, portanto, possuem valor para a empresa; a despesa significa o consumo do custo e, portanto, quando ocorre, reduz o lucro empresarial, já que o custo ativado sai da entidade.

### Pagamentos

*Pagamentos* são os atos financeiros de pagar uma dívida, um serviço ou um bem ou direito adquirido; é a execução financeira de gastos e investimentos da empresa.

### Perdas

*Perdas* são fatos ocorridos em situações excepcionais que fogem à normalidade das operações da empresa, são consideradas não operacionais e não devem fazer parte dos custos de produção dos produtos. As perdas são eventos econômicos negativos ao patrimônio empresarial, não habituais e eventuais, tais como deterioração anormal de ativos, perdas de créditos excepcionais, capacidade ociosa anormal etc.

### Prejuízo

*Prejuízo* é o resultado negativo de uma transação ou de um conjunto de transações. Considerando o conjunto de transações de um período, o prejuízo é a resultante negativa da soma das receitas menos as despesas desse período. Nesse caso, decorre, então, da apuração do resultado de um período, no qual as despesas suplantam as receitas desse período.

Outrossim, analisando isoladamente, uma transação também pode ocasionar um prejuízo. Podemos apurar um prejuízo em uma venda, um prejuízo em uma aplicação financeira, um prejuízo em uma compra (quando, por exemplo, compararmos esse prejuízo a um melhor preço alternativo) etc.

De qualquer forma, o mais comum tem sido associar a terminologia *prejuízo* ao resultado negativo (o inverso do lucro) para o conjunto das transações de um período, apurado dentro da demonstração de resultados.

### Insumo

É uma terminologia específica para o setor produtivo ou industrial; significa a combinação de fatores de produção (matérias-primas, mão de obra, gastos gerais, energia, depreciação) necessários para produzir determinada quantidade de bem ou serviço.

## Métodos, formas e sistemas de acumulação

Os conceitos utilizados até este tópico representam a visão de custos prevalecente para fins contábeis, com foco nas demonstrações financeiras obrigatórias para fins legais e fiscais, cujo método base é denominado custeio por absorção, utilizando gastos reais.

Contudo, outros métodos e conceitos foram desenvolvidos, sendo que alguns não foram aceitos legalmente, mas, ainda assim, são importantes no contexto gerencial. Podemos sintetizar a estrutura da contabilidade de custos em três grandes conjuntos de conceitos, que são os métodos, as formas ou sistemas de custeio e os sistemas de acumulação de custos.

| Métodos de Custeamento | Formas de Custeio | Sistemas de Acumulação |
|---|---|---|
| Absorção | Real | por Ordem |
| Variável | Prévio | por Processo |

O método de custeamento trabalha com a separação dos custos que farão parte do custo unitário dos produtos. Os demais custos serão considerados como despesas.

Os métodos classificados como absorção permitem o rateio dos custos indiretos aos produtos, para fins de apuração dos seus custos unitários. Os métodos de custeamento variável somente admitem custos variáveis e diretos ao custo unitário dos produtos, não permitindo nenhum rateio de custos indiretos.

Os principais conceitos e métodos de absorção são:

a) o custeamento por absorção tradicional, o único legalmente aceito para fins das demonstrações financeiras oficiais, que rateia apenas os custos indiretos industriais;

b) o custeamento integral, que permite também o rateio das despesas administrativas e comerciais aos produtos;

c) o custeamento por atividades (Custeio ABC – *Activity Based Costing*), que primeiro faz o custeamento das atividades indiretas para depois alocá-las unitariamente aos produtos e que é uma variante do custeamento integral;

d) o conceito de custo-meta que, partindo do preço de venda de mercado, se subtrai à margem de lucro, obtendo assim o custo-alvo.

Os principais conceitos e métodos do custeio variável são:

a) o custo variável/direto, que considera como custo variável os materiais e a mão de obra direta e as despesas variáveis;

b) o custo estritamente variável, em que não se aceita a mão de obra direta como variável, admitindo unicamente os custos e despesas variáveis;

c) o conceito de margem de contribuição, que é o preço de venda unitário menos o custo variável/direto unitário de cada produto;

d) o conceito de contribuição da produção ou valor agregado, que é o preço de venda unitário menos exclusivamente os custos e as despesas variáveis.

O *método* é o principal conceito para a contabilidade de custos e representa a teoria da decisão, pois por meio do método adotado é que se estruturam os modelos decisórios baseados em custos.

As *formas de custeio* representam a teoria da mensuração, ou seja, quais tipos de valores serão associados ao método escolhido. É mais comum pensar em apurar os custos com dados reais, mas tem sido de igual ou maior importância a utilização de custos prévios ou antecipados. Dentro do conceito de custo prévio, enquadram-se:

a) custo padrão;
b) custos orçados;
c) custos estimados.

Custo padrão é o determinado em condições normais de produção, um custo que se deseja alcançar ou que se deveria alcançar. É o mais utilizado para fixação de preços de venda. Custos orçados são custos estruturados com bases orçamentárias da empresa ou para determinado objeto de custo. Custos estimados são custos unitários obtidos em condições preliminares, com modelos mais simplificados.

Os *sistemas de acumulação* representam a maneira como se registram e se acumulam os dados de custos. Podem-se acumular os custos pelas atividades necessárias para desenvolver o processo produtivo (custos por processo), ou acumulá-los por lote ou por ordem de fabricação. Produtos feitos por encomenda (navios, construção civil etc.) necessitam de um sistema de acumulação por ordem; produtos feitos em processamento contínuo (indústrias químicas etc.) sugerem custo por processo. Os atuais sistemas de informações gerenciais têm permitido a utilização conjunta dos dois sistemas, os quais têm sido denominados sistemas de acumulação por operações.

## Estrutura das informações

A estrutura das informações para obter o custo unitário dos produtos está ligada às necessidades da área industrial e deve ser utilizada pela contabilidade para dar consistência e integração com a empresa. Essa estrutura de informações liga-se aos custos diretos, pois a fábrica necessita das informações dos materiais diretos para fabricar e montar os produtos, bem como das atividades necessárias para realizar os processos e medir a capacidade produtiva.

Dessa maneira, dois sistemas de informações são necessários para apurar o custo unitário dos produtos:

1. O sistema de informação da estrutura dos produtos, no qual constam a composição e a quantidade dos materiais que compõem o produto final;
2. O sistema de informação do roteiro ou processo de fabricação, no qual constam os esforços despendidos pelos setores, departamentos, atividades ou processos por onde passa o produto, sofrendo uma determinada transformação (esforços normalmente medidos no tempo gasto em cada fase do processo).

A estrutura do produto determina o custo unitário dos materiais, enquanto o processo de fabricação determina o custo unitário de mão de obra direta por produto:

| Sistema de Informação | Tipo de Custo |
| --- | --- |
| Estrutura do Produto | Materiais Diretos |
| Processo de Fabricação | Mão de obra Direta |

Na metodologia de custeio por absorção, os demais custos são considerados indiretos e serão atribuídos aos produtos, de forma unitária, por critérios de rateio.

## 8.2 Apuração dos custos unitários e contabilização

O método de custeamento por absorção é o método legal e fiscal que utiliza, para formar o custo unitário dos produtos e serviços, apenas os gastos da área industrial. Ele é consistente com o modelo oficial de apuração dos resultados das empresas. Esse método caracteriza-se por:

a) utilizar os custos diretos industriais;
b) utilizar os custos indiretos industriais, por meio de critérios de apropriação ou rateio;
c) *não* utilizar os gastos administrativos;
d) *não* utilizar os gastos comerciais, sejam diretos ou indiretos;
e) somatória entre o custo dos produtos e serviços vendidos no período, dando origem à rubrica Custo dos Produtos e Serviços, na demonstração de resultados do período;

f) somatória entre o custo dos produtos e serviços ainda *não* vendidos, dando origem ao valor dos estoques industriais no balanço patrimonial do fim do período (estoques em processo e estoque de produtos acabados).

Apresentamos, na Tabela 8.1, os dados referentes aos gastos de uma empresa industrial, bem como a informação de quais gastos devem ser utilizados para apurar o custo unitário dos produtos e serviços sob o custeio por absorção.

**Tabela 8.1** Gastos de um período e utilização no custeio por absorção

| Gastos | $ | Utilização |
|---|---|---|
| **Gastos Diretos** | | |
| Materiais Diretos | 460.000 | Utiliza no Custeio por Absorção |
| Materiais Auxiliares | 36.000 | Utiliza no Custeio por Absorção |
| Mão de obra Direta | 200.000 | Utiliza no Custeio por Absorção |
| Comissões sobre Vendas | 204.000 | Não Utiliza |
| Soma | 900.000 | |
| **Gastos Indiretos** | | |
| Salários dos Departamentos de Apoio à Produção | 200.000 | Utiliza no Custeio por Absorção |
| Despesas dos Departamentos de Apoio à Produção | 90.000 | Utiliza no Custeio por Absorção |
| Depreciações Industriais | 150.000 | Utiliza no Custeio por Absorção |
| Salários e Despesas Administrativas | 70.000 | Não Utiliza |
| Salários e Despesas Comerciais | 50.000 | Não Utiliza |
| Soma | 560.000 | |
| Total | 1.460.000 | |

Ressaltamos que os gastos diretos, apresentados pelo total na Tabela 8.1, devem ser obtidos de forma unitária, já que são passíveis de clara identificação com os produtos.

Tendo como referência os dados acima, podemos elaborar alguns exemplos de custeamento de produtos pelo método de custeio por absorção, que apresentaremos na seção a seguir.

## Exemplo – único produto

Para fazer e vender o Produto A, a empresa tem de incorrer nos seguintes gastos operacionais:

- matéria-prima necessária para uma unidade do Produto A:
  200 unidades a $ 2,30 cada;

- materiais auxiliares consumidos em cada unidade do Produto A:
  0,1 unidade a $ 360 cada;
- tempo necessário para produzir uma unidade do Produto A:
  4 horas a $ 50 por hora;
- Gastos do período:
  - Salários dos departamentos de apoio à produção     $ 200.000
  - Despesas dos departamentos de apoio à produção     $ 90.000
  - Depreciações     $ 150.000
  - Salários e despesas administrativas     $ 70.000
  - Salários e despesas comerciais     $ 50.000

Outros dados:

- Comissões:
  12% sobre o preço de venda.
- Preço de venda:
  $ 1.883 por unidade do Produto A;
- Quantidade produzida (e igualmente vendida):
  1.000 unidades.

## Apuração dos custos diretos do produto

A primeira etapa do custeamento é apurar os custos diretos de cada produto, neste caso, um produto único. É importante ressaltar que *esta etapa é a mesma para todos os métodos de custeio*, ou seja, a parcela dos custos diretos alocáveis ao produto e/ou serviços deve ser feita em primeiro lugar e é necessária para qualquer método de custeio.[4]

|  | $ |
|---|---|
| Matéria-prima | |
| 200 unidades × $ 2,30 | 460 |
| Materiais auxiliares | |
| 0,10 unidade a $ 360 | 36 |
| Mão de obra direta | |
| 4 horas a $ 50 | 200 |
| Soma – custos diretos | 696 |

---

[4] A única exceção seria o custo de mão de obra direta no método da teoria das restrições, pois, nesse método, esse custo é considerado fixo e tratado como despesa do período.

O custo horário da mão de obra direta foi obtido da seguinte maneira:
Total dos gastos com mão de obra direta                $ 200.000 (A)
Tempo necessário para 1 unidade de produto                   4 horas
Quantidade de produto produzida/vendida                1.000 unidades
Total de horas de mão de obra direta para 1.000 unidades   4.000 horas (B)
Custo de 1 hora de mão de obra direta        $ 50 ($ 200.000 : 4.000 horas)

## Absorção dos custos indiretos pelo produto

O fato de estarmos considerando apenas um único produto simplifica sobremaneira o processo de absorção. Basta dividir todos os custos indiretos industriais pela quantidade de produção/vendas. Vejamos:

Custos indiretos:
. Salários dos departamentos de apoio à produção       $ 200.000
. Despesas dos departamentos de apoio à produção        $ 90.000
. Depreciações                                         $ 150.000
Soma                                                   $ 440.000 (A)

Quantidade de produção/vendas              1.000 unidades do produto A (B)
Custos indiretos por unidade de produto A   $ 440 ($ 440.000 : 1.000 unidades)

## Total do custo unitário do produto

Somam-se os custos diretos aos custos indiretos absorvidos de forma unitária:

| Custo Unitário do Produto A | |
|---|---|
| | $ |
| Custos diretos | 696 |
| Custos indiretos absorvidos | 440 |
| Custo unitário total | 1.136 |

## Demonstração de resultados

A Tabela 8.2 conclui o processo de custeamento, evidenciando, dentro do modelo da demonstração de resultados, qual seria o lucro da empresa com um volume de 1.000 unidades de produção e vendas do Produto A.

**Tabela 8.2** Demonstração de resultados – produto A

|  | Preços Unitários | Quantidade | Total |
|---|---|---|---|
| **Vendas** | 1.883 | 1.000 | 1.883.000 |
| **Custo por Absorção** | 1.136 | 1.000 | 1.136.000 |
| **Lucro (Margem) Bruto** | 747 | 1.000 | 747.000 |
| Despesas Operacionais |  |  |  |
| Salários e despesas administrativas |  |  | 70.000 |
| Salários e despesas comerciais |  |  | 50.000 |
| Comissões sobre vendas |  |  | 204.000 |
| *Soma* |  |  | 324.000 |
| Lucro Operacional |  |  | 423.000 |

# Exemplo – dois produtos – absorção em um estágio

Utilizando a maior parte dos dados de um único produto do exemplo anterior, vamos considerar que a empresa em questão decida produzir e vender outro produto, da mesma linha do Produto A, o qual denominaremos Produto B, que tem estrutura de produto e processo de fabricação similares, mas com quantidades diferentes. Para fazer o Produto B, a empresa vai deixar de fabricar parte da quantidade do Produto A; as quantidades a serem produzidas e vendidas são:

| Quantidade do Produto Final a ser Produzida/Vendida | |
|---|---|
| Produto A | 625 unidades |
| Produto B | 250 unidades |

Os dados do Produto A estão mantidos, exceto comissões, que passam a ser de 10,2% sobre o preço de venda. Os dados específicos do Produto B são os seguintes:

- matéria-prima necessária para uma unidade do Produto B:
  380 unidades a $ 3 cada;
- materiais auxiliares consumidos em cada unidade do Produto B:
  0,2 unidade a $ 360 cada;
- tempo necessário para produzir uma unidade do Produto B:
  6 horas a $ 50 por hora;

- Comissões: 10,2% sobre o preço de venda;
- Preço de venda: $ 3.292,50 por unidade do Produto B.

## Apuração dos custos diretos do produto

Vamos fazer, primeiro, o custeio direto/variável do Produto B; o custo direto/variável do Produto A não se altera, mesmo que a quantidade a ser produzida e vendida seja diferente:

|  | $ |
|---|---|
| Matéria-prima | |
| 380 unidades a $ 3 | 1.140 |
| Materiais auxiliares | |
| 0,2 unidade a $ 360 | 72 |
| Mão de obra direta | |
| 6 horas a $ 50 | 300 |
| Soma (custos diretos) | 1.512 |

## Absorção dos custos indiretos pelos produtos

Um dos critérios de absorção mais utilizados é a adoção de um critério único para todos os custos indiretos e que é aplicável a todos os produtos, com base no total de custos de mão de obra direta da empresa. A premissa subjacente é a de que o que causa, primariamente, a necessidade de custos indiretos é o esforço da mão de obra direta aplicada aos diversos produtos, e, assim, o critério de absorção mais indicado seria utilizar como base de rateio o valor total da mão de obra direta.

No nosso exemplo, o total de mão de obra direta da empresa foi de $ 200.000. O total dos custos indiretos soma $ 440.000, portanto, o índice de absorção obtido é de 2,20, resultado da divisão de $ 440.000 por $ 200.000, conforme demonstrado a seguir:

| | |
|---|---|
| Custos indiretos: | |
| . Salários dos departamentos de apoio à produção | $ 200.000 |
| . Despesas dos departamentos de apoio à produção | $ 90.000 |
| . Depreciações | $ 150.000 |
| Soma | $ 440.000 (A) |
| Valor total da mão de obra direta | $ 200.000 (B) |
| Índice para absorção dos custos indiretos (A : B) (denominado comumente taxa de rateio) | 2,20 |

Aplicando o índice de 2,20 ao custo unitário de mão de obra direta de cada produto, teremos a parcela dos custos indiretos de fabricação atribuída ao custo unitário de cada produto:

|  | Produto A | Produto B |
|---|---|---|
| Custo unitário de mão de obra direta | $ 200 | $ 300 |
| Índice de absorção de custos indiretos | 2,20 | 2,20 |
| Custo indireto unitário por produto | $ 440 | $ 660 |

Com isso, podemos finalizar o custo unitário por absorção de cada produto:

|  | Produto A ($) | Produto B ($) |
|---|---|---|
| Matéria-prima | 460 | 1.140 |
| Materiais auxiliares | 36 | 72 |
| Mão de obra direta | 200 | 300 |
| Custos indiretos absorvidos | 440 | 660 |
| Custo unitário total | 1.136 | 2.172 |

## Demonstração de resultados

A Tabela 8.3 conclui o processo de custeamento, evidenciando, dentro do modelo da demonstração de resultados, qual seria o lucro da empresa com um volume de 625 unidades do Produto A e 250 unidades do Produto B.

**Tabela 8.3** Demonstração de resultados – produtos A e B

|  | Produto A | | | Produto B | | | |
|---|---|---|---|---|---|---|---|
|  | Preços Unitários | Quant. | Total | Preços Unitários | Quant. | Total | Total Geral |
| **Vendas** | 1.883 | 625 | 1.176.875 | 3.292,50 | 250 | 823.125 | 2.000.000 |
| **Custo por Absorção** | 1.136 | 625 | 710.000 | 2.172 | 250 | 543.000 | 1.253.000 |
| **Lucro (Margem) Bruto** | 747 | 625 | 466.875 | 1.120,50 | 250 | 280.125 | 747.000 |

(continua)

**Tabela 8.3** Demonstração de resultados – produtos A e B (continuação)

|  | Produto A | | | Produto B | | | Total Geral |
|---|---|---|---|---|---|---|---|
|  | Preços Unitários | Quant. | Total | Preços Unitários | Quant. | Total |  |
| Despesas Operacionais: | | | | | | | |
| Salários e despesas administrativas | | | | | | | 70.000 |
| Salários e despesas comerciais | | | | | | | 50.000 |
| Comissões sobre vendas | | | | | | | 204.000 |
| Soma | | | | | | | 324.000 |
| Lucro Operacional | | | | | | | 423.000 |

## Contabilização

Os procedimentos de contabilização de custos restringem-se à contabilização dos gastos industriais, uma vez que as legislações comerciais e legais obrigam a contabilidade a apurar os custos, utilizando apenas os gastos consumidos na área industrial. Consequentemente, o método adotado é o de custeamento por absorção, que deve levar em consideração os custos incorridos. Alguns países admitem o conceito de custo por absorção padrão. Em nosso país, isso é permitido somente durante o trimestre, sendo necessário o ajuste ao custo real no final de cada trimestre. É possível também a utilização do método ABC, desde que ele se restrinja aos gastos industriais. Os passos básicos para a contabilização do custo devem seguir o fluxo dos estoques industriais, conforme evidenciado na Figura 8.1. Relembrando o fluxo, temos:

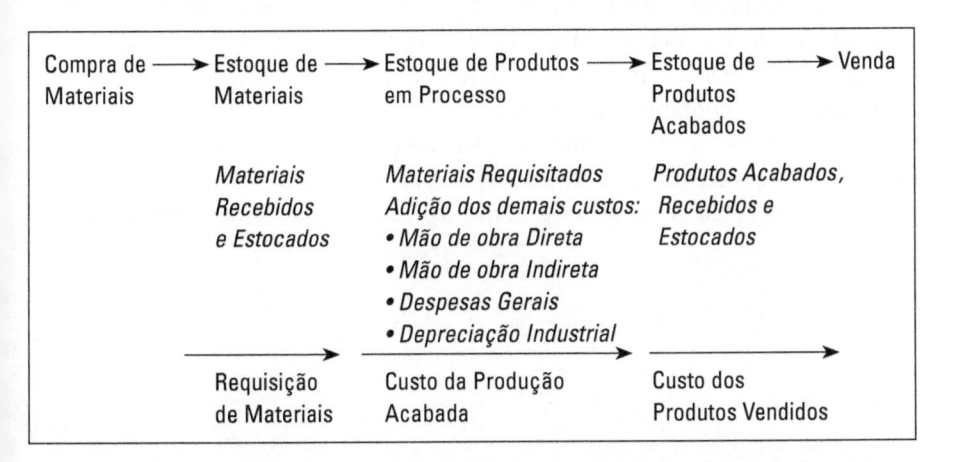

| Compra de Materiais | → | Estoque de Materiais | → | Estoque de Produtos em Processo | → | Estoque de Produtos Acabados | → | Venda |
|---|---|---|---|---|---|---|---|---|
| | | *Materiais Recebidos e Estocados* | | *Materiais Requisitados Adição dos demais custos:* • Mão de obra Direta • Mão de obra Indireta • Despesas Gerais • Depreciação Industrial | | *Produtos Acabados, Recebidos e Estocados* | | |
| | | Requisição de Materiais | | Custo da Produção Acabada | | Custo dos Produtos Vendidos | | |

A mensuração do custo real dos estoques pode ser feita por dois critérios básicos: o método Peps (primeiro a entrar, primeiro a sair) e o preço médio ponderado. Em nosso país, o mais utilizado é o preço médio ponderado, que adotaremos nesta seção. Dessa maneira, os procedimentos básicos de contabilização são os seguintes:

1) contabilizar as compras de materiais estocáveis que não vão diretamente para o processo produtivo nos estoques de matérias-primas, componentes, embalagens e materiais indiretos;
2) calcular o preço médio de cada material para valorizar os estoques de materiais;
3) contabilizar as requisições de materiais que vão para a fábrica; os materiais diretos serão incorporados ao custo de materiais dos produtos, e os materiais indiretos, incorporados aos gastos departamentais;
4) por meio dos sistemas de acumulação (ordem, processo, híbrido), que também se utilizam da estrutura dos materiais dos produtos e do processo de fabricação desses produtos e de seus componentes, apurar o custo dos produtos concluídos e o custo dos produtos ainda em fase de produção ao final do período considerado. O custo dos produtos concluídos é denominado custo da produção acabada; o custo dos produtos não concluídos se constitui no estoque de produtos em processo;
5) o custo da produção acabada refere-se aos produtos prontos para venda e que vão para o estoque de produtos acabados. Por ocasião da venda, deve ser dada a baixa contábil no momento de cada venda, transformando-se em custo dos produtos vendidos, que vai para a demonstração de resultado do período. Os produtos não vendidos formam o estoque de produtos acabados, ainda por vender.

Desenvolveremos a seguir um exemplo de contabilização do custo industrial, dentro do sistema híbrido, com dois produtos. A premissa básica desse exemplo é que não há ineficiências em todo o processo e, portanto, não há necessidade de contabilização adicional dos retrabalhos, dos refugos e das perdas no processo. Utilizaremos o custeamento por absorção, com o critério de absorção dos custos indiretos sobre o total da mão de obra direta.

Os valores serão considerados como realizados financeiramente à vista.

## A – Dados da Estrutura do Produto e Processo de Fabricação

|  | Produto A | Produto B |
|---|---|---|
| Materiais | | |
| MP1 | 15 unidades | 33 unidades |
| MP2 | 9 unidades | 15 unidades |
| Mão de obra direta | | |
| Produção | 1,2 hora | 2,0 horas |
| Montagem | 1,0 hora | 1,8 hora |

## B – Dados de Produção, Vendas e Estoques

|  |  |  |
|---|---|---|
| Programa de produção | 7.500 unidades | 7.500 unidades |
| Quantidade produzida | 7.350 unidades | 7.400 unidades |
| Quantidade vendida | 7.000 unidades | 7.200 unidades |
| Estoque de produtos acabados | 350 unidades | 200 unidades |
| Estoque de produtos em processo | 150 unidades | 100 unidades |
| Estágio dos produtos em processo | | |
| Materiais | 100% | 100% |
| Mão de obra direta | | |
| Produção | 100% | 50% |
| Montagem | 20% | 0% |

## C – Dados Contábeis e Movimentação do Período

| Balanço Inicial | $ |
|---|---|
| Imobilizados | 9.000.000 |
| Capital Social | 9.000.000 |

| Movimentação do Período | | Quantidade | Unitário ($) | Total ($) |
|---|---|---|---|---|
| 1 | Compra de MP 1 | 200.000 | 3,50 | 700.000 |
|  | Compra de MP 1 | 300.000 | 4,50 | 1.350.000 |
|  | Soma | 500.000 |  | 2.050.000 |
|  | Preço Médio Ponderado |  | 4,10 |  |
| 2 | Compra de MP 2 | 150.000 | 4,60 | 690.000 |
|  | Compra de MP 2 | 50.000 | 6,00 | 300.000 |
|  | Soma | 200.000 |  | 990.000 |
|  | Preço Médio Ponderado |  | 4,95 |  |
| 3 | Requisição de materiais | | | |
|  | MP 1 | 360.000 | 4,10 | 1.476.000 |
|  | MP 2 | 180.000 | 4,95 | 891.000 |
|  | Soma | 540.000 |  | 2.367.000 |

(continua)

(continuação)

| Movimentação do Período | Quantidade | Unitário ($) | Total ($) |
|---|---|---|---|
| 4  Folha de pagamento | *Horas* | *Unitário – $* | *Total – $* |
| Depto. produção | 23.900 | 30 | 717.000 |
| Depto. montagem | 20.700 | 20 | 414.000 |
| Total mão de obra direta | 44.600 | | 1.131.000 |
| Diretoria industrial | | | 300.000 |
| Área comercial | | | 700.000 |
| Área administrativa | | | 500.000 |
| Soma | | | 2.631.000 |
| 5  Depreciação industrial | | | 900.000 |
| Gastos gerais de fabricação | | | 1.401.300 |
| 6  Valor da venda de produtos acabados | | | 8.000.000 |

## D – Resolução

**Passo 1:** calcular o percentual para absorção dos custos indiretos de fabricação

| Custos indiretos de fabricação | Total ($) |
|---|---|
| Folha de pagamento da diretoria industrial | 300.000 |
| Depreciação industrial | 900.000 |
| Gastos gerais de fabricação | 1.401.300 |
| Soma (a) | 2.601.300 |
| Total da mão de obra direta (b) | 1.131.000 |
| Percentual de absorção (a : b) | 2,30 |

**Passo 2:** acrescer ao custo da mão de obra direta o percentual de absorção

| | Depto. Produção | Depto. Montagem |
|---|---|---|
| Custo horário ($) – (a) | 30 | 20 |
| Índice de absorção (1 + % de absorção) (b) | 3,30 | 3,30 |
| Custo horário com absorção ($) – (a x b) | 99 | 66 |

**Passo 3:** calcular o custo unitário dos produtos com os dados obtidos

| | Produto A | | | Produto B | | |
|---|---|---|---|---|---|---|
| | Quant. | Unitário ($) | Total ($) | Quant. | Unitário ($) | Total ($) |
| Materiais | | | | | | |
| MP1 | 15 | 4,10 | 61,50 | 33 | 4,10 | 135,30 |
| MP2 | 9 | 4,95 | 44,55 | 15 | 4,95 | 74,25 |
| Soma | | | 106,05 | | | 209,55 |

(continua)

(continuação)

|  | Produto A | | | Produto B | | |
|---|---|---|---|---|---|---|
|  | Quant. | Unitário ($) | Total ($) | Quant. | Unitário ($) | Total ($) |
| Mão de obra direta |  |  |  |  |  |  |
| Produção | 1,2 | 99 | 118,80 | 2,0 | 99 | 198 |
| Montagem | 1,0 | 66 | 66 | 1,8 | 66 | 118,80 |
| Soma |  |  | 184,80 |  |  | 316,80 |
| Total |  |  | 290,85 |  |  | 526,35 |

**Passo 4:** calcular o estoque de materiais

|  | MP 1 | MP 2 | Total ($) |
|---|---|---|---|
| Estoque inicial | 0 | 0 | 0 |
| (+) Compras de materiais | 2.050.000 | 990.000 | 3.040.000 |
| (−) Requisição de materiais | (1.476.000) | (891.000) | (2.367.000) |
| Estoque final | 574.000 | 99.000 | 673.000 |

**Passo 5:** calcular o estoque de produção em processo

|  | Produto A | | | | Produto B | | | | Total Geral |
|---|---|---|---|---|---|---|---|---|---|
|  | Quant. em Estoque | Estágio | Custo do Insumo ($) | Total ($) | Quant. em Estoque | Estágio | Custo do Insumo ($) | Total ($) |  |
| Insumos |  |  |  |  |  |  |  |  |  |
| Materiais | 150 | 100% | 106,05 | 15.908 | 100 | 100% | 209,55 | 20.955 | 36.863 |
| MOD − Produção | 150 | 100% | 118,80 | 17.820 | 100 | 50% | 198 | 9.900 | 27.720 |
| MOD − Montagem | 150 | 20% | 66 | 1.980 | 100 | 0% | 118,80 | 0 | 1.980 |
| Total |  |  |  | 35.708 |  |  |  | 30.855 | 66.563 |

**Passo 6:** calcular o estoque de produtos acabados

|  | Quantidade em Estoque | Unitário ($) | Custo Total ($) |
|---|---|---|---|
| Produto A | 350 | 290,85 | 101.798 |
| Produto B | 200 | 526,35 | 105.270 |
| Total |  |  | 207.068 |

**Passo 7:** calcular o custo da produção acabada

|  | Total ($) |
|---|---|
| Estoque inicial de produtos em processo | 0 |
| (+) Insumos de produção |  |
| Requisição de materiais | 2.367.000 |
| MOD – Produção | 717.000 |
| MOD – Montagem | 414.000 |
| Diretoria industrial | 300.000 |
| Depreciação industrial | 900.000 |
| Custos indiretos de fabricação | 1.401.300 |
| Soma | 6.099.300 |
| (–) Estoque final de produtos em processo | (66.563) |
| = Custo da produção acabada | 6.032.738[1] |

**Passo 8:** calcular o custo dos produtos vendidos

|  | Total ($) |
|---|---|
| Estoque inicial de produtos acabados | 0 |
| (+) Custo da produção acabada | 6.032.738 |
| (–) Estoque final de produtos acabados | (207.068) |
| = Custo dos produtos vendidos | 5.825.670 |

O custo dos produtos vendidos pode também ser calculado utilizando-se os dados do custo unitário de cada produto, multiplicado pelas quantidades vendidas de cada produto, como se segue:

|  | Quantidade Vendida | Custo Unitário ($) | Total ($) |
|---|---|---|---|
| Produto A | 7.000 | 290,85 | 2.035.950 |
| Produto B | 7.200 | 526,35 | 3.789.720 |
| Total |  |  | 5.825.670 |

**Passo 9:** apurar a demonstração de resultados do exercício

|  | Total ($) |
|---|---|
| Vendas | 8.000.000 |
| (–) Custo dos produtos vendidos | (5.825.670) |
| = Lucro bruto | 2.174.330 |
| (–) Despesas operacionais |  |
| Comerciais | (700.000) |
| Administrativas | (500.000) |
| = Lucro operacional | 974.330 |

(1) Por arredondamento.

**Passo 10:** levantar o balanço patrimonial final

| Ativo | Total ($) | Passivo | Total ($) |
|---|---|---|---|
| Caixa* | 927.700 | | |
| Estoques de Materiais | 673.000 | | |
| Estoques de Produtos em Processo | 66.563 | | |
| Estoques de Produtos Acabados | 207.068 | | |
| Imobilizados | 9.000.000 | Capital Social | 9.000.000 |
| (–) Depreciação Acumulada | (900.000) | Lucros Acumulados | 974.330 |
| Total | *9.974.330* | | *9.974.330* |

(*) Obtenção do saldo de caixa

| | |
|---|---|
| Vendas | 8.000.000 |
| (–) Compra de MP 1 | (2.050.000) |
| (–) Compra de MP 2 | (990.000) |
| (–) Folha de pagamento | (2.631.000) |
| (–) Gastos gerais de fabricação | (1.401.300) |
| = Saldo em caixa | 927.700 |

# Questões e exercícios

1. Considerando a classificação contábil tradicional que separa gastos em custos e despesas, classifique os gastos listados a seguir, colocando (D) para Despesa e (C) para Custos; considere, como referencial, uma empresa fabricante de tratores.

   Salários dos vendedores ( )

   Salários dos escriturários ( )

   Energia elétrica da fábrica ( )

   Energia elétrica do setor comercial ( )

   Aluguel do edifício do estoque de produtos acabados ( )

   Aluguel do edifício do estoque de materiais diretos ( )

   *Leasing* do edifício administrativo ( )

   *Leasing* de equipamento de produção ( )

   Salários dos montadores ( )

   Material de escritório ( )

   Gastos advocatícios ( )

   Gastos com CPMF ( )

   Material auxiliar de montagem ( )

   Gastos com publicidade ( )

   Treinamento de montadores ( )

Depreciação de equipamentos do setor de tecnologia de informação ( )
Consumo de ferramentas ( )
Despesas com viagens do gerente da fábrica ( )

2. Uma empresa comercial adquire mercadorias para revenda no valor de $ 600. Logo em seguida, vende 70% dessas mercadorias por $ 800. Apure o lucro na venda, identificando qual a parcela que continua sendo classificada como custo e qual a parcela que continua sendo considerada despesa.

3. Uma sorveteria terceiriza a fabricação das massas de seus sorvetes, as quais custam, em média, $ 0,22 a porção de qualquer tipo de sabor. Normalmente vende um sorvete contendo 2,5 porções. Os outros componentes do sorvete são o palito, cuja caixa com 500 custa $ 10, e o copo de massa, cuja caixa com 1.000 custa $ 90. Os demais gastos, indiretos, da sorveteria giram em torno de $ 5.000 por mês, sendo que ela vende mensalmente, em média, 10.000 sorvetes. Calcule o custo unitário direto de cada sorvete e o custo unitário total de um sorvete.

4. Associe adequadamente as definições da coluna A com os conceitos da coluna B:

Coluna A: definições                                  Coluna B: conceitos

a) Custos que variam com o volume
   de atividade                                       ( ) Custos Diretos

b) Custos que são lançados contra
   as receitas em um período de tempo                 ( ) Custos Fixos

c) Custos que são atribuídos aos bens
   e serviços produzidos                              ( ) Custos Variáveis

d) Custos que não variam com
   o volume de atividade                              ( ) Custos Indiretos

e) Custos que podem ser alocados
   diretamente aos produtos                           ( ) Custos Periódicos

f) Custos que não são identificáveis
   claramente aos produtos                            ( ) Custos para o Produto

g) Custos que são atribuídos
   a intervalos de tempos                             ( ) Despesas

5. Tomando como referência uma indústria de confecção de roupas (calças e camisas de jeans) que produz e vende um produto próprio e outro por meio de licenciamento (*franchising*), classifique os gastos em Fixos (F) e Variáveis (V) e em Diretos (D) e Indiretos (I).

| Gastos | Fixo ou Variável | Direto ou Indireto |
|---|---|---|
| Tecido | ( ) | ( ) |
| Botões | ( ) | ( ) |
| Aluguel da fábrica | ( ) | ( ) |
| Comissões sobre venda | ( ) | ( ) |
| Licenciamento de produto | ( ) | ( ) |
| Mão de obra da costureira | ( ) | ( ) |
| Publicidade mensal do produto próprio | ( ) | ( ) |
| Salários administrativos | ( ) | ( ) |
| Salário do gerente da fábrica | ( ) | ( ) |
| Linhas e aviamentos | ( ) | ( ) |
| Conta de água e de esgoto | ( ) | ( ) |
| Mão de obra de embaladores | ( ) | ( ) |
| Serviços de limpeza terceirizados | ( ) | ( ) |
| Gastos com manutenção de equipamentos | ( ) | ( ) |
| Gastos com moldes do produto próprio | ( ) | ( ) |
| Gastos com utensílios gerais (tesouras, réguas etc.) | ( ) | ( ) |
| Fitas para embalagens dos produtos | ( ) | ( ) |
| IPTU | ( ) | ( ) |
| Gastos com fax | ( ) | ( ) |

6. A seguir apresentamos os dados e as informações para apurar o custo industrial e a sua contabilização.

    A – *Dados da estrutura do produto e processo de fabricação:*

    |  | Produto A | Produto B |
    |---|---|---|
    | Materiais: | | |
    | . MP1 | 30 unidades | 66 unidades |
    | . MP2 | 18 unidades | 30 unidades |
    | Mão de obra Direta: | | |
    | . Produção | 2,4 horas | 4,0 horas |
    | . Montagem | 2,2 horas | 3,6 horas |

    B – *Dados de produção, vendas e estoques:*

    | | | |
    |---|---|---|
    | Programa de Produção | 4.500 unidades | 4.000 unidades |
    | Quantidade Produzida | 4.380 unidades | 3.900 unidades |
    | Quantidade Vendida | 4.330 unidades | 3.800 unidades |
    | Estoque de Produtos Acabados | 50 unidades | 100 unidades |
    | Estoque de Produtos em Processo | 120 unidades | 100 unidades |
    | Estágio dos Produtos em Processo | | |
    | Materiais | 100% | 100% |

Mão de Obra Direta
Produção                                100%            60%
Montagem                                 50%             0%

C – *Dados contábeis e movimentação do período:*

**Balanço Inicial**                     $
Imobilizados                            8.000.000
Capital Social                          8.000.000

| **Movimentação do Período** | *Quantidade* | *Unitário ($)* | *Total ($)* |
|---|---|---|---|
| 1 Compra de MP 1 | 225.000 | 3,60 | 810.000 |
| Compra de MP 1 | 250.000 | 4 | 1.000.000 |
| Soma | 475.000 | | 1.810.000 |
| Preço Médio Ponderado | | 3,8105 | |
| 2 Compra de MP 2 | 145.000 | 5,20 | 754.000 |
| Compra de MP 2 | 125.000 | 6 | 750.000 |
| Soma | 270.000 | | 1.504.000 |
| Preço Médio Ponderado | | 5,5704 | |
| 3 Requisição de Materiais | | | |
| MP 1 | 399.000 | 3,81 | 1.520.400 |
| MP 2 | 201.000 | 5,57 | 1.119.644 |
| Soma | 600.000 | | 2.640.044 |

| 4 Folha de Pagamento | *Horas* | *Unitário ($)* | *Total ($)* |
|---|---|---|---|
| Depto. Produção | 26.640 | 40 | 1.065.600 |
| Depto. Montagem | 23.808 | 25 | 595.200 |
| Total de Mão de Obra Direta | 50.448 | | 1.660.800 |
| Diretoria Industrial | | | 320.000 |
| Área Comercial | | | 740.000 |
| Área Administrativa | | | 530.000 |
| Soma | | | 3.250.800 |

5 Depreciação Industrial                                800.000
  Gastos Gerais de Fabricação                         1.404.350

6 Valor da Venda de Produtos Acabados                 9.000.000

Pede-se:
1) Fazer a contabilização completa dos custos do período, de acordo com as seguintes etapas:
   a) calcular o percentual de absorção dos custos indiretos de fabricação, considerando, como base para absorção, o gasto total com mão de obra direta;

b) calcular o custo horário dos setores diretos, pelo conceito de absorção;
c) calcular o custo unitário dos produtos A e B;
d) apurar o valor do estoque final de materiais diretos;
e) apurar o valor do estoque final dos produtos em processo, considerando os estágios de fabricação dos elementos de custo;
f) apurar o valor do estoque final dos produtos acabados;
g) calcular o valor da produção acabada;
h) calcular o valor do custo dos produtos vendidos;
i) levantar a demonstração de resultados do período;
j) levantar o balanço patrimonial final.

# Referências bibliográficas

BERNSTEIN, Peter L. *Desafio aos deuses:* a fascinante história do risco. 2. ed. São Paulo: Campus, 1997.

CATELLI, Armando. *Controladoria*. São Paulo: Atlas, 1999.

_____; GUERREIRO, Reinaldo. Gecon – Sistema de informação de gestão econômica: uma proposta para mensuração contábil do resultado das atividades empresariais. *Boletim do CRC-SP*, p. 12, set. 1992.

D'AMORE, Domingos; CASTRO, Adaucto de Souza. *Curso de contabilidade*. 14. ed. São Paulo: Saraiva, 1967.

EHRBAR, A. *EUA:* valor econômico agregado. Rio de Janeiro: Qualymark, 1999.

HENDRIKSEN, Eldon S. *Accounting theory*. 3. ed. Homewood: Richard D. Irwin, 1977.

HORNGREN, Charles T. *Introdução à contabilidade gerencial*. 5. ed. Rio de Janeiro: Prentice-Hall, 1985.

HOUAISS, A. *Dicionário Houaiss da língua portuguesa*. São Paulo: Objetiva, 2004.

LOWENSTEIN, Roger. *Buffett*: a formação de um capitalista americano. Rio de Janeiro: Nova Fronteira, 1997.

MARTINS, Eliseu; IUDÍCIBUS, Sérgio de. A contabilidade não funciona? *Revista de Contabilidade do CRC-SP*, n. 27, mar. 2004.

PADOVEZE, Clóvis Luís. *Manual de contabilidade básica*. 9. ed. São Paulo: Atlas, 2014.

_____; LEITE, Joubert da Silva Jerônimo; BENEDICTO, Gideon Carvalho de. *Manual de contabilidade internacional*. São Paulo: Cengage Learning, 2012.

_____; MARTINS, Miltes Angelita M. *Contabilidade e gestão para micro e pequenas empresas*. Curitiba: Intersaberes, 2014.

_____; ROMANINI, G.; COPATTO, A. C. Objeto, objetivos e usuários das informações contábeis. *Revista de Contabilidade do CRC-SP*, n. 29, set./out./nov. 2004.

SANDRONI, Paulo. *Novíssimo dicionário de economia*. São Paulo: Best Seller, 1999.

SCHMIDT, Paulo. *História do pensamento contábil*. Porto Alegre: Bookman, 2000.
SIEGEL, Joel G.; SHIM, Jae K. *Dictionary of accounting terms*. 2. ed. Nova York: Barron's, 1995.
STICKNEY, Clyde P.; WEIL, Roman L. *Contabilidade financeira*. São Paulo: Cengage Learning, 2009.